《华中学术》第35辑编委会

国家“双一流”建设学科“华中师范大学中国语言文学”资助项目
中文社会科学引文索引（CSSCI）来源集刊
华中师范大学文学院　主办

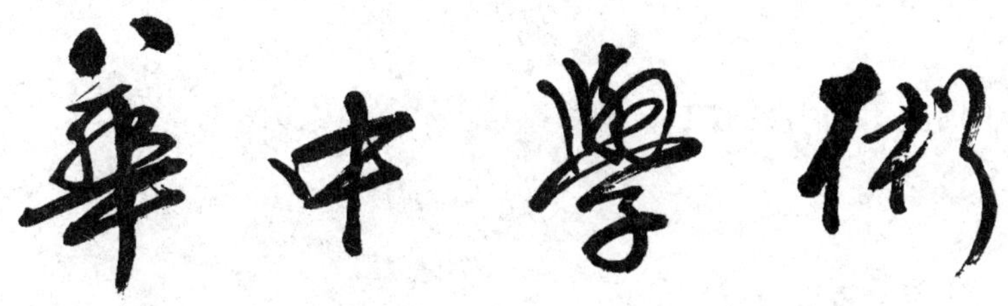

Central China Humanities

第35辑

主编　汤江浩

2021 / 3
VOL.13 NO.3

华中师范大学出版社

新出图证(鄂)字 10 号

图书在版编目(CIP)数据

华中学术.第 35 辑/汤江浩主编.—武汉:华中师范大学出版社,2021.9
ISBN 978-7-5622-9498-6

Ⅰ.①华…　Ⅱ.①汤…　Ⅲ.①社会科学—文集　Ⅳ.①C53

中国版本图书馆 CIP 数据核字(2021)第 194016 号

华中学术(第 35 辑)

©汤江浩　主编

责任编辑:王中宝　　**责任校对**:骆　宏　　**封面设计**:罗明波
编　辑　室:学术出版中心　　**电话**:027-67867792
出版发行:华中师范大学出版社
社址:湖北省武汉市洪山区珞喻路 152 号　　**邮编**:430079
电话:027-67863426(发行部)
传真:027-67863291
网址:http://press.ccnu.edu.cn　　**电子邮箱**:press@mail.ccnu.edu.cn
印刷:湖北新华印务有限公司　　**督印**:刘　敏
字数:382 千字
开本:787mm×1092mm　1/16　　**印张**:17
版次:2021 年 9 月第 1 版　　**印次**:2021 年 9 月第 1 次印刷
定价:84.00 元

欢迎上网查询、购书

敬告读者:欢迎举报盗版,请打举报电话 027-67867353

目　录

国家社科基金重大招标项目专辑

【马克思主义文学批评经典重铸与当代拓展研究】

美学何以成为生命政治?

李　龙

（吉林大学哲学社会学院，吉林长春，130021）

内容摘要：当代美学的政治转向不仅让我们重新思考美学与政治的关系，更让我们去思考如何重构美学的知识范式与价值诉求，从而理解美学因何成为一种生命政治。这就需要从以下几个层面思考这一问题：首先，回归美学的最初含义，亦即从“感性学”的角度重新理解思想史脉络中的“感性”问题；其次，回到以康德为代表的德国古典美学的历史和思想语境，重新思考“美学”之于现代西方思想史的意义，重新理解审美教育与“人”的生成；再次，在现代资本主义的历史语境中思考“塞壬的政治”，亦即美学如何变成资产阶级肉身的规训；最后，借鉴当代后马克思主义美学的思想，思考美学的政治以及如何走出柏拉图式的洞穴焦虑。

关键词：美学；感性学；生命政治；人的生成

伊格尔顿在其《美学意识形态》一书的开篇导言中认为，可以在美学范畴内找到“通向现代欧洲思想某些中心问题的中心道路，以便从那个特定的角度出发，弄清更大范围内的社会、政治、伦理问题”[1]。这说明，美学思想构成的复杂性，是我们理解西方现代思想的重要切入点和参照，以朗西埃、巴迪欧、齐泽克等理论家的美学思想为标志的当代美学的政治转向不仅让我们重新思考美学与政治的关系，更让我们去思考如何重构美学的知识范式与价值诉求，从而理解美学因何由一种实现启蒙理想和人的生成的重要途径，转而成为一种对人的肉身和精神进行操控和治理的生命政治，并进而思考如何在当代释放生命政治的潜能，重构美学与现实的关系。本文试图从美学作为“感性学”的原初含义入手，来思考这些问题。

一、感性学的内涵

作为学科意义上的“美学”（Aesthetic），美学之父鲍姆嘉通的定义是：“美学作为自由艺术的理论、低级认识论、美的思维的艺术和与理性类似的思维的艺术是感性认识的科学。"[2]黑格尔在《美学》中指出,"伊斯特惕克""比较精确的意义是研究感觉和情感的科学"[3];海德格尔也说过,美学是"关于人类的感性、感受和感情方面的行为以及规定这些行为的东西的知识"[4]。由此可见,Aesthetic最基本的含义,应该就是"感性学",它是对比较低级、混乱的感觉以及情感进行研究的科学[5]。而汉语语境中的"美学"一词,一般认为是源自日本中江肇民的创制,后来才进入汉语语境里。在进入汉语语境的时候,早期对它的翻译和理解也有不同,比如王国维最早用的就是"美术",认为美术之为物和人的欲念有关系,"欲者不观,观者不欲",并将美之物分为优美和壮美两种[6]。后来很多学者根据"美"字,生发出关于美学本体问题、美的起源问题等等不同的理论阐释,因而导致我们对"美学"概念内涵的理解越来越复杂,甚至问题重重。有鉴于此,本文尝试回到"感性学"的语境中,来思考"美学"这一概念的内涵。

为什么"感性"会成为一个问题,并且要把它作为研究对象,同时把关于感性的知识变成一个专门的科学呢?应该如何理解感性学的内涵,感性学又如何变成了一种生命政治?笔者想从以下几个方面来理解这一问题。

首先,"感性学"的提出,是否可以理解为理性话语对感性认识活动的操控与规训呢?我们知道,亚里士多德把知识分为三种类型:理论科学、实用科学、制造科学,也就是自然知识、实践知识和创造性知识。物理、数学属于自然知识;伦理学、政治学属于实践知识;而诗学、修辞学则属于创造性知识。近代理性主义也继承了这种知识三分法的分类原则,人的心理活动被分为知、情、意三个部分,比如,逻辑学对应的是"知",也就是人的认识活动;伦理学对应的是"意",亦即人的意志活动;而"感性学",就属于其中"情"的部分。康德的三大批判与此对应,提出了纯粹理性批判、实践理性批判和判断力批判,同时通过审美判断力,使得自由的道德律令在现实生活中得到了实现,审美的作用因而也就被凸显出来了。但是,这种把感性理性化的努力,与其说是在提升"感性"的尊严,不如说把有关"感性"的认识纳入了理性知识的范畴之内。对于鲍姆嘉通"感性学"的定义,舒斯特曼一针见血地指出:"美学不仅是一个理论事业,而且是一种规范化的实践——一种旨在实现有用的目标的实际练习和训练的学科。"[7]在他看来,感性学指向的是感性认识的完善,把感性认识理解为通向理性认识的低级阶段,这其实是用理性的方式,用一套完整的规范化实践规范人的感觉和情感,并试图把它提高到理性认识的高度,因而实际上已经变成了感性的理性化,是对感性的理性化操控和规训。

其次,从美学思想史来看,感性活动自古希腊、中世纪以来一直就是被贬低、被边缘化的对象,因为它被看作人的不正确认识的来源。柏拉图的"洞穴焦虑"就是这样的隐喻,生存在洞穴中的、日常生活中的人们被幻象迷惑,成为认识的囚徒。在他看来,诗歌最能蛊惑人心,扰乱了城邦秩序,因此,在他的理想国中对那些不能服务城邦需要的诗人下了逐客令。亚里士多德虽然肯定了情感和快乐的合理性,但是他所强调的快乐,其实仍然是一种求知的快乐,而非感性的、肉身的快乐。新柏拉图主义和后来的神学美学则认为,感性美是分享理念得来的,因此,掺杂了物质的美就不是绝对和纯粹的美,如果只迷恋影像和肉身之美,就无法真正走近最高的美。感性学的提出，其实是要赋予感性以理性的尊严，并将之看作是理解人、阐释人的重要组成部分。

再次，从美学的理论指向和价值诉求来看，美学也已经从追求“人”的完成转变成了对“人”的一种规训。德国古典美学建立起了近代美学的基本问题域，对其而言，美学并非仅仅停留于对于感性的理解和阐释，也不仅仅是像鲍姆嘉通那样要把感性的知识提升到理性的高度，它直接回应的是启蒙运动以来的历史主题——“人是什么”的问题，不理解这一点，就无法准确理解近代美学的理论内涵和价值取向及诉求。自此以后，美学同政治哲学、伦理学等具有了内在的同构性。这是因为，在现代西方世界从神学秩序向世俗秩序转变的过程中，世界的根据和原因不再是柏拉图意义上的“理式”，也不再是中世纪神学美学所强调的“神”或“太一”，而是“人”。我们知道，康德曾明确地指出过现代哲学应该提出并回答的问题是：第一，我能知道什么？第二，我应当做什么？第三，我能期待什么？第四，人是什么？在康德看来，这些问题其实都可以归结为一个问题，那就是“人是什么”。在这种思想视野的观照下，作为理性的源泉和大写的主体的人就处于绝对的支配地位，主体性原则确立了现代的文化形态。这样我们也就不难理解为什么席勒会在谈到审美教育的时候明确地说：“我所要谈论的主题与我们的幸福直接相关，并与人性的道德高尚不无联系。”[8]审美教育的基本信念是席勒所说的“审美先于自由”，亦即通过审美教育，培养人的道德和理性，从而指向的是人性的完满和人的完成，并最终指向了人的自由。

但是霍克海默、阿多诺、马尔库塞、福柯等认为，这种围绕着何以成“人”的启蒙及其操作，已经走向了自己的反面。因为启蒙的本意是要唤醒世界，用理性和知识祛除蒙昧与幻想，但是启蒙依靠抽象同一性，把一切都变成可支配、可理解的对象，“正式获得自由的人最终变成了‘群氓’，黑格尔称他们是启蒙的结果”[9]。抽象的同一性的统治又转化为工具理性的支配，知识的本质变成了技术，而不是通向真理，这就导致知识仅仅变成了一种操作，而放弃了对于意义的寻求，权力变成了知识的同义词，启蒙理性成了不能被质疑的新的神话。福柯继承了法兰克福学派的思考，把自己的研究工作称为“一种有关我们自身的历史本体论”，这种历史本体论包括三个方面的内容：首先，我们和真理之间是一种什么关系，这一点思考的是人如何被构成为知识的主体；其次，我们和权力的关系，它研究的是人怎样被构成为屈从于权力关系的主体；再次，我们和道德的关系，也就是人是如何被构成为道德主体的[10]。在福柯看来，启蒙思想把人塑造成了知识的主体、权力关系的主体和道德的主体，对人是什么的问题的追问和解答，变成了去制造出受规训的个人，启蒙变成了一种统治的艺术，一种屈从的知识，进而，资本主义把规训生命当做了自己的权力。

二、感性学与塞壬的政治

正如伊格尔顿所说，“美学是作为有关肉体的话语而诞生的”[11]，而这种有关肉身的操控，主要体现在对已经异化了的工人的劳动和工人肉身的管理和支配上。

在青年马克思的语境里，工人的异化，不仅表现在结果上，还表现在生产行为和生产活动本身之中：“他首先是作为工人，其次是作为肉体的主体，才能够生存。这种奴隶状态的顶点就是：他只有作为肉体的主体，并且只有作为肉体的主体才能是工人。”[12]劳动变成了一个异己的存在，异化劳动既生产出了作为自己的敌对力量生产对象和生产行为的关系，也生产出了他人对待他的生产和产品的关系，同时还生产出了他和这些人的关系。工人出卖的不仅是自己的劳动力，还有自己的肉身、精神世界和感性生活。在美学的意义上，我们可以将其称为一种“塞壬的政治”，这就像阿多诺和霍克海默在《启蒙辩证法》里所说的，《荷马史诗》记述的是神话、统治和劳动之间纠缠不清的关系。他们认为，对于塞壬的神话，我们可以从两个层面进行解读：首先，海妖的歌声知道在大地上曾经发生的一切，所以她们的歌声会让人们唾骂父权制度和历史，拒绝返回到时间的尺度中去，依靠精神永恒再现的力量，让人们去摆脱自然的存在方式。但是问题在于，这种优美的歌声其实只是一种欺骗和空洞的允诺，它抓住的是人们那种对丧失自我的恐惧，所以前方美妙的歌声和美好的图景只不过是一种假象和毫无生气的美景罢了。其次，奥德修斯就是资产者的隐喻，水手则是工人的形象。奥德修斯和水手的关系构成了启蒙辩证法的隐喻，他自己既不参加也不关心劳作，想着的只是如何维护自己的支配地位。而那些耳朵被蜡封住的水手所从事的只是一种强制性的劳动，这种强制性的劳动让工人们看不到任何希望，感官生活也被彻底堵死，在这种无意义的劳作中，奴隶在肉体和灵魂上受到了双重奴役。对于现代资本主义社会来说，这种无意义的劳动带来的结果是，技术的发展虽然看起来给人们带来了安逸，但其实统治的手段也更加沉稳，更加巩固了。所以，无论是资产阶级所谓的启蒙理想和对历史的允诺，还是美学意义上建立起来的感性秩序，都只是为了塑造出被规训的对象，人的解放的历史主题，走向了自己的反面，因而被彻底启蒙了的人类反而丧失了自我，启蒙彻底走向了自己的反面，主体性变成了一个虚假的神话。如果和德国古典美学在追问“人是什么”的过程中赋予美学的希望和可能性进行对比的话，这真是一个巨大的讽刺。

更为重要的是，这种话语实践还变成了一个排斥性的、封闭的文化结构。在这种异化劳动支配的生产关系里，工人变成了一个流浪于资本主义秩序边界内外的边缘人，成为马克思所说的国民政治经济学领域之外的幽灵[13]，是福柯所说的资产者伦理之外的异乡人[14]，也是阿甘本所说的“神圣人”，他既被共同体所容纳，但又是一个被流放且不受法律保护的赤裸生命，“通过排除赤裸生命，人之城就得以建立了”[15]。总之工人阶级变成了现代文明的“他者”，一方面，他们虽然是财富的提供者，但自己一无所有，也不被看作是人，而只是生产工具，他们的命运，就像《英国工人阶级状况》中所说的，“只是一部替一直主宰着历史的少数贵族做工的机器。工业革命只是使这种情况发展到极点，把工人完全变成了简单的机器，剥夺了他们独立活动的最后一点残余”[16]。另一方面，工人阶级也变成了危险、愚昧、落后和堕落的一种象征符号，“工人不仅在身体和智力方面，而且在道德方面也遭到统治阶级的摒弃和忽视”[17]，他们就像波德莱尔笔下忧郁的巴黎街头的流浪者，游离在现代社会结构的内外边缘之处，被看作现代文明在伦理上需要被遮蔽的创伤性存在。

如果说早期资本主义的策略是制造意识形态幻象，剥夺工人感性生活，并把自己变成一个资产者的伦理秩序，从而通过这种排他性文化实现对人的从肉身到生命的规训和操控的话，那么，到了今天，新资本主义的策略就变成了赋予人的审美自由，刺激人的感性欲望，并将之变成一种巨大的生产力，这种策略就是让短缺和富裕交替进行，而且二者之间已经失去了对抗性的参照，思想上的激进或保守变得不再重要并已经被中和了，资本的法则变成了所谓的平等、中立、非差异，它的策略就是通过经济学神话系统的生产和再生产，一方面实现对人的规训，一方面则是不断地制造欲望。资本满足于“通过唯一的运动扩展自己的法则，无情地占领全部生活空间，不论先后次序。资本把人投入劳动，但它同样也把人投入文化，把人投入需求，把人投入语言和各种功能性方言，把人投入信息和交流，把人投入法律、自由、性关系，把人投入生本能和死本能——它在各处都同时根据敌对神话和冷漠神话来训练人”[18]。换言之，所有的感性生活都已变成了欲望经济学的对象，而所有的欲望，又都是被制造出来的匮乏，因此，“匮乏—欲望—生产—匮乏—欲望……”成为新资本主义的逻辑，对肉体的管理和对生命的支配已经成为权力的主要形式，“如果不把肉体有控制地纳入生产机器之中，如果不对经济过程中的人口现象进行调整，那么资本主义的发展就得不到保证。但是资本主义的发展要求得更多，它要求增大肉体的规训和人口的调节，让它们变得更加有用和驯服。它还要求能够增强各种力量、能力和一般生命的权力手段，而不至于使得它们变得更加难以驯服”[19]。在这种情况下，对肉体的塑造、价值的规范以及对肉身力量的操控的生命权力越来越强大，在一个驯服的技术和资本逻辑支配的时代里，革命和解放自然就变成了一个虚假的镜像，所以，革命是否还有可能呢？在这样双重逻辑支配下的语境里，普遍的人的解放是否还有可能呢？解放的途径又是什么呢？

三、感性学与共同体的生成

在当代美学思想里，艺术承担了这一解放的重任。借用德勒兹和瓜塔里的观点，艺术应该被看作是一种具有生成性的、能够进行创造性抵抗的“伦理—审美”实践[20]。那么，这种“伦理—审美”实践的生成性主要体现在哪里呢？

首先，艺术可以生成被解放的、具有反抗性的新主体。在经典马克思主义看来，革命的主体和被解放的主体，显然就是无产阶级，但是在后马克思主义者看来，在全球化时代，由于各种例外状态和不同形式的规训，导致权力已经变成了一种生命政治。在这样一个混乱而又充满不确定性的资本主义新现实中，各种活生生的非物质劳动的形式，提出了主体性的新形象问题，那种统一的、总体性的主体已经不可能了，因而就要努力去建构一种对主体性的新的理解，在此基础上释放生命政治生产的潜能。

需要注意的是，后马克思主义者所理解的新主体，不是无产阶级，不是人民，而是诸众。诸众这一命名强调的是多元性、差异性和杂多性，是全球化时代失去身份特征的、松散但又不是碎片化的主体。他们认为，只有诸众承载了对抗资本主义新形式的希望。诸众就是全球化资本的肉身形象，它既是全球化资本制造出来的，被这种新的形式所规训，同时也具有一种生产性，存在着反抗的潜能：“我们的解读不仅将生命政治视为在地化生命的生产性力量——例如，伴随身体与欲望的社会合作与互动——所产生的感受和语言，自我和他人关系所产生的新的范式，等等。同时我们也认为，生命政治是新的主体性的创生，这既是反抗，同时也是去主体化。"[21]这种新的创造，就是德勒兹、瓜塔里意义上的"解域"和"再结域"（reterritorialisation）的过程，是一个多变的多元体的生成过程，这一多变的多元体，既生产出新的感受和语言，也生产出人与人之间新的关系范式，它并不具有统一的形式，会随着考察维度的变化而变化。

那么，这个即将生成的多变的多元体又是什么呢？这也是后马克思主义美学对"伦理—审美"实践的生成性的第二重理解，亦即把审美活动看作是革命实践，通过发挥艺术和美学的潜能，去推动一个歧感共同体的生成。

对于这一点，需要从两个方面来进一步理解。首先，后马克思主义美学把审美活动本身当做革命实践，当做改造社会的实践本身，换言之，革命变成了审美实践和生命的政治。比如，奈格里认为，完美的古希腊艺术并不能说明艺术对历史的超越，而是说明解放了的劳动具有一种创造的潜能，"艺术劳动是人类呈现超脱之存在的无穷无尽的能力"[22]。所以，美就是一种新的存在，革命是一个大众的行动，是解放的冒险，而"艺术家是集体行动和解放事件之间的中介：前者建构了新的存在和新的意义，后者则把这新的词语固定于存在之建构的逻辑"[23]。

其次，这种革命实践的目标是推动歧感共同体的生成。"歧感共同体"是朗西埃提出来的概念，这一共同体是空间性质的，而非"主体"意义上的，这和他的老师阿尔都塞的思想有直接的关联。阿尔都塞从结构和空间的意义上来理解历史和现实，他把历史看作一个没有主体的过程，历史没有主体而只有无数的当事人，这些当事人不是固定的点，它们只是一些位置，人们可以在这些不同的位置上结成各种不同的关系，因此，想要成为当事人，就必须要把自己"写在这个政治实践空间内的某个地方"[24]，对这些不同关系的瓦解和重构就变成了历史的应有之义。

借鉴这一理论，朗西埃对"人民"做出了新的阐释。在他看来，人民不是主体，而是特定的空间，或者说是一个空间的隐喻。它是"无产者的集合，亦即从无产者的附加物以及无产者对共同体整体的认同中诞生的虚空"[25]。"人民"和"无产者"，不是具体的主体和实在，而是空洞的能指，是一个被划定好了的空间，比如社会空间的划分，阶层的划分，等等，而艺术对于这样一个空间的形成具有重要的作用。怎么来更具体的理解这个问题呢？这就要理解朗西埃所提出的"美学的政治"。

在朗西埃看来，支配一个共同体的是平等原则，它和人的感性分享有关。比如我们对于事物的认知模式、我们所感受到的事物以及由这些感知所引发的好恶的情感、对平等与正义的伦理的判断，还有我们日常使用的语言，其实都是被各种审美机制、艺术机制、再现机制等已经分配好了的，因而，我们每个人的身份职业，我们所扮演的角色以及与这些身份和角色相适应的语言、情感的表达等等，都是已经被分配好了的，并因此形成了一种特定的共同体，这是"一种共在，其所根据的乃是身体的'属性'、有名或无名与从他们的口中发出的声音的'话语的'或'声音的'特质，来赋予身体位置与角色。此种共在的原则很简单：它根据每一个人如其所示的自明性给予其所应得之分。不同的存在方式、行动方式与说话——或不说话——的方式，恰好反映了每一个人的应得之分”[26]。这种对人的身体进行分配的机制，被朗西埃称为“治安”，治安是对身体的行动方式、存在方式与说话方式的分配，从而建立起一种有关身体的秩序。“政治”则与治安相对立，它是对这种身体秩序、感知的配置和界定的破坏，所以政治是真正的平等，是一种对已有的感性分配体制的破坏，对已有的各种界定体制的破坏，它是对感性的重新分配和感性空间的重构，用艺术和审美活动颠覆已有的界限，因而也就具有了解放的功能和意义。所以朗西埃才会说，艺术之所以是政治性的，“是因为它用某种方式架构了时间和空间的类型，以及它架构了时间及空间中的人民”[27]，也因为这个原因，艺术和审美活动也就具有了生命政治的潜能。

结语

以上我们考察了感性学的基本内涵，价值诉求以及它同资本主义文明对人的肉身操控和规训之间的关系，同时我们也看到，在后马克思主义美学这里，感性学恢复了它的“感性”和政治、伦理的维度，从而赋予了生命政治新的可能，这就促使我们去思考美学同生命政治究竟有何种关联，进而思考如何去重构美学的学科范式和价值诉求。但是，人的解放是否只是肉身的解放呢？如何让身体和感性突破资本的逻辑和技术至上主义的支配？通过“伦理—审美”实践建立起来的新的共同体的形式，是否真的表达了“丰富且自由的生命形式”[28]？这些问题同样值得我们进一步思考。

＊本文系国家社科基金重大项目“马克思主义文学批评经典重铸与当代拓展研究”【19ZDA263】的阶段性成果。

注释：

[1] [英]特里·伊格尔顿：《美学意识形态》“导言”，王杰，等译，桂林：广西师范大学出版社，1997年，第1页。

[2] [德]鲍姆嘉通：《美学》，简明、王旭晓译，北京：文化艺术出版社，1987年，第13页。

[3] [德]黑格尔：《美学》第1卷，朱光潜译，北京：商务印书馆，1979年，第3页。

[4] [德]马丁·海德格尔：《尼采》上卷，孙周兴译，北京：商务印书馆，2003年，第83页。

[5] 当然，对于鲍姆嘉通将美学理解为“感性学”，康德、黑格尔都明确表示了不满，比如康德在《纯粹理性批判》明确指出，想要把判断力的规则提升为科学的努力是徒劳的，因为这种规则的来源是经验性的。所以应该回到古希腊关于“知识”的理解，一种是可感觉的，一种是可思想的。参见李秋零：《康德著作全集》第4卷，中国人民大学出版社，2013年，第24页。黑格尔则认为，美学其实就是艺术哲学或美的艺术的哲学。参见黑格尔：《美学》第1卷，朱光潜译，商务印书馆，1979年，第3～4页。

[6] 王国维：《〈红楼梦〉评论》，《王国维论著三种》，北京：商务印书馆，2001年，第5页。

[7] [美]理查德·舒斯特曼：《实用主义美学》，彭锋译，北京：商务印书馆，2002年，第350页。

[8] [德]席勒：《美育书简》，徐恒醇译，北京：中国文联出版公司，1984年，第35页。

[9] [德]霍克海默、阿多诺：《启蒙辩证法：哲学断片》，渠敬东、曹卫东译，上海：上海人民出版社，2003年，第10页。

[10] [法]米歇尔·福柯：《主体解释学》，佘碧平译，上海：上海人民出版社，2005年，第3页。

[11] [英]特里·伊格尔顿:《美学意识形态》,王杰,等译,桂林:广西师范大学出版社,1997 年,第 1 页。

[12] [德]马克思、恩格斯:《马克思恩格斯文集》第 1 卷,北京:人民出版社,2009 年,第 158 页。

[13] [德]马克思、恩格斯:《马克思恩格斯文集》第 1 卷,北京:人民出版社,2009 年,第 171 页。

[14] [法]米歇尔·福柯:《古典时代疯狂史》,林志明译,北京:生活·读书·新知三联书店,2005 年,第 160 页。

[15] [意]吉奥乔·阿甘本:《神圣人:至高权力与赤裸生命》,吴冠军译,北京:中央编译出版社,2016 年,第 11 页。

[16] [德]马克思、恩格斯:《马克思恩格斯文集》第 1 卷,北京:人民出版社,2009 年,第 390 页。

[17] [德]马克思、恩格斯:《马克思恩格斯文集》第 1 卷,北京:人民出版社,2009 年,第 428 页。

[18] [法]让·鲍德里亚:《象征交换与死亡》,车槿山译,南京:译林出版社,2006 年,第 50 页。

[19] [法]米歇尔·福柯:《性经验史》,佘碧平译,上海:上海人民出版社,2005 年,第 91 页。

[20] [法]德勒兹、加塔利:《资本主义与精神分裂(卷 2):千高原》,姜宇辉译,上海:上海书店出版社,2010 年,第 17 页。

[21] [美]迈克尔·哈特、[意]安东尼奥·奈格里:《大同世界》,王行坤译,北京:中国人民大学出版社,2015 年,第 47 页。

[22] [意]奈格里:《艺术与诸众:论艺术的九封信》,尉光吉译,重庆:重庆大学出版社,2016 年,第 48 页。

[23] [意]奈格里:《艺术与诸众:论艺术的九封信》,尉光吉译,重庆:重庆大学出版社,2016 年,第 72 页。

[24] 这里对"当事人""政治实践"的相关论述,参见陈越:《哲学与政治:阿尔都塞读本》,长春:吉林人民出版社,2003 年,第 398～400 页。

[25] [法]雅克·朗西埃:《词语的肉身:书写的政治》,朱康,等译,西安:西北大学出版社,2015 年,第 155 页。

[26] [法]雅克·朗西埃:《歧义:政治与哲学》,刘纪蕙,等译,西安:西北大学出版社,2015 年,第 45 页。

[27] [法]雅克·朗西埃:《美学中的不满》,蓝江、李三达译,南京:南京大学出版社,2019 年,第 24 页。

[28] [意]奈格里:《艺术与诸众:论艺术的九封信》,尉光吉译,重庆:重庆大学出版社,2016 年,第 117 页。

马克思人类学笔记与摩尔根《古代社会》的比较研究

——晚年马克思的自我超越

张　谨

（华中师范大学文学院，湖北武汉，430079）

内容摘要：马克思对摩尔根《古代社会》一书做的笔记（以下简称“《古代社会》笔记”），在其晚年所摘录的五个人类学家笔记中处于核心地位。从《古代社会》笔记与《古代社会》的对比中可以看到，马克思在章节的结构编排和命名，摘录内容的选取上进行了重新设计和加工，这些改动以及笔记对《古代社会》的评语成为我们理解晚年马克思思想的重要线索。摩尔根对原始社会财产关系的论述支持了消灭私有制的可能性，同时其家族形态的分析使马克思明确区分了“氏族”和“家庭”在概念使用上的不同，前者作为真正的原始社会基础单位，体现了早期人类之间朴素的平等关系。马克思晚年研究对象的转移，并不意味着研究重心的“中断”。相反马克思在《古代社会》笔记中坚持以原始社会财产制度作为理解其政治关系的基本前提，努力消解西方长期以来以自我为中心的历史叙事，寻求以更高形式“复活”氏族社会中的自由平等观念，以及对人的解放这一命题的持续关注，种种迹象都展现出一个试图从研究时间和空间上，不断进行自我超越的晚年马克思形象。

关键词：《古代社会》；马克思；人类学笔记；私有制；异化

与马克思早期文本得到极大关注不同的是，马克思晚年对路易斯·亨·摩尔根等人类学家相关研究成果所做的笔记（以下简称“人类学笔记”），在学界关于晚年马克思研究性质所下的“中断论”“转移论”“思想衰退论”等结论的影响下，长期以来一直未受到应有的重视。但随着人类学笔记[1]研究的深入，越来越多的学者认识到，用所谓的“转移”“衰退”来形容晚年马克思研究是不合实际的，他在晚年仍旧围绕消灭财产私有制，实现无产阶级解放，推动人的全面发展等主题进行着不懈的思索。因此这种研究主题及性质的持续性，使我们得以确立研究晚年人类学笔记的基本立场，即“不应定性为实证科学、经验科学性质的‘人类学研究’而应定为一种唯物史观色彩的‘历史哲学研究’，笔记中所体现的思想，应当视作马克思对此前研究诸多论题的补充和发展”[2]。

虽然基础的理论原则没有根本性的变化，但由于研究范围的扩大，对马克思的研究还是产生了一定影响，“由此，马克思强调了一个边缘国家独立发展道路的可能性，与他早先的立场不同，不再把分析的重点放在边缘地区的发展对西方革命的贡献上。西方革命本身成为对俄罗斯社会特定发展潜力独立评估的前提”[3]。事实上从笔记中摘录的情况看，马克思也试图在研究视角上去除西方中心化色彩，他没有一视同仁地对待五位人类学者的著作，对摩尔根《古代社会》的摘录很明显处于五个笔记中的核心地位[4]。作为一名人类学家，摩尔根通过田野调查的方式与美国当地的印第安部落长期生活在一起，为马克思了解原始社会的真实样貌提供了大量的第一手资料。用恩格斯在《家庭、私有制和国家的起源》第一版序言中的话说：“摩尔根在美国，以他自己的方式，重新发现了40年前马克思所发现的唯物主义历史观……在主要点上得出了与马克思相同的结果。”[5]尽管恩格斯对于马克思人类学笔记的理解，并不能完全与笔记中的马克思画等号，但也能从侧面看出，摩尔根与马克思在一些基本立场上具有相似性，这是马克思如此重视摩尔根研究的主要原因。

本文从《古代社会》笔记与《古代社会》一书的对比入手，将《古代社会》笔记作为主体，从《古代社会》笔记对《古代社会》摘录的结构、体量以及评语三个方面，分析了马克思对摩尔根思想的认识和评价，马克思在《古代社会》笔记中借助摩尔根的著作扩大了研究范围，也反过来验证或修正了此前理论中的部分观点。研究范围的扩大是晚年马克思理论发展的必然结果，有学者认为人类学笔记与《资本论》未完成的第三卷关系很大，“不能忽略的是，《资本论》所实现的理论抽象需要以英国作为资本主义世界的中心为历史前提，但这种确定性自19世纪70年代不断被动摇。马克思在第三卷研究过程中发现，英国模式不仅难以说明最新的生息资本、平均利润率走向等问题，而且不能解释以土地所有权为基础的各种地租形式”[6]。为了解释19世纪70年代以后资本主义社会发生的新变化，马克思采取的方法是从时间和空间两个维度，进一步拓展既有研究的视野，考察其适用性，人类学笔记就是为了之后展开此类研究而准备的材料。

一、笔记对《古代社会》章节的重新命名和编排

以一份读书笔记的角度看，马克思自然对原文重要的内容进行了大段的摘录，但不同的是，这种摘录绝不仅仅是对摩尔根内容的照抄复制，而是带着马克思本人思考的复述。稍微对比二者的内容就会发现，《古代社会》中的段落、章节在马克思摘录的过程中已经被重新调整和改造。从语言风格上看，《古代社会》笔记要比《古代社会》更为流畅简练。马克思在保留主要线索和关键性事实材料的基础上，用自己的语言重述了摩尔根的研究，并且带着马克思一贯为我所用的反思和批判。

从马克思与摩尔根对各章节的命名上已能看出二者的差异。在《古代社会》四个章节的标题中，摩尔根将政治制度、家族制度、财产制度的发展对应着各种“观念的发展”，“这说明他仍带有资产阶级的偏见，但就整体而言，他已经接近掌握科学的历史比较方法了”[7]。因此马克思在摘录时，除了保留原书第一编的标题外，都做了比较大的改动，如直接略去第三编的标题，将第二和第四编的标题置于括号中，显示出

马克思对摩尔根的章节命名持一种保留态度。此外，对于摩尔根将三者在历史中的发展仅归结为一种观念的做法，马克思明显不是很认同，从《古代社会》笔记对摩尔根的评语中也可以证明这一点。

在《古代社会》笔记对《古代社会》四章的编排上，马克思也显示出与摩尔根截然不同的处理方式。《古代社会》四章的顺序分别是：第一章以生存技术为主线论述原始人类的发展史；第二章记载了原始社会时期不同地域中的社会形态；第三章是原始家族的发展史；第四章则是财产观念的发展史。在《古代社会》笔记中，马克思将第二章放到最后，其他章节保持不动。这种结构发生改变的原因可能有二：一是在《古代社会》第一章的结尾已经涉及家族形态的划分，但是摩尔根的真正论述则要到第三章才开始，马克思做笔记时为了保证行文逻辑的顺畅，直接将原文第三章放到了笔记中第二章的位置；二是在比较财产制度与政治形态在逻辑上的先后顺序之后，马克思选择了将财产置于优先地位，也就是说马克思认为理解原始社会的政治关系必须以其财产制度的分析作为基础，所有制的问题仍然是晚年研究的核心问题之一。

从《古代社会》笔记与《古代社会》不同的章节安排上可以看出，尽管二者在研究原始社会时，都以其物质生产条件作为基本出发点，但仍存在明显的差异。摩尔根的这种唯物论毕竟缺乏理论的自觉，他还受到当时美国主流资产阶级社会意识形态的限制，“这里有两个摩尔根在说话：一个是思想相当深刻的历史唯物主义者摩尔根；另一个则是浸透了资产阶级偏见的主观唯心主义者摩尔根。这就是存在于摩尔根世界观中的现实矛盾，这个矛盾决定了他不是一个真正的、彻底的唯物主义者”[8]。《古代社会》除了为当时理解原始社会的马克思提供了一手材料，更重要的是摩尔根在书中所体现的这种自发而模糊的唯物论思想，与大洋彼岸的马克思遥相呼应，仅凭这一点便使摩尔根远超同时代的多数学者。

二、《古代社会》笔记对《古代社会》的内容进行了选择性删减

马克思不仅在结构编排上有自己的设计，对《古代社会》内容的摘录也有不同于摩尔根的侧重。一般来说，我们可以认为在《古代社会》笔记中所摘录的，就是马克思所赞同的。但如果《古代社会》笔记中出现了前后不一致的情况，除非在后面的摘录或者评语中，马克思表示了明确的反对意见，那么这种不一致我们要么视作马克思为了保证摩尔根思想完整性所做的取舍，要么视为马克思在做笔记的过程中对某些思想的存疑，因为这毕竟只是笔记，我们更多只能依据笔记中的内容进行猜测。笔者以2007年中央编译局出版的《古代社会》和《古代社会》笔记进行比较发现，在篇幅上，原书第二章论述原始社会形态的部分最多，占据了全书近一半的体量，《古代社会》笔记也保持了相似的比例。不同的是，《古代社会》笔记中的第四章（即原书的第二章）在笔记中所占的比例，明显高于摩尔根原著第二章在《古代社会》中所占的比例。马克思对摩尔根原始社会财产制度的观点的摘录，几乎达到了一比一的体量，足见马克思对这一章的重视。

摩尔根在第四章中以继承制度的发展为线索论述了原始社会财产观念的变化。这种变化体现为人们死后的财产从一开始由氏族内部成员继承，缩小到在同宗亲属中继

承，到最后只在其子女中继承。随着遗产继承范围的不断缩小，财产的所有制也由共有转变为私有，但这也说明私有制发展的历史性，它不会成为人类历史发展最终阶段，会随着时代的更迭产生改变甚至消失。这个看法是马克思依据当时以英国为典型的资本主义社会所下的判断，而摩尔根则从不同的研究领域，以及更久远的人类历史发展阶段支持了这一论述。难能可贵的是，摩尔根甚至大胆预言："单纯追求财富不是人类最终的命运……社会的瓦解，即将成为以财富为唯一目的的那个历程的终结，因为这一切历程包含着自我消灭的因素……这将是（即更高级的社会制度）古代氏族自由、平等和博爱的复活，但却是在更高形式上的复活。"[9]马克思除了摘录这一部分的原话，还在下面加了许多着重号，成为《古代社会》笔记中少数被马克思加以强调的段落，这说明马克思研究原始社会的目的并不是为了回到过去，而是试图在解释消灭私有制何以可能的基础上，以更高的形式重新解释民主、平等、自由等范畴，借此寻找未来社会发展的可能性。

摩尔根对财产观念的论述得到了马克思肯定的同时，也有不少部分被马克思大量删减，原因之一是《古代社会》有些地方叙述流于繁杂，因此《古代社会》笔记对原书的内容进行了适当删改。《古代社会》全书正文部分约四十八万字，经过马克思的整理后，剩下约十万字左右的内容，但保留了原书中的重要观点和材料，例如《古代社会》论述生存技术的第一章第三节，在《古代社会》笔记中被马克思完全删去，这部分认为人类发展的进度成几何比例，核心观点是"人类在最早一个阶段的进步速度最慢，在最近一个阶段的进步速度最快"[10]，但对于马克思而言，他更关注这背后产生更替的历史性动机。同时原书此章节中还出现了如"对于野蛮人的成就……从相对重要性而言，他们的成就超过了后人的一切事业"[11]这种厚古薄今的判断，以及"没有文字记载，就没有历史，也没有文明"[12]等等缺乏足够证据支撑的观点，都可能导致马克思在《古代社会》笔记中将此节完全省去，而非某种疏忽。同样还有《古代社会》论述家族形态的第三章，这章的观点对于改变马克思早年对家庭观念的认识非常重要，但由于过多的材料堆砌，在论证时反而无法突出重点。马克思在摘录时将这一章尽量简略，由原书的一百二十页压缩至三十九页，更加准确地展示了古代社会的家庭发展史。

《古代社会》出版的19世纪，正处于人类学兴起的阶段，而受时代所限，再加上材料的缺乏，难免会出现各种事实性的判断失误，倒也无可厚非，只是还需我们在面对材料和观点的选择时做出辩证的取舍。摩尔根本人由于人类学研究的需要，终身都与美国本土的印第安人部落保持着良好的友谊，他在书中表达了对原始部落的同情和支持，但受制于西方当时的意识形态，这种同情和支持并不是平等的，例如他一方面形容埃及人迟钝，美洲土著心智不高；另外一方面又赞叹雅典人天才洋溢，认为"迄今为止，在全人类中，雅典人按其人口比例而言乃最卓越、最聪明、最有成就的一支人"[13]。这些带有种族偏见和西方中心主义的表述无疑也遭到了马克思的删减，因为马克思将视角放在西欧以外的原始社会的目的之一，就是为了消解西方长期以来以自我为中心的历史叙事。

三、从评语看晚年马克思的思想旨意

马克思在摘录《古代社会》一书主要内容的同时，也以各种方式作了许多重要评语（也包括一些资料性的补充）。这些评语或形成一个段落，或短短一两句，有的甚至只是一个简单的符号或者一个字词，比起摘录的内容，这些评语对于我们理解晚年马克思思想来说更加可贵。马克思在笔记中的各类批语共一百二十余条，按照《古代社会》原书论述的主题大致可分为四类，分别是：生存技术、家族形态、财产制度、政治关系。笔者认为四个主题中，又以财产制度和家族形态这两章对马克思启发最大，因为前者是马克思一直关注的核心问题，后者则是而摩尔根极为擅长的领域，他掌握了大量一手资料，改变了马克思早前对古代社会的部分观点。

（一）生存的技术

这一部分所占比例最小，但体现了摩尔根具有和马克思大致相似的唯物史观，用《古代社会》笔记中的话说："标志着人类进步的事件，不以特殊的人物为转移而体现在有形的记录之中，凝结在制度和风俗习惯中，保存在各种发明和发现中。"[14]除了对几个专有事物名词进行了解释，《古代社会》笔记中值得注意的评语有两条：一是马克思在摘录"一切生物中，只有人类可以说达到了绝对控制（?!）食物生产的地步"[15]这一句时做的符号，表示了对摩尔根这句表述绝对性的怀疑；二是通过比较不同语言中"园圃"一词的差异，与"园艺"一词作了区分，这不仅体现了马克思对概念使用的敏感，而且结合后文可以看到，"摩尔根认为只凭围栏便可证明土地私有，这就错了"[16]，对比起《资本论》中对英国圈地运动的分析，方可知马克思的本意：圈地运动的关键在于贵族通过暴力的方式剥脱农民土地，强迫他们成为自己的雇工，以此改变整个土地的所有制和生产关系，仅凭围栏作为判断不免有流于表面之嫌。

（二）古代家族的形态

摩尔根对古代家族形态的论述，使马克思改变了之前持有的"氏族产生于个体家庭"的观点，明确论述了氏族早于个体家庭，并在《古代社会》笔记中多次提到氏族作为古代社会基本单位的重要作用。马克思对这部分反驳得不多，主要是在摘录的基础上进一步发展自己的思考，同时借此批评了梅恩等人当时将父权制作为最古老家庭形式的看法以及关于人类退化的假说。

一开始马克思就批注道："最古是过着杂交的原始群的生活，没有家庭，在这里只有母权能够起到某种作用。"[17]以反驳当时流行的父系社会最早的人类学观点，并且批评这些学者缺乏对原始群杂交现象的认知，这句评语可视作马克思对这部分的整体总结。马克思当时对俄国社会发展道路的确保持了密切关注，《古代社会》笔记中多次连续地出现与"南方斯达夫人""农奴解放前后的俄罗斯农民"[18]相关的评语，并且还结合了摩尔根关于共产制生活方式与古代日耳曼人的婚姻制度的论述进行比较。摩尔根认为当奴隶制成为一种制度，以个体组成的家庭集体经济便会消失，对此马克思进一步补充道："实际上，专偶制家庭要能独立地、孤立地存在，到处要以仆役阶级的存在为前提，这种仆役阶级最初到处都是直接由奴隶组成。"[19]说明专偶制家庭的形成，要以奴隶阶级的诞生作为基础。马克思在《古代社会》笔记中非常重视考察基础性的社会生产关系，在《古代社会》的影响下，他已经开始将家庭关系作为一个重要的能动要素进行考察。摩尔根原书写道：“亲属制度却是被动的；它在一旁长久地记载着家庭所取得的进步，并且只有当家庭已经根本变化了的时候，它才发生根本的变化。”[20]之后马克思注释道：“同样，政治的，宗教的，法律的以至一般哲学的体系都是如此。”[21]

马克思在这里唯一与摩尔根产生差异的地方，是关于古希腊人性别关系的看法。摩尔根认为当时处于典型的男尊女卑的社会，并在“希腊妇女的心灵上打上了自卑感的烙印”[22]。对此马克思借助希腊神话进行了反驳：“而面对奥林帕斯山的女神们的态度，则反映了对妇女以前更自由和更有势力的回忆。朱诺有权力欲，智慧女神是从宙斯脑袋里跳出来的，等等。”[23]与摩尔根侧重于田野调查的实证性研究相比，马克思还会从文学中寻求对古代社会分析的依据，展示了更为多元的分析视角。同时，摩尔根在此章末尾清楚地表明了对财产的看法：“无论怎样高度估量财产对人类文明的影响，都不为过甚，财产曾经是把雅利安人和闪米特人从野蛮时代带进文明时代的力量。”[24]这个判断无疑得到了马克思的认可。

（三）财产关系

摩尔根认为在野蛮与文明时代（使用摩尔根的时代分期）之交，大部分土地已经归个人所有，其标志便是人们已经学会抵押土地，马克思进一步做了补充性的评注，“即标志牌，债务人必须在抵押的房屋旁边或抵押的土地上设立这种标志牌，上面写明债款数额和债主的名字”[25]，以示认同。随着财富的增加，私有制的出现，集体性的氏族制度遭到破坏，后文的评注说：“不管地域如何，同一氏族中的财产差别使氏族成员的利益的共同性变成了他们之间的对抗性；此外，与土地和牲畜一起，货币资本也随着奴隶制的发展而具有了决定的意义。”[26]当然，摩尔根对财产的看法是认为这种人类被财富所支配的历史，只是其发展阶段中的一小部分，马克思接着评论道，“而且是很小的一部分”[27]，这表示晚年马克思相信人类最终能够消除财产私有制带来的异化，进入另外一个能够实现人全面发展的社会。

（四）原始社会的组织形态

这部分体量最大，马克思的评论也最多，而且有近一半的评语是马克思对其他学者的批评，展现了马克思犀利辛辣的思想批判。这一部分的主旨可以概括为：氏族而非家庭才是古代社会的基础单位，这种社会组织体现了早期人类之间朴素的平等关系。马克思以此对当时主流的西方学者进行了毫不留情的批判，如：有的学者认为氏族内部存在等级或者阶级，对此马克思的评语是：“一旦在氏族的血缘亲属之间产生级别之分，这就同氏族原则发生冲突，而氏族就会僵化为自己的对立面即等级……血缘纽带不容产生任何形式完备的贵族；兄弟关系继续存在于平等感中。”[28]马克思还多次将出现于当时研究者论述古代社会中的“家庭”一词改为“氏族”[29]，进一步明确了“家庭”和“氏族”两者的使用界限；对于西班牙人误将原始社会中酋长一位的世袭与封建社会的世袭观念相等同的做法，马克思也有批注：“难道西班牙人不会用那个从其中选出最高军事酋长……例如贝壳珠带守护者不是从某一个氏族中选举出来的吗?”[30]以此说明原始社会的最高领袖虽然可以传袭，但仍要通过部落成员的协商认可，进一步表明氏族社会的民主性质。之后的评注也可为此证明：“按照摩尔根的看法：执政官的职位是终身的，是在氏族中世袭的，因此不是现代意义上的世袭。”[31]

又如批判格罗特作为一名书斋学者的理论空想：“格罗特说希腊人的社会制度的基础是家庭，这是荒谬的。”[32]氏族不以家庭为单位，二者存在于人类发展的不同时期，马克思对这位“庸人学者”将宗教仪式作为“根本的结构和观念的基础”[33]继续批评道：“亲爱的先生！不是观念的，是物质的，直白地说是肉欲的!”“于是老实的庸人们便作出了而且还在继续作着一种结论，即幻想的系谱创造了现实的氏族!”[34]并进一步表示原始人类是从实践中发展了血缘亲属制度。

可以看到，在《古代社会》笔记中马克思在摩尔根研究的基础上，严格地使用“氏族”“部落”“家庭”“政治”等词汇，他甚至在评述中一字一句地纠正了蒙森的表述错误：“所有这些州（应为部落）在原始时期在政治上（蠢驴!）都是独立自主的，各由其邦君统治之（蒙森先生，实行管理的是议事会，而不是最高军事酋长，蒙森的邦君!）”[35]括号中马克思的评语说明，在笔记接近尾声的时候，摩尔根的观点已基本被马克思内化为对原始社会组织形态的认识。在唯物史观的影响下，马克思认为必须严格区分原始氏族社会与之后政治社会在术语上的差别，不能用今天的价值观念去理解原始社会的财产、亲属及社会制度。

马克思认为随着氏族社会的解体，贵族和奴隶阶级产生的阶级对立一直延续至今，而摩尔根因为受到资产阶级意识形态的影响并未完全认清这个事实。因此，摩尔根才会认为在罗马政治社会的建立之后，此时形同虚设的氏族仍然起到保护平民的作用，马克思对此评论道：“摩尔根认为被保护的人，从一开始就是平民的一部分，这是不正确的。”[36]同样的内容还出现在《古代社会》笔记对《高卢战记》的评注：凯撒记载了将土地平均分配给人民的历史，而马克思则借助其他学者的材料进行了反驳，证明了土地的分配仍按阶级划分，统治者记录中的虚伪平等并不存在。对此，有学者认为必须区分受资本主义意识形态影响的人类学与马克思笔记的区别：“这种观点更适合于与人类解放有关的人类学，而不是加深在新自由主义结构，反共产主义国家和‘全球相互依存’之间沟壑的人类学，后者从未质疑大集团的权力，或所谓民主社会中的法西斯回响，以及一般政治经济制度其正常运作中对数以百万计的人所产生的不利影响。人类学的这一传统倡导当地人民努力捍卫一种在结构上和实践上都与资本主义强烈对立的生活方式。”[37]如果说真有一种马克思式的人类学，那么这种人类学必须在原始社会的考察中，以一种资本主义社会对立面的姿态，反思当今世界“人的解放”这一命题，而不是满足于还原古代生活的样貌和社会形态。

总的来说，从评语的内容上看，马克思保持了对东方社会的关注，对古代社会的考察依然是以生产关系和所有制作为基本条件。不过随着《古代社会》笔记的深入，尤其在《古代社会》笔记的后半段，马克思刻意规范了“氏族”“部落”“家庭”“政治”等词汇的使用范围，我们可以发现马克思不再局限于将摩尔根的论述仅作为一种反思当时英国资本主义社会的参照物——尽管这可能是他写作人类学笔记的初衷之一，而是开始将原始社会视为具有独立特点的发展模式，以反思那些将现代观念带入原始社会研究的做法。在摩尔根所描述的原始社会中，劳动工具和技术的进步是人类社会发展的重要标志，在此基础上，人与人之间各自为生存所花费的劳动，得到的财产以及分配处于一种朴素的公平和平等中。这种集体创造和分配财富的实践过程，使以人为主体的相互依赖关系，个体与集体的和谐相处，以及人的集体性和社会本质得以确证，《古代社会》笔记对《古代社会》的评语也反映了这一点。但是，回到原始社会不等于抛弃现代文明社会的发展成果，摩尔根和马克思借此想表达的是："要想实现人的解放，人类就必须扬弃私有制，在更高层面上进到公有制社会。"[38]

结语

综上，从《古代社会》笔记与《古代社会》的比较研究中可以看出，首先，《古代社会》笔记中所体现出的晚年马克思形象，是一个思维清楚，逻辑严密的研究者形象，其思想的批判性和辩证性也未见减弱，不符合"思想衰退"的描述。马克思以往反对实用主义、教条主义的研究态度，以及严谨的思考风格仍然在笔记中存在。马克思在坚持生产力与生产关系的理论优先性，消灭财产私有制，展示阶级对抗和压迫，反对宗教等等方面，都继承了早年的理论路径，而不是研究的"中断"。马克思对摩尔根的研究，从总体结构上进行了再度的设计，从内容上进行了二次的加工和阐释，这种以我为主的摘录和评注证明了，晚年马克思的研究领域只是有所扩大，"这么做，其实正是为了抓住19世纪中后期特别是70年代以来世界人类学大发展的学术契机，实现他19世纪40年代以来的学术宏愿：从唯物史观、历史哲学高度，系统探索'原始社会、文明起源问题'，创立唯物史观关于此问题的基本理论"[39]。

其次，《古代社会》笔记对"家庭""氏族"概念的使用作了严格的限定，这是马克思基于摩尔根研究所作的判断。《古代社会》第一章序言开篇就区分了古代社会和近代文明社会的差异，前者产生了社会，以人身和氏族制度为基础，基本单位是氏族；后者产生了国家，以地域和财产为基础，基本单位是家庭。马克思一开始没有摘录这一部分，可能是还存有疑问，但随后《古代社会》笔记第四章对诸多学者的批判又可以证明，马克思至少部分地采纳了摩尔根的观点，即"氏族"要放在私有制产生之前的古代社会中论述，"家庭"则放到之后的近代社会。原因有二：其一，古代社会并非没有家庭，只是氏族才是最主要的社会组织，最好的证明就是组成家庭的男女双方属于不同氏族（因为同一氏族内部禁止通婚），死后财产的继承属于各自的氏族，以家庭作为基本单位考察古代社会有失客观。其二，"家庭"只属于专偶制形成之后的文明社会，它是一个近代词汇，与我们今天所理解的含义一致，把它套用在古代社会中的学者可谓"失之毫厘，谬以千里"。因此，马克思在摩尔根的基础上，以所有制区别了两个术语的使用，与此相对应的是使用"等级""阶级"去描述古代社会，这在财产公有，依赖人身关系，尚未出现异化的氏族社会也是不合逻辑的。反过来说，如果试图消除资本主义社会的异化，那么摩尔根提供给马克思的可能便是以财产共有作为基础，强调以人为主体的集体关系的社会蓝图。

总的看来，晚年马克思的人类学笔记与古代社会史笔记以及资本论，完成了在研究跨度上的延续，组成了一个“艺术的整体”[40]。同时，在研究范围上，人类学笔记又显示出晚年马克思对自我的超越，这种不再局限于资产阶级时代西欧地区，而是力图揭示整个人类发展史和生存世界的研究，暗示了晚年马克思正在酝酿着一个气势磅礴的写作计划，可惜天不假年，后世唯能从两部笔记中窥得一二。

*本文系国家社科基金重大项目“马克思主义文学批评经典重铸与当代拓展研究”【19ZDA263】的阶段性成果。

注释：

[1] 又称“民族学笔记”“古代社会史笔记”“国家与文明起源笔记”等。

[2] 林锋：《再论马克思“人类学笔记”的“研究性质”》，《教学与研究》2019年第3期，第23～28页。

[3] S. Kalmring, A. Nowak, “Viewing Africa with Marx: Remarks on Marx's Fragmented Engagement with the African Continent”, *Science & Society*, 3, 2017.

[4] 王晓红：《马克思晚年笔记的原始核心是什么——关于〈路易斯·亨·摩尔根古代社会一书摘要〉的地位》，《高校理论战线》2009年第3期，第43～49页。

[5] [德]恩格斯：《家庭、私有制和国家的起源》，中共中央马克思恩格斯列宁斯大林著作编译局编译，北京：人民出版社，2018年，第3页。

[6] 王莅：《马克思求解资本主义史前史的理论构想——重思“人类学笔记”与“历史学笔记”的主题》，《哲学动态》2019年第12期，第13～22页。

[7] 马润青：《马克思“人类学笔记”中的方法论原则》，《北京师范大学学报》1990年第5期，第19～24页。

[8] 汪连兴：《卡·马克思对摩尔根原始社会史学说的批判和改造——马克思原始社会史理论研究之一》，《民族研究》1982年第3期，第1～10页。

[9] [德]马克思：《马克思古代社会史笔记》，中共中央马克思恩格斯列宁斯大林著作编译局编译，北京：人民出版社，1996年，第192页。

[10] [美]摩尔根：《古代社会》，杨东莼，等译，北京：中央编译出版社，2007年，第25页。

[11] [美]摩尔根：《古代社会》，杨东莼，等译，北京：中央编译出版社，2007年，第22页。

[12] [美]摩尔根：《古代社会》，杨东莼，等译，北京：中央编译出版社，2007年，第26页。

[13] [美]摩尔根：《古代社会》，杨东莼，等译，北京：中央编译出版社，2007年，第183页。

[14] [德]马克思：《马克思古代社会史笔记》，中共中央马克思恩格斯列宁斯大林著作编译局编译，北京：人民出版社，1996年，第336页。

[15] [德]马克思：《马克思古代社会史笔记》，中共中央马克思恩格斯列宁斯大林著作编译局编译，北京：人民出版社，1996年，第126页。

[16] [德]马克思：《马克思古代社会史笔记》，中共中央马克思恩格斯列宁斯大林著作编译局编译，北京：人民出版社，1996年，第185页。

[17] [德]马克思：《马克思古代社会史笔记》，中共中央马克思恩格斯列宁斯大林著作编译局编译，北京：人民出版社，1996年，第131页。

[18] [德]马克思：《马克思古代社会史笔记》，中共中央马克思恩格斯列宁斯大林著作编译局编译，北京：人民出版社，1996年，第154页。

[19] [德]马克思：《马克思古代社会史笔记》，中共中央马克思恩格斯列宁斯大林著作编译局编

译,北京:人民出版社,1996年,第161页。

[20] [美]摩尔根:《古代社会》,杨东莼,等译,北京:中央编译出版社,2007年,第310页。

[21] [德]马克思:《马克思古代社会史笔记》,中共中央马克思恩格斯列宁斯大林著作编译局编译,北京:人民出版社,1996年,第148页。

[22] [美]摩尔根:《古代社会》,杨东莼,等译,北京:中央编译出版社,2007年,第342页。

[23] [德]马克思:《马克思古代社会史笔记》,中共中央马克思恩格斯列宁斯大林著作编译局编译,北京:人民出版社,1996年,第162页。

[24] [美]摩尔根:《古代社会》,杨东莼,等译,北京:中央编译出版社,2007年,第369页。

[25] [德]马克思:《马克思古代社会史笔记》,中共中央马克思恩格斯列宁斯大林著作编译局编译,北京:人民出版社,1996年,第184页。

[26] [德]马克思:《马克思古代社会史笔记》,中共中央马克思恩格斯列宁斯大林著作编译局编译,北京:人民出版社,1996年,第317页。

[27] [德]马克思:《马克思古代社会史笔记》,中共中央马克思恩格斯列宁斯大林著作编译局编译,北京:人民出版社,1996年,第192页。

[28] [德]马克思:《马克思古代社会史笔记》,中共中央马克思恩格斯列宁斯大林著作编译局编译,北京:人民出版社,1996年,第266页。

[29] [德]马克思:《马克思古代社会史笔记》,中共中央马克思恩格斯列宁斯大林著作编译局编译,北京:人民出版社,1996年,第269页。

[30] [德]马克思:《马克思古代社会史笔记》,中共中央马克思恩格斯列宁斯大林著作编译局编译,北京:人民出版社,1996年,第284页。

[31] [德]马克思:《马克思古代社会史笔记》,中共中央马克思恩格斯列宁斯大林著作编译局编译,北京:人民出版社,1996年,第312页。

[32] [德]马克思:《马克思古代社会史笔记》,中共中央马克思恩格斯列宁斯大林著作编译局编译,北京:人民出版社,1996年,第293页。

[33] [德]马克思:《马克思古代社会史笔记》,中共中央马克思恩格斯列宁斯大林著作编译局编译,北京:人民出版社,1996年,第298页。

[34] [德]马克思:《马克思古代社会史笔记》,中共中央马克思恩格斯列宁斯大林著作编译局编译,北京:人民出版社,1996年,第299页。

[35] [德]马克思:《马克思古代社会史笔记》,中共中央马克思恩格斯列宁斯大林著作编译局编译,北京:人民出版社,1996年,第334页。

[36] [德]马克思:《马克思古代社会史笔记》,中共中央马克思恩格斯列宁斯大林著作编译局编译,北京:人民出版社,1996年,第346页。

[37] C. W. Gaile, "Community, State and Questions of Social Evolution in Marx's Ethnological Notebooks", *Anthropologica*, 45, 2003.

[38] 孙熙国、张莉:《马克思晚年"人类学笔记"的理论主题》,《北京大学学报》(哲学社会科学版)2017年第6期,第80~82页。

[39] 林锋:《"人类学笔记"写作动机之谜的"破解之道"——一种基于方法论的探讨》,《马克思主义与现实》2021年第1期,第95~100页。

[40] 冯景源:《再谈唯物史观"艺术整体"的重要意义》,《新视野》2005年第1期,第55~57页。

别林斯基与马克思主义文学批评的"历史观点"

王金山

（华中师范大学文学院，湖北武汉，430079/

内蒙古财经大学人文学院，内蒙古呼和浩特，010070）

内容摘要：别林斯基，俄国伟大的文学批评及文学批评理论家，他的批评实践与批评理论视角都以其独特的对"历史"与"审美"问题的把握而自成高格。其对"历史批评"与"美学批评"的独特理解，对"民族性"与"时代性"的清醒认识，对后代的文学批评实践及理论产生着重要的影响。别林斯基的文学批评观及历史、审美观，与马克思主义的相关观点是一种平行的关系，互相几乎没有任何交集，但却在实际观点上有许多颇为值得关注的相交点。在充分理解马克思主义历史观及文学批评的历史维度的同时，我们应进一步审视两者的区别与联系，以期对文学批评的"历史维度"研究方面有所启发。

关键词：别林斯基；马克思主义；历史观点；美学观点

维萨里昂·格里戈里耶维奇·别林斯基，出生于1811年，在他三十多年的生命历程中，在文学批评实践与理论方面奉献了自己全部心血。他是一位伟大的革命民主主义者、思想深邃的哲学家、博学多才的文学评论家。别林斯基出生于贫寒家庭，中学时深深地热爱文学，后来进入莫斯科大学学习文学。1832年被学校开除，原因是他参加进步小组文学社。在校期间他也创作了一些进步的文学作品，例如《德米特利卡里宁》，这是一部反对农奴制度的戏剧。1833年，别林斯基开始为杂志撰稿，后来开始了文学批评。1834年发表了《文学的幻想》，这是他的第一篇长篇论文。此后，他写下了许多关于文学评论的文章。1838—1839年，他曾在杂志社工作，并且成为主要负责人，杂志名为《莫斯科观察家》。《莫斯科观察家》停刊后，别林斯基移居彼得堡，主持《祖国纪事》《现代人》杂志文学评论栏的工作。1848年因病去世。他的文学批评实践及理论主张，深刻地影响了后来在文学批评史上与他齐名的另外两位民主主义、现实主义批评家车尔尼雪夫斯基、杜勃罗留波夫。

一、别林斯基文学批评观点中的"历史观点"

我们熟知别林斯基对"典型理论"的经典概括——"熟悉的陌生人"，也谙熟他对文学艺术特质概括——"形象思维"。他颠倒了黑格尔"历史的美学的"观点，将

"美学的"放到了"历史的"之前。这一前一后的变化，不仅是理念的客观唯心论与实践、唯物的现实主义取向、旨趣之不同，更是强调二者有机统一的文学批评标准，乃至于有些研究者会认为，经典马克思主义可能会受到别林斯基的影响[1]，但二者至少在目前发现的实证材料上来看，并无交集。别林斯基将"美学的"放到"历史的"之前，既是其"形象思维"为主导的批评观念的反映，也是对黑格尔的一个回应。但二者的关系到底是谁先谁后，还是别林斯基所言的有机统一，抑或应该有新的认知，我们认为还是需要进一步探讨的。

别林斯基指出：批评在希腊语里的意思是做出判断，因而，在广义上说来，批评就是判断[2]。文学批评是对文学作品、文学现象及文学活动的评价活动，是对一定文学观点的分析研究、评价判断的活动。文学批评的核心问题是什么？别林斯基的理解是："这作品是典雅的吗？这作者的确是诗人吗？解决了这个问题，关于作品的特点和重要性自然就有了解答。"[3]也就是说，按照别林斯基的理解，文学批评虽然离不开理性、判断，但其根本上是一种感性活动、直觉活动和心理活动。尽管某些研究者强调别林斯基的"感性活动基础"以及"直觉与判断相统一"等要素[4]，也并不能从根本上改变别林斯基对此时文学批评性质的感性的、审美的把握，这与其对文学"形象思维"的概括一脉相承，息息相关。别林斯基认为，法国式的文学批评方式是对文学作品进行阐释、理解，而并不是真正地对艺术作品进行文学批评，因为法国式的文学批评注重对作品与时代、作品与作者个人生活的关系，在此基础上对文学作品进行解释、评价与阐发。法国式的批评，也就是别林斯基认为的"历史的"批评。在他看来，德国式的批评首先是在具体的文学实践中发现普遍性的东西，也就是在具体、有限、局部中寻找出"理念"；然后是通过这些普遍事物、理念自身的变化与运动、发展来证明其具体实在性。通过这样的过程，才能对文学作品进行美学的批评，因为只有这样的过程，才能理解从抽象理念落实到具体文学情境的作品本身。这种德国式的哲学的评价，被别林斯基看作是文学批评的基本类型，甚至是绝对的批评，也就是说，文学批评的基本类型或者说批评的绝对形态，应该是美学评价，而非历史批评[5]。别林斯基一直到19世纪40年代初，仍然把美学的批评与历史的批评界限清晰地区别开来，并且认为美学的批评是根本的批评，他说："确定一部作品的美学优点的程度，应当是批评的第一要务。当一部作品经受不住美学的评论时，它就不值得加以历史的批评了；因为如果一部作品缺乏非常重要的历史内容，如果在它里面，艺术本身就是目的，它毕竟还可以具有哪怕是片面的、相对的优点；可是，如果它虽然具有生动的现代兴趣，却并不标志着创作和自由灵感的痕迹，那么，它无论在哪一方面都不可能具有任何价值，它即使具有迫切的兴趣，当强制地在跟它格格不入的形式里表现出来时，这兴趣也将是毫无意思的，荒谬绝伦的。"[6]这样的理解，应该说，既是对黑格尔思想的继承与发展，也有其"形象思维"作为文艺概括的合理延续。

别林斯基逐渐重视历史的批评，是在19世纪40年代中期，也是其生命的最后几年。在这几年，他力图把美学批评与历史批评完整、有机地统一起来，集中体现在：他开始反对那种脱离了时代、历史的纯粹主观趣味的批评，而是主张要想考察一般作品的作家思想、创作意图、深层社会含义、社会主题，一定要结合时代性、历史性，通过了解艺术家的生存状态、周遭社会关系来探究作者，要通过了解作家的脾性，解释他的作品。他还认为一个民族的文学要用它的历史来说明。因此，“只是历史的而非美学的批评，或者反过来，只是美学的而非历史的批评，这就是片面的、从而也是错误的”[7]。作家在创作的过程中必然会考虑时代特点、意识形态、审美趣味而不仅是凭借自己的主观意志去创作[8]，“为了猜中像拜伦那样包罗万象的大诗人的忧郁的诗歌的秘密，首先应当猜中它所表现的那个时代的秘密”[9]。别林斯基充分认识到，写作的时间、地点和环境，以及影响写作者创作的种种历史性条件状况等如果被忽略了，对他的理解只能是片面的、孤立的。文学是对社会生活的反映。在作品中所体现的主题、作家的思想风格特点都与他所处的时代背景有着紧密的联系。

在别林斯基看来，俄国文学正像俄国文明一样，也是从模仿，从盲目地摄取形式开始的[10]。别林斯基在《文学的幻想》中讲，民族性是新时期的全部意义。民族性是当代美学的基本要素，甚至认为，诗人的最伟大的功劳和诗人最大的成就是民族性。他评价杰尔查文为“俄国诗坛的勇士，是被他自己的时代精神束缚住的，那个时代不外是把诗歌理解作适用于某一情况胜利或者干脆是庆祝会的庄严颂诗，并且相信，诗歌是甜蜜的，愉快的，像秋天的美味的柠檬一样”[11]。那个时代追求的是辞藻，别的其他的东西都被排除，而杰尔查文追求的是有诗意的、内在的、亲切的原则，但这种原则在他笔下流露出来时，仿佛是违背他本意似的，因为当时的时代要求保持庄严的调子，这就使得他的原则没有了自由发挥的空间。有人说杰尔查文的巨大才能出现在不利于他发展的时代，就是在贬低杰尔查文，但别林斯基认为不是这样的，“难道把一个伟大人物放在同时代的历史的依存关系（自从世界存在的一天起，没有任何一个天才能够从这种依存关系中解脱出来）中来加以考察，就能够贬低他吗？恐怕未必”[12]。虽然创作受制于时代背景，但却并不能因此否认作品作家的价值。别林斯基评价俄国另一位作家巴丘希科夫时说，他的作品中总有些不完备的、言未尽意的东西；他的概念并不深刻，他的诗歌的内容，一般来说是很贫乏的；就连语言也是充满缩短语尾和破格之弊，而艺术性则常常跟玩弄辞藻的毛病发生冲突。巴丘希科夫实在缺乏天才性，以便从自己的时代的影响下解脱出来[13]。别林斯基将这样的原因归为两方面：巴丘希科夫的才能依旧不是太强大，不够深刻，没有深入探索民族性与时代性的灵魂；巴丘希科夫作品不具有民族性，只是模仿盲目地摄取形式。时代性要通过民族性表现出来，而民族性则要随着时代的变化而变化。杰尔查文、巴丘希科夫显然没有完成民族性与社会性相结合这样的需求。

在指出了一部分作家作品的弊端之后，别林斯基对普希金的作品给予高度的评价，夸赞普希金为“地平线上升起的伟大星球”，他认为，“普希金是第一位俄国的诗人，这并不意味着在他之前不曾有过诗人，并且还是值得注意、敬仰、爱戴的、久有盛名的诗人；这只是意味着，在这些人身上表现了从康捷米尔以迄于罗蒙诺索夫为止的俄国诗歌，要从人工的、模仿的东西变为自然的、独创的东西的一种渐进的努力，要从书本气的东西变为生动的、社会的东西，要同生活和社会接近的一种追求，而在普希金身上，则表现了这种努力的凯旋和胜利”[14]，他认为普希金的诗歌是有民族性的，是俄国的。普希金的作品不是模仿、摄取形式而是有独创性和民族性的[15]。别林斯基在对普希金的诗体长篇小说《叶甫盖尼奥涅金》的评价中，紧紧联系19世纪20年代俄国的农奴制来深刻分析其艺术成就，从而得出普希金的创作是“俄罗斯的百科全书”这一论断。他认为普希金的作品最具有俄罗斯特色，在创作过程中运用了俄罗斯民间诗歌的形式，俄罗斯文化与精神深深地烙印在他的文学作品中。这样，民族性与时代性亲密地结合在一起，想要文学成为真正的经典文学就要兼顾民族性与时代性，民族性与时代性二者统一则对双方都有利，背离则对双方无益。没有时代性，民族性就会变为盲目排外的国粹主义，离开了民族性，时代性也会成为没有自己特点的全盘抄袭别人的世界主义。而普希金将民族性与时代性完美融合，创作的不仅是俄国的文学，更是世界的文学。在别林斯基看来，诗歌和文学在俄罗斯开始时仅仅是没有生命的形式，逐渐地接近生活和独创性，终于经过历史的过程而获得了第二天性，普希金就是这个过程中的重要作家，“您在其他任何一个俄国诗人中找不到其中优美的人道感情同优美典雅的形式完美地结合在一起的一首诗”[16]。从美学的批评，到民族性、时代性与形式的完美统一，别林斯基观点上的嬗变轨迹非常清晰。

文学批评要涉及美学批评与历史批评两方面，如果批评只有历史批评而没有美学评判，或者说只有美学批评却没有历史批评，那批评就是不完整的、片面的。历史批评与美学批评的统一在别林斯基这里经历了一个发展过程。从19世纪40年代初期的坚持艺术的标准第一，历史的标准第二，认为最低标准也得维持它的艺术性；到了40年代中期，思想开始转化为把美学批评和历史批评相统一，开始反对纯艺术，强调进行文学批评不仅要关注它的艺术性还要关注它的社会历史性。如果不让艺术为社会、阶级历史服务，这就是在贬低艺术，阻碍其发展，也会使得艺术变为一种完全娱乐性的东西，却并没有什么思想价值。别林斯基看到，“在叶卡捷琳娜朝代，曾经有过许多从事写作的人，然而却只有少数人享有盛名：这就是说明他们身上有某种适应他们的时代并满足其要求的东西。纵令时代的审美口味有时是错误的，但时代总比个人重要，就连时代的谬误，对于思想家来说，也是饶有兴趣的、富有教益的事实”[17]，这说明时代、历史的重要性。作家在创作的过程中必然会考虑时代特点、意识形态、审美趣味而不仅是凭借自己的主观意志去创作。历史性在某种意义上，更重于个人性。

二、别林斯基与马克思主义文学批评“历史观点”的平行考察

别林斯基的历史观点认为一个民族的文学要用它的历史来说明，这是正确的。但是，他又认为民族的历史决定于它的世界观，这是黑格尔式“理念论”历史唯心主义观点在别林斯基思想中的回响。下面我们将别林斯基批评的历史维度与马克思主义的历史观进行比较，以期更深入探讨批评中“历史观点”的发展脉络及其科学性。

研究马克思主义文学批评“历史观点”的产生，首先要将其“历史观”产生的基础作为出发点，并结合“美学观点”与“历史观点”的产生进行分析。黑格尔的相关文学艺术观点是马克思主义文学批评“历史观”的重要来源之一，尤其在“美学观点”与“历史观点”以及二者的关系问题上，马克思主义辩证地扬弃了黑格尔的结论。别林斯基与马克思、恩格斯并无交集，对二者进行比较，可以看出在对黑格尔的

扬弃上“历史观点”发展的不同路径。别林斯基的美学观点逐渐向唯物主义靠拢了，但他的观点并非是彻底的唯物主义历史观，因为资产阶级民主主义的立场，他依旧无法摆脱唯心主义的影响。与别林斯基最大的不同在于，马克思主义的美学观点、文学批评观点是完完全全建立在唯物主义基础上，认为文艺创作一定要以作品所反映的时代为着眼点和落脚点，“时代”不仅是文学艺术发生的直接原因，也是继承的前提与依据。只有在以生产方式为依托的历史条件下去理解文学，才能真正认识文学的价值与功能，才能够展示出其内在的美学特性。那些离开历史去谈论所谓永恒价值的做法，是一种高蹈化、抽象化的偏颇。

马克思在他与恩格斯合写的《德意志意识形态》一书中，有一条注解写下了这样一句话：“我们仅仅知道一门唯一的科学，即历史科学。”[18]之前，马克思在《关于费尔巴哈的提纲》中把自己的学说与一切旧唯物主义做了清晰的区别，他指出，旧唯物主义“对对象、现实、感性，只是从客体的或者直观的形式去理解，而不是把它们当作人的感性活动，当作实践去理解，不是从主体方面去理解”[19]。也就是说，理解历史科学的逻辑起点及理论出发点，应该是人的“主体方面”，是“人的感性活动”，也就是“实践”，要把“人的活动本身理解为对象性的（gegenständliche）活动”[20]，换言之，历史科学是从人的感性活动出发对历史的把握，而不仅仅是一种抽象的、理论的历史哲学。我们认为，这是理解马克思主义对待一切历史事物、现实、感性，包括对待文学艺术现象的逻辑起点与认识基础。实践不仅是人类生存、生活的基础，是人类与其所处世界关系的基础，也是人类包括文学艺术等一切精神活动与思维的基础。

文学作为一种思想上层建筑，是其对经济基础的反映，文艺理论是科学性与革命性的统一。在马克思、恩格斯那里，对一部作品进行剖析和评价时，不单单局限于该部作品所具备的文体形式、语言表达、结构框架、整体韵律等方面，还要放眼全局，结合多方面的因素。例如，从美学标准的角度来讲，对作品中的一个情景的描绘或是一个人物的塑造加以评判时，其标准往往是人物及情节是否符合历史趋势，即要考虑作品所处时代的环境和时代的氛围，结合当时的历史背景进行理解与剖析，而这些都建立在对代表历史趋势的进步生产方式的认知基础之上。对文学作品的评价，也是这种历史观点的折射，“人不是抽象的蛰居于世界之外的存在物”[21]，这样的认识，其具体的解释，其科学性的依据，就在于“个人怎样表现自己的生活，他们自己也就怎样。因此，他们是什么样的，这同他们的生产是一致的——既和他们生产什么一致，又和他们怎样生产一致。因而，个人是什么样的，这取决于他们进行生产的物质条件”[22]。

这是马克思历史科学、历史观点与其他历史理论的根本区别，也就是我们通常所讲的“唯物史观”。具体而言，就是社会存在决定社会意识，在人们的社会生产中，与物质生产力的发展程度相适应的生产关系是客观的、物质的、不以人的意志为转移的。“人们在自己生活的社会生产中发生一定的、必然的、不以他们的意志为转移的关系，即同他们的物质生产力的一定发展阶段相适合的生产关系。这些生产关系的总和构成社会的经济结构，即有法律的和政治的上层建筑竖立其上并有一定的社会意识形式与之相适应的现实基础。物质生活的生产方式制约着整个社会生活、政治生活和精神生活的过程。不是人们的意识决定人们的存在，相反，是人们的社会存在决定人们的意识。"[23]这种决定作用，体现在历史、精神、社会的方方面面。也即是说，物质生产方式，最终也决定着文学艺术这种社会意识的承载体，"随着经济基础的变更，全部庞大的上层建筑也或慢或快地发生变革。在考察这些变革时，必须时刻把下面两者区别开来：一种是生产的经济条件方面所发生的物质的、可以用自然科学的精确性指明的变革，一种是人们借以意识到这个冲突并力求把它克服的那些法律的、政治的、宗教的、艺术的或哲学的，简言之，意识形态的形式"[24]。所以，评价、分析文学艺术，不能单单从作品本身的要素来看，而是还要看到生产方式、经济基础等历史条件的最终决定力量，"我们判断一个人不能以他对自己的看法为根据，同样，我们判断这样一个变革时代也不能以它的意识为根据，相反，这个意识必须从物质生活的矛盾中，从社会生产力和生产关系之间的现存冲突中去解释"[25]。

当然，除了受到现实生活的物质交往活动影响外，人类的意识发展也有其相对独立性、继承性。人们自己创造自己的历史，但在创造他们的历史、社会、时代及其特征时，不是任意地、随心所欲地、主观地进行创造的，不是想怎样就怎样，而且从某种意义上说，历史也不是可以选择的，"人们自己创造自己的历史，但是他们并不是随心所欲地创造，并不是在他们自己选定的条件下创造，而是在直接碰到的、既定的、从过去承继下来的条件下创造"[26]。过去的传统依旧影响着现在的人，制约着他们的头脑，"一切已死的先辈们的传统，像梦魔一样纠缠着活人的头脑。当人们好像刚好在忙于改造自己和周围的事物并创造前所未有的事物时，恰好在这种革命危机时代，他们战战兢兢地请出亡灵来为自己效劳，借用它们的名字、战斗口号和衣服，以便穿着这种久受崇敬的服装，用这种借来的语言，演出世界历史的新的一幕"[27]。物质生产的发展与艺术的发展并不是亦步亦趋的，很多时候都是很不平衡的。马克思把许多古代民族比喻为没有教养的儿童和早熟的儿童，却认为希腊人是正常的，希腊的艺术显示出的魅力、美学特色是与它的社会发展不矛盾的、同步的、相适应的。物质生产的发展与艺术的发展具有不平衡性，社会存在与社会意识的辩证关系就成为马克思主义历史观的基石。

这种社会生产力、生产关系作用下的物质生产方式决定着的文学现象，在马克思主义经典作家那里就有了价值引领的方向性。恩格斯提出要在同整体的比较中判断文学价值："任何一个人在文学上的价值不是由他自己决定的，而只是同整体的计较当中决定的。"[28]也就是说，评价一部作品的优劣，其批评标准应该看作品是否在整体上代表着历史进步的趋势，是不是站在进步阶级的立场上。这与别林斯基继承黑格尔的辩证逻辑，首先强调事物的"特质"以及"质的规定性"，也就是文学艺术的"审美"特质不同，马克思主义文艺批评的根基是"历史观点"。

历史观点还体现为，在进行艺术批评的时候，马克思主义经典作家注重分析一定时代的国家和地域的历史结构的双重性或者两面性，这些双重性或两面性不同程度地造成了艺术家的世界观和创作的矛盾。恩格斯对歌德作品的评论中就体现了这种双重性、两面性带来的歌德作品的矛盾性。恩格斯挖掘出了歌德作品中表现出的对当时德国的双重态度：有时对德国有很强的敌对心理，如《浮士德》中靡菲斯特对德国投以自己的嘲笑；有时造成了对德国则是亲近它、迁就它、称赞它。他一方面厌恶德国环境中庸俗的风气，但却对此无可奈何，他不得不对这种风气退让。在歌德的身体中住着两个人格，一个是经常反叛社会的天赋异禀的诗人，一个是胆小谨慎的灵魂。在他身上呈现着完全不同的两种特质：一种是反叛的、爱嘲笑的、对社会鄙夷的世界天才，另一种则是胆小谨慎、害怕闲事、眼界低俗的庸人。歌德无法战胜这种鄙俗气，反倒是被这种鄙俗气给战胜了，他原本是鄙视这样的生活环境的，但是他却无法逃离这种生活环境，只能被困在这里[29]。对于歌德这种矛盾境遇的评价，恩格斯以非常确定的“具体”的、“历史”的而非“抽象人性论”的观点揭示其根源：“歌德在德国文学中的出现是由这个历史结构安排好了的。”[30]对歌德的这种矛盾的揭示与评价，恩格斯并不是用道德的、政治的或普遍、抽象的所谓“人的尺度”来衡量的；也不是仅仅囿于文学本身来“美学”地对文学创作、文学批评的功能进行发挥，恩格斯是以历史唯物主义关于“人”的认识、对文学及文学批评的原则与方法为准则，对歌德的创作及卡尔·格律恩的评论进行的批评活动。恩格斯在批判卡尔·格律恩明显带有费尔巴哈人本主义的抽象人性论观点时，也事实上正面凸显了历史唯物主义的批评原则。

结语：别林斯基与马克思的“历史观”主要区别及其根源

别林斯基与马克思在文艺理论批评上有其共同之处，这体现在要想考察一般作品的作家思想、创作意图、深层社会含义、社会主题，就一定要结合时代性、历史性，通过了解艺术家的生存状态、周遭社会关系来探究作者，通过了解作家的脾性解释他的作品。一个民族的文学要用它的历史来说明。文学作品不是孤立的、片面的，而是与一定时代的政治、经济、文化、社会有着密切的联系。这是文学作品时代性与历史性的体现。

但是两者之间的不同之处也是显而易见的。

别林斯基的历史观，其根基并未脱离黑格尔的“理念”论的客观唯心论立场，但又依据其对事物本质特性的看法，对黑格尔进行了修正。黑格尔在阐发其“个别人物的特殊内容的形式上的独立性”的美学主张时，提出面对海量的缤纷多彩的艺术材料并采用相应方式处理，最首要的问题和要求是当代所具有的精神现状应该显示于其中[31]。黑格尔的观点是以客观唯心主义为基础的，黑格尔强调绝对精神，他所讲述和认知的历史实际上是一种精神发展的辩证过程，所谓精神状态，其实质就是“理念”的历史。而别林斯基又依据自己从黑格尔逻辑学中学到的对事物独特性质的看法，把文学思维看作是“形象思维”，从而把“美学的观点”看成是第一位的，尽管其后期更强调二者的有机统一，但美学是第一位的观点，仍然是出发点与基础。

在马克思主义的文学批评中，历史观点以及“唯物史观”是其出发点和根基。黑格尔以“理念的历史”为历史发展的逻辑，而马克思主义则以唯物主义的“实践”，也就是人的感性活动作为贯穿始终的支撑点，这是其与别林斯基一样力图改造黑格尔的地方，但显然二者改造黑格尔的出发点也是大相径庭。别林斯基把美学观点放在历史观点之前，是以“形象思维”的“事物特质”来修正黑格尔，但仍然是黑格尔“逻辑学”体系中强调“质”“特质”的“理念运动辩证法”；而马克思主义在人的感性活动、实践基础上的物质运动，则是在人的主体感性活动中，把物质统一于历史中，正如我们前文阐发的，在马克思主义这里，只有“历史科学”这样唯一的科学。马克思主义也强调意识的相对独立性，文艺作为一种社会意识形式，其发展也一定有其相对的形式、审美的独立性，但其最终的原因与规定性，则是历史。人不是抽象的蛰居于世界之外的存在物，个人怎样表现自己的生活，他们自己也就怎样。因此，他们是什么样的，这同他们的生产是一致的——既和他们生产什么一致，又和他们怎样生产一致。因而，个人是什么样的，这取决于他们进行生产的物质条件。也即是说，个人怎样生产，怎样表现自己的生活，与他们自己作为历史的一部分，以及如何进入历史，是一致的。历史，与如何表现历史，本来就是“生产什么”与“怎样生产”的一致性问题。“怎样生产”，不管有怎样的相对独立性，都不会是别林斯基强调的那样的高度，这是区别马克思主义与别林斯基文学批评“历史观点”及其与“美学观点”关系问题的一把钥匙。

* 本文为国家社科基金重大项目“马克思主义文学批评经典重铸与当代拓展研究”【19ZDA263】的阶段性成果。

注释：

[1] 董学文:《马克思文艺批评方法的本质特征》,《华中师范大学学报》(人文社会科学版)2013年第4期,第67～74页。

[2] [俄]别林斯基:《别林斯基选集》第3卷,上海:上海译文出版社,1980年,第574页。

[3] [俄]别林斯基:《别林斯基选集》第1卷,上海:上海文艺出版社,1980年,第177页。

[4] 李尚信:《别林斯基的文学批评思想》,《吉林大学社会科学学报》1984年第4期,第53～59页。

[5] [俄]别林斯基:《别林斯基选集》第2卷,上海:上海文艺出版社,1963年版,第22页。

[6] [俄]别林斯基:《别林斯基选集》第3卷,上海:上海译文出版社,1979年版,第595页。

[7] [俄]别林斯基:《别林斯基论文学》,上海:新文艺出版社,1958年,第262页。

[8] [俄]别林斯基:《别林斯基选集》第3卷,上海:上海译文出版社,1980年,第595页。

[9] [俄]别林斯基:《别林斯基选集》第3卷,上海:上海译文出版社,1980年,第601页。

[10] [俄]别林斯基:《别林斯基选集》第3卷,上海:上海译文出版社,1980年,第604页。

[11] [俄]别林斯基:《别林斯基选集》第3卷,上海:上海译文出版社,1980年,第605页。

[12] [俄]别林斯基:《别林斯基选集》第3卷,上海:上海译文出版社,1980年,第606页。

[13] [俄]别林斯基:《别林斯基选集》第3卷,上海:上海译文出版社,1980年,第609页。

[14] [俄]别林斯基:《别林斯基选集》第3卷,上海:上海译文出版社,1980年,第611页。

[15] [俄]别林斯基:《别林斯基选集》第3卷,上海:上海译文出版社,1980年,第599页。

[16] [俄]别林斯基:《别林斯基文学论文选》,上海:上海译文出版社,2000年,第464页。

[17] [俄]别林斯基:《别林斯基选集》第3卷,上海:上海译文出版社,1980年,第621页。

[18] [德]马克思、恩格斯:《马克思恩格斯选集(第2版)》第1卷,北京:中央编译出版社,1995年,第66页。

[19] [德]马克思、恩格斯:《马克思恩格斯选集(第 2 版)》第 1 卷,北京:中央编译出版社,1995 年,第 54 页。

[20] [德]马克思、恩格斯:《马克思恩格斯选集(第 2 版)》第 1 卷,北京:中央编译出版社,1995 年,第 54 页。

[21] [德]马克思、恩格斯:《马克思恩格斯选集(第 2 版)》第 1 卷,北京:中央编译出版社,1995 年,第 1 页。

[22] [德]马克思、恩格斯:《马克思恩格斯选集(第 2 版)》第 1 卷,北京:中央编译出版社,1995 年,第 67～68 页。

[23] [德]马克思、恩格斯:《马克思恩格斯文集》第 2 卷,北京:中央编译出版社,2009 年,第 591 页。

[24] [德]马克思、恩格斯:《马克思恩格斯文集》第 2 卷,北京:中央编译出版社,2009 年,第 592 页。

[25] [德]马克思、恩格斯:《马克思恩格斯文集》第 2 卷,北京:中央编译出版社,2009 年,第 592 页。

[26] [德]马克思、恩格斯:《马克思恩格斯文集》第 2 卷,北京:中央编译出版社,2009 年,第 470～471页。

[27] [德]马克思、恩格斯:《马克思恩格斯文集》第 2 卷,北京:中央编译出版社,2009 年,第 471 页。

[28] 董学文编选:《马克思、恩格斯论美学》,北京:文化艺术出版社,1983 年,第 98 页。

[29] [德]马克思、恩格斯:《马克思恩格斯全集》第 4 卷,北京:中央编译出版社,1956 年,第 256 页。

[30] [德]马克思、恩格斯:《马克思恩格斯全集》第 4 卷,北京:中央编译出版社,1956 年,第 255 页。

[31] [德]黑格尔:《美学》第 2 卷,朱光潜译,北京:商务印书馆,1997 年,第 381 页。

【文艺学研究】

“重复”与“互文性”的理论关联及其实践面向
——以J.希利斯·米勒的“重复”理论为例

蒋好霜

（南京大学文学院，江苏南京，210000）

内容摘要：一般认为，“重复”是“互文性”理论的一种表现形态，但“重复”理论经柏拉图、尼采、克尔凯郭尔、本雅明、德勒兹等理论家的发展，已成为一种成熟的、独立的理论形态，当代著名文学评论家J. 希利斯·米勒在使“重复”理论运用于文学批评领域发挥着重要作用。在文学研究领域，米勒提出“重复”的两种基本形式——“柏拉图式重复”与“尼采式重复”，其内涵确与“互文性”理论的两种基本形态，即“肯定性互文”与“否定性互文”有本质上的相通之处，但二者对文本的界定以及运用范围又有所不同，在具体文学实践上的指向也不同。二者在学理和理论实践上的异同为我们进一步思考文学研究与文化研究的关系问题提供了更加具体的参考。

关键词：J.希利斯·米勒；重复；互文性；文学研究；文化研究

“重复”和“互文性”都是西方文论关键词，一般认为，“重复”是“互文性”的一种表现形式（尤其在宏观的“互文性”理论中），但事实上，“重复”理论作为单独的理论形态具有悠久的理论发展史，经柏拉图、尼采、克尔凯郭尔、本雅明、拉康、德勒兹等理论家的发展，“重复”理论已成为与“互文性”并立的理论形态。“互文性”（intertextuality），也有人译为“文本间性”，由法国当代文学批评家克里斯蒂娃首次提出，通常指两个或两个以上的文本之间存在影响关系，“任何文本都是引语的镶嵌品构成的，任何文本都是对另一个文本的吸收和改编”[1]，“互文性”理论经过罗兰·巴特、德里达、热奈特、里法特尔等的发展，迅速成为文学研究和文化研究的高频使用术语。

在两种理论的发展史上，“重复”与“互文性”密不可分。殷企平认为：“‘重复’（Repetition）是西方文论中的关键词之一；经弗洛伊德、本雅明、德鲁兹、米勒和鲍德里亚等人之手，它逐渐跟‘怪异’（Uncanny）、‘互文’（Intertext）和‘类象’

(simulacra) 等概念结下了不解之缘，发展成精神分析批评、解构主义批评和文化研究中必不可少的策略之一。”[2]其中，当代著名文学评论家J. 希利斯·米勒在使“重复”理论运用于文学批评领域发挥着重要作用，米勒将“重复”理论发展为独立、自足的文学批评术语，被视为西方“当代批评思想的重要贡献”。“互文性”被解构主义者作为破坏文本统一意义、结构的工具使用，米勒正是解构主义批评的杰出代表，米勒的解构批评，例如关于“批评”的《作为寄主的批评家》，关于“重复”的《小说与重复》等都被认为发展了“互文性”理论[3]。因此，米勒的“重复”理论完全可以作为“重复”理论在文学研究领域内成熟的代表和典范，且使“重复”理论溢出“互文性”理论的范式，成为独立、自足的文学批评术语。有鉴于此，本文以米勒的“重复”理论为例，试图提供关于“重复”理论与“互文性”理论之间更加具体的比较研究，以期加深对“重复”理论与“互文性”理论异同的认识，并进一步探究同质的研究方法在文学研究和文化研究中的不同显现，为进一步认识文学研究与文化研究的关系提供一条路径。

一、“重复”与“互文性”的理论关联

“任何一部小说都是重复现象的复合组织，都是重复中的重复，或者是与其他重复形成链形联系的重复的复合组织。”[4]米勒这句话中的“重复”完全可以置换成“互文”，正如巴特所言：“任何文本都是互文本。”[5]“重复”理论和“互文性”理论有诸多共性，两种理论有较高的契合度，这为二者可比性提供了坚实的理论基础。

米勒关于“重复”的理论主要在《小说与重复》一书中，其他书籍也偶有涉及，例如《解读叙事》。在《小说与重复》的第一章中，米勒在拉康、德勒兹、德里达“重复”理论的基础上，详细介绍了小说中“重复”的两种形式：第一种即一般意义上的同质性重复，也称为“柏拉图式重复”，这种重复存在一个可被模仿的“原型”，重复建立在各个事物之间真正的、共有的相似的基础之上，“只有在真实性上与模仿的对象相吻合，模仿物才有效力”[6]，例如哈代《德伯家的苔丝》中反复出现的“红颜色”，这种重复理论是现实主义文学创作的主要法则，依然有着强大的影响力。第二种重复理论是“尼采式重复”，它假定世界建立在差异的基础上，每种事物都是独一无二的，并与其他事物有着本质的区别，重复建立在差异的基础上，相似是包含着本质差异的相似，这种情况下的重复是德勒兹所说的“幻象”，“它们是些虚假的重影，导源于所有处于同一水平的诸因素间的具有差异的相互联系”[7]，这种重复并不存在“范例”和“原型”，表面看来B重复了A，但二者有本质的不同。本雅明在解读普鲁斯特的《追忆逝水年华》时，已经用到了“互文性”理论，米勒也用本雅明关于《追忆逝水年华》的解读(《普鲁斯特的意象》)解释两种“重复”理论的区别。米勒认为，“柏拉图式重复”类似于“白昼里自觉的记忆”，这种记忆是理智的，受意志支配的，它按照时间顺序把事实串连起来，为我们构筑了一个清晰的日常世界。“尼采式重复”则是“梦一样的记忆”，即普鲁斯特的记忆，这种记忆是建构性的、想象的、虚构的，这种记忆的体验者以否定的形式（并不是生活中的实际情形）建构了一个错综复杂的、不曾存在过的世界。米勒进而论述了两种重复形式的不可分离，“尼采式

重复”依赖于有着显现基础的、合乎逻辑的“柏拉图式重复”，并解构着“柏拉图式重复”貌似稳固的真实性和相似性，“重复的每种形式常使人身不由己地联想到另一种形式，第二种形式并不是第一种形式的否定或对立面，而是它的‘对应物’……第二种形式成了前一种形式颠覆性的幽灵，总是早已潜藏在它的内部，随时可能挖空它的存在”[8]。

不同的理论家对“互文性”的阐释和运用有不同的侧重，这造成“互文性”概念在理论上的含混不清。法国理论家蒂费娜·萨莫瓦约在《互文性研究》一书中将“互文性”概括为两种截然不同的含义：“一是作为文体学甚至语言学的一种工具，指所有表述（基质 substrat）中携带的所有的前人的言语及其涵盖的意义；二是作为一个文学概念，仅仅指对于某些文学表述被重复（reprises）（通过引用、隐射和迂回等手法）所进行的相关分析。”[9]由此可见，无论是语言学意义上的语词之间语义上的相互覆盖，还是文学意义上文学表述的重复，“重复”都是“互文性”的本质含义。在历代“互文性”理论家关于“互文性”的概念中，“重复”都被作为“互文性”的题中之意被反复强调。

巴赫金的理论对“互文性”理论的提出发挥了重大作用，“表述”是巴赫金“对话”理论的重要概念，“表述”意味着对此前相关问题的“应答”，“每一个表述首先应视为是对该领域中此前表述的应答……它或反驳此前的表述，或肯定它，或补充它，或依靠它，或以它为已知的前提，或以某种方式考虑它”[10]。每一个“表述”都以肯定的形式或否定的形式“重复”着此前的“表述”，每一个语词都是其他语词的承担者，“表述”和“应答”构成互文关系，巴赫金强调诗学或话语的历史现实性，他的理论具有强烈的文化批判性，这为“互文性”理论的文化批判功能奠定了基础。克里斯蒂娃在巴赫金理论的基础上，明确提出“互文性”（文本间性）概念，“语词（或文本）是众多语词（或文本）的交汇……任何文本都是引语的拼凑，任何文本都是对另一个文本的吸收和改编”[11]。也就是说，人们能从任何一个语词读出另一个或多个其他语词，每个语词的语义都“重复”着其他语词的含义，任何一个文本都通过吸收和改编的形式重复着其他一个或多个文本，语词、文本之间是互文性的，克里斯蒂娃的“互文性”概念从语言学的角度强调了语言的意义生成形式，文本通过语言持续不断的破坏和重组实现意义的多重组合。罗兰·巴特在《S/Z》一书中提出“互文本”一词，他否定了传统的、意义封闭和静止的“作品”概念，提出独特的“文本”概念，认为“文本”是开放的、不断生成的，是互文性的能指交织而成的，“文本的多元性并非来自内容上的复义……而是由能指编织成的‘立体摄影的多元’网络（从词源上说，文本即是编织物）”[12]。文本是由能指编织成的，能指之间不断地滑移、替代，文本因此“重复”着已知话语和已知意义。如果说克里斯蒂娃、巴特的“互文性”理论侧重的是话语、意义、文本之间静态的、正向的、同质的吸收和重复，那么布鲁姆无疑赋予了“互文性”概念动态的、逆向的、异质的抗争意义，布鲁姆的“互文性”思想强调异质性地“重复”已知的话语和意义。“任何一首诗都是与其他诗歌互文的……（写作）诗歌不是创作，而是再创作。”[13]“诗的影响……总是通过对前一位的误读而进行的。这种误读是一种创造性的纠正。”[14]布鲁姆的互文意味着优秀的诗人总是同前面的经典诗人进行着艰苦卓绝的斗争，这种斗争强调对峙和颠覆，互文不再是静态的、盘根错节的、相似意义的符号的集合体，而是偏离正向的影响，对前驱的作品进行逆向的、修正式的误读。布鲁姆的“互文”思想与米勒提出的第二种重复形式颇为相似，表面看来，后来的作品“重复”了前驱的作品，本质上却是修正、反讽、掏空前驱作品的本意。布鲁姆的互文思想集中体现在他提出的“六种修正比”，“克诺西斯”是其中之一，翻译为“重复和不连续”，可理解为以“重复”前驱的作品的形式中断或打破前驱作品的持续影响。

从米勒的“重复”理论与“互文性”理论的内涵来看，二者存在本质上的相通之处，“互文性”意味着现有文本是已知文本语言符号和意义上的集合体，所有的文本都正向或反向地“重复”着已知的话语符号和意义。当代美国学者萨伊斯·摩根在《互文的空间》中提出“肯定互文性”和“否定互文性”，其含义分别对应于米勒的“柏拉图式重复”（肯定性重复）和“尼采式重复”（否定性重复）。米勒认为两种“重复”形式并不是对立的，而是相互纠缠的，“互文”关系中两种方向的影响也不是对立的，而是影响在性质上的不同偏移，或者在程度上的不同位移。

二、差异：“重复”与“互文性”的理论适用范围

作为文本的一种修辞方法或创作方式，米勒的“重复”理论与“互文性”理论在本质上是相通的，但二者在运用范围、与文化研究的关系等方面也存在差异。

在运用范围上，米勒的“重复”理论集中于文学批评，运用范围比较狭窄，但作为文学概念的“互文性”理论不仅仅具有方法论意义，作为语言符号的一种属性，已经上升到本体论意义，并进而运用于更广泛的文化研究，具有文化批判的力量。米勒深受新批评的影响，《小说与重复》虽然被视为解构主义批评的代表作，但依然能清晰地看到米勒经过严格训练的、从语言角度对文本进行细读的深厚功力。米勒一向反对纯粹的理论研究，强调对具体的作家作品进行深入细致的解读，他直言，写作《小说与重复》中这些阐释文字的主要动机在他刚开始研究文学时就已形成：“设计一整套方法，有效地观察文学语言的奇妙之处，并力图加以阐释说明……如果没有语言学的探索，缺乏对词语的热忱，不向人们传授对作品的解释……这个职业便一无所有。”[15]虽然最终的研究指向是解构性质的，但是米勒这套文学研究方法依然是新批评的研究方法，在新批评看来，文学作品的语言作为“文学性”的主要表现理应成为主要的研究对象，这使得米勒的研究集中在文学作品内部，“文学研究的合情合理的出发点是解释和分析作品本身”[16]。因此，米勒的“重复”理论主要用于分析具体的文学作品。朱立元将《小说与重复》中讨论到的种种重复现象分为三类[17]：（1）细小处的重复，如语词、修辞格、外观、内心情态等等；（2）一部作品中事件和场景的重复，规模上比（1）大；（3）一部作品与其他作品（同一位作家的不同作品或不同作家的不同作品）在主题、动机、人物、事件上的重复，这种重复超越单个文本的界限，与文学史的广阔领域相衔接、交叉。由此可见，米勒“重复”理论的运用范围是具体的文学作品，（1）（2）在单个文学作品内部，（3）则是在文学史内部。在米勒“重复”理论的三种运用范围中，主要是（3）与“互文性”理论的文化批评实现

重叠。

“intertextuality”本身又译作“文本间性”，从这种译法就可以看出“互文性”侧重的是文本与文本之间的关系，而不是单个文本内部，“互文性”理论认为，“文本是有边界的……互文本却要破除文本的边界，打通此一文本与其他文本的联系”[18]。米勒的“文本”观念贯通着他的解构策略，在他看来，文本甚至是没有边界的，如果一个文本在文学领域内表现为一部作品的话，这部作品是没有边界的，因为我们无法判断叙事的开头和结尾，“任何叙事的开头都巧妙地遮盖了源头的缺失所造成的空白”[19]，“对于结尾的分析倘若足够深入，总会陷入这样的困境，即根本无法确定该故事是否确实已经完结”[20]，整个文学史就是一个大的“文本”，从这个意义上说，米勒的“文本”思想比“互文性”的“文本”观念走得更远。

除了朱立元先生总结的米勒“重复”理论的三种类型，本文认为，米勒在《解读叙事》中提出了另一种重要的“重复”范式，米勒从词源学上考究了“叙述”的含义，进而认为，叙事的本质就是“重复”——“任何讲述都是复述。最为直截了当的叙事也是重复，是对业已完成的旅程之重复。”[21]在这里，“重复”已经不是纯粹意义上的文学创作的修辞手法，或者文学研究的一个切入点，而是从文学发生学意义上界定“重复”。我们很难从文学发生学的意义上去界定“互文性”理论，“互文性”是以“文本”为主要表达方式的媒介呈现出的普遍现象，虽然各个理论家在论述“互文性”理论时都会强调“互文性”是语言的本质属性，但是在理论实践中，“言语”的“互文”却成为讨论极为广泛而难以落实到具体研究领域的高谈阔论。“互文性”理论将文学研究领域拓展入文化批判领域，并产生了表层“互文性”研究（对重复使用的具体做法从类型和形式上进行研究）与深层“互文性”研究（研究因为文本相接而产生的各种关系）[22]。

米勒的“重复”理论固定在文学研究领域，“互文性”理论则将文学研究拓展至文化研究领域，建立起文学与文化之间的广泛关联，甚至将重心转至文化研究，这主要涉及米勒与“互文性”理论家对于“文学研究”与“文化研究”关系的不同看法。米勒坚决反对以理解语言为任务的“文学研究”滑向“文化研究”，他在《艺术政治化——什么是文化研究》一文中列举了文化研究的八个特点，认为文化研究显然是政治性的，并隐藏着不是那么显而易见的意识形态动机，“那种认为把人文学科的研究焦点从语言转向历史、政治和社会只不过是批评潮流风向的另外一次转变的观点是大错而特错的”[23]。

文化研究的阅读方式和态度与米勒的新批评方式和解构主义策略也有不同，文化研究偏向作品中显现的文化，较少偏向作品本身，而新批评和解构主义都是积极地介入作品本身的。“互文性”理论家认为，“文学研究”是“文化研究”的内在组成部分，且“互文性”理论的价值恰恰体现在打破不同领域的界限，使文本的多层表意实践功能相互交织，各种声音共鸣、相互对话，将文本的动态结构与社会历史因素、主体构成、精神分析结合，换句话说，“互文性”理论的价值主要体现为“文化批判”价值。正是“互文性”理论在文化领域的广泛运用，使得“互文性”理论在充斥着戏仿、拼贴、复制等复杂多变“文本海洋”的后现代语境中有极大的用武之地，“互文性是后现代的一个重要标志，如今‘后现代主义’与‘互文性’是一对同义词”[24]。

“互文性”理论自产生起，就带有强烈的打破既有规则和传统，释放文化活力的批判精神。对“文学研究”与“文化研究”关系的不同界定也反映在二者对“新历史主义”的看法上，米勒坚决反对将“文学研究”与“新历史主义”嫁接，而“新历史主义”打破文学与历史边界的研究方法正是“互文性”在打通文学与历史界限上的有效运用，正如赵宪章所说：“在我看来，互文性就是一种将历史与形式‘中庸’为一体的文学新论，‘通过形式阐发意义’是其处理历史与形式关系的方法论。”[25]作为文学研究方法的“互文性”理论势必打破文学内部研究，而将沟通文学与历史、文化作为研究的内在要求。

综上，米勒认为“重复”是文学的本质所在，文学的发生就是对事件的重复，而不仅仅是文学创作上的一种修辞手法，米勒对“重复”理论的研究包括微观研究（单个文本内部的重复现象）和宏观研究（文学史内部），但都属于文学内部研究。“互文性”是文学活动的特点，一切文学作品皆具互文性，这是文学创作或文学作品呈现出的一种普遍现象，还没有深入到文学发生学的意义上。“互文性”理论不仅仅是一种文学新论，也是文化批判的工具，它的运用范围更加广泛，虽然一些专著都是从文学研究的角度讨论“互文性”的（例如蒂费娜·萨莫瓦约的《互文性研究》、李玉平的《互文性——文学理论研究的新视野》、王瑾的《互文性》等），但是“互文性”理论在文化研究领域能更充分地释放理论初设的锋芒和活力。

三、“重复”的“精神信仰”与“互文”的“作者回归”

如前所述，我们发现米勒的“重复”理论和“互文性”理论在学理上存在着本质上的相通之处，但是在运用范围上表现出差异，米勒的“重复”理论是纯粹的文学内部研究，“互文性”则将文学研究拓展至文化研究。在具体的理论实践中，“重复”理论和“互文性”理论表现出了与其理论预期不同的结果，比较二者具体的理论运用，或可为当今文学理论界热议的文学研究与文化研究的关系提供有益的借鉴。

米勒将“重复”理论运用于研究英国几位著名作家的七部小说，分别是康拉德的《吉姆爷》、艾米丽·勃朗特的《呼啸山庄》、萨克雷的《亨利·艾斯芒德》、哈代的《德伯家的苔丝》和《心爱的》、弗吉尼亚·伍尔夫的《达罗卫太太》和《幕间》。米勒分别分析了七部小说中的“重复”现象，并由重复现象的多义衍生推导出一系列普遍的人的深层精神结构或行为结构，或者作者无意识进行的、不可改变的写作结构，例如由《吉姆爷》推断出人们始终生活在“对于一切正直行为的神圣原动力的怀疑”之中；《呼啸山庄》体现了符号自相矛盾的逻辑特性——“在激增着的分裂和再分裂中复制着自身”；《亨利·艾斯芒德》显示了人的“间接的欲望”的心理机制，即人的欲望总是“闪现在其他人的欲望中，其他人的权威使我的欲望发生效力”[26]；《德伯家的苔丝》继续了柏拉图的思考——每个男人和女人“都重复着再次回到仿佛失去了的原始整体中去这一失败的尝试”[27]；《心爱的》说明了所有的爱都带有自恋的影子，“它是自我对自身之爱的转移”[28]；《德伯家的苔丝》和《心爱的》共同说明了“重复”之于哈代写作的重要意义，哈代的小说是无数重复之历史中的一环，且哈代无法被迫中止重复;《达罗卫太太》直截了当地揭示了这种可能性,即“叙述中的重复展现了和谐、储存这样先验性的精神王国,展现了死者永久复活的王国”[29]。总之,我们从米勒对重复理论的运用中发现了一系列建立在“尼采式重复”之上的“柏拉图式重复”,即差异性重复背后运行着普遍性的、多样复杂的人的“精神王国”(预先存在的“原型”)。这个现象似乎与米勒解构批评的指向并不相符(即文本意义指向无穷可能性与潜在多样性),并且与米勒对第二种重复形式浓墨重彩的强调相违背。

其实不然,米勒运用“重复”理论解读文学作品,得出一个个关于人的深层心理结构是有据可循的。首先,米勒的“重复”理论与弗洛伊德精神分析学的“创伤”理论颇为相似,米勒毫不避讳这一点,他认为弗洛伊德对歇斯底里的创伤的解释就是两种重复形式之间关系的生动例子,“这一精神创伤既不存在于首次的体验中,也不存在于第二次的体验中,而是存在于两者之间,存在于两个不透明的相似事件之间的关系中”[30]。具体到文学批评,文本中种种相异的重复现象显示了“更深层的相似”,在米勒看来,这更深层的相似有赖于人类数千年来本能地抱有的基本的形而上的信仰。米勒深刻地分析了七部小说中相互纠缠、瓦解、掩埋的两种重复形式样态,并得出一个个存在于两种重复形式之间的、先于两种重复形式存在的同一性原则,即人的精神原型。其次,如前所述,米勒的“重复”理论是纯粹的文学批评术语,仅适用于文学内部研究,并不指向文学的内部世界与广阔外部世界之间的“重复”或“相似”,因此,米勒在运用“重复”理论对文学作品作出的终极解读并不向外投射,只能无限地观照文本本身,观照文本中通过种种重复现象体现出来的人的深层精神结构或无意识的信仰。这些导致米勒运用重复理论进行的文学批评实践带有极强的原型批评(或结构主义)的色彩,原型本身就是“作家们反复地运用因而形成约定俗成的东西”[31],它依赖于“重复”。

反观“互文性”理论在文学领域的实践运用,情况就复杂得多了。“互文性”理论的文化批判力量主要体现在文学创作上,比如女性写作、后殖民主义写作等一些曾经被视为或现在被视为“边缘”的群体写作。女性写作以改写、重写、逆写男性作家创作的经典作品,对抗男权话语和菲勒斯中心主义;后殖民文学通过利用和改造西方经典作品,消解西方中心主义、争取民族话语权。在文学批评和文学阅读领域,“互文性”理论的文化批判功能却并未实现,甚至走向与该理论致力于“消解作者中心”的相反道路。在文学批评领域,“互文性”理论极易流于对不同文本的影响研究的传统路径,并没有超出传统的比较文学的影响研究模式,因此并没有加深文本意义的阐释力度,“往往停留于对两个或多个文本之间关系的比较研究,这种阐释不过是挂了‘互文性’的名头,没有借助‘互文性’引发出新的意义空间”[32]。“互文性”理论运用于文学批评时,并没有通过向文化领域的延伸而引发新的意义。当然这不是全部的,但是“互文性”理论在文学批评领域确实没有发挥出该理论自产生起就预设的深度和锋芒,究其原因是“互文性”理论在发展过程中不断衍生出众多复杂的,甚至相反的含义,比如“消解作者”与“跨文化”之间。巴特在“互文性”理论的发展上功不可没,他明确提出“作者已死”“可写的文本”“不及物写作”等概念,消解作者在写作和阅读中发挥的中心作用,强调写作行为本身和读者的作用,“作家不再是写什么东西的人，而是绝对地写作的人"[33]。自此之后，"消解作者"成为"互文性"理论的题中之意，程锡麟将其作为与传统文学研究方法（尤其是"影响研究"）的主要区别，"传统的文学研究以作品和作者为中心，注重文本/前文本作者的作用；互文性理论则注重读者/批评家的作用"[34]。

与此同时，"互文性"理论作为"文学研究"与"文化研究"沟通的途径，不可避免地将"文学研究"引向"文化研究"，乔纳森·卡勒更是肯定每个文本都是社会文本、文化文本、体裁文本的统一体[35]。"文化研究"不可避免地引入"作者"，以国内对"互文性"运用最广泛的翻译研究为例（仅知网中"互文性与翻译"的论文就有几百篇），"互文性"视域下的翻译研究强调充分了解原作作者的写作背景、言语风格、思想特点及其所代表的文化，充分挖掘蕴含在语词中的"互文性"，使翻译与作者及其代表的文化实现"互文"关系，无限度地接近作者原意或文本原意依然是翻译最本质的内在要求，"互文性视域下的以文本为轴心生发的作者、读者、译者之复杂思维、心理以及各自所承载的互文记忆的多重主体互动，才是翻译活动的核心所在"[36]。对于承载着作者联想、记忆、心理素质的文本，译者要"入乎其内，出乎其外"，"在理解与阐释、吸收与选择、创造与变异的过程中进行跨越时空的互文性转换"[37]。个体是文化的物质载体，这是毋庸置疑的，"文化研究"与文化承担者（作者）是不可分离的，从这个意义上说，"互文性"理论的"消解作者"和"挺进文化"是一对悖论。

作为连接文学研究和文化研究的方法，"互文性"理论的内涵有诸多相互抵牾的地方，"互文性"理论的实践运用与理论初期的预设也有诸多不相合的地方，正如英国学者 Graham Allen 总结的那样："互文性本身包含了历史维度，还是反历史的？互文性将文本置入历史之中，还是更加文本性地看待文本？互文性这个概念能够在实践中操作运用，还是根本没有操作的途径？……互文性的中心是什么？是作者、读者还是文本本身？互文性有助于解释实践，还是抵制解释行为？"[38]

米勒的"重复"理论和"互文性"理论在学理上是相通的，是同一性质的研究方法，它们的理论实践显示了同质性的研究方法运用于文学研究和文化研究时的不同指向，以及与理论本身的裂痕或者缝隙。米勒运用"重复"理论解读文学作品取得了显著的效果，尤其加深了对单一文学作品的阐释力度，但是对文学研究的社会意义少有裨益。作为同质的研究方法，"互文性"理论由文学研究迈向文化研究时，不但没有产生特定的理论效力，反而在理论内部产生了截然对立的理论诉求。其根本原因是文化研究内部是异质性的，在文化研究这个广阔的空间中，充斥着不同的机构、立场、意识形态……代表不同立场的团体之间相互竞争，但都强调文化形态的历史和社会语境，文本意义的多元性衍生于至关重要的历史和社会语境，个体是历史和社会的文化载体，历史和社会语境理所当然是"作者世界"的一部分。文化研究必然导致作者的回归，"作者重又回到其中。过去过早地宣布了作者的死亡。主体、主体性、自我也已返回……"[39]在文学研究领域，自俄国形式主义以来，作者就在不断消解，经新批评、接受美学、解构主义的发展，尤其是罗兰·巴特、米歇尔·福柯的相关言论，作者被彻底边缘化，或者彻底消解，这已是文学理论关于"作者理论"的既定趋势。文化研究必然导致作者的回归，从这个意义上说，很多文学研究方法（尤其是20世纪以来）在运用于文化研究时必然会发生错位、变异。文学研究者大可不必担心文化研究的“入侵”会消解文学研究的特殊性和文学性，首先，“当代文化研究对文本的重视以及用来分析文本那一套行之有效的方法，其实就来自文学研究”[40]；其次，由“互文性”的理论实践看来，文化研究对源自文学研究的方法在理论的实践运用上还不成熟。从积极的方面来看，以“作者”理论为例，文化研究反而会使传统文学研究方法经历革命性、辩证性的发展，获得新的理论效力和时代适用性。

*本文系国家社科基金重大项目“改革开放40年文学理论学术史研究与文献整理”(19ZDA262)的阶段性成果。

注释：

[1] J. Kristeva, “Word, Dialogue and Novel”, in Julia Kristeva, *The Kristeva Reader*, New York: Columbia University Press, 1986, p.37.

[2] 殷企平:《重复》,《外国文学》2003年第2期,第60～65页。

[3] 丁礼明:《互文性与否定互文性理论的建构与流变》,《广西社会科学》2010年第4期,第89～92页。

[4] [美]J.希利斯·米勒:《小说与重复——七部英国小说》,王宏图译,天津:天津人民出版社,2007年,第3页。

[5] R. Barthes, “Theory of the Text”, in R. Young, *Untying the Text: A Post-structuralist Reader*, London: Routledge & Kegan Paul, 1981, p.39.

[6] [美]J.希利斯·米勒:《小说与重复——七部英国小说》,王宏图译,天津:天津人民出版社,2007年,第7页。

[7] [美]J.希利斯·米勒:《小说与重复——七部英国小说》,王宏图译,天津:天津人民出版社,2007年,第8页。

[8] [美]J.希利斯·米勒:《小说与重复——七部英国小说》,王宏图译,天津:天津人民出版社,2007年,第11页。

[9] [法]蒂费娜·萨莫瓦约:《互文性研究》,邵炜译,天津:天津人民出版社,2002年,第1页。

[10] [俄]巴赫金:《对话、文本与人文》,白春仁、晓河译,石家庄:河北教育出版社,1998年,第177页。

[11] J. Kristeva, “Word, Dialogue and Novel”, in J. Kristeva, *The Kristeva Reader*, New York: Columbia University Press, 1986, p.37.

[12] R. Barthes, *Image-Music-Text*, London: Fontana Press, 1977, p.159.

[13] H. Bloom, *Poetry and Repression*: *Revisionism from Blake to Stevens*, New Haven and London: Yale University Press, 1976, p.3.

[14] H. Bloom, *The Anxiety of Influence*: *A Theory of Poetry*, New York: Oxford University Press, 1997, p.30.

[15] [美]J.希利斯·米勒:《小说与重复——七部英国小说》,王宏图译,天津:天津人民出版社,2007年,第23～24页。

[16] [美]韦勒克、沃伦:《文学理论》,刘象愚,等译,杭州:浙江人民出版社,2017年,第129页。

[17] [美]J.希利斯・米勒:《小说与重复——七部英国小说》,王宏图译,天津:天津人民出版社,2007年,前言第7页。

[18] 李玉平:《互文性——文学理论研究的新视野》,北京:商务印书馆,2014年,第69页。

[19] [美]希利斯・米勒:《解读叙事》,申丹译,北京:北京大学出版社,2002年,第55页。

[20] [美]希利斯・米勒:《解读叙事》,申丹译,北京:北京大学出版社,2002年,第52页。

[21] [美]希利斯・米勒:《解读叙事》,申丹译,北京:北京大学出版社,2002年,第45页。

[22] [法]蒂费娜・萨莫瓦约:《互文性研究》,邵炜译,天津:天津人民出版社,2002年,第13页。

[23] [美]J.希利斯・米勒:《J.希利斯・米勒文集》,王逢振、周敏主编。北京:中国社会科学出版社,2016年,第107页。

[24] H. Bertens, D. Fokkema: *International Postmodernism: Theory and Literary Practice*, Amsterdam and Philadelphia: John Benjamins Publishing Company, 1997, p.249.

[25] 李玉平:《互文性——文学理论研究的新视野》,北京:商务印书馆,2014年,第2页。

[26] [美]J.希利斯・米勒:《小说与重复——七部英国小说》,王宏图译,天津:天津人民出版社,2007年,第93页。

[27] [美]J.希利斯・米勒:《小说与重复——七部英国小说》,王宏图译,天津:天津人民出版社,2007年,第154页。

[28] [美]J.希利斯・米勒:《小说与重复——七部英国小说》,王宏图译,天津:天津人民出版社,2007年,第181页。

[29] [美]J.希利斯・米勒:《小说与重复——七部英国小说》,王宏图译,天津:天津人民出版社,2007年,第228页。

[30] [美]J.希利斯・米勒:《小说与重复——七部英国小说》,王宏图译,天津:天津人民出版社,2007年,第11页。

[31] 吴持哲:《诺思洛普・弗莱文论选集》,北京:中国社会科学出版社,1997年,第341页。

[32] 金永兵:《当代文学理论范畴导论》,北京:北京大学出版社,2011年,第198页。

[33] R. Barthes, "To Write: An Intransitive Verb", in P. Rice and P. Waugh, *Modern Literary Theory, A Reader*, London: A Hodder Arnold Publication, 2001, p.82.

[34] 程锡麟:《互文性理论概述》,《外国文学》1996年第1期,第72~78页。

[35] [美]乔纳森・卡勒:《结构主义诗学》,盛宁译,北京:中国社会科学出版社,1991年,第210页。

[36]关海鸥、徐可心:《模因论与互文性:文学翻译研究新视野》,《东北师大学报》(哲学社会科学版)2012年第1期,第97~100页。

[37] 秦文华:《翻译研究的互文性视角》,上海:上海译文出版社,2006年,第3页。

[38] G. Allen, *Intertextuality*, London: Routledge, 2000, p.59.

[39] [美]J.希利斯・米勒:《重申解构主义》,郭英剑,等译,北京:中国社会科学出版社,1998年,第298页。

[40] 罗岗:《读出文本与读入文本》,《文学评论》2002年第2期,第85~86页。

本雅明生态话语的记忆危机与审美救赎

刘坛茹

（安徽师范大学美术学院，安徽芜湖，241002）

内容摘要：长期以来，本雅明暧昧多样的身份和复杂深奥的思想，遮蔽了人们对其生态话语的挖掘和梳理。实际上，本雅明对于生态问题有着持续的关注和思考，并通过生态记忆理论表现出来，即现代社会的祛魅致使个体忘却昔日人与自然的和谐美好关系，由此造成生态灾难，成为创伤记忆。为了弥合生态记忆的断裂危机，本雅明试图通过原初语言、动物叙事、手工劳动、建筑空间等审美路径予以救赎，以此作为拯救现实生态灾难、打破未来进步神话、重铸生态和谐革命主体的希望。

关键词：本雅明；生态记忆；手工劳动；审美救赎

"生态记忆"作为一个概念，源于生态环境史，从空间层面而言，贯穿于生态群落、景观和社会生态系统诸多方面；从时间层面而言，生态记忆强调历史残存物的作用，注重把当下生态危机与过去人与自然和谐的经验，以及生态和谐的未来联系起来思考。当把生态记忆从自然科学延伸到人的精神和情感领域，会发现，正是现代社会的祛魅致使个体忘却昔日人与自然的和谐美好关系，以一种主客对立的态度施暴于自然，由此造成生态灾难，酿成创伤记忆。这时就需要从历史上人与自然的和谐关系中，寻找生态资源和动力，对生态记忆的断裂危机进行审美救赎。本雅明虽然并未明确提出生态记忆概念，但实则在论述中隐含了生态记忆，并从原初语言、动物叙事、手工劳动、建筑空间等角度予以审美救赎，作为拯救现实生态灾难、打破未来进步神话、重铸生态和谐主体的希望。

一、生态记忆的语言救赎

生态危机表面看由人类行为所致，实则为人类非生态世界观所支配。世界观与人类语言息息相关，语言习惯及其反映出来的价值，会决定我们对于世界的解释和实践方式。萨若吉·乔拉曾比较分析了美洲印第安人的语言与英语，发现美洲土著居民的语言一是对物质名词个体化和对无形事物具体化并进行测量的倾向比较弱，英语则直接用形体类型或者容器名称来指涉事物；二是在真实的和想象的名词之间进行区分，英语则既要对客观经验进行测量，也要对快乐、满意、偏见、时间等无形事物和主观经验进行测量[1]。如此相反的两种语言习惯，导致形成两种生态世界观：美洲土著居民会从整体上感知自然环境，使人类与其他有机体的生命形式保持一致；而英语语言习惯呈现出的世界是破碎的，并且激发起人们对技术进步的盲目信仰。

语言不仅与生态有关，而且语言的发展过程也是一个与自然生态疏离、忘却、异化的过程。本雅明在《论原初语言与人的语言》一文中认为，原初语言是一种生态语言，但逐渐被资产阶级的现代语言观消解，导致生态危机成为常态。那么，原初的语言究竟是一种什么样的生态语言？这首先需要从原初语言是人的精神存在说起。曾有一种观点认为，人类精神生活的任何一种表达都可以被理解为一种语言，但必须明确的是，传达人的精神内容固然是语言，如音乐语言、雕塑语言、法律语言等，但是语词传达精神，只是人类语言的一个特例，如果拓展到世间万物，无一不在传达着自己的精神："语言存在绝非只与人类精神表达的所有领域——其中总在这样或那样的意义上蕴含着语言——并存，而是与万物并存。无论是在生物界还是非生物界，没有哪种事或物不以某种方式参与着语言，因为传达自己的精神内容根源于万物的本性。"[2]既然语言传达精神内容，但事物的精神本质不能完全归结为语言，这容易误解为精神内容是通过语言传达的。这就把语言当成了一种工具和载体，精神和语言成了相互剥离的两种事物，这是资产阶级的工具语言观。精神只存在于特定的本身的语言存在中，"精神存在在（in）语言之中而不是用（through）语言传达自身"[3]。强调"在"而非"用"语言，这就与资产阶级工具语言观划清了界限。例如，假如问你这盏"灯"的语言传达什么，实际上绝非灯本身，而是处在传达中的灯，即灯的精神存在。准确理解是，事物的精神、真理性与语言存在是同一的。

如果将这个命题运用于人，便可理解为人在语言中传达自身的精神存在，但人是通过语词对其他事物命名传达精神存在的，人的语言存在就是为事物命名。命名即名称，这是语言的唯一目的和最高意义，"所谓名称，是指通过它并且在它之中，语言可以充分地传达自身。在名称之中，传达自身的精神实体乃是语言"[4]。名称作为人类遗产，说明了人类语言和物之语言的区别根源。人类的精神存在可以充分传达，换言之，整个大千世界的自然万物传达自身，归根在人的语言中传达，这就是原初语言，而其本身是具有生态意义的。

一是原初语言体现出人与自然万物是平等和谐的，并非统治/被统治的权力关系。本雅明是从上帝与自然、上帝与人、人与自然之间的整体关系予以论述的。本雅明以《圣经》阐释三者之间的关系，并非是为了阐释圣经内容，或是让《圣经》服务于原初语言，而是试图说明原初语言作为一种神圣的、具有启示的元语言，与人、万物和谐一体。上帝的语言是元语言，具有创造性。在创世行为中，"要有"两个字是万能的，开创性地创造出万物，并在结束时用"称呼为"几个词，赋予自然万物可认知性。上帝的这种元语言，类似一种整体的语言，具有强烈的神启性。人并非由上帝的语言创造，但却被上帝赋予为其他事物命名的权力，不过这种权力并非高高在上、肆意所为的权力判决，仅仅是一种认知能力，人作为认知者，担负着自然万物和元语言的中介。因此，自然万物虽然作为一个沉默者，但是人类为其命名，并非外在强加的，而是自然万物本身未曾言说、并作为认知性名称保留在人之中的。这样一来，元语言、人的语言、自然语言成为一个互相传达的、不可分割的整体：人通过名称给自然命名，也给自己命名——将自身传达给上帝；在给自然命名时，依据的是自然本身充盈的语言，即上帝赋予自然的语言，并作为名称保留在人之中。

二是原初语言与自然万物的精神具有直接性。在原初语言中，人对于自然万物的命名是专名，是人根据自然万物向其传达的精神内容赋予的名称，具有直接性、纯粹性。这个专名可以确保在人与自然万物的精神之间，建立起无中介的亲密联系，并从专名中体验到真实的自然万物，也只有在这种亲密无间的体验中，人与自然建立互融互存的生态和谐关系才有可能。这种语言观与西方古代词物对应论相类似，强调语词与事物之间是自然对应关系。这就确保了原初语言中的人类可以在语言中，与真实的自然世界进行直接交流沟通，避免互相破坏、伤害。

三是原初语言的模仿原则体现出生态性。在本雅明未发表的一篇文章《论模仿能力》中，提出人类与自然之间存在一种模仿性原则，即人类在没有充分理性化之前，感知环境或控制环境的一种方式，与“对自然没有理性认识、通过模仿自然的情绪或运动努力去影响或控制自然的原始人类最为一致”[5]。人类若想与自然和谐相处，必须首先通过模仿熟悉自然规律。本雅明在回忆童年生活的捕捉蝴蝶游戏时，也提到了这种原则：让自己变成光和空气，随蝴蝶的翅膀挥舞而起伏，随蝴蝶的晃动而转移，直至自己幻化为一只飞舞的蝴蝶时，就可以捕捉到蝴蝶[6]。这里实际上就是模仿性，通过模仿与自然同化，建立起人与自然的命运性关系。但是随着文明的不断进步，人与自然之间未开发的、互相应和的这种模仿能力是不断消失和祛魅的。而原初语言实际上代表了祛魅的最高阶段，“因为它祛除了关于自然和宇宙的一切早期不完善的神话意象”，但是它又不同于科技理性导致的祛魅，“它又设法成功地保存了与环境世界的根本模仿关系的痕迹”[7]。从这个意义上来看，原初语言的模仿性作为一种非工具语言，保留了史前感性语言中人与自然和谐共处关系的痕迹，是一种生态语言。

但是，本雅明所倡导的原初语言在现代以索绪尔为代表的资产阶级语言观影响下，不仅被瓦解打乱，而且蕴含其中的生态话语也断裂、失忆。这表现在三方面：一是语言成了一种外在于自然万物的表达工具。语言与事物精神之间不再对应，而是偶尔的、随意的，语言趋向混乱、多元化。这同样导致人对于自然的命名过度精密，语言成为人类的一种奴役产物，而“空谈奴役语言的一个不可避免的后果便是愚蠢地奴役万物”[8]。二是命名的直接性破坏。语言与自然万物的精神之间放弃了专名，只能间接传达，乃至于自然成为一种语言建构。在这种建构中，原初语言也放弃了对万物的凝神关照，自然也脱离真实的生命存在，成为一种抽象的语言建构物，两者之间亲密和谐的互融关系荡然无存。三是语言的抽象性、判决性显现。原初语言走向工具性、间接性的过程本身，就是堕入抽象性的深渊。语言成为一种高高在上的、对于自然万物的抽象判决。原初语言堕落的这三重表现直接带来的就是生态危机，“上帝的语词开始诅咒大地，自然的外观发生了深刻的变化”[9]。因此，本雅明对原初语言中的美好生态记忆表现了深刻的怀恋，并寄希望在其后的艺术批评中，通过深刻挖掘自然万物的真理性，重建人与自然的和谐关系。

二、生态记忆的身体救赎

阿多诺认为，身体作为一条隐含在西方文明史中的重要线索，成为被文明压制和扭曲了的人类本能和激情的表征，“对身体的爱憎，影响到了一切现代文化”[10]。人类作为启蒙理性的主体，惯用非理性的动物、女人和自然存在来证明人的尊严。动物、女人作为生物机能和自然图像的具体体现，成为人类理性践踏生态自然的罪恶铁证。同样，本雅明也把身体作为抵抗生态异化重要途径。

本雅明尤为关注卡夫卡，一个主要原因是其作品表现了身体的异化和遗忘问题。在现代社会，人实际上处于一种异化状态中，但却被遗忘了，遗忘最深的是“我们的身体——我们自己的身体”[11]。那么，如何去打捞异化的身体？本雅明认为，人的身体异化是通过动物叙事表现出来的。卡夫卡打捞异化身体的方式是通过“乐此不疲地向动物聆听被遗忘之事”[12]，他是一个将动物作为装填被遗忘之物的作家。在卡夫卡看来，动物善于思考，对原初的、不可追溯的事物以及近在眼前、迫在眉睫的事物充满焦虑和恐惧。换句话说，“这是对未知的罪过，对事物的恐惧，在赎罪中可能获得的唯一赐福就是挑明罪过”[13]。因此，为了赎罪，为了挑明罪过，就不应该忘记人的生存状态：身体的异化。而为了表现出身体的异化，卡夫卡不惜笔墨地描写变形动物或人变成动物。在卡夫卡的作品里，充满了被遗忘之物的形式：变形的事物和动物，如扭曲变形的怪物俄德拉德克(《家长的呵护》)、变成甲虫的格里高利(《变形记》)，以及耗子或鼬鼠等动物。

卡夫卡笔下人变成动物的叙事，古今文学作品皆有，以往多是从强调人类显赫、动物低等的角度进行叙事。但黑格尔则从生态美学角度进行了重新解读：“贬低动物性的东西在许多变形记里也有明显的表现，例如奥维德所详细描绘的那些变形……从精神的伦理方面来看，变形对自然是抱否定态度的，它们把动物和其他无机物看成是由人沦落而成的形象。”[14]阿多诺也持有类似看法，在欧洲历史中，人的观念是通过与动物的区别而表达出来的，人类喜欢用非理性的动物来证明人的尊严。因此，人因某种罪过受到惩罚变成动物，成为各个民族童话中不断重复的母题。这主要是因为作为理性存在的人类，对于非理性动物的关爱是无足轻重的，“他们不再把对动物的尊敬看成是感情上的，而是把它看成是对进步的背叛”[15]。所以变形就成了艺术作品的本质特征，残缺不全成了异化人类的特质。

在这一点上，本雅明对于身体异化的关注与阿多诺的动物叙事具有一致性，同样表现出鲜明的自然生态关怀意识。本雅明曾以《塔木德》传说证明了现代人身体的异化：有人问拉比，为什么犹太人喜欢星期五晚上大吃大喝？拉比就讲了一个传说，一位公主的故事——公主被流放了，远离国民，与当地人语言不通，生活过得苦不堪言。有一天，她收到了一封信，信中说，她的未婚夫没有忘记她，已动身来她这儿了。拉比说，未婚夫是弥赛亚，公主是灵魂，而她被流放到的村子是身体，由于当地人听不懂她的话，她为了表达自己的快乐，灵魂就只能为身体设宴。在这个传说中，村庄是人的身体的象征，它成为灵魂的流放地，但却无法相互沟通，是相互排斥的。本雅明认为，《塔木德》传说中的这个村子也适用于卡夫卡的文学世界。比如，《城堡》里的 K 生活在城堡山脚下的村子里，就等同于现代人生活在自己的身体里，但是肉身却脱离了他，而且对他充满仇恨。两者是陌生的、互相排斥的关系，只不过，人却丝毫不知晓使身体与某种更高更广的秩序联系起来的法则。这里更高更广的秩序，在本雅明眼里，实际就是一种工具理性，导致精神背叛身体，人类异化为动物。这在某种程度上就是一种非生态，异化的人类与动物一样丧失了和谐的精神生态和自然生态，从而彰显了工具理性对于自然的盛气凌人。

而为了拯救异化的人类与自然，就需要通过刻意的身体异化的动物叙事，让人们重新记忆住造成身体异化的暴力和权威。本雅明认为，卡夫卡作品中的人物经常莫名其妙地鼓掌，如同气锤在持续不断的、缓慢的，或上升或下降的运动中。当暴力和权威施虐于身体时，身体会自动地、无意识地对周围异化的环境作出反应，发生异化。对于本雅明而言，身体在异化前是无意识的、存在于前话语领域的。阿多诺曾试图在对同一性批判的逻辑中重新评论卡夫卡的身体话语：在卡夫卡作品中，人们意识到他们的身体已不再是自身，而是变成了物。而这里实际上体现了一种非同一性的身体抵抗经验。阿多诺试图在由同一性思维所导致的主体对于客体的概念统摄暴政中，寻求不会一点不拉地完全进入客体的概念中的客体。而这种非同一性的客体要素表现为物质，应具体落实在身体经验上，因为“肉体要素作为认识的非纯粹认知的部分是不可还原的”[16]，身体要素会让人们认识到“痛苦不应存在，应该有所不同”[17]。这实际上是说，个体的身体要素具有不被同一性认识完全统摄、抽象的特质，从而能够作为一种异质经验去抵御同一性的暴政。因此，本雅明对于卡夫卡作品中的变形身体——动物叙事的理解，实际上就具有了抵抗理性暴力、打捞回遗失的人与自然和谐的生态存在的意味。

三、生态记忆的手工救赎

在当前复兴手工文化的大潮中，本雅明艺术理论中的手工文化，尽管得到一定程度的梳理和探讨，但尚缺乏深层次研究，尤其是未能充分挖掘手工文化中蕴涵的生态话语，削弱了其手工文化遗产的丰富性和参与当代生态话语建设的对话性。

本雅明曾在《讲故事的人——尼古拉·列斯科夫作品随感》一文中，多次提及和论述了手工文化。虽然并不系统，但从零零散散的论述中可以体悟到，本雅明肯定了传统的手工劳动中是蕴含有生态话语的。本雅明在文中提出一个“手工氛围”的概念，并借保罗·瓦莱里之口描绘道：“在谈到自然的完美之物——无瑕的珍珠，浓烈醇厚的美酒，以及发育完全的生物——时，他称之为‘一条由无数彼此相似的原因组成的长链的珍贵产物’。”[18]按照文中之意，“长链的珍贵产物”应该理解为时间造化，孕育于天地之气的自然造物，历经时间的积累和造化臻于完美。对于此，人的手工劳动也趋于模仿，“自然的这一不急不慢的过程，……人们曾经模仿过。精细到尽善尽美程度的微型画和牙雕、精工细刻的宝石、透明的清漆层层叠加的漆器或绘画作品”[19]。在这里，本雅明实际上指出了，精美的手工艺品与自然造物一样，都需要经过工匠之手，在自然时间的锤炼和磨砺下，成为尽善尽美的佳品。而这个手工劳动的时间过程，可从传承与创新两方面理解：一方面是严格遵循世代相传的手工技艺、规矩，尽管是程式化的，但如果将手工技艺发挥到极致，便是佳品；另一方面注重手工作品的创新性，将基于工匠“生命天赋的新鲜气息、即时的情绪、活跃的激情和质朴的感受”[20]等创新基因融汇于作品中，保证了手工作品日日生、日日新的创新特质。

手工劳动这个融传承与创新于一体的“不急不慢的自然过程”，遵循的实际上是一种合乎自然生态规律的创作原则。或者说，手工劳动的创作时间即是一种依存于自然规律的生态时间。在这种时间序列中，手工劳动者一方面遵循天有时、地有气、材有美、工有巧的自然生态规律，倾注精力长时间地探索并试图掌握手工材料的自然属性和内部规律；另一方面，手工劳动者的身体劳作节奏要合乎自身的生理机能规律，即保持“劳动行为的次第节奏、动作运力总是顺应天时、随和人情，与天、地、人保持动态的和谐”[21]。只有这样，才能成就人工造物达到天工造物的创作水平，成为佳品。不过手工劳动的这种生态时间，正遭受到现代机械时间的冲击，不仅缩短了艺术作品的生产时间，使其千篇一律、缺少个性，尤其是把工人绑架于机器流水线上，扰乱了人的正常生理节奏。这种重复机械的劳动时间完全是非生态的，无法与手工劳动的自然生态时间相提并论。因此，保罗·瓦莱里才会感叹：“所有这些需要经年累月、虔敬劳作的产品正在消失，时间不足惜的时代已经过去。现代人再也不会去干这些无法约简（abbreviate）的工作了。”[22]

本雅明还从眼、手、心和谐一致、相互配合的角度，论述了手工劳动是建立在熟练掌握造物对象内部规律、遵循自然法则基础上的。本雅明认为造物世界具有等级之分，最顶点的乃是正义之人，然后层层向下，便会抵达无生命的深渊。在这个造物等级链中，整个造物界不是以人声而是以“自然之声”进行言说。“自然之声”便是造物对象的内部规律，本雅明曾援引瓦莱里论述的一位精工丝绣人像的女手工劳动者的创作进行解释：“艺术观察庶几可以达至神话的深度。被观察之物失去了它们的名字。光与影交织成诸多独特的体系，提出众多各不相同的问题，这些问题既不依赖于知识，也不出自于实践，其存在和价值完全是源自某人——此人天生便可以洞察这些问题，并在其内在生活中将它们呈现出来——心灵、眼睛和手的和谐。”[23]在这段论述里，本雅明强调了由于人的观察，被观察之物的内部规律统统被手工艺人所掌握，然后将心灵、眼睛和手合为一体，相互依存，形成一种实践。这无疑是建立在遵循造物本身自然规律基础上的。

此外，在本雅明对于儿童手工玩具的论述中，也体现出了生态记忆理论。本雅明不仅写过《俄国的玩具》《往昔的玩具》《玩具与游戏》等诸多文章，而且也收藏有很多玩具。本雅明尤为喜欢手工制作的儿童玩具，如俄罗斯玩具，原因是相对于德国机械制作的玩具，俄罗斯玩具多数是手工制作的。在他看来，这种手工玩具比较符合儿童自然的思维、心理和天性习惯。儿童思维类似于原始人的思维，对于事物的把握并不依赖于抽象理性的逻辑思考，而是把世界作为混沌一体，往往可以在完全不相关的事物中发现有机的联系。例如，儿童可以“将完全不同的材料置入到一种往往使人愕然的全新组合里。由此，孩子们就创建出了他们自己的物世界，一个大世界中的小世界。如果人们想专门为孩子创造出这样一个物世界，而不想用自己指向物质功利的工具性活动去度量他们，那就必须看到这个小世界的范式”[24]。因此，儿童对于原始的手工制作的玩具就更为喜欢，“与那些通过复杂工艺制成的玩具相比，孩子们更能理解那些最原始的方法制成的玩具”[25]。但是当代机械制作的玩具，已经越来越远离孩子们的原始思维和天性，它们依据主客体分离的生产原则，注重模块化生产，先生产单独分类的玩具部件，然后再拼接组装，强调效率和速度。这完全不同于儿童玩具强调人与自然相统一的整体制作原则，已经超越了儿童的原始混沌思维特点。

手工劳动的生态性，还集中体现在本雅明的光晕理论中。面对机械复制时代艺术作品的滥觞和传统本真艺术的衰落，本雅明提出光晕（灵光）概念：“静歇在夏日正午，沿着地平线那方山的弧线，或顺着投影在观者身上的一截树枝——这就是在呼吸那远山、那树枝的灵光。”[26]本雅明在这里通过人与自然互动体验的关系，论述了传统艺术的本真性和膜拜性。但如果扭转论述角度，把光晕的体验重点从艺术作品转换到自然，则成为人与自然的关系，并且具有了生态美学的性质。本雅明提到光晕的经验“建立在人间社会通常的反应方式向无生命物或自然与人关系的转换上。被看者或是觉得自己在被看就激发出了一种眼神，去感知某一现象的光韵就意味着赋予它激发眼神的能力”[27]。戴维·罗伯特也认为，“对光晕的体验也就是对一种模仿或互动关系的体验”[28]。这实际上说明了人对于自然光晕的体验，是一种主体间性的生态关系：“要感知一个客体的灵氛，就意味着赋予它人性化的、有生命的、通常属于人与人之间的关系的显著特征。要给无生命的客体赋予超越其简单存在性质的发射信号的能力和属性，意味着必须怀着手足之情而不是用操控的方式去感受它们。”[29]光晕的本质说明了手工劳动便是光晕的某种彰显形式，是独一无二的、即时即地的、不可复制的。如此来看，手工劳动也体现了人与自然生态和谐的主体间性关系。

但是，这个体现了人与自然和谐关系的手工劳动时代已经终结，本雅明引用列斯科夫小说《宝石》中的一句话予以说明：“大地母腹中的宝石和九霄云外的星辰都关系到人的命运——不像今天，天上地下的万物众生都对人子的命运漠不关心，万籁俱寂，再也听不到任何与人交谈之声……大量的新宝石被开采出来，并被测了大小，称了重量，验了密度，但它们不再向我们昭示任何东西，也不给我们带来任何裨益。”[30]总而言之，人类自信可以与自然和谐相处的时代已经结束了，原因是现代手工劳动“个人性让位于集体性，艺术性让位于技术性，最终遵循的生产理念则是市场化的商业逻辑”[31]。也正因此，本雅明对于手工劳动才抛以深情的一眸，希望通过手工劳动救赎遗失的生态话语。

四、生态记忆的空间救赎

如果追踪本雅明一生的旅程轨迹，堪称是一幅丰富多彩的都市地图，柏林、莫斯科、那不勒斯、巴黎都是他曾经生活并深刻影响了其思想精神的空间场所。他的诸多写作都是围绕城市空间展开，希望以此挖掘已逝的都市记忆，从而彰显和救赎当下。当然，在本雅明的理解中，不同时期的空间是不同的，在住宅空间上就有一个从资产阶级居所到现代住宅的转变，其中隐含着一种被忽视的生态政治话语。

资产阶级居所指的是19世纪资产阶级所崇尚的一种生活场所，室内装饰丰富，充满主人的生活痕迹。步入这样的房间，你会有一种被严重排斥拒绝的感觉，“你不可能呆在这样的房间里，因为房间里无处不留下主人的痕迹——幕帘上缀着的饰物、扶手椅上的罩布、窗户上的透明画、壁炉前的隔热板”[32]。本雅明曾在《驼背小人：1900年前后柏林的童年》里，对于这种居所充满了留恋。本雅明描述过外祖母居住的高级公寓，房间装饰高贵，摆满了老式的坚固家具。还有一个对外封闭的内阳台，对外可以看到看门人、儿童、手摇风琴演奏者的一切活动。但更重要的是对于声音的感觉，教堂的钟声萦绕于内阳台和房间，久久不离去。这种居所尽管不建筑在自然环境中，但依旧给人以安全和舒适，原因在于它试图建立起个人及其所有财产的保护性外壳。这种共同的社会价值，维系和凝聚了人们对于19世纪居所的认同感和亲切感。尽管居所是被资产阶级文明改造、教化后的自然环境，但它通达人与环境间的和谐。所以在本雅明看来，这种居所是对母亲子宫的遥远记忆，充满温馨、舒适和安全。此外，这种居所的生态意味还体现在，它拥有一种迥异于都市同质环境的“人格化”特征。都市环境嘈杂紧张，外界刺激反复无常，迫使城市居民孤独、去人格化。而资产阶级居所由于强调个人的痕迹感，便具有了人格化特征，是祛除和治疗都市病的灵丹妙药。本雅明论述道：“自从路易·菲力普以来，人们可以从当时市民生活中看到一种力图弥补私生活在大城市中没有地盘之不足的努力，这种努力主要发生在他们居室的四壁之内，并体现在对个人生活的看重上”，“他们孜孜不倦地将一系列日常用品登记下来，将一些诸如拖鞋、怀表、温度计、蛋杯、刀叉、雨伞之类的东西都罩起来。他们尤其喜欢那些能把所有接触的痕迹都保存下来的天鹅绒和长毛罩子”[33]。建筑师路斯遵守这种原则，强调居所空间设计必须保障个人的独立性格，否则便是失败的设计，“人与自己的房间一点都不协调，房间也不适合居住者。可是为什么会这样呢？……房间跟它的使用者缺少任何内在的关联”[34]。从居住的场所感而言，本雅明对于资产阶级居所的怀恋，具有生态意义。

但本雅明同时从这种居所里看到了弊端：“十九世纪六十年代到九十年代市民的室内布景往往在四周墙上安置了刻满浮雕的巨大装饰板，不见阳光的角落里还摆放着盆栽的棕榈树，凸出的阳台严阵以待地装上了防护围栏，长长的走廊里响彻着煤气火焰的歌声。这样的室内布景简直只适于尸首居住。……只有在尸首面前，奢华而死气沉沉的室内装饰才令人感到舒适。”[35]在这种充满繁琐装饰的环境里，人的行为举止和内心状态是被压抑的；居所里繁琐的装饰，也不符合生态原则，装饰是一种罪恶。这种为个人提供安全保护的蜗牛般的居所，成为资产阶级自我麻痹的鸦片。

因此，如何打破这种阶层固化的自我与他我麻痹统治，本雅明试图探寻另一种建筑形式，即以钢铁结构和玻璃屋面为主的现代住宅。现代住宅是伴随传统居所衰落而兴起的，以钢铁和玻璃为架构。由于玻璃简洁、光滑，钢铁坚硬，任何物品都无法附着其上，这就可以摆脱传统居所里的繁琐装饰。并且，在这种建筑里，资产阶级妄想掩盖个人财产、剥削秘密的意图也彻底破灭，一切都处在无产阶级、底层民众的注视下。如果说传统居所对应的是个性化的人格和资产阶级社会，那么，面对新的社会阶层的产生，如无产阶级，就需要一种具有开放性、透明性的钢铁玻璃式的现代住宅。希尔德·海嫩认为，这种新兴阶层的力量就是本雅明所谓的破坏型人格："一些人使事物不可触碰，受到保护，保证将其传给后代，而另一些人则通过对发展趋势的清理使其可行，并把这种格局传承给后代。后者被称为破坏性的。"[36]只有破坏和否定传统的某些东西，才能保留延续文明，而资产阶级住宅提供的虚伪的意识形态显然就是需要被破坏的。破坏型人格反对舒适安全："破坏型人格是盒中人（etui-man）的宿敌。盒中人寻求舒适，盒子是其精华。天鹅绒内衬的盒子里面留有他铭刻在世界上的痕迹。破坏型人物则甚至连破坏行为本身的痕迹也要清除掉。"[37]本雅明在这里通过居所到住宅的转变表达了一种生态政治的理想。作为人类的居所环境，在建筑中栖居是人类适应周围自然环境和社会环境的能力，这种适应具有意识形态性。不同的建筑环境会塑造和适应不同的社会阶层。因此，通过建筑形式和栖居感受的变化，会反映、引领社会环境的变化。当然，这并非抽象简化的环境决定论，而是人与生态环境的和谐互动，这与当代生态政治理想是一致的。同时可以看到，本雅明的空间生态与海德格尔不同，海德格尔以怀旧的姿态面向乡村空间，本雅明以辩证的态度始终面向都市空间。

总而言之，本雅明致力于从语言、身体、手工、空间等层面激活生态记忆并非限于怀旧，而是以此拯救现实生态灾难、打破未来进步神话。由此建构一个能够把当下生态危机与过去人与自然和谐或创伤的经验，以及生态和谐的未来联系起来的革命主体。

＊本文系国家社科基金重大招标项目“生态美学文献整理研究”【16ZDA111】、第65批中国博士后科学基金面上资助项目【2019M651661】“生态记忆的审美救赎与诗性主体建构研究”的阶段性成果。

注释：

[1] [加]萨若吉·乔拉文：《环境危机的语言学和哲学根基》，赵奎英译，《鄱阳湖学刊》2014年第1期，第117页。

[2] [德]瓦尔特·本雅明：《写作与救赎：本雅明文选》，李茂增、苏仲乐译，上海：东方出版中心，2017年，第3页。

[3] [德]瓦尔特·本雅明：《写作与救赎：本雅明文选》，李茂增、苏仲乐译，上海：东方出版中心，2017年，第4页。

[4] [德]瓦尔特·本雅明：《写作与救赎：本雅明文选》，李茂增、苏仲乐译，上海：东方出版中心，2017年，第6～7页。

[5] [美]理查德·沃林：《瓦尔特·本雅明：救赎美学》，吴勇立、张亮译，南京：江苏人民出版社，2017年，第246页。

[6] [德]瓦尔特·本雅明：《驼背小人：1900年前后柏林的童年》，徐小青译，上海：上海文艺出版社，2003年，第28页。

[7] [美]理查德·沃林:《瓦尔特·本雅明:救赎美学》,吴勇立、张亮译,南京:江苏人民出版社,2017 年,第 248 页。

[8] [德]瓦尔特·本雅明:《写作与救赎:本雅明文选》,李茂增、苏仲乐译,上海:东方出版中心,2017 年,第 16 页。

[9] [德]瓦尔特·本雅明:《写作与救赎:本雅明文选》,李茂增、苏仲乐译,上海:东方出版中心,2017 年,第 16 页。

[10] [德]马克斯·霍克海默、西奥多·阿道尔诺:《启蒙辩证法——哲学断片》,渠敬东、曹卫东译,上海:上海人民出版社,2003 年,第 264 页。

[11] [德]瓦尔特·本雅明:《写作与救赎:本雅明文选》,李茂增、苏仲乐译,上海:东方出版中心,2017 年,第 285 页。

[12] [德]瓦尔特·本雅明:《写作与救赎:本雅明文选》,李茂增、苏仲乐译,上海:东方出版中心,2017 年,第 285 页。

[13] [德]本雅明:《经验与贫乏》,王炳钧、杨劲译,天津:百花文艺出版社,1999 年,第 344 页。

[14] [德]黑格尔:《美学》,朱光潜译,北京:外语教学与研究出版社,2018 年,第 494～495 页。

[15] [德]马克斯·霍克海默、西奥多·阿道尔诺:《启蒙辩证法——哲学断片》,渠敬东、曹卫东译,上海:上海人民出版社,2003 年,第 289 页。

[16] [德]特奥多·阿多尔诺:《否定的辩证法》,张峰译,重庆:重庆出版社,1993 年,第 191 页。

[17] [德]特奥多·阿多尔诺:《否定的辩证法》,张峰译,重庆:重庆出版社,1993 年,第 201 页。

[18] [德]瓦尔特·本雅明:《写作与救赎:本雅明文选》,李茂增、苏仲乐译,上海:东方出版中心,2017 年,第 130 页。

[19] [德]瓦尔特·本雅明:《写作与救赎:本雅明文选》,李茂增、苏仲乐译,上海:东方出版中心,2017 年,第 130 页。

[20] 吕品田:《动手有功——文化哲学视野中的手工劳动》,重庆:重庆大学出版社,2014 年,第 124 页。

[21] 吕品田:《动手有功——文化哲学视野中的手工劳动》,重庆:重庆大学出版社,2014 年,第 114 页。

[22] [德]瓦尔特·本雅明:《写作与救赎:本雅明文选》,李茂增、苏仲乐译,上海:东方出版中心,2017 年,第 130 页。

[23] [德]瓦尔特·本雅明:《写作与救赎:本雅明文选》,李茂增、苏仲乐译,上海:东方出版中心,2017 年,第 144 页。

[24] [德]瓦尔特·本雅明:《单行道》,王才勇译,南京:江苏人民出版社,2006 年,第 21 页。

[25] [德]瓦尔特·本雅明:《本雅明论教育》,徐维东译,北京:吉林出版集团有限责任公司,2011 年,第 104～105 页.

[26] [德]瓦尔特·本雅明:《迎向灵光消逝的年代:本雅明论艺术》,许绮玲、林志明译,桂林:广西师范大学出版社,2004 年,第 63 页。

[27] [德]瓦尔特·本雅明:《发达资本主义时代的抒情诗人》,王才勇译,南京:江苏人民出版社,2005 年,第 154～155 页。

[28] [美]戴维·罗伯特:《光晕以及自然的生态美学》,郭军、曹雷雨编,《论瓦尔特·本雅明:现代性、寓言和语言的种子》,长春:吉林人民出版社,2003 年,第 135 页。

[29] [美]理查德·沃林:《瓦尔特·本雅明:救赎美学》,吴勇立、张亮译,南京:江苏人民出版社,2017 年,第 242 页。

[30] [德]瓦尔特·本雅明:《写作与救赎:本雅明文选》,李茂增、苏仲乐译,上海:东方出版中心,2017年,第133页。

[31] 胡友峰:《论电子媒介时代文论话语转型》,《文学评论》2018年第6期,第51页。

[32] [德]瓦尔特·本雅明:《写作与救赎:本雅明文选》,李茂增、苏仲乐译,上海:东方出版中心,2017年,第37页。

[33] [德]瓦尔特·本雅明:《发达资本主义时代的抒情诗人》,王才勇译,南京:江苏人民出版社,2005年,第43~44页。

[34] [美]布莱恩·埃利奥特:《建筑师解读本雅明》,金秋野译,北京:中国建筑工业出版社,2017年,第67页。

[35] [德]瓦尔特·本雅明:《单行道》,王才勇译,南京:江苏人民出版社,2006年,第10页。

[36] [比利时]希尔德·海嫩:《建筑与现代性批判》,卢永毅、周鸣浩译,北京:商务印书馆,2015年,第158页。

[37] [比利时]希尔德·海嫩:《建筑与现代性批判》,卢永毅、周鸣浩译,北京:商务印书馆,2015年,第160页。

论卡西尔的艺术“构形”说

宋梓祎

（辽宁大学文学院，辽宁沈阳，110036）

内容摘要：“构形”作为卡西尔艺术哲学和符号美学的核心概念，是把握其整体艺术观念和美学思想的重要门径，也是当代艺术研究的重要课题。艺术“构形”说建基于对传统艺术观念的批判，其中涉及艺术本质、艺术功能以及艺术情感等重要美学问题。康德的“先验图式”理论和歌德的“形态学”原理是其重要的理论来源。对艺术构形活动中感性维度、理性维度和符号维度的剖析，有助于理解和把握“形式”的建构性、生成性和能动性的特质。卡西尔的“构形”说有别于“美学形式主义”，它不局限于形式本体，而力图揭示作品背后的文化语境和意义世界，为近现代美学与艺术理论提供深刻启示。

关键词：卡西尔；艺术“构形”；符号

艺术“构形”（formative）是卡西尔艺术哲学和符号美学思想的核心，也是卡西尔竭力阐扬的艺术观念。从国内近四十年对卡西尔艺术思想的接受和研究情况来看，主要集中在“符号”和“文化”的关系上，在一定程度上忽视了构形对于卡西尔艺术哲学的重要价值，尤其缺乏对构形的概念、理论来源、思想维度等内涵的考辨剖析。构形思想是艺术理论与实践领域的重要议题，因为它关涉到情感与形式、形式与意义等重要美学问题，同时也为绘画、建筑、雕塑、音乐等具体艺术门类的实践活动提供方法论基础。在当下视觉图像时代重新审视卡西尔的构形理论，不仅能够为卡西尔美学研究提供一种新路径，还能为艺术“意义结构”问题创造新的阐释空间。

一、艺术“构形”：一种感性结构方式

所谓“构形”，即是将个体的感性经验、情感想象付诸相应的可直观到的“形式”的过程。从词源学上来看，“构形”（formative）一词是“形式”（form）的变体，可以理解为建构、架构起来的形式。在卡西尔的艺术哲学中，“构形”意指为主观情感“赋形”的活动过程，即赋予“情感”以一定的“形式”，寓“感性”于“形式”的过程。因而，卡西尔的艺术“构形”说便不是单纯的对世界的摹写和再现，也不是纯粹形而上学的抽象形式逻辑，而是一种具有生成性和建构性的感性结构方式，是理性与感性的交叉地带，其特征是人的主动创造性，着重彰显艺术的人文精神特性。

首先，卡西尔将艺术的本质定义为一种“构形”活动。自古希腊柏拉图的“理式论”提出以来，艺术和美的问题就从根本上被归结为对本体和存在的追问。对于“美是什么”这样的艺术本质主义提问方式一直横贯西方美学两千多年的历史。实际上，卡西尔的艺术论也是沿着本质论、本体论的方式进行思考的，主要体现在他对以摹仿说和情感表现说为代表的传统艺术本质观所做出的一系列继承与批判。在卡西尔看来，这两种观点都不足以揭示艺术的真正本质，因为无论单独坚持哪一观点，都是片面和狭隘的。摹仿说一味强调文艺对客观世界的摹写，忽视了主体创造者的情感表达和能动作用；表现说只注意到文艺的表现作用，对主体的情感进行过度渲染，忽视了艺术的客观性。摹仿说和表现说各持己见、难以调和，“即使最彻底的摹仿说也不想把艺术品限制在对实在的纯粹机械的复写上”，“如果摹仿是艺术的真正目的，那么显而易见，艺术家的自发性和创造力就是一种干扰性的因素而不是一种建设性因素：它歪曲事物的样子而不是根据事物的真实性质去描绘它们”[1]。反之，如果一味坚持情感表现说的观点，“那我们得到的就只是记号的变化，而不是决定性的意义的变化。在这种情况下，艺术就仍然是复写；只不过不是作为对物理对象的事物之复写，而成了对我们的内部生活，对我们的感情和情绪的复写”[2]。基于此，卡西尔提出了艺术本质观的第三条路径：艺术“构形”说。他对“构形”这样表述：“艺术确实是表现的，但是如果没有构型（formative）它就不可能表现。而这种构型过程是在某种感性媒介物中进行的”[3]，这种“感性媒介物”就可以理解为一种“感性形式”，它综合了艺术的感性成分与理性成分。也就是说，摹仿说与情感说在“构形”中打破了彼此对立的状态，走向了一种新维度的融合，即“情感”与“形式”在“构形”中走向了崭新的统一体。

其次，艺术是对事物的创造和发现，而非摹仿。而构形则是人创造能力的集中体现。在卡西尔的文化体系中，艺术同其他符号形式一样，都是对自然形式的发现而非单纯摹写，“它是导向对事物和人类生活得出客观见解的途径之一。它不是对实在的摹仿，而是对实在的发现”[4]。自笛卡尔的“我思故我在”、康德的“哥白尼运动”等近代“认识论转向”思潮以来，哲学任务逐渐由“认识世界”转向“认识主体”。康德认为“物自体”不可知的直接结果是理念论不再成为事物的“第一性”，人开始将目光投向主体自身及其创造能力。在康德思想的基础上，卡西尔将人的本有属性和人类一切文化形式界定为一种“符号”，“符号”即意味着摹仿的终结和主体的觉醒，其深层含义是对人的自主性、能动性、创造性的阐扬。

人类文化活动都能体现人的创造价值，但是艺术的创造性和科学的创造性是不同的。在卡西尔看来，尽管科学和艺术都是符号形式的一部分，都是对自然世界的“发现”，但科学是依靠逻辑和概念来把握，而艺术则依靠直观和形式来把握。科学求“真”，艺术求“美”。科学的形式是抽象而贫乏的，艺术的形式是丰富而无限的。科学是对自然形式的抽象和缩写，艺术是对自然形式的丰富和夸张。如此，艺术的符号特性主要体现在对形式美的创造和欣赏中，“美在形式”是艺术的目的。区别于“历史的真实”，艺术的真实是一种“美的真实”，而这种“美的真实”一方面依靠形式的视像直观来表达和呈现，另一方面依靠人的构形和结构能力。

最后，艺术构形活动中的情感界定。卡西尔的构形思想最终以“感性媒介物”的方式呈现出来，而情感因素是“感性媒介物”的重要一环。卡西尔对情感的探讨是沿着从“情绪”到“情感”再到“艺术情感”的脉络进行的，他对构形活动中情感的种类和程度进行了界定。从“情绪”和“情感”的差别来看，情绪可以看作情感的一种，但情绪不等同于情感，情绪是日常生活中个人化、主观化的一种宣泄方式，而情感才是艺术世界中能够引起接受者共鸣的一种表达方式。情绪表达没有固定的对象，而情感则不同。试想在舞台戏剧中，艺术家歇斯底里地宣泄自己大量的情绪，不仅破坏了整个作品的审美效果，还会降低观众对作品的审美感受。如卡西尔所言：“一个人可以写出一封激情洋溢的情书，可以真实诚恳地表达出他的感情，但他并不单单因为这个事实就成了一个艺术家，即使他采用诗体，他也并不因此就成了一个诗人。”[5]究其原因，卡西尔认为这只涉及情感的“量”的变化，而非“质”的变化，由“量”到“质”需要理性主义的推动，由情绪上升到情感才是真正的艺术。在艺术世界中，人的情感经历了由“被动的”“接受的”转变为“主动的”“自发的”实质性变化：“在艺术里，我们所感受到的已不是处于单一或单纯状态的感情，而是整个的、全部的人类生活。”[6]情感的转变在于“形式”赋予了情感以一定的确定性和存在样态。也就是说，“形式”是作为情感的前提和条件来理解的，在这种“物质化的具体形态”中积淀的不只是原始单一的情感，还有人类共同的情感。

值得注意的是，卡西尔的艺术构形思想不能被偏狭地界定为只重视形式而忽略内容的“形式主义”。“构形”始于“形式”，却不停留于“形式”。与以文本和作品本身为中心的形式主义不同，卡西尔的构形思想对作品背后的历史脉络、文化思潮以及人文精神均有着深切的关怀。作为艺术作品中基本要素之一的“形式”概念，一方面具有感官层面的意义，因其是创作者情感外化了的物质性呈现；另一方面具有思想和观念的深层内涵，也就是在形式中可以感受到艺术的意义与意味，从而产生审美愉悦和美的体验。

同样是强调“有意味的形式”，克莱夫·贝尔的主张与卡西尔存在差异。贝尔坚持唯形式主义的美学观，挑战了当时公认的“艺术是生活情感的表现”的观点，他批判了生活情感与审美情感混合为一的现象，并主张“一切审美方式的起点必须是对某种特殊感情的亲身感受，唤起这种感情的物品，我们称之为艺术品”[7]。艺术品具有传达审美情感的特殊属性，而这种审美情感的产生要借助“有意味的形式”来达成。如此一来，审美情感较生活情感的独特性凸显，但也将审美情感绝对化了。贝尔没有超越他所构筑的二元对立框架，“有意味的形式”分割了描述性和审美性的关联，将再现艺术与表现艺术对立起来，同时悬搁了观念艺术。可见，“形式”与“意味”的实质性关联在贝尔的阐发下呈现出一种“片面的深刻”。而在卡西尔看来，形式与意味是生成性的、相互构建的存在，颇具深远影响。卡西尔认为艺术形式的“意味”更多地体现在文化的层面，早已越出了贝尔的审美心理分析。卡西尔的“形式”不单单是指线条、色彩、旋律等艺术形式本身，而是指向这些表现性形式背后的结构原理、内在规律以及符号内涵，即，构形思想包括外在感官的形式因素以及内在性的构成诸种形式的规律、法则和原理。如此一来，对艺术构形内涵的理解和把握便成为卡西尔艺术论的切入点。

二、艺术“构形”说的理论来源

“构形”不仅是一种艺术形式的构造活动，更是人类创造能力在艺术审美活动中的能动体现，从理论根源上看，它探讨的是视知觉心理何以可能以及如何可能的问题。其中，康德的“先验图式”理论和歌德的“形态学”原理均为卡西尔的艺术“构形”说提供了重要的理论契机和学理参考。

首先，从康德的“先验图式”到卡西尔的“构形”。“图式”一词就字面意思可概括理解为“图形样式”，代表所描绘事物的外观和形式。“图式”最早源自古希腊文，而后演变为“抽象图像”，即对事物的本质特征的概括。康德将“图式”一词纳入先验哲学之中，架起了沟通“知性纯粹概念”（范畴）和感性（现象）的桥梁，成为人类认识世界过程中的第三方中介，因此“图式”具有重要的认识论价值。康德认为，它“一方面必须与范畴同质，另一方面与现象同质，并使前者应用于后者之上成为可能。这个中介的表象必须是纯粹的（没有任何经验性的东西），但却一方面是智性的，另一方面是感性的。这样一种表象就是先验的图型”[8]。康德的“先验图式”不是客观的物质实体，也不是头脑中的纯粹概念，而是一种缔结二者的结构和功能。

卡西尔沿着康德的“先验图式”脉络跟进，把康德的这种先验认知方式推演到人文科学和人类文化的视野内，致力于寻找一种可以独立于且规范感性经验和直观现象的先决条件。甘阳将此总结为从“理性的批判”到“文化的批判”[9]。与康德的“先验图式”理论不同的是，卡西尔更注重对“形式”概念的具体运用，这主要体现在对人文学科和诸多文化扇面的论证上。卡西尔说，“文化世界也许可以被称作对形式的研究”[10]，“当形式概念不复存在之后，人文科学也就随之解体。在语言学、艺术科学和宗教科学中我们所要认识的，其实不过就是‘形式’”[11]。这就为诸多符号形式之一的“艺术”奠定了形式本体论的基础。卡西尔以“构形”原理来界定艺术本质，将感性经验与形式质料融合在一起。艺术是“活生生的形式世界”。由此观之，卡西尔的“形式”概念与康德的“图式”概念是一脉相承的。康德的“图式”为卡西尔艺术构形理论带来了先验性的指导要义，是卡西尔艺术中“形式理性”的先决条件。

其次，从歌德的“形态学”到卡西尔的“构形”。“形态学”（Morphologie）概念是歌德的首创，这一范畴来自希腊语 morphe，是他在植物变形研究时提出并运用在美学范畴的概念，其理论核心是有机论和整体论。20世纪中叶，由穆勒和欧佩尔这两位德国学者把形态学引进文学研究。“形态文艺学”的主要观点认为，诗的构形是组建自然的有机部分，诗既是构形整体，也是生命力的有机体。

1790年，歌德在《植物的变形》一文中关注植物的个别部分由一种形态转向另一种形态的规律，正式提出了“形态学”的概念，认为不同种类的植物均起源于一个“原形”。歌德的“形态学”是针对自然科学中过度理性分析倾向而提出的，这一范式有效抨击了哲学领域和生物学领域中僵化的思维方式，开辟了一条崭新的形式法则。现代植物学家阿道夫·汉森在谈及歌德的变形理论时说：“歌德开创的植物学时期，比起前此的植物学时期来，正如化学之于炼金术。”[12]而在卡西尔看来，“形态学”的关键意义在于，“一种崭新的知识观念，正是和歌德的‘形态学’思想及其‘有机自然之生成与转变’概念一起，被创造了出来”[13]。歌德的“形态学”不是无形式的纯粹抽象，而是体现有机生命体的有机形式。同样，“形态学”观念强调事物的形式和形象，强调直观和视觉的重要性，认为直观是一切形象感知的前提。歌德反对纯粹的抽象概念诸如数字符号一类的东西，他认为数字符号是“贫乏的语汇”，并且认为美学家们试图将“美”抽象为一种概念的做法是荒谬的，因为“美其实是一种本原现象，它本身固然从来不出现，但它反映在创造精神的无数不同的表现中，都是可以目睹的，它和自然一样丰富多彩”[14]。可见，歌德的美学思想深刻地受到自然研究尤其是植物形态学的影响，认为艺术美依赖感性直观而非抽象概念。在他的植物变形理论中，“直观”与“理念”不是分割开来的，“直观”可以通达“理念”，而“形式”作为“直观”的对象则可以通达“真理”和“理念”，这是一个由“感性经验”上升至“抽象理念”的过程，美学家经由形式的感性直观可以窥见艺术真谛。歌德力图修复现象与逻辑、经验与理念之间的关系，认为应该调和感性世界和本质理念之间的关系，这就是“形态学”的内在要义。

歌德所开创的“形态学”运用在艺术和美学领域时便演化为一种“构形”的力量。正值“狂飙突进运动”时期，歌德在《论德国建筑》一文中说道：“艺术早在其成为美之前，就已经是构形的了，然而在那时候就已经是真实而伟大的艺术，往往比美的艺术本身更真实、更伟大些。原因是，人有一种构形的本性，一旦他的生存变得安定之后，这种本性立刻就活跃起来……而这种独特的艺术正是唯一的真正艺术，当它出于内在的、单一的、个别的、独立的情感。”[15]不难看出，歌德这里讨论的是原始艺术的“构形”思想。在原始艺术中，形式与情感未曾划分界限，二者是融为一体的状态。歌德认为艺术本质在于形式与情感融合一起时所展现出来的整体性、有机性。艺术的本质在于构形，“构形”和“情感”都是人类的生存实践和生活经验范畴内的产物，它与人的生存、人的本能息息相关，因而呈现出一种单纯的、素朴的状态。卡西尔重构了歌德的“构形”观念并将其应用到现代艺术发展和美学思考当中，尤其体现在对形式与情感二者关系的重新考量。卡西尔认为艺术的确是一种情感表现，但这种表现不是如华兹华斯般“强烈情感的自发流溢”，也不是毫无节制的情感宣泄，而是一种中和的、适度的情感表现。中和适宜的艺术情感要通过一种物质媒介来实现，这种物质媒介就是“构形”活动。也就是说，卡西尔汲取了歌德主客统一的美学观，他不偏重艺术形式或艺术情感的任何一端，强调真正的艺术是赋予“情感”以一定的“形式”，以此达到“独特的艺术”（characteristic art）的美学理想，即强调情感赋形、艺术构形过程的重要意义。

毫无疑问，歌德的赋形思想是一种有机话语，展现出整体性的面貌。在西方美学史上，亚里士多德就提出过有机整体的概念。不过前人对整体的理解偏重于形式，歌德则把形式与内容结合起来。在《〈雅典神殿入口〉发刊词》中，歌德阐明了艺术中局部和整体的关系：“精确地了解人的形体的各种部位——最后又必须把这一个个部分看作一个整体——可以大大促进艺术家的创作，同样对相关对象的概括了解，局部了解也对艺术家大有好处，前提是艺术家有上升到理论的能力，他能够抓住看来互不相干的事物之间的紧密关系。”[16]另外，歌德强调图像中各部分形式相互协调、相互补充的状况取决于情感的整一性与完整性。譬如在对拉斐尔临终前的油画杰作——《基督变容图》(The Transfiguration，1518—1520)的评论中，他说道：“有谁敢于对这样一副构图的本质的统一提出疑问，那是奇怪的。上面的部分怎能与下面的部分分离呢？两者构成了一个整体。下面是患病的人和贫困的人，上面是强有力的人和能提供帮助的人——彼此依赖，彼此说明。”[17]罗杰·弗莱则赞扬歌德的评论，认为歌德赋形的整体性特征是一种“惊人发现”，“凭借那种赋形，上部分与下部分协调于一个整体中，但是他提出的对于这个感觉的解释却采取了一种道德和哲学思索的形式”[18]。

从歌德的“形态学”到卡西尔的“构形”，体现出后者对前者一定意义的“扬弃”。一方面，卡西尔赞成歌德形态学中对“形式”之普遍客观性规定。歌德的“形式”是人类实践活动的产物，与人类经验世界密切相连，因而形式不是神秘的存在，不是头脑中幻想的产物，而是现实世界真实的物质化、客观化的反映与投射。歌德将“构形”思想界定为人的本性，只有人才具有创造形式美的能力。卡西尔也如此，所以他说：“美看来应当是最明明白白的人类现象之一。”[19]另一方面，卡西尔扬弃了歌德艺术“构形”中“单一的、个别的情感”的主张，强调情感不应具有原始的、个体的色彩，消解了构形思想的原始神秘色彩。同时拒斥情感的过度和宣泄，讲求情感应该受到形式的规制，这就有效抨击了以克罗齐、科林伍德等人为代表的表现论美学。

总之，卡西尔的艺术构形说既吸收了康德图式概念的合理内容，又提取了歌德形态学理论的精华成分。康德的“先验图式”搭建了经验与范畴的桥梁，沟通了客观世界与主体心灵；歌德的“构形”即赋予经验以形式，同时要求独立的情感。卡西尔的“构形”要求我们在艺术直观中把握具体化的形象，情感已经融入具体艺术形式之中了。因此，卡西尔的“构形”既吸收了康德先验层面的意义，又借鉴了歌德经验层面的价值，呈现出一定的复杂性与多元结构。这种复杂性与多元性可以通过感性维度、理性维度和符号维度来剖析和阐释。

三、艺术“构形”的三重维度

大体来看，艺术的“构形”活动不仅关涉到艺术家的情感世界，也牵涉到艺术作品的直观呈现。艺术家将一定的感性经验和情感想象投射在物态化的形式之中，与此同时，感性形式中也含有激发美感的因素。卡西尔的艺术构形活动还关联到“艺术如何把握世界”“主体如何表达情感”“作品如何展现世界”等一系列复杂的艺术哲学问题。但“构形”在艺术活动中所彰显的是能动性的、有机性的、建构性的存在样态，质料和情感都深刻地烙印在“感性形式”之中，烙印在生生不息、不断建构的艺术构形活动之中。也就是说，我们不仅要从外部“形式”来切入艺术，更要注意形式内在的“建构性”功能。因此，我们可以从以下三个维度来分析，即艺术形式的感性维度、理性维度以及符号维度。

第一，艺术形式的感性维度。艺术形式具有可触可感的实体性属性，感性材料的物质性存在是美感产生的必然前提。同时，形式也是艺术家的直觉和情感在作品中的具体化呈现。卡西尔在讨论艺术样式时曾多次阐述艺术形式的物理属性、可直观性和可传达性。他认为，无论是画家、音乐家还是诗人，色彩、线条、旋律都不仅是他们进行艺术创作的技巧和手段，而且是创造过程的必要要素[20]。尤其在对抒情艺术的界定上，卡西尔十分客观地指出，抒情艺术并不比其他艺术拥有更多的主观特性。因为抒情艺术同其他艺术形式一样，也是由语词、旋律、形象等物理性材料构成的，这种感性材料包含了艺术形式“具体化”“客观化”的过程，因此不能片面地将抒情艺术视为完全主观化的产物。人能用肉眼直观或知觉感受到的由感性材料组成的艺术图景，如建筑物的造型比例、交响乐中的悠扬旋律以及油画中的线条色彩，这些都是我们能够直观感受到的物质实体，是艺术形式的感性维度的表现。这种形式的感性维度是区分艺术逻辑与科学逻辑的关键之处，“但是艺术容不得这样一种概念式的简化和推演式的概括。它并不追究事物的性质或原因，而是给我们以对事物形式的直观”[21]。卡西尔指出，艺术感知方式具有特殊性，纯粹形象化的形态和结构蕴含了丰富的情感和想象，而科学则通过对普遍事物进行抽象得出概念。艺术逻辑与科学逻辑的根本区别在于对世界把握方式的不同，艺术的特殊呈现方式在于通过感性直观来把握世界。在可感、可触、可听的艺术形式中，人的感性情感随着创造过程、实践过程一起运动，这种主观的感性情感外化于线条、色彩和旋律等形式构架之中，这些线条、色彩和旋律便具有了“生命感”，从而展现了非同一般的形式美。卡西尔认为，在充沛而适宜的情感之上构建起一定的艺术形式便是完满的艺术，艺术形式的感性维度是进入构形问题的基础和前提。

第二，艺术形式的理性维度。艺术形式的理性维度既区别于又超越于形式的感性维度，形式的理性维度即对艺术进行本质的、形而上学式的追问，意图探寻艺术形式背后的“形式理性”。在这个层面中，艺术形式就不仅具有满足人感官需要的功能了，还具有直指人类心智的功能，因而不是单纯的“形式”或“表象”，而是一种“结构”，是一种“人心之构建”。满足感官依赖事物形式，而满足心智则需要发挥人的心理创造能力。构形活动在本质上是一种内在的“心理创造能力”而不停留于外在的事物形式[22]。艺术本来就是人类心灵的产物，刨除掉人在艺术实践过程中特殊的感性审美判断，心灵对艺术的客观性塑造作用同样不可忽视，这就体现了“理性”对于艺术、对于艺术形式的重要作用。反过来看，艺术形式的理性维度也体现了艺术对人的解放作用，人之所以能在艺术审美活动中获得精神解放和灵魂自由，主要根源于艺术形式对人类心智所带来的滋养与救赎。

首先，卡西尔批判了艺术审美过程中的非理性主义思想，譬如克罗齐的“直觉主义”、柏格森的“催眠状态”、尼采的“做梦状态”和“醉酒状态”都是他所反对的。究其原因，“因为美既依赖于某类特殊的情感，又依赖于一种判断力和关照的活动”[23]。这些思想一味高扬艺术的直觉、灵感、激情、想象、情感等非理性因素，而忽视了对模糊不清的感性情感加以理性化的限定。其次，卡西尔对桑塔亚那等人的美学享乐主义以及审美快感论进行了批驳。他指出以快感作为艺术的创作动机会造成作品的简单肤浅，因为快感和痛感都是人以及动物最普遍的现象之一，不能仅凭快感作为艺术评价的标准，“假如快感被认为是一种通用的标准，那么，这标准真正能衡量的只是快感的程度，而不是快感的种类”[24]。实际上，无论非理性因素抑或是美学享乐主义，在卡西尔看来，都有悖于人的本性——创造性和能动性。在艺术创作过程中，独有情绪和快感是无法进行艺术表达的，人的情感抒发、快感想象以及艺术创造的对象必须投射于一定的形式，投射于画布上、旋律中、可感的质料中。换言之，情感必须凝练于艺术形式才得以表达，得以体现人的能动性，而理性在艺术形式中的奥妙也体现在于“可见”中“不可见”，于“有形”中“无形”。最后，卡西尔批判艺术中非理性因素不代表彻底否定情感、想象等因素对于艺术的重要性。艺术这一表现形式的理性效应只发生在主体情感、精神想象的前提下，艺术形式与感性情感并不相互排斥，“情感”在“形式”中得到了表达，“形式”在“情感”中获得生命，而在二者相互作用之中体现了形式理性精神的奥妙。

第三，艺术形式的符号维度。从符号哲学的视角来看，卡西尔的艺术是一种符号形式，是对世界的能动的把握方式，是对世界的特殊的“解释”和“象征”。叶秀山从现象学和存在论的角度出发来界定艺术符号的概念，认为卡西尔艺术问题既不是摹仿，也不是表现，而是一种“解释”[25]。符号不是对客观世界的反映而是对客观世界的构成，艺术符号的特殊性在于对客观世界的“解释”功能。

符号（symbol）概念的实质是一种“象征”，因而符号不仅要求“解释”，还要求“意义”，“解释”与“意义”是相通的。艺术符号所要寻找的“意义”蕴含在“感性形式”之中，蕴含在艺术“构形”活动中。从艺术符号的解释功能上来看，艺术不是通过概念而是通过直觉，不是通过思想的媒介，而是通过感觉的形式。这就彰显出艺术的符号特性，艺术是通过“直觉”和“感性形式”来对世界做出“解释”，即艺术的符号属性就存在于这种可直观、可传达的感性形式中，艺术通过“构形”的方式呈现出一定的“意义”。“意义”通过“感性形式”而得以外化和显现，“感性形式”凝聚了生命情感的“意义”、符号形式的“意义”以及文化世界的“意义”。这便是卡西尔艺术符号的特殊所在，他将符号的解释功能和象征意义熔铸在艺术“构形”活动之中，艺术的自主性、艺术形式的自主性都是通过符号维度得以确立和展开的。

在形式与意义的关联上，米盖尔·杜夫海纳的观点可以为卡西尔的艺术构形思想提供一种现象学解读视角，“在艺术中，形式给予意义以存在。当感性全部被形式渗透时，意义就全部呈现于感性之中”[26]。换言之，形式蕴含在感性之中，而意义蕴含在形式之中。通常而言，感性被视为个人主体性的知觉表达，意义被视为有价值的客体，二者很难被归拢到一起考虑。但是在艺术活动中情况大有不同，艺术形式既成为联结感性与意义的桥梁，也为个体的感性提供展露意义的平台。在卡西尔所描述的艺术活动中，“形式”是架构起“象征符号”与人类现实生活形态的“意义中枢站”，在直观形式世界的同时也“直观”到了意义世界。而卡西尔的意义世界便是我们的活生生的“生活世界”。

需要注意的是，卡西尔虽然强调艺术形式，但却不等于“美学形式主义”。形式主义将质料与形式孤立地、片面地分离开来，一味抬高形式和文本的功用价值，而忽视了对意义世界的阐发。卡西尔对形式概念的把握主要来源于康德的批判哲学思想，不免带有先验成分和抽象色彩。但在卡西尔这位人类符号学家看来，艺术作为一种纯粹“形式”，不仅仅弥合了经验世界与超验世界的裂缝，而且为达成主观世界与客观世界的“和解”作出了卓越贡献。卡西尔的艺术形式本质观将现实生活经验凝练到“活生生的形式”领域，架起了一座沟通主观与客观、感性与理性、经验与超验的桥梁。这里的“形式”概念也体现了文化属性、艺术属性乃至人的属性，人作为一种普遍媒介，是形式得以产生和发展的根基。因而，形式本身是动态的、建构性的存在，把握了艺术构形说中所特有的形式“理性”，也就把握了卡西尔艺术观念。相较于单纯的形式主义流派，卡西尔的“构形”内涵更加复杂也更加深刻，因此不能将他的理论简单定位为“美学形式主义”。

四、结论

从艺术作品结构上看，卡西尔构形思想聚焦于“情感”与“形式”二者之间的张力关系，并力图通过艺术形式的符号维度来构建一种“中和”的艺术观，这在一定意义上深化了对创作主体和作品本体内在结构的理解与把握。在卡西尔所坚信的艺术“形式理性”中，似乎为艺术确立了某种客观性，然而这种客观性的根基仍然是相对的，是理想化、抽象化的一种设想。由于卡西尔的“新康德主义”身份，作为艺术结构法则的“构形说”带有主观唯心的成分，它更侧重于对创作主体心理机制和创造能力的把握，而对艺术客体和鉴赏接受环节有所忽视。然而无论如何，从卡西尔“后继者”苏珊·朗格和潘诺夫斯基的接受与传承效果来看，构形思想的深度和广度都是十分明显的。此后的艺术构形理论呈现出一系列不同程度的理论内化与方法延伸等新形态，都可以追溯到卡西尔这里。“构形”说作为研究卡西尔艺术哲学和美学思想的重要概念，在当下研究中还有很大的阐释空间。“构形”作为一种理论方法，不仅对于卡西尔所开创的符号美学具有新的认识价值，而且对于二十世纪以来视觉艺术和图像理论的发展，也起到了一定的推动作用。

*本文系国家社科基金重大项目“文学理论中国范式研究”【19ZDA266】的阶段性成果。

注释：

[1] [德]恩斯特·卡西尔：《人论》，甘阳译，上海：上海译文出版社，1985年，第177页。

[2] [德]恩斯特·卡西尔：《人论》，甘阳译，上海：上海译文出版社，1985年，第180页。

[3] [德]恩斯特·卡西尔：《人论》，甘阳译，上海：上海译文出版社，1985年，第180页。

[4] [德]恩斯特·卡西尔：《人论》，甘阳译，上海：上海译文出版社，1985年，第182页。

[5] [德]恩斯特·卡西尔：《语言与神话》，于晓译，北京：生活·读书·新知三联书店，1988年，172页。

[6] [德]恩斯特·卡西尔：《语言与神话》，于晓译，北京：生活·读书·新知三联书店，1988年，194页。

[7] [英]克莱夫·贝尔：《艺术》，周金环、马钟元译，北京：中国文联出版社，1984年，第3页。

[8] [德]康德：《纯粹理性批判》，邓晓芒译，北京：人民出版社，2004年，第139页。

[9] 参见甘阳：《从“理性的批判”到“文化的批判”(代序)》，《语言与神话》，北京：生活·读书·新

知三联书店,1988 年,第 1～25 页。

[10] [德]卡西尔:《符号・神话・文化》,李小兵译,北京:东方出版社,1988 年,第 33 页。

[11] E. Cassirer, *The Logic of the Cultural Sciences: Five Studies*, Trans.by S.G.Lofts, New Heaven and London: Yale University Press, 2000, p.90.

[12] E. Cassirer, *Rousseau Kant Goethe: Two Essays*, New Jersey: Princeton University Press, 1963, pp.68-69.

[13] E. Cassirer, *Rousseau Kant Goethe: Two Essays*, New Jersey: Princeton University Press, 1963, p.68.

[14] [德]爱克曼:《歌德谈话录》,朱光潜译,北京:人民文学出版社,1978 年,第 132 页。

[15] [德]歌德:《论德国建筑》,[英]鲍山葵:《美学三讲》,周煦良译,上海:上海译文出版社,1983 年,第 59～60 页。

[16] [德]歌德:《〈雅典神殿入口〉发刊词》,《歌德文集》第 10 卷,范大灿,等译,北京:人民文学出版社,1999 年,第 51 页。

[17] [英]罗杰・弗莱:《视觉与赋形》,范景中:《美术史的形状》,傅新生、李本正译,杭州:中国美术学院出版社,2002 年,第 509 页。

[18] [英]罗杰・弗莱:《视觉与赋形》,范景中:《美术史的形状》,傅新生、李本正译,杭州:中国美术学院出版社,2002 年,第 511 页。

[19] [德]恩斯特・卡西尔:《人论》,甘阳译,上海:上海译文出版社,1985 年,第 175 页。

[20] [德]恩斯特・卡西尔:《人论》,甘阳译,上海:上海译文出版社,1985 年,第 181 页。

[21] [德]恩斯特・卡西尔:《人论》,甘阳译,上海:上海译文出版社,1985 年,第 183 页。

[22] 张晶:《论审美构形能力》,《社会科学战线》2005 年第 4 期,第 94～101 页。

[23] [德]恩斯特・卡西尔:《人论》,甘阳译,上海:上海译文出版社,1985 年,第 206 页。

[24] [德]恩斯特・卡西尔:《语言与神话》,于晓译,北京:生活・读书・新知三联书店,1988 年,第 186 页。

[25] 叶秀山:《思・史・诗:现象学和存在哲学研究》,北京:人民出版社,1988 年,第 51 页。

[26] [法]米盖尔・杜夫海纳:《美学与哲学》,孙非译,北京:中国社会科学出版社,1985 年,第 130 页。

【古代文学文献学研究】

《山海经》三类创世神话考

李洁琼

（中山大学哲学系，广东广州，510275）

内容摘要：《山海经》所载创世神话具有很高的文化价值和神话学研究意义。书中的创世神话可分为“时空创造神话”“民族起源神话”“毁灭再造神话”三大类。以《山海经》文本为依据、结合相关古籍互证，并借鉴神话学的理论方法对这三类创世神话的思想性和文化内涵进行分析可以看到：《山海经》中有着系统而丰富的创世神话内容，它们构成了中国创世神话的基础。

关键词：创世神话；山海经；中国神话

引言

《山海经》是留存中国古神话资料最为丰富，形式最为原始的古籍，它集中反映了中国古神话的面貌和思想，构建了系统而独特的神话意象[1]，是中国神话的滥觞所在。书中多处载有创世内容，具有很高的创世神话研究价值。然而学界针对“《山海经》创世神话”的研究却相对空白[2]；与中国创世神话相关的诸多研究虽然十分重视《山海经》，但也未对此展开深入、系统的考证和挖掘[3]。鉴于此，本文对《山海经》创世神话进行探讨，尝试勾勒出《山海经》创世神话的全貌，并借此分析中华民族创世神话的思想性特征和构建体系。

“创世”是神话的核心，“是否包含创世题材”也是狭义神话学区分神话与坊间传说、奇闻轶事的主要标准之一。创世神话是蒙昧时期人们对自身及外在世界起源做出的思考和解释，是早期社会人类抽象思维和具象思维发展到一定程度时留下的重要文化遗产，它包括宇宙万物的来源、人类的诞生、秩序的产生、文明的创造等与事物本源相关的神话内容。

《山海经》中载有最多、最全的中国创世神话，但这些神话“内容保存零散，多以视觉性叙事的形式展开”，“在多文化系统互融的过程中形成”[4]，因此往往晦涩隐蔽，不易被发现。经梳理考证，书中的创世神话可分为三大类：时空创造神话、民族起源神话、毁灭再造神话。这三类创世神话是中国神话系统构建的基石。

一、时空创造神话

“有天地，然后万物生焉。”[5]神话首先讲述的都是天地开辟（即空间创造），继之以明暗变化（即时间创造），之后才有人和物的诞生。《圣经·创世纪》《希腊神话》均清晰叙述了在人诞生之前神如何创造时空。《山海经》关于时空创造的记载虽不多，但却颇具意味。

（一）空间创造神话：天地分离

《山海经·大荒西经》有一则空间创造神话：

> 颛顼生老童，老童生重及黎。帝令重献上天，令黎邛下地。[6]

此处的“天地分离”或称“重黎上天下地”的空间创造神话与《国语》《尚书》所载“绝地天通”为同一神话。《尚书·吕刑》曰：

> 蚩尤惟始作乱，延及于平民，……皇帝哀矜庶戮之不辜，报虐以威，遏绝苗民，无世在下。乃命重黎，绝地天通，罔有降格。[7]

《国语》的叙述更加详尽：

> 古者民神不杂。民之精爽不携贰者，而又能齐肃衷正，其智能上下比义，其圣能光远宣朗，其明能光照之，其聪能听彻之，如是则明神降之……及少皞之衰也，九黎乱德，民神杂糅，不可方物。夫人作享，家为巫史，无有要质。民匮于祀，而不知其福。烝享无度，民神同位。民渎齐盟，无有严威。神狎民则，不蠲其为。嘉生不降，无物以享。祸灾荐臻，莫尽其气。颛顼受之，乃命南正重司天以属神，命火正黎司地以属民，使复旧常，无相侵渎，是谓绝地天通。[8]

《国语》这段文字详细讲述了天地未分之前“民神异业”，至少皞时代“民神杂糅”的状态，类似一段中国的史前文明史简述，解释了“绝地天通”的前因，随后又引出“绝地天通”的后果：

> 其后，三苗复九黎之德，尧复育重、黎之后，不忘旧者，使复典之。以至于夏、商，故重、黎氏世叙天地，而别其分主者也。其在周，程伯休父其后也，当宣王时，失其官守，而为司马氏。宠神其祖，以取威于民，曰：“重实上天，黎实下地。”遭世之乱，而莫之能御也。[9]

与《尚书》《国语》相比，《山海经》的内容更具备创世神话性质，前二者历史性、逻辑性更强，试图对神话做出合理化、历史化解释。《山海经》以神话人物上天下地的行为来解释空间的创造，而《尚书》和《国语》的解释则是在古神话的基础上演变而来，强调的不是原始意义上的空间开创，而是建立社会秩序、制度的重要性，并试图阐释重大历史事件的前因后果。

《山海经》这则“天地分离”的创世神话与华夏初民的世界观存在着深层链接。先民们坚信，在人之外存在着“神”，并认为“神”是世界的主宰，才会以“神”为核心去创造神话；“分离”其实是对“神”的进一步确定，并将其置于“天”，放到了极其重要、神圣的位置。然而，辩证地看，天地的分离既是神话产生的基础，也是人神分离、神话走向终结的开始：因为这预示着人开始正视自己的命运，而非听天由命、完全依附于神；人开始独立存在于天地间，并逐渐成为“人间”的主宰。这也是人关注自我本体、实现自我价值的开始。

（二）时间创造神话：烛龙化昼夜冬夏、噎鸣生岁

“天地分离”是空间维度的创世，在时间维度上，《山海经》中也有相关神话。

1. 烛龙（烛阴）化昼夜冬夏

“烛龙（烛阴）”是《山海经》中创世意味最明显的神兽，而它的创世主要体现在创造昼夜和冬夏的时间层面上。原文如下：

> 钟山之神，名曰烛阴，视为昼，瞑为夜；吹为冬，呼为夏；不饮，不食，不息，息为风。（《山海经·海外北经》）
>
> 有神，人面蛇身而赤，直目正乘，其瞑乃晦，其视乃明，不食不寝不息，风雨是谒，是烛九阴，是谓烛龙。（《山海经·大荒北经》）[10]

《海外北经》的“烛阴”与《大荒北经》的“烛龙”“烛九阴”为同一神。《楚辞·天问》中有：“日安不到？烛龙何照？”[11]《淮南子·墬形训》中有：“烛龙在雁门北，蔽于委羽之山。”[12]所言都是烛龙创世的神话。近代学者袁珂注此处时，据《古小说钩沉》《述异记》和《广博物志》的相关内容，推断原始开辟神盘古是由此神演变而来[13]。

2. 噎鸣生岁

《山海经·海内经》记载了“噎鸣”是生育时间之神：

> 共工生后土，后土生噎鸣，噎鸣生岁十有二。[14]

昼夜、冬夏是可以通过明暗冷暖变化来感知的时间概念，属于较容易获得的感觉、经验积累，而“岁”或比年岁更长的时间概念的获得则更为复杂和困难。换言之，烛龙的“视”与“瞑”，“吹”与“呼”生出昼夜冬夏，这一神话内容可以通过视觉、触觉的感性经验来理解，是以“通感”模式构建的神话；而“噎鸣生岁”却没有“岁”的具体形象来辅助达成直观的感知，因为“岁”本身就是抽象的。但“噎鸣生岁”将

“岁”这一抽象物当作神的子嗣，通过对抽象概念进行拟人化、形象化的艺术加工方式来构建神话。

(三) 时空创造神话：羲和浴日、常羲浴月

《山海经》中的日、月神话与两名女子相关：

有女子名曰羲和，方浴日于甘渊。羲和者，帝俊之妻，生十日。(《山海经·大荒南经》)

帝俊妻常羲，生月十有二，此始浴之。(《山海经·大荒西经》)[15]

上述两则神话中有两点值得注意。一是“羲和沐日”和“常羲沐月”神话皆以女性为生育之神，和世界许多民族的神话一样，这两则创世神话都体现出对女性的生育崇拜。二是“生日月”皆与“浴”相联系，暗示了水具有神圣的、生化万物的神力，这是对自然物质的原始图腾崇拜。

此外，《山海经》还记载了多个日月出入的神山、神树。《大荒东经》有神山“大言”“合虚”“明星”“鞠陵于天”“东极”“离瞀”“猗天苏门”“壑明俊疾”和神树“扶木”；《大荒西经》则有神山“丰沮玉门”“龙山”“日月山”“鏖鳌钜”“常阳之山”“大荒之山”和神树“柜格之松”。日月出入之地皆位于遥远的大荒，且除“方山”外，日月所出之处皆位于东方，所入之处皆位于西方[16]。《山海经》的日月创世神话中，十日出入于神山带来了明暗交替、昼夜变化，“月十有二”规定了时间概念，方位意识、距离意识也同时体现出来。《山海经》中的日月神话同时隐含了时间和空间的创造，是华夏先民时空意识形态的特殊呈现方式。

有关“日”和“月”的传说在神话体系中往往意义非凡、备受瞩目，因为日和月的神话涉及创世内容的多个层面：第一是时间的创造，因为人对时间的认识均以日月星辰的变化为基础形成；第二是空间的创造，因为人对于大小、方位、距离的最初感知往往是以日月为参照坐标达成的；第三是宇宙物质本源的创造，即人们以日和月本身为物化对象来解释世界的诞生；第四是规则的创造，因为神话中对日、月的主宰象征着宇宙秩序的维系和社会规则的制定。简言之，日月神话是一种独特的时空创造神话，并且与宇宙本源和秩序直接关联。

二、民族起源神话

关于人类起源，世界各民族神话说法不一，主要包括神生人，神以物造人，神躯体化人几种形式。《山海经》中未见“以物造人”的民族起源神话，“躯体化人”有一疑似记载[17]；而“神生人”的内容多次出现，并且呈现出氏族延续性。具言之，一种是视“帝”为人类始祖神，可称为“帝生民神话”；另一种是以动植物为始祖神，可称为“动植物图腾神话”。

(一) 帝生民神话

1. 帝俊生民

帝俊在《山海经》中地位特殊，是该书出现频率最高的“帝”。《大荒东经》载：

帝俊生中容，中容人食兽、木实，使四鸟：豹、虎、熊、罴。……帝俊生帝鸿，帝鸿生白民。……帝俊生晏龙，晏龙生司幽，司幽生思士，不妻；思女，不夫。……帝俊生黑齿，姜姓，黍食，使四鸟。[18]

《大荒南经》载：

有人三身，帝俊妻娥皇，生此三身之国，姚姓，黍食，使四鸟。

帝俊生季厘，故曰季厘之国。有缗渊。少昊生倍伐，倍伐降处缗渊。

羲和者，帝俊之妻，生十日。[19]

《大荒西经》载：

有人方耕，名曰叔均。帝俊生后稷，稷降以百谷。稷之弟曰台玺，生叔均。叔均是代其父及稷播百谷，始作耕。

帝俊妻常羲，生月十有二，此始浴之。[20]

《海内经》载：

帝俊生禺号，禺号生淫梁，淫梁生番禺，是始为舟。番禺生奚仲，奚仲生吉光，吉光是始以木为车。……帝俊生晏龙，晏龙是为琴瑟。帝俊有子八人，是始为歌舞。帝俊生三身，三身生义均，义均是始为巧倕，是始作下民百巧。后稷是播百谷。稷之孙曰叔均，始作牛耕。[21]

此外，还有关于帝俊之子“禺号”后裔的记载，均见于《大荒北经》：

有儋耳之国，任姓，禺号子，食谷。

有人无骨，儋耳之子。

有继无民，继无民任姓，无骨子，食气、鱼。

又有无肠之国，是任姓。无继子食鱼。[22]

据这些记载，帝俊子嗣众多，除前文提到“日”和“月”为其妻所生外，还有子“帝鸿”“黑齿”“中容”“晏龙”“季厘”“后稷”“禺号”“三身”“八子”，其子又生有“白民”“思幽”“思士”“淫梁”“番禺”“奚仲”“吉光”“义均”等，且多名后裔自成一国，又有农耕（后稷创）、音乐（晏龙、帝俊八子创）、车船（番禺、吉光创）等造福万民的发明创造。帝俊俨然就是伟大的创世神、各民族共同的始祖神。我们从中看到一个以“帝俊”为核心的创世氏族体系：

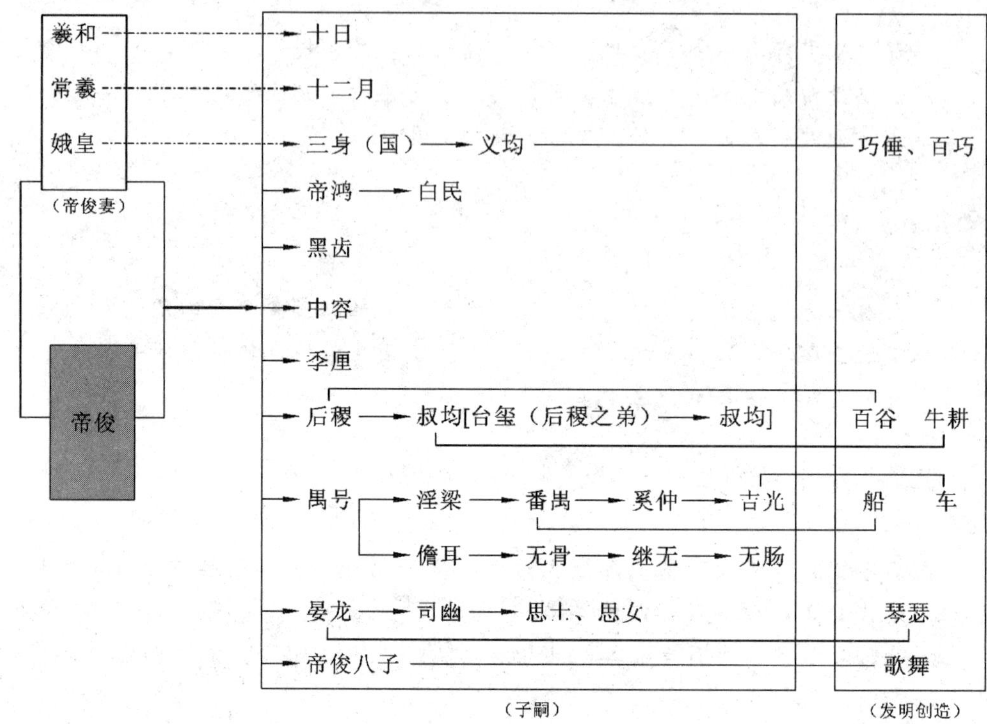

图1 《山海经》帝俊氏族图谱

后世熟悉的黄帝、炎帝在《山海经》中出现的次数没有帝俊多，但除了《山海经》外，"帝俊"在其他古籍无记载，只有战国时期出土文物楚帛书《乙篇》所言"日月夋(允)生"[23]与其互印("夋"通"俊")，其他古籍多将《山海经》所载帝俊氏族的发明归于黄炎二帝，并将羲和、常羲、娥皇与黄帝、炎帝、舜联系起来。

2. 黄帝生民

黄帝在《山海经》中也是一位始祖神，所生后裔有海神禺虢、禺京，火神祝融，颛顼帝，治水之神鲧、禹等：

> 黄帝生禺虢，禺虢生禺京。禺京处北海，禺虢处东海，是惟海神。(《山海经·大荒东经》)
>
> 黄帝之孙曰始均，始均生北狄。(《山海经·大荒西经》)
>
> 黄帝生苗龙，苗龙生融吾，融吾生弄明，弄明生白犬，白犬有牝牡，是为犬戎，肉食。(《山海经·大荒北经》)
>
> 黄帝生骆明，骆明生白马，白马是为鲧。(《山海经·海内经》)
>
> 黄帝妻雷祖，生昌意。昌意降处若水，生韩流。韩流擢首、谨耳、人面、豕喙、麟身、渠股、豚止，取淖子曰阿女，生帝颛顼。(《山海经·海内经》)[24]

黄帝的众多后裔当中，颛顼最出名，《山海经》中关于他及其子嗣的记载也最多，

《大荒南经》载：

> 有季禺之国，颛顼之子，食黍。
> 有国曰颛顼，生伯服，食黍。[25]

《大荒西经》载：

> 有国名曰淑士，颛顼之子。
> 颛顼生老童，老童生祝融，祝融生太子长琴，是处榣山，始作乐风。
> 颛顼生老童，老童生重及黎，帝令重献上天，令黎邛下地，下地是生噎……
> 有人焉，三面，是颛顼之子，三面一臂。[26]

《大荒北经》载：

> 有叔歜国，颛顼之子……
> 西北海外，流沙之东，有国曰中輻，颛顼之子，食黍。
> 颛顼生驩头，驩头生苗民，苗民釐姓，食肉。[27]

此外，还有关于鲧和大禹分支后裔的记载。《海内经》曰“鲧复生禹”；《大荒南经》曰“鲧妻士敬，士敬子曰炎融，生驩头”，而《大荒北经》中又言“驩头”为“颛顼”所生；《大荒北经》曰“禹生均国，均国生役采，役采生修鞈”；《海外北经》《大荒北经》还提到颛顼娶有“九嫔”[28]。

综上，黄帝在《山海经》中的氏族谱系如下：

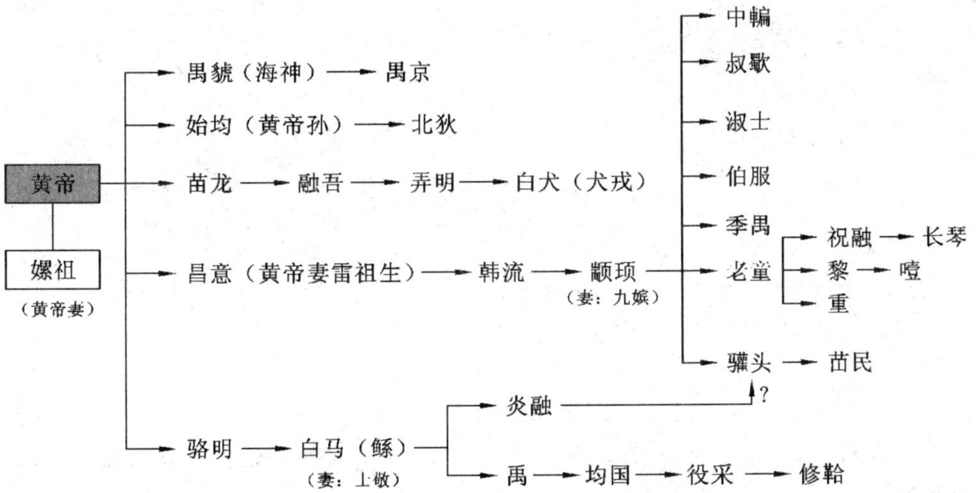

黄帝 — 嫘祖（黄帝妻）
- 禺虢（海神）→ 禺京
- 始均（黄帝孙）→ 北狄
- 苗龙 → 融吾 → 弄明 → 白犬（犬戎）
- 昌意（黄帝妻雷祖生）→ 韩流 → 颛顼（妻：九嫔）
  - 中輻
  - 叔歜
  - 淑士
  - 伯服
  - 季禺
  - 老童
    - 祝融 → 长琴
    - 黎 → 噎
    - 重
  - 驩头 → 苗民
- 骆明 → 白马（鲧）（妻：上敬）
  - 炎融 → ? 驩头
  - 禹 → 均国 → 役采 → 修鞈

图 2 《山海经》黄帝氏族图谱

3. 炎帝生民

炎帝也是《山海经》中的始祖神，前文“生岁十有二”提到的“噎鸣”便是其后裔，炎帝的后裔还有“能上下于天”的“互人”和发明“侯”（射侯）、“钟”“乐风”的“鼓”“延”“殳”，以及填海的“精卫”（女娃）：

> 炎帝之妻，赤水之子听訞生炎居，炎居生节并，节并生戏器，戏器生祝融，祝融降处于江水，生共工，共工生术器……共工生后土，后土生噎鸣，噎鸣生岁十有二。（《山海经·海内经》）
>
> 炎帝之孙名曰灵恝，灵恝生百互人，是能上下于天。（《山海经·大荒西经》）
>
> 炎帝之孙伯陵，伯陵同吴权之妻阿女缘妇，缘妇孕三年，是生鼓、延、殳。始为侯，鼓、延是始为钟，为乐风。（《山海经·海内经》）
>
> 是炎帝之少女，名曰女娃。女娃游于东海，溺而不返，故为精卫。（《山海经·北山经》）[29]

另外《大荒北经》还有关于炎帝后裔“后土”子嗣的一条记载：

> 后土生信，信生夸父。[30]

综上，炎帝在《山海经》中呈现的氏族谱系如下：

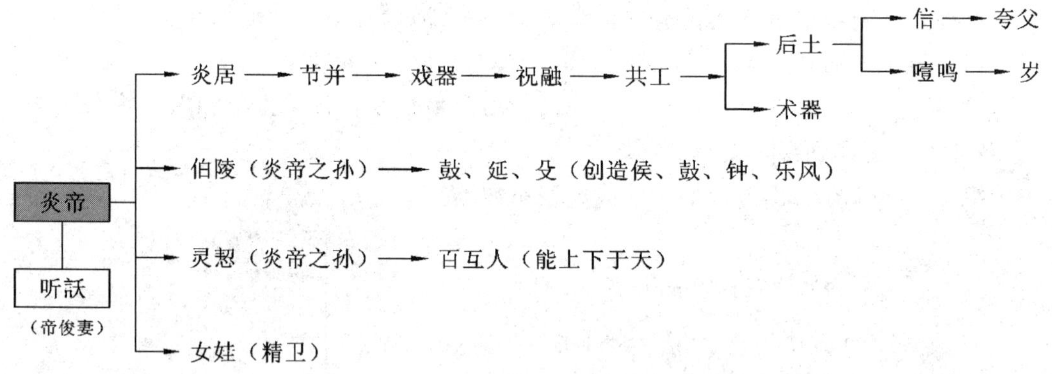

图3 《山海经》炎帝氏族图谱

4. 帝舜生民

《山海经》中还有帝舜生民的记载，有学者认为帝俊与帝舜为同一人[31]，但未见该书中有此直接叙述：

> 帝舜生戏，戏生瑶民。（《山海经·大荒东经》）
>
> 有臷民之国。帝舜生无淫，降臷处，是谓巫臷民。（《山海经·大荒南经》）[32]

《世本》《大戴礼记》《史记·五帝本纪》列黄帝、颛顼、帝喾、尧、舜为五帝，《礼记·月令》列大皞（伏羲）、炎帝、黄帝、少皞（少昊）、颛顼为五帝，《山海经》中没有"五帝"一说，但"帝"在书中多次出现，与"五帝"也有重复之处。除上述提到的"帝俊""黄帝""炎帝""帝舜"外，书中还有"白帝少昊""帝江""帝尧""帝喾""帝颛""帝丹朱"以及一些关于他们后裔的记载，另外还有单独出现，但未言明具体身份的"帝"。

《说文解字》释"帝"曰："王天下之号也"，而《山海经》中的"帝"与此不同，其最主要的属性是神，具体来说是世间各民族的始祖神，而非王天下者。《山海经》所言之"帝"是与"天下"相对的"天上"之神。从书中记载"帝之平圃""帝之下都""帝都之山""帝之密都""众帝之台""群帝取药歾涂之山"[33]都可以看出：《山海经》中的"帝"非人间之王，而是居于天上，通过一定媒介与人间发生关系的神。"帝"与地上的联系都发生在"歾涂之山""昆仑山"或在地下所设"都""台""圃"之类的通神之地，这又与前文提到的"天地分离"创世神话互印。

（二）动植物图腾神话

图腾是原始时代的人们把某种动物、植物或非生物当做与自己有血缘关系的祖先或保护神，相信他们有一种超自然力，会保护自己的族群，并且该族群的成员可以获得图腾物身上的力量和技能。《山海经》中载有各种神异的动植物，将植物作为始祖神在书中没有直接记载，但有隐喻，限于篇幅，此处不详述。《山海经》中最明显和最丰富的图腾神话是以各种神兽作为氏族始祖神的记载，这些图腾式的"兽生民"神话有时又和"帝生民"神话相交织，如《中山经》载"熊山"的"神人"[34]、《海内北经》载"犬戎国"[35]，作为始祖神的"帝"本身就带有动物性特征。在《山海经》"兽生民"的创世神话中，"鸟生民"神话文物佐证诸多、民间流传广泛，且在多部古籍中都有迹可循：

> 天命玄鸟，降而生商。(《诗经·商颂》)[36]
>
> 殷契，母曰简狄，有娀氏之女，为帝喾次妃。三人行浴，见玄鸟堕其卵，简狄取吞之，因孕生契。(《史记·殷本纪》)[37]
>
> 秦之先，帝颛顼之苗裔孙，曰女脩。女脩织，玄鸟陨卵，女脩吞之，生子大业。(《史记·秦本纪》)[38]
>
> 简狄在台，喾何宜？玄鸟至贻，女何喜？(《楚辞·天问》)[39]

始祖鸟在商文化中被明确为"玄鸟"，"玄鸟生商"的创世神话随着社会的发展得到继承，成为殷商文化的源头。《山海经》未言"玄鸟生民"，但"玄鸟"在书中出现了两次：

> 北海之内，有山，名曰幽都之山，黑水出焉。其上有玄鸟、玄蛇、玄豹、玄虎、玄狐蓬尾。(《山海经·海内经》)

东北海之外，大荒之中，……有青鸟、琅鸟、玄鸟、黄鸟、虎、豹、熊、罴、黄蛇、视肉、璇、瑰、瑶、碧，皆出卫于山。(《山海经·大荒北经》)[40]

第一处提到的“玄鸟”与“玄蛇”“玄豹”等并列，另一处出现的“玄鸟”与“青鸟”“琅鸟”等并列，之后又有兽类“虎”“豹”“熊”等，以及石（或玉）类的“璇”“瑰”“瑶”“碧”。两处均未突出“玄鸟”的特殊性，只是作为普通的神兽被记载。《山海经》未直接将“玄鸟”与创世关联，但却有清晰的“鸟生民”神话记载：

西南有巴国。大皞生咸鸟，咸鸟生乘厘，乘厘生后照，后照是始为巴人。(《山海经·海内经》)[41]

此文前几句又含有“鸟生民”的神话内容：

有盐长之国。有人焉，鸟首，名曰鸟氏。(《山海经·海内经》)[42]

这样具备鸟特征之民的记载，其实也隐含了“鸟生民”神话，在《山海经》中还有多处，如[43]：

又有黑人，虎首鸟足，两手持蛇，方啖之。有嬴民，鸟足，有封豕。(《山海经·海内经》)

讙头国在其南，其为人人面有翼，鸟喙，方捕鱼。(《山海经·海外南经》)

又有“羽民国”记载，《山海经》虽未直言“鸟民”，但已不言自明：

羽民国在其东南，其为人长，身生羽。(《山海经·海外南经》)

有羽民之国，其民皆生毛羽。有卵之国，其民皆生卵。(《山海经·大荒南经》)[44]

“玄鸟”在《山海经》中作为神兽出现，“鸟生民”的神话观念在书中十分明显。在图腾式神话思维中，人们以某种自然物（动物居多）作为本民族的保护神和氏族标志，“将自己与图腾视为同种系生物”，“而且往往相信他们是由图腾所繁衍而来”[45]。除“鸟”外，《山海经》还蕴含有诸多其他动植物图腾式的创世神话，此处不再枚举。《山海经》以帝系为线索串起了多支民族起源神话，同时，书中的民族起源神话保留了原始图腾的色彩，与帝系神话并行不悖。

虽然“创世”必先言天地开辟、时空创造，继而才有人类的诞生，但事实上，时空创造只是人类诞生的前奏和铺垫，民族起源神话才是创世神话的高潮部分。信奉共同的民族起源神话是民族形成、凝聚并发展的内在动因，即使是在科技化、信息化高度发达的当代社会，民族起源神话也是文化认同、文化身份构建的重要因素。

三、毁灭再造神话

《山海经》中创世与创人的神话是显而易见的创世神话，但“毁灭再造神话”却容易被忽略。事实上，此类型神话关乎人赖以生存的时间和空间的存在和消亡，关乎人与天地、与神的关系，关乎宇宙秩序的建立与维系，也属于创世神话。毁灭再造型的创世神话位于创世的时间轴末端，但十分重要，因为人类诞生后对神创造的原初世界进行改造、对宇宙的秩序进行制定和维系后，世界才被固定下来，成为现在的样子。

（一）毁灭神话：共工怒触不周山、羿射十日

1. 共工怒触不周山

《说文解字》云：“周，密也。”顾名思义，“不周山”指没有密合，有缺口的山。《山海经》两处载有“不周山”：

> 又西北三百七十里，曰不周之山。（《山海经·西山经》）
>
> 西北海之外，大荒之隅，有山而不合，名曰不周负子，有两黄兽守之。（《山海经·大荒西经》）[46]

晋代郭璞注“不周山”时云：“《淮南子》曰：‘昔者共工与颛顼争帝，怒而触不周之山，天维绝，地柱折。’故今此山缺坏不周币也。”[47]共工的身份《山海经》也有记载，他是炎帝的后裔祝融所生，前文提到生岁的“噎鸣”是共工的孙辈后裔。晋郭璞注云：“共工，霸九州者。”[48]袁珂作注时则言“共工乃古天神名，与颛顼争为帝者”，并引《淮南子》《兵略篇》《史记·律书》佐证，引《淮南子·原道篇》《琱玉集》《史记》司马贞《补三皇本纪》《路史·太昊纪》对共工与之争者的不同版本进行说明[49]。

共工怒触不周山带来了毁天灭地的灾难，使斗转星移、天倾地斜、洪水肆虐，天地间的既有秩序被打乱。此神话后演绎为女娲补天、大禹治水的原因，引出了天地被毁灭后的再造神话。

2. 羿射十日

“羿射十日”与“共工怒触不周山”从创世神话角度看同属毁灭神话，但共工给人间带来莫大灾难，羿的毁灭却是为民除害，他因此成为世代膜拜的英雄，被后世歌功颂德。

除前文提到的“羲和生十日”外，《山海经》关于“十日”的内容还有：

> 汤谷上有扶桑，十日所浴，在黑齿北，居水中。有大木，九日居下枝，一日居上枝。（《山海经·海外东经》）
>
> 女丑之尸，生而十日炙杀之。（《山海经·海外西经》）[50]

“九日居下枝，一日居上枝”说的便是十日轮值、普照大地一事，《楚辞·天问》云：“羲和之未扬，若华何光?”[51]《淮南子·墬形训》也云：“若木在建木西，末有十日，其华照下地。”[52]可见“羲和生日”是当时普遍接受的创世观念。而《山海经》所载“十日炙杀女丑”之事在其他古籍中也有印证，《庄子·齐物论》言“昔者十日并出，万物皆照”[53]，《楚辞·招魂》言“十日代出，流金铄石些”[54]。“十日并出”是先民对自然天象做出的神话性解释，继而还创造了“羿射十日”的神话，《楚辞·天问》言“羿焉彃日？乌焉解羽?”[55]《淮南子·本经训》也对此有生动描述：

> 十日并出，焦禾稼，杀草木，而民无所食。猰貐、凿齿、九婴、大风、封豨、修蛇，皆为民害。尧乃使羿诛凿齿于畴华之野，杀九婴于凶水之上，缴大风于青邱之泽，上射十日而下杀猰貐，断修蛇于洞庭，擒封豨于桑林。[56]

《山海经》未直接言羿射杀十日，但书中相关记载已隐射此事：

> 羿与凿齿战于寿华之野，羿射杀之。(《山海经·海外南经》)
>
> 海内昆仑之虚，……在八隅之岩，赤水之际，非仁羿莫能上冈之岩。(《山海经·海内西经》)
>
> 帝俊赐羿彤弓素矰，以扶下国，羿是始去恤下地之百艰。(《山海经·海内经》)[57]

羲和所生十日轮值于扶桑，十日炙杀女丑，以及帝赐羿神弓为民除害，三件事皆在《山海经》中明确记载，尤其是第三处文字说得十分清楚：帝俊派羿“扶下国”“恤下地之百艰”。而“十日并出”正是“百艰”之一，《楚辞·天问》也云：“帝降夷羿，革孽夏民。”[58]综上，《山海经》中“十日祸害人间，羿引弓射杀”的毁灭神话便清晰了。值得注意的是，第二处文字将“羿”称“仁羿”，在《山海经》中十分特殊，因为即便是派羿下界的帝俊、治水有功的禹，及后世称颂的炎黄二帝均未见在《山海经》中称“仁”，而“非仁羿莫能上”的昆仑，更是《山海经》中出现最为频繁、中国神话系统中极其重要的神山。如果“仁羿”的说法不是后世妄自添加的内容，那么“羿射日”的行为极富意义，它使“羿”能在神界与人界之间通行无阻，成为“仁”的化身。

（二）再造神话：禹定九州

再造神话往往尾随毁灭神话而至，或二者直接合而为同时发生的神话，如禹治水定九州就是这样的再造神话。“开天辟地”是创世神话的首要内容，“大禹治水”“布土九州”属于“辟地”的内容，虽然这种开辟不是最原始的从无到有，但它仍属于对世界的构建，也应该纳入创世的范畴。

禹在《山海经》中的身份，前文“帝生民”神话中已言明：他是黄帝之孙“鲧”

所生。鲧因“窃帝息壤”“不待帝命”被杀，死后化身禹。禹立下了息洪水、布土九州的丰功伟业，“禹定九州”是中华民族流传最久远的创世神话之一，《山海经》原文如下：

> 帝命竖亥步，自东极至于西极，五亿十选九千八百步。竖亥右手把算，左手指青丘北。一曰禹令竖亥。一曰五亿十万九千八百步。(《山海经·海外东经》)
>
> 禹、鲧是始布土均定九州。(《山海经·海内经》)
>
> 帝乃命禹，卒布土以定九州。(《山海经·海内经》)[59]

《淮南子·墬形训》也有记载，且更加详尽、传奇：

> 禹乃使太章步自东极至于西极，二亿三万三千五百里七十五步；使竖亥步自北极至于南极，二亿三万三千五百里七十五步。……上有木禾，其修五寻。珠树、玉树、琁树、不死树在其西，沙棠、琅玕在其东，绛树在其南，碧树、瑶树在其北。……黄水三周复其原，是谓丹水，饮之不死。河水出昆仑东北陬，……凡四水者，帝之神泉，以和百药，以润万物。[60]

据《淮南子》文，禹止洪水后，“掘昆仑虚以下地，中有增城九重”，那里有许多的神树、神物。《淮南子》还描述了九州之广袤，并井然有序地按方位释“九州”：

> 九州之大，纯方千里，九州之外，乃有八寅，亦方千里。[61]
>
> 何谓九州？东南神州曰农土，正南次州曰沃土，西南戎州曰滔土，正西州曰并土，正中冀州曰中土，西北台州曰肥土，正北泲州曰成土，东北薄州曰隐土，正东阳州曰申土。[62]

整部浩瀚的《山海经》行文至“定九州”结束，似乎意味着“神话时代”的终结以“禹定九州”为标志，后来的世界便由人来主宰了。《诗经·商颂·长发》也云：“洪水芒芒，禹敷下土方。外大国是疆，幅陨既长。有娀方将，帝立子生商。”[63]《山海经》中大部分神祇，尤其是兽性未脱的神，被以儒学为代表的、汉代之后的主流文化所质疑和摒弃，只有“禹定九州”“玄鸟生商”“精卫填海”等少数神话得到认同和流传。在被洪水湮灭的大地上重建大地，创立人间秩序的意义重大，中国许多地区至今仍保留以禹作为创世神来祭拜的习俗，“九州”的概念也一直沿用至今。

世界各民族的神话中几乎都有毁灭再造神话，如《圣经》的“诺亚方舟”、北欧神话的“诸神黄昏”、古巴比伦洪水神话、玛雅洪水神话、古印度“摩奴救世”等。这些神话讲述了神降洪水毁灭人类世界（如诺亚方舟、摩奴救世），或战争、罪恶等引发的巨大灾难将人连同神的世界一起毁灭（如诸神黄昏、共工怒触不周山），并不约而同地出现一位救世神，引导人类繁衍生息、重建家园，有时救世神自己还成为人类始祖，人的历史由此正式拉开帷幕。“毁灭再造”是一个重要的创世神话母题，它反映出先民对大自然的敬畏与恐惧、对生命神秘性的不解与无助，也展现了先民在面对宇宙的浩瀚、自然灾害的无情时怀有的巨大勇气和永不泯灭的希望。

结语

《山海经》中的创世神话看似零散杂乱、晦涩隐匿，但对整部典籍各篇章涉及的创世内容进行梳理，结合相关文献展开互证，同时引入神话学的研究理论和方法，以中国民族神话的具体情况为基点分析探讨，可以看到《山海经》记载了“时空创造神话”“民族起源神话”“毁灭再造神话”三种不同类型的创世神话。这三类创世神话在书中自成体系，以时间、方位、氏族、事件等为线索串联展开。《山海经》中的时空创造、民族起源和毁灭再造这三类神话充分证明了中国早期创世神话的丰富性和系统性，它们同时也是中国古神话体系的基本类型。

注释：

[1] 参见罗筠筠、李洁琼：《〈山海经〉永生审美意象研究》，《暨南学报》(哲学社会科学版)2019 年第 9 期，第 82～95 页。

[2] 专题研究有尹荣方：《〈山海经〉创世神话考论》，《文艺理论研究》2010 年第 2 期，第 36～43 页。

[3] 相关研究参见杨宽：《楚帛书的四季神像及其创世神话》，《文学遗产》1997 年第 4 期，第 4～12 页；叶舒宪：《创世神话的思想功能与文化多样性》，《中国比较文学》2018 年第 4 期，第 1～14 页；高有鹏：《关于中国创世神话与原始崇拜的几个问题》，《中国人民大学学报》2019 年第 1 期，第 153～161 页；罗筠筠、李洁琼：《论中国创世神话的特征和演变方式》，《湖南大学学报》(社会科学版)2020 年第 5 期，第 92～102 页。

[4] 罗筠筠、李洁琼：《论中国创世神话的特征和演变方式》，《湖南大学学报》(社会科学版)2020 年第 5 期，第 92～102 页。

[5] 李学勤：《十三经注疏·周易正义》，北京：北京大学出版社，1999 年，第 335 页。

[6] (清)郝懿行撰，沈海波点校：《山海经笺疏》，上海：上海古籍出版社，2019 年，第 289 页。

[7] 李学勤：《十三经注疏·尚书正义》，北京：北京大学出版社，1999 年，第 535～539 页。

[8] (清)徐元诰撰，王树民、沈长云点校：《国语集解》，北京：中华书局，2002 年，第 512～515 页。

[9] (清)徐元诰撰，王树民、沈长云点校：《国语集解》，北京：中华书局，2002 年，第 515～516 页。

[10] (清)郝懿行撰，沈海波点校：《山海经笺疏》，上海：上海古籍出版社，2019 年，第 208、306～307 页。

[11] (宋)朱熹撰，蒋立甫校点：《楚辞集注》，上海：上海古籍出版社，2001 年，第 57 页。

[12] 何宁：《淮南子集释》，北京：中华书局，1998 年，第 362 页。

[13] 袁珂：《山海经校注》，上海：上海古籍出版社，1980 年，第 231 页。

[14] (清)郝懿行撰，沈海波点校：《山海经笺疏》，上海：上海古籍出版社，2019 年，第 321 页。

[15] (清)郝懿行撰，沈海波点校：《山海经笺疏》，上海：上海古籍出版社，2019 年，第 281～282、290 页。

[16] 参见(清)郝懿行撰，沈海波点校：《山海经笺疏》，上海：上海古籍出版社，2019 年，第 264～295 页。

[17]《山海经·大荒西经》:"有神十人,名曰女娲之肠,化为神,处栗广之野,横道而处。"参见(清)郝懿行撰,沈海波点校:《山海经笺疏》,上海:上海古籍出版社,2019 年,第 283~284 页。

[18](清)郝懿行撰,沈海波点校:《山海经笺疏》,上海:上海古籍出版社,2019 年,第 267~269 页。

[19](清)郝懿行撰,沈海波点校:《山海经笺疏》,上海:上海古籍出版社,2019 年,第 276、278、282 页。

[20](清)郝懿行撰,沈海波点校:《山海经笺疏》,上海:上海古籍出版社,2019 年,第 284~285、290 页。

[21](清)郝懿行撰,沈海波点校:《山海经笺疏》,上海:上海古籍出版社,2019 年,第 319~320 页。

[22](清)郝懿行撰,沈海波点校:《山海经笺疏》,上海:上海古籍出版社,2019 年,第 300、306、305、301 页。

[23] 李零:《楚帛书研究》十一种,上海:中西书局,2013 年,第 281 页。

[24] 参见(清)郝懿行撰,沈海波点校:《山海经笺疏》,上海:上海古籍出版社,2019 年,第 270、285、304、318、309~310 页。

[25](清)郝懿行撰,沈海波点校:《山海经笺疏》,上海:上海古籍出版社,2019 年,第 277、280 页。

[26](清)郝懿行撰,沈海波点校:《山海经笺疏》,上海:上海古籍出版社,2019 年,第 283、285、289、294 页。

[27](清)郝懿行撰,沈海波点校:《山海经笺疏》,上海:上海古籍出版社,2019 年,第 298、305 页。

[28] 参见(清)郝懿行撰,沈海波点校:《山海经笺疏》,上海:上海古籍出版社,2019 年,第 322、281、305、300、213、296 页。

[29](清)郝懿行撰,沈海波点校:《山海经笺疏》,上海:上海古籍出版社,2019 年,第 320~321、295、318、94 页。

[30](清)郝懿行撰,沈海波点校:《山海经笺疏》,上海:上海古籍出版社,2019 年,第 301 页。

[31] 参见陈梦家:《商代的神话与巫术》,马昌仪选编,《中国神话学百年文论选》,西安:陕西师范大学出版总社有限公司,2013 年,第 165~178 页。

[32](清)郝懿行撰,沈海波点校:《山海经笺疏》,上海:上海古籍出版社,2019 年,第 271、278 页。

[33] 参见(清)郝懿行撰,沈海波点校:《山海经笺疏》,上海:上海古籍出版社,2019 年,第 46、48、234、102、127、209、242、280 页。

[34]《山海经·中山经》:"又东一百五十里,曰熊山。有穴焉,熊之穴,恒出神人。"参见(清)郝懿行撰,沈海波点校:《山海经笺疏》,上海:上海古籍出版社,2019 年,第 167 页。

[35]《山海经·中山经》:"犬封国曰犬戎国,状如犬。"参见(清)郝懿行撰,沈海波点校:《山海经笺疏》,上海:上海古籍出版社,2019 年,第 241 页。

[36] 李学勤:《十三经注疏·毛诗正义》,北京:北京大学出版社,1999 年,第 1444 页。

[37](汉)司马迁:《史记》,北京:中华书局,1959 年,第 91 页。

[38](汉)司马迁:《史记》,北京:中华书局,1959 年,第 173 页。

[39](宋)朱熹撰,蒋立甫校点:《楚辞集注》,上海:上海古籍出版社,2001 年,第 63 页。

[40](清)郝懿行撰,沈海波点校:《山海经笺疏》,上海:上海古籍出版社,2019 年,第 317、296 页。

[41](清)郝懿行撰,沈海波点校:《山海经笺疏》,上海:上海古籍出版社,2019 年,第 314 页。

[42](清)郝懿行撰,沈海波点校:《山海经笺疏》,上海:上海古籍出版社,2019 年,第 312 页。

[43](清)郝懿行撰,沈海波点校:《山海经笺疏》,上海:上海古籍出版社,2019 年,第 314、193 页。

[44] (清)郝懿行撰,沈海波点校:《山海经笺疏》,上海:上海古籍出版社,2019年,第192、277页。

[45] [奥]弗洛伊德:《图腾与禁忌》,文良文化译,北京:中央编译出版社,2005年,第114页。

[46] (清)郝懿行撰,沈海波点校:《山海经笺疏》,上海:上海古籍出版社,2019年,第41、283页。

[47] 转引自袁珂:《山海经校注》,上海:上海古籍出版社,1980年,第387页。

[48] 转引自袁珂:《山海经校注》,上海:上海古籍出版社,1980年,第233页。

[49] 参见袁珂:《山海经校注》,上海:上海古籍出版社,1980年,第233～234页。

[50] (清)郝懿行撰,沈海波点校:《山海经笺疏》,上海:上海古籍出版社,2019年,第220、203页。

[51] (宋)朱熹撰,蒋立甫校点:《楚辞集注》,上海:上海古籍出版社,2001年,第57页。

[52] 何宁:《淮南子集释》,北京:中华书局,1998年,第329页。

[53] (清)郭庆藩撰,王孝鱼点校:《庄子集释》,北京:中华书局,1961年,第89页。

[54] (宋)朱熹撰,蒋立甫校点:《楚辞集注》,上海:上海古籍出版社,2001年,第130页。

[55] (宋)朱熹撰,蒋立甫校点:《楚辞集注》,上海:上海古籍出版社,2001年,第58页。

[56] 何宁:《淮南子集释》,北京:中华书局,1998年,第574～577页。

[57] (清)郝懿行撰,沈海波点校:《山海经笺疏》,上海:上海古籍出版社,2019年,第196、234～235、319页。

[58] (宋)朱熹撰,蒋立甫校点:《楚辞集注》,上海:上海古籍出版社,2001年,第59页。

[59] (清)郝懿行撰,沈海波点校:《山海经笺疏》,上海:上海古籍出版社,2019年,第218～219、320、322页。

[60] 何宁:《淮南子集释》,北京:中华书局,1998年,第321～328页。

[61] 何宁:《淮南子集释》,北京:中华书局,1998年,第330页。

[62] 何宁:《淮南子集释》,北京:中华书局,1998年,第312～313页。

[63] 李学勤:《十三经注疏·毛诗正义》,北京:北京大学出版社,1999年,第1452～1453页。

星象观念与汉赋“体国经野”的秩序认知

赵金平

（陕西师范大学文学院，陕西西安，710119）

内容摘要：汉赋在“体国经野”的书写中，将奇异星象和占星术理论融入汉帝国创建的宏大叙事中，论证了刘氏受命于天和汉家政权的合法性。又据天象以立制度，呈现了都城体制、宫室布局、建筑形制、官制设置的规摹天象，阐释了汉家制度的合理性。还将星象与帝王朝政、巡行、游猎、祭祀等国家重要活动相关联，宣扬帝王据天象以修政事，以及帝国行政秩序的运行顺天应时、契合神明。

关键词：星象；汉赋；体国经野；秩序认知

星象是星宿明暗、位置和结构等的变化，秦汉时期常将天上的星象与地理、人事、政事等联系在一起，使得星象之学介入政治生活并深刻影响了两汉的文化认知。汉赋以“体国经野”视角观察帝国建立、国都体制、疆域规划、国家秩序等，充分运用星象学说建构文本，形成了汉赋书写中常用的格套。研究者对汉赋中的天文描写进行了名物考释和文学意义的考察[1]，然尚未全面探究汉赋中的星象描写在汉帝国的书写中，对刘汉政权合法性、制度合理性以及行政秩序适宜性进行的阐释。我们可以由此观察赋家如何以星象学说审视政治、行政以及社会秩序，并考察星象观念对汉赋“体国经野”秩序认知的作用方式。本文试论之。

一、星象与汉家天下合法性的阐释

古代政治文化极其重视天命与政权的关系，认为“帝王之起，必有天命瑞应自然之符”[2]。星象作为天命的重要征兆，是刘汉政权论证天命所归的重要依据。汉赋在书写汉帝国创建和帝王功业时，多以“五星聚东井”“顺斗极”以及与星象相关的“天人之符”等来论证汉家天下的合法性，宣扬帝国缔造者的功业。

（一）“五星聚东井”与秦亡汉兴

“东井”，是二十八宿之一的井宿，与秦之分地对应，为何要以五星聚集于秦地来预示刘汉的兴起呢？这是由五星与政治的关系决定的。《史记·天官书》云：“察日、月之行以揆岁星顺逆。……其所在，五星皆从而聚于一舍，其下之国可以义致天下。”[3]分野国对应的天区发生五星聚合的天象，预示此国将要强盛。《汉书·天文志》亦言：“凡五星所聚宿，其国王天下……五星若合，是谓易行：有德受庆，改立王者，掩有四方，子孙蕃昌；亡德受罚，离其国家，灭其宗庙，百姓离去，被满四方。”[4]五星聚合，对有德者而言意味着昌盛，对无德者而言则意味着灭亡。秦以暴政失天下，汉以仁义得天下，故赋家在“过秦”的思想中运用天象和天命来宣扬刘汉天下的合法性，其叙述有二：

一是秦因暴政失天下，汉顺应天命以义取天下。汉赋在铺写秦因暴政失天下的基础上，进而叙写汉之有天下是上天的授命，并以奇异星象“五星聚东井”等来加以佐证。杜笃《论都赋》云，秦“卒以并兼，桀虐作乱”，如夏桀一般暴虐无道，上天便将天下托付于大汉，“天命有圣，讬之大汉。大汉开基，高祖有勋……提干将而呵暴秦。蹈沧海，跨昆仑，奋彗光，扫项军，遂济人难，荡涤于泗、沂”[5]。言高祖在楚汉之争中扫灭项羽军队，发扬“彗星”除旧布新的作用，荡平天下。班固在《西都赋》中云“……亡秦之毒螫，危害极深”，“及至大汉受命而都之也，仰悟东井之精，俯协《河图》之灵。奉春建策，留侯演成。天人合应，以发皇明，乃眷西顾，寔惟作京”。言前汉之兴起及定都西都，五星的天象是重要的因素之一。

二是秦之天下乃天帝“误赐”，汉之天下承天受命。张衡《西京赋》云：“昔者，大帝说秦缪公而觐之，飨以钧天广乐。帝有醉焉，乃为金策，锡用此土，而翦诸鹑首。……然而四海同宅西秦，岂不诡哉！自我高祖之始入也，五纬相汁以旅于东井。”秦占有雍州之地、兼并天下，是天帝在“醉”的状态下做出的错误决定，正因“误赐”才会有秦之暴政和速亡，也就是说秦之天下并不是真正的受命于天。而刘邦初入关中时“五星聚东井”的星象预兆了刘汉的兴起及其真正的受命于天。关于秦穆公上天觐见天帝事，《史记·封禅书》云：“秦缪公立，病卧五日不寤；寤，乃言梦见上帝，上帝命缪公平晋乱。史书而记藏之府。而后世皆曰秦缪公上天。”[6]“秦谶于是出矣。”[7]秦缪公即秦穆公，上帝命秦穆公平定晋乱，是秦国为谋晋而编造的故事，“是秦人解释自己逐步强大、扩张并奠定统一基础的政治神话”[8]。而我们从《西京赋》的描述中可以得知这一宣扬秦顺应天命兼并天下的政治故事，在汉代已经发生了极大的转变，成为否定秦应有天下的故事。

“五星聚东井”预示汉之兴起的说法，早在刘邦初入关中时已经流传，《史记·张耳列传》载：“甘公曰：‘汉王之入关，五星聚东井。东井者，秦分也。先至必霸。楚虽强，后必属汉。’故耳走汉。”[9]此时项羽的军事实力强于刘邦，但是星象预示了天下归属于刘氏，这显然是刘邦集团的政治宣扬。且“五星聚东井”的发生时间尚有极大的不确定性，《汉书·天文志》将其发生的时间系于“汉元年十月”[10]，但是此说受到诸多的质疑，如北魏高允认为金星和水星在冬十月不会出现于东井，崔浩推算五星聚合发生于七月[11]。苏轼也提出质疑：“方是时，沛公未得天下，甘、石何意谄之?”[12]今人张培瑜推算了汉初五星聚合的情形，认为其发生于汉二年三月[13]。但汉代士人将此天象视为重要的预兆来论说秦亡汉兴和汉家占有天下的合法性，如刘向上书成帝云：“汉之入秦，五星聚于东井，得天下之象也。”[14]《河图》：“刘受纪，昌光出轸，五星聚井。”[15]班彪《王命论》云：“始受命则白蛇分，西入关则五星聚。”[16]都以“五星聚东井”这一神异的星象来佐证刘氏的天命所归。

此外，赋家还以“顺斗极”的星象预言汉有天下是上天的意志。如扬雄《长杨赋》云：秦之暴政致使天下大乱，“于是上帝眷顾高祖。高祖奉命，顺斗极，运天关，横钜海，票昆仑。提剑而叱之，所麾城撕邑，下将降旗，一日之战，不可殚记”。“斗极”，北斗中也[17]，“天关”指天关星。《史记·天官书》云：“斗为帝车，运于中央，临制四乡。”[18]《春秋合诚图》曰：“天皇大帝，北辰星也，含元秉阳，舒精吐光，居紫宫中，制驭四方，冠有五采。”[19]北斗星或北极星居于紫宫中央而控御四方。又《洛书》曰：“圣人受命，必顺斗极。”[20]赋作言汉高祖刘邦受命于天，驱使豪杰，扫灭暴秦，就好比“斗极”居于紫宫中央控制四方，运转天关星一般。

（二）“天人之符”与刘氏再受命

光武帝刘秀在推翻新朝、歼灭群雄的过程中非常重视谶纬之说和刘氏再受命理论的宣扬，其中号称“天人之符”的赤伏符是易学、占星学以及阴阳五行学的产物，预示了天下的归属，是光武帝刘秀非常重视的谶文。汉赋在两汉之际社会失序的历史语境中，运用星象学说宣扬了刘氏再受命的合法性，追述了光武帝刘秀中兴汉室的功业。

汉赋在描写两汉之际社会灾难的基础上，铺写了光武帝刘秀应合“天人之符”扫灭群雄、中兴汉室的功绩。如杜笃《论都赋》言王莽乘汉室衰微之时窃居关中，篡夺皇位，终因违背天意而被诛。之后又有更始帝刘玄、赤眉军等群雄混战，天下纷扰，“于时圣帝，赫然申威。荷天人之符，兼不世之姿。受命于皇上，获助于灵祇”。班固《东都赋》言王莽篡汉，汉祚中缺，之后天下的人们互相残杀，异常惨烈，“上帝怀而降鉴，致命乎圣皇。于是圣皇乃握乾符，阐坤珍，披皇图，稽帝文。赫尔发愤，应若兴云，霆发昆阳，凭怒雷震”。《洛都赋》亦云光武帝受命平乱，“体神武之圣姿，握天人之契赞。挥电旗于四野，拂宇宙之残难”。张衡《东京赋》也写汉祚中断，生灵涂炭，“我世祖忿之，乃龙飞白水，凤翔参墟。授钺四七，共工是除。欃枪旬始，群凶靡余”。其中“天人之符”“天人之契赞”“乾符”“四七”都是指赤伏符，据《后汉书·光武帝纪》载：“光武先在长安时同舍身强华自关中奉《赤炎符》，曰‘刘秀发兵捕不道，四夷云集龙斗野，四七之际火为主。’”[21]此谶言预言了天下归于刘氏，成为刘秀集团重要的舆论宣传。刘秀还在即位告天的祝文中将谶文改为“刘秀发兵捕不道，卯金修德为天子”[22]。可见，汉赋运用谶文符应和星象征兆是其叙写刘氏再受命合理性的重要方式。

汉赋还在具体叙述光武帝刘秀扫灭群雄的事迹中，运用星象来展现其受命于天的正义性和声势之浩大。崔篆《慰志赋》述：汉室中微，上天眷顾汉家，再受命于光武帝刘秀，使汉室中兴，即“皇再命而绍恤兮，乃云眷乎建武。运欃枪以电扫兮，清六合之士宇。圣德滂以横被兮，黎庶恺以鼓舞”。“欃枪”，即天欃星和天枪星，二星皆主兵，比喻刘秀领导下的军队以迅猛之势扫灭群雄。《论都赋》云：刘秀应图谶之言，承上天之命，获神灵保佑，指挥军队四处征战，“要龙渊，首镆铘，命腾太白，亲发狼、弧。……乃廓平帝宇，济蒸人于涂炭，成兆庶之亹亹，遂兴复乎大汉”。“太白”，即金星，为天之将军；“狼弧”，即天狼星，主兵象。天上的将星和主兵之星皆供刘秀调遣，最终平定四方，中兴了汉王朝。

崔骃《反都赋》更是将光武帝刘秀视为神人，“收翡翠之驾，据天下之图。上圣受命，将昭其烈。潜龙初九，真人乃发。上贯紫宫，徘徊天阙。握狼狐，蹈参伐。陶以乾坤，始分日月”。天帝将河图洛书授予刘秀，令其秉受天意、建立功业。“紫宫”是天帝的居所紫微宫；“天阙”是紫微垣左右枢的阊阖门；“狼狐”是主兵象的天狼星；“参伐”是主兵象的参星和伐星。此言光武帝刘秀上应星象，以武力平定天下。《东京赋》云光武帝“授钺四七，共工是除。欃枪旬始，群凶靡余”。张衡将刘秀手下的二十八将比拟为天上的二十八宿[23]，将军队比作主兵象的天欃星、天枪星和旬始星，它们在刘秀的领导下应合谶言、扫灭动乱。

综上，在秦汉、两汉之际社会动乱的背景下，汉赋作家将佐证天下归属的奇异星象融入两汉缔造者的功业事迹书写中，论证了刘氏拥有天下和中兴汉室的合法性。这也是汉赋作家自觉践行“润色鸿业”的时代使命，在汉赋“体国经野”的宏大叙事中，将两汉政治文化建设中政权的合法性问题予以文学表述。

二、星象与汉代制度合理性的理解

星宿观测、星官体系及其理论建构在汉代得到了长足发展，《史记·天官书》综合先秦以来的天文学知识，将整个星区划分为五宫，建立了星官体系。《汉书·天文志》云：“凡天文在图籍昭昭可知者，经星常宿中外官凡百一十八人名，积数七百八十三星，皆有州国官宫物类之象。……此皆阴阳之精，皆本在地，而上发于天者也。”[24]张衡《灵宪》云：“星也者，体生于地，精成于天，列居错峙，各有逌属。……在野象物，在朝象官，在人象事，于是备矣。”[25]古人依据人间的模式建立了星宿体系，又将天上的体系与人间的模式组建成一个系统，这样承天受命的天子便以天上的秩序为模范来设立制度。汉赋正是通过铺写宫室布局、建筑形制和官制设置的摹拟天象，宣扬了汉家制度的合理性。

（一）宫室布局规摹天象

古代都城及其宫室建筑是国家权力中心和皇权的象征，是社会宗法礼制、文化传统和主流思想的集中反映。汉赋在铺写都城宫室布局时，运用星象来作比，将人间的帝王之都与天上的天帝居所相对应，以此来展现帝王对天下秩序的控制，并以富丽堂皇和规模巨大的建筑群来树立天子的权威。

《西都赋》写西汉长安宫室布局：“其宫室也，体象乎天地，经纬乎阴阳，据坤灵之正位，放太紫之圆方。”言宫室的整体布局上参天象，合乎阴阳，建造在八方的中心，仿照天帝所居“紫宫”和五帝之廷“太微”的模式。《尚书·说命》云：“明王奉若天道，建邦设都。”孔安国传曰：“天有日月北斗五星二十八宿，皆有尊卑相正之法，言明王奉顺此道，以立国设都。”[26]帝王象天设都是为了明尊卑之法和礼制秩序。在皇城中，天子行政及所居之“未央宫”位于宫殿建筑群的中央，“徇以离殿别寝，承以崇台闲馆，焕若列星，紫宫是环”[27]。四周的行宫、台阁楼馆围绕着未央宫，好像二十八宿围绕着紫微宫一般。在宫室的周围，“周以钩陈之位，卫以严更之署，总礼官之甲科，群百郡之廉孝”[28]，钩陈星，属紫微垣，共六星，此处比喻宫禁宿卫譬如钩陈星一般环绕着宫室。

张衡《西京赋》也以“未央宫”为中心来铺陈长安宫室的布局：“正紫宫于未央，

表峣阙于阊阖。”言未央宫建筑群的布局也是模仿天上的紫微宫来建造的。未央宫四周有众多的宫室，“朝堂承东，温调延北。西有玉台，联以昆德。嵯峨崨嵥，罔识所则。若夫长年神仙、宣室玉堂，麒麟朱鸟、龙兴含章，譬众星之环极，叛赫戏以辉煌”。赋家将未央宫比作“北极星”，将高大巍峨的宫殿建筑群比作众星，众多宫室环绕的未央宫就像被众星簇拥着的北极星一样尊崇和耀眼。园池建造也模仿星象，“乃有昆明灵沼，黑水玄址。……牵牛立其左，织女处其右，日月于是乎出入，象扶桑与濛汜”。将整个昆明池比拟为天上的银河，池东、西的牵牛、织女雕塑象征天河里的牵牛星和织女星。“扶桑”“濛汜”乃日之出入之处，赋文极言池之广大，日月可出入其中。汉赋在铺写宫室布局时，将帝王居所与星象相对应，不仅言其制度符合天象，也宣扬了天子的权威。

（二）建筑形制模拟天象

建筑形制的规矩天象可分为两类，一是礼制建筑的形制多规摹天地，如张衡《东京赋》写明堂的建筑结构：“乃营三宫，布教颁常。复庙重屋，八达九房。规天矩地，授时顺乡。”正是《白虎通义·明堂》所言：“明堂上圆下方，八窗四闼，布政之宫，在国之阳。上圆法天，下方法地，八窗象八风，四闼法四时，九宫法九州。”[29]明堂的屋顶为双层结构，一室四面，八个窗子和九个房间，其上圆拟天，下方似地，上圆下方是对天地结构“盖天说”的模拟。其内部结构也应合天象，故《文选》李善注引刘向《七略》云：“王者师天地，体天而行。是以明堂之制，内有太室，象紫微宫；南出明堂，象太微。”[30]辟雍的形制，李尤《辟雍赋》云：“辟雍岩岩，规圆矩方。阶序牖闼，双观四张。流水汤汤，造舟为梁。”中心为方形，四周水圆如璧，亦象征天地。灵台的建造也参照天象。班固《两都赋》之《灵台诗》云：“三光宣精，五行布序”，言灵台之形制上应日、月、星，下合五行。《礼含文嘉》云：“礼天子灵台，所以观天人之际、阴阳之会也。揆星度之验征、六气之端应，神明之变化，睹因气之所验，为万物获福于无方之原。”[31]灵台的建造顺应天道，是观测天象、阴阳和考察灾祥之所。

二是宫室建筑的形制也上应天象，如扬雄《甘泉赋》写甘泉宫之通天台：“洪台掘其独出兮，𢿢北极之嶟嶟。列宿乃施于上荣兮，日月才经于柍桭。雷郁律于岩突兮，电倏忽于墙藩。……左欃枪右玄冥兮，前熛阙后应门”，通天台突出高耸，直指北极星，星宿延列于飞檐，日月掠过屋脊，雷电都不及其高。方廷珪评曰：“……言甘泉宫之台，俱从太一所居取意，步步顾主”[32]，将甘泉宫的通天台比拟于天上太一神的居所。建章宫之神明台和井干楼也规模天象，张衡《西京赋》云：“神明崛其特起，井干叠而百增。……累层构而遂隮，望北辰而高兴。消雰埃于中宸，集重阳之清澂。瞰宛虹之长鬐，察云师之所凭。上飞闼而仰眺，正睹瑶光与玉绳。”言神明台、井干楼距离“北辰”“瑶光”“玉绳”等星宿极近，以此夸饰建筑物之高耸。

王延寿也将星象融入鲁灵光殿的描写中，其“规矩制度，上应星宿……配紫微而为辅。承明堂于少阳，昭列显于奎之分野”。其形制和地理位置上应星象，与帝宫相配以为藩辅，故得到了上天和神明的庇佑。其整体形制“状若积石之锵锵，又似乎帝室之威神。……高门拟于阊阖，方二轨而并入”，光彩如天上的紫微宫一般耀眼，宫门也如同天门一般壮丽。其内部构造“规矩应天，上宪觜陬。倔佹云起，嵚崟离搂。三间四表，八维九隅。……浮柱岹嵽以星悬，漂峣岘而枝柱”，宫殿的大小尺寸、结构布局都应合天上的觜陬（诹訾）星区。其渐台极高，“高径华盖，仰看天庭，飞陛揭孽，缘云上征。中坐垂景，頫视流星”。在渐台上，华盖星、天宫、云雾、流星等尽收眼底。正因为宫殿符合地理、天象和阴阳的变化，所以才能长久的存在。

（三）法天以设官

天子所设官制应取象于天，董仲舒云：“王者制官……备天数以参事，治谨于道之意也。……尽人之变，合之天，唯圣人者能之，所以立王事也。”[33]《汉书·艺文志》亦云：“法天地，立百官。”[34]汉朝在设置官制时强调法天以设官，须顺应天道，使人事制度与天道保持一致。法天置官强调顺应天道和官制的合理性，正如王充所言：“天官百二十，与地之王者无以异也。地之王者，官属备具，法象天官，秉取制度。天地之官同，则其使者亦宜钧。官同人异者，未可然也。”[35]王符也指出：“王者法天而建官，自公卿以下，至于小司，辄非天官也？是故明主不敢以私爱，忠臣不敢以诬能。”[36]法天以置官的目的就是为了使人们相信官制是顺天而设的，是以上天和神的意志为依据的，并要求包括最高统治者在内的所有人都必须维护它。

汉赋书写官制也以天象比拟，如刘歆在《遂初赋》中借用星象描述昔日的遭际：“昔遂初之显禄兮，遭阊阖之开通。跖三台而上征兮，入北辰之紫宫。备列宿于钩陈兮，拥大常之枢极。总六龙于驷房兮，奉华盖于帝侧。”“三台”本指太微垣北斗星东南的六颗星，“在人曰三公，在天曰三台”[37]。“北辰”本指北极星，此处比喻天子。“列宿”即众星，比喻各级官吏。“钩陈”为钩陈星，比喻后宫。“枢极”指北斗星和北极星，比喻最高权力中心。驷房，指天驷星和房星，“主车驾”[38]。刘歆借用星宿表明昔日为大司空属官，居于三公之列，可以出入皇帝的宫禁，处在保护皇宫的重要位置上，又担任奉车都尉，在车前侍奉君王。作者还借用星象来描述请求外任的原因：“惟太阶之侈阔兮，机衡为之难运。惧魁杓之前后兮，遂隆集于河滨。”“太阶”即三台星，比喻三公。“机衡”指北斗星座，喻天子政令。“魁杓”，指北斗七星，比喻得势的权贵。刘歆用星象来映射自己面对三公的骄横，朝政的崩弛，因惧怕遭遇不测，故请外任。

可见，汉赋通过铺写天子之都城、宫室、建筑及其所设官制的模拟天象，将天子所处的权威之域与天上天帝所辖的“三垣二十八宿”相对应，以此来宣扬汉家制度的合理性，也展现了天子的权威。

三、星象与行政秩序适宜性的关联

观象授时、顺时行政是古代政治生活开展的重要前提，汉赋作家在华丽地呈现帝王朝政、巡行、游猎、祭祀等国家重要活动的过程中，将星象与行政秩序的运行紧密关联，宣扬帝王的行政举措和国家秩序的运行契合神明、顺天应时，进而营造了太平气象，寄托了美政理想。

（一）天子行政的顺天应时

观象治历，授民以时，是中国古代天文学的基本内容。“礼以顺时”[39]，“故作大事必顺天时”[40]，王朝统治者以顺时行令为理想的行政模式。故汉赋在叙写汉代美政时也强调顺应时令，如《东京赋》按照“礼以顺时”的原则，依次铺陈东汉的永平之政。先写夏历正月初一（“孟春元日”），是所谓日之朝、月之朝和岁之朝的“夏正三朝”，其时举行朝会，包括接受朝贺、询问政事、燕飨、纳谏、招贤等；次写农历上辛，天子郊祀天地时，冠服、车驾、礼乐之盛，军容之整；次写祭祀天地，望祀山岳河川之神，以及明堂、宗庙祭祀；次写房星于立春之日早晨见于南方天中（“农祥晨正”）时，为农事开始之时，天子躬耕籍田，鼓励农耕；次写春三月之时（“春日载阳”），行辟雍大射之礼；次写孟冬之月即夏历十月（“日月会于龙狵”），行养老而恤民事；次写夏历十一月（“岁惟仲冬”），举行校猎；最后是一年之末，行大傩之礼。天子一年的施政、行礼和国家秩序的运行都是顺应天象，按照时节来进行的。

其中，写天子郊祀之车驾和军队，“清道案列，天行星陈”，如天之运转，群星之陈列。写天子行辟雍合射之礼：“于是皇舆夙驾，𨏥于东阶，以须消启明，扫朝霞，登天光于扶桑。天子乃抚玉辂，时乘六龙。发鲸鱼，铿华钟。大丙弭节，风后陪乘。摄提运衡，徐至于射宫。”天子乘舆出行在星落、霞消、日出之时，天子车驾“摄提运衡”，摄提星是福瑞之星，也可测定时节。玉衡星是北斗第五颗星，与第六颗星开阳、第七颗星摇光组成斗炳形，也用于厘定时节。故赋家用“摄提运衡”来形容天子的举措和德行符合礼制、顺时应令。

汉赋颂扬德政也以顺天应时为准则。如扬雄《长杨赋》称颂文帝尚节俭的美政：“是以玉衡正而泰阶平也。”“玉衡”是北斗第五星，玉衡星明亮，在汉代被赋予尚节俭的内涵[41]，故“玉衡正”指天子行美政。“泰阶”，指三台星，对应三公，借指国家机构，故“泰阶正”乃言国家太平。扬雄此言来源于《尚书·舜典》：“在璿玑玉衡，以齐七政。”孔颖达疏引马融云：“日月星皆以璿玑玉衡度知其盈缩进退失政所在。圣人谦让犹不自安，视璿玑玉衡以验齐日月五星行度，知其政是与否，重审己之事也。”[42]可见玉衡星或北斗星的变化预示了施政的美恶。赋之以星象之兆颂美汉文帝尚节俭、行德政，故天下大治、国家太平。

（二）天子祭祀、巡行中的星神

汉代在承继周秦祭祀礼仪和制度的基础上，结合现实政治的需求，建立了祭祀体系和模式，用以宣扬帝王的权威和皇权的神圣性。汉赋在国家祭祀活动的描写中常用星神来加以表现，如扬雄《甘泉赋》写皇帝去甘泉宫祭祀：“于是乃命群僚，历吉日，协灵辰，星陈而天行。诏招摇与太阴兮，伏钩陈使当兵，属堪舆以壁垒兮，梢夔魖而抶獝狂。八神奔而警跸兮，振殷辚而军装。”在良辰吉日，赴甘泉宫祭祀的皇帝车驾队伍像众星布列、斗转星移，前行者举着画有招摇星和太岁星的旌旗在前面开路，还有钩陈星（神）掌控军队的前行。甘泉宫的祭祀场景：“于是钦柴宗祈，燎熏皇天，招摇泰一。”“泰一”也作太一，在汉代拥有双重的神格，既是尊贵的星神，也是最高的天神，其至尊之位的确立，是汉代大一统需求在郊祀制度中的体现。扬雄《河东赋》写汉成帝赴汾阴祭祀地神：“于是命群臣，齐法服，整灵舆，乃抚翠凤之驾，六先景之乘，掉犇星之流旃，彏天狼之威弧。”“奔星”是流星，星占学认为流星是“天使"[43]，作为上天的使者被绘于旌旗上。天狼星和天弧星，主兵，可防御盗贼，也被绘于军旗上。祭祀仪仗旗帜上的星神是天子权威的象征。

汉赋作家也运用星象来描写帝王巡行。光武帝定都洛阳后，于建武十八年西巡前汉旧京，《论都赋》叙写了此次西巡："升舆洛邑，巡于西岳。推天时，顺斗极，排阊阖，入函谷，观阸於崤、黾，图险於陇、蜀。……遂天旋云游，造舟于渭，北航泾流。"光武帝出行时"推天时，顺斗极"，这是因为北斗七星是人们观象授时的基本参考，可以"分阴阳，建四时，均五行，移节度，定诸纪，皆系于斗"[44]。天上北斗还是人间帝王的象征，"斗为帝令，出号布政，授度四方……斗为人君之象，而号令之主也"[45]。"圣人受命，必顺斗极"，顺斗极预示了受命而王，君权神授。光武帝通过巡视军事要塞，拜谒先王陵寝，祭祀神灵等一系列活动，借以宣扬自我的正统地位和刘氏再受命的合法性。杜笃用"天旋云游"来描述帝王在旧京的视察活动，意在表示天子的行为顺应了天道运行的规律。

（三）校猎中的星象描写

校猎和校猎礼仪是国家治理中的重要组成部分，"汉代校猎是讲武活动中进行的、具有军事训练性质的一项礼仪制度"[46]。汉代帝王大多热心于校猎活动，汉赋对此进行了铺写，如扬雄《羽猎赋》写汉成帝在元延二年畋猎出行时的盛大场景，天子的仪仗："靡日月之朱竿，曳彗星之飞旗。……涣若天星之罗……欃枪为闉，明月为候，荧惑司命，天弧发射，鲜扁陆离，骈衍佖路。"出行队伍的旗帜上绘有日、月、北斗星和彗星，护卫的士卒像众星列布，并以天欃星和天枪星为城，以日月为伺望敌情的哨所，以天帝的使者荧惑星[47]主管行令，令天狐星发射弓箭。"于是天子乃以阳鼂始出乎玄宫，撞鸿钟，建九旒，六白虎，载灵舆，蚩尤并毂，蒙公先驱。立历天之旂，曳捎星之旃"，"阳鼂"，颜师古注曰："阳朝，日出之后也。"[48]天子田猎出行有固定的时间，即日出之后从北宫出发，其前驱有"蚩尤"和"蒙公"星[49]护卫，极言天子之神威。

《西京赋》也写天子游猎时的情形："天子乃驾彫轸，六骏驳。……建玄弋，树招摇。栖鸣鸢，曳云梢。弧旌枉矢，虹旃蜺旄。"军旗上绘有玄弋星、招摇星，旗子飘动如弧星和枉矢星划过夜空的形态，以象征天讨。张衡将天子车驾出行比拟为天帝出行，"华盖承辰，天毕前驱"，天帝出行时，华盖九星托着北辰星运转，主狩猎的天毕星在前面开路，映射到人间则为天子田猎的队伍行进如斗转星移，顺天而行。可见，汉赋作家运用星象与行政秩序运行的关联性，将敬天顺时、星神崇拜等观念融入朝政、祭祀、巡行、校猎等国家重大活动的描写中，歌颂了天子顺天行政的理想美政，并塑造了天子承天受命的神圣性和权威性。

汉赋作家以一种帝国式的宏大叙事，全方位地书写了汉帝国政治生活的各个方面，其间运用星象或将星象融入汉帝国创建、制度建构和行政秩序等的文本叙述中，利用星象与政治的关系，论证和阐释了刘汉政权的合法性、汉家制度的合理性以及行政秩序运行的适宜性等问题。"体国经野"的汉赋通过强调和展示帝国政治与天象的关系，来持续地强化天子的权威和证立王朝的正统性，进而完成"润色鸿业"的时代使命。

＊本文为教育部哲学社会科学研究重大课题攻关项目“中华优秀传统文化的学理建构、价值认同与教育策略研究”【17JZD044】、中央高校基本科研业务费专项资金资助“汉赋‘体国经野’研究”【2019TS113】的阶段性成果。

注释：

[1] 参见薛丽芳：《汉赋天文元素研究—兼论其与汉代思想政治之关系》，河北师范大学硕士学位论文，2015 年；赵金平：《汉代京都赋天文类名物探析》，《华北电力大学学报》（社会科学版）2018 年第 1 期；甄尽忠：《汉赋中的天文星占意象》，《星占学与汉代社会研究》第八章第一节，北京：中国社会科学出版社，2018 年，第 282～292 页，等。此类研究对汉赋中的天文类名物进行了考释，并对其思想文化进行了初步探析。

[2] （汉）傅干：《王命叙》，（唐）欧阳询：《艺文类聚》卷十，上海：上海古籍出版社，1982 年，第 189 页。

[3] （汉）司马迁：《史记・天官书》，《史记》卷二十七，北京：中华书局，1982 年，第 1312 页。

[4] （汉）班固：《汉书・天文志》，《汉书》卷二十六，北京：中华书局，1962 年，第 1286～1287 页。

[5] 以下文中所引汉赋作品，均参见费振刚、仇仲谦、刘南平校注：《全汉赋校注》，广州：广东教育出版社，2005 年。

[6] （汉）司马迁：《史记・封禅书》，《史记》卷二十八，北京：中华书局，1982 年，第 1360 页。

[7] （汉）司马迁：《史记・赵世家》，《史记》卷四十三，北京：中华书局，1982 年，第 1787 页。

[8] 蒋晓光：《〈西京赋〉中秦穆公故事源流考》，《求索》2017 年第 5 期，第 122～128 页。

[9] （汉）司马迁：《史记・张耳列传》，《史记》卷八十九，北京：中华书局，1982 年，第 2581 页。

[10] （汉）班固：《汉书・天文志》，《汉书》卷二十六，北京：中华书局，1962 年，第 1301 页。

[11] （北齐）魏收：《魏书・高允列传》，《魏书》卷四十八，北京：中华书局，1974 年，第 1068 页。

[12] （宋）苏轼：《辨五星聚东井》，《东坡志林》卷三，北京：中华书局，1981 年，第 65 页。

[13] 张培瑜：《五星合聚与历史记载》，《人文杂志》1991 年第 5 期，第 103～107 页。

[14] （汉）班固：《汉书・刘向传》，《汉书》卷三十六，北京：中华书局，1962 年，第 1964 页。

[15] ［日］安居香山、中村璋八：《纬书集成》（下），石家庄：河北人民出版社，1994 年，第 1223 页。

[16] （汉）班固：《汉书・叙传》，《汉书》卷一百上，北京：中华书局，1962 年，第 4212 页。

[17] （晋）郭璞注，（宋）邢昺疏：《释地》，《尔雅注疏》卷七，北京：北京大学出版社，1999 年，第 210 页。

[18] （汉）司马迁：《史记・天官书》，《史记》卷二十七，北京：中华书局，1982 年，第 1291 页。

[19] ［日］安居香山、中村璋八：《纬书集成（中）》，石家庄：河北人民出版社，1994 年，第 767 页。

[20] ［日］安居香山、中村璋八：《纬书集成（下）》，石家庄：河北人民出版社，1994 年，第 1285 页。

[21] （南朝宋）范晔：《后汉书・光武帝纪》，《后汉书》卷一，北京：中华书局，1965 年，第 21 页。

[22] （南朝宋）范晔：《后汉书・光武帝纪》，《后汉书》卷一，北京：中华书局，1965 年，第 22 页。

[23] （元）王幼学：《资治通鉴纲目集览》云：“四七二十八也，自高祖至光武初起，合二百二十八年，即四七之际也。或谓光武以二十八岁起兵，故云四七之际。又二十八将，亦应四七之数。”见（宋）朱熹撰，清圣祖批：《御批资治通鉴纲目》卷八，《景印文渊阁四库全书》，台北：台湾商务印书馆股份有限公司，1986 年，第 689 册，第 523 页；清代邓方《云台二十八将赋（以图画中兴功臣于云台为韵）》云：“摹形则斗宿相符……将应四七之数”，参见马积高：《历代辞赋总汇（清代卷）》第 21 册，长沙：湖南文艺出版社，2014 年，第 20791 页。

[24] (汉)班固:《汉书·天文志》,《汉书》卷二十六,北京:中华书局,1962年,第1273页。

[25] (南朝宋)范晔:《后汉书·天文志十》,北京:中华书局,1965年,第3216页。

[26] (汉)孔安国传,(唐)孔颖达疏:《说命中》,《尚书正义》卷十,北京:北京大学出版社,1999年,第249页。

[27] (南朝宋)范晔:《后汉书·班固列传》,《后汉书》卷四十上,北京:中华书局,1965年,第1340页。

[28] (南朝宋)范晔:《后汉书·班固列传》,《后汉书》卷四十上,北京:中华书局,1965年,第1341页。

[29] (汉)班固撰集,(清)陈立疏证:《明堂》,《白虎通疏证》卷六,北京:中华书局,1994年,第265～266页。

[30] (南朝梁)萧统编,(唐)李善注:《文选》,上海:上海古籍出版社,1986年,第11页。

[31] [日]安居香山、中村璋八:《纬书集成》(中),石家庄:河北人民出版社,1994年,第495页。

[32] 赵俊玲:《文选汇评(一)》,南京:凤凰出版社,2017年,第160页。

[33] (汉)董仲舒著,苏舆撰:《官制象天》,《春秋繁露义证》卷七,北京:中华书局,1992年,第214～216页。

[34] (汉)班固:《汉书·艺文志》,《汉书》卷三十,北京:中华书局,1962年,第1725页。

[35] (汉)王充:《纪妖篇》,《论衡校释》卷二十二,北京:中华书局,1990年,第916～917页。

[36] (汉)王符撰,王继培笺:《贵忠》,《潜夫论笺校正》卷三,北京:中华书局,1985年,第108页。

[37] (唐)房玄龄,等:《晋书·天文志上》,《晋书》卷十一,北京:中华书局,1974年,第293页。

[38] (汉)司马迁:《史记·天官书》,《史记》卷二十七,北京:中华书局,1982年,第1296页。

[39] (周)左丘明传,(晋)杜预注,(唐)孔颖达正义:《成公十六年》,《春秋左传正义》卷二十八,北京:北京大学出版社,1999年,第775页。

[40] (汉)郑玄注,(唐)孔颖达疏:《礼器》,《礼记正义》卷二十四,北京:北京大学出版社,1999年,第751页。

[41]《孝经援神契》云天子"用乐声音淫佚,则第五星不明"。[日]安居香山、中村璋八:《纬书集成》(中),石家庄:河北人民出版社,1994年,第990页。

[42] (清)孙星衍:《尧典》,《尚书今古文注疏》卷一,北京:中华书局,2004年,第36页。

[43] (唐)房玄龄,等:《晋书·天文志中》,《晋书》卷十二,北京:中华书局,1974年,第328页。

[44] (汉)司马迁:《史记·天官书》,《史记》卷二十七,北京:中华书局,1982年,第1291页。

[45] [日]安居香山、中村璋八:《纬书集成》(中),石家庄:河北人民出版社,1994年,第647页。

[46] 曹胜高:《汉赋与汉代制度:以都城、校猎、礼仪为例》,北京:北京大学出版社,2006年,第131页。

[47] 荧惑为灾星,也是星神、天帝的使者,《汉书·郊祀志下》载汉宣帝时"又立岁星、辰星、太白、荧惑、南斗祠于长安城旁",参见(汉)班固:《汉书·郊祀志》,《汉书》卷二十五下,北京:中华书局,1962年,第1250页;《论衡·变虚》云:"荧惑,天使也。"参见(汉)王充:《变虚篇》,《论衡校释》卷四,北京:中华书局,1990年,第207页。

[48] (汉)班固:《汉书·扬雄传》,《汉书》卷八十七上,北京:中华书局,1962年,第3545～3546页。

[49] 参见高步瀛:《文选李注义疏》,北京:中华书局,2018年,第1916～1917页。此处"蚩尤""蒙公"并非指人,"朱珔曰:诸赋叙乘舆扈从,多指星辰,不应忽及蒙恬。《史记·天官书》:昴曰髦头。《汉书·天文志》'髦'作'旄'。《广雅》亦云:昴谓之旄头。《晋书·天文志》:昴、毕间为天街。天子出,旄头、罕毕以前驱,正合此先驱之义"。

论“卞和献玉”故事在古典诗歌中的书写及其意义

袁晓聪

（运城学院中文系，山西运城，044000）

内容摘要：卞和献玉故事是文学书写的经典案例，对此后世文人从不同程度不同角度进行了增补和演绎。自汉而唐宋，诗歌中对卞和献玉故事的运用与书写被再现于不同的题材中，为后世抒写“怀才不遇”题材提供了新维度。在古典诗歌中，对卞和献玉故事的典故运用具有多样性。该故事与屈原被逐、昭君出塞故事有“同质异构”之妙，但是在诗歌中的表现又有差异。卞和献玉故事既是文人“怀才不遇”文化的体现，又是“献宝”文化的体现，同时也体现出玉文化对古典诗词的浸润与影响。

关键词：卞和献玉；诗歌；文化

我国古人对玉非常崇拜，因此创造出很多和玉相关的故事传说。这些故事传说以多种文学书写形式存在于文学文本当中，是古典文学重要的组成部分。按其内容性质主要可分为神话传说和历史故事两大类[1]。关于玉的神话传说及历史故事在文学中的再现，大约有两种方式：一是作为典故被运用到文学创作中；二是作为事料成为文学创作的论说对象。在众多与玉有关的故事中，卞和献玉的故事最常被人提及，并运用到诗词创作中。就目前所见，还没有专门对此现象进行论述、剖析的成果出现。因此笔者将对古代诗歌中卞和献玉的书写问题予以论述，以利于中国文学中玉文化研究的深化。

一、“卞和献玉”故事流变及其意指

较早记载“卞和献玉”故事的是《韩非子·和氏》[2]，讲述了卞和得璞玉于楚山，献给楚武王、楚厉王，但均被玉工误判为石头，导致卞和先后被砍去两足。卞和伤心欲绝，抱玉泣血于楚山下。后楚文王闻之，派人询问其中原委，因此卞和得以将玉献上。这个故事在后代的书籍中多有演绎，其内容情节大致相同，侧重点略有不同：一是对卞和所献之玉的性质进行探究，如五代杜光庭《录异记》对卞和所献之璞玉的来历进行描述，以为和氏之璧“乃岁星之精，坠入荆山，化而为玉”[3]；二是变换卞和献玉的对象，如汉《焦氏易林》以为卞和献玉的对象是楚怀王[4]；三是对卞和献玉之后的情况进行发挥，如清杨守敬《水经注纂疏》中对卞和献玉之后的故事进行演绎，

“卞和献玉于楚王，封为陵阳侯，辞不受，退而作歌”[5]；四是对卞和献玉做法的诟病，如清孙诒让《温州经籍志》录利瓦伊桢《笙鹤轩杂著·序》云，“惜季札不践兄弟继立之约，病卞和献玉躁进辱身”[6]；五是将“玉人辨玉”改为“乐正占玉”，如《后汉书·赵壹传》李贤注引《琴操》曰：“卞和得玉璞，以献楚怀王。使乐正子占之，言非玉。以其欺谩，斩其一足。”[7]前人对此故事有不同阐释，如汉王充《论衡》从屈原、卞和的悲惨遭遇对楚国黑暗政治的批判[8]；又如明人何孟春《余冬录》从卞和识玉、甘愿受刑的角度又肯定其“知音”“伯乐”式人品，他认为卞和献的是璞，“所以遭刖者，璞累之也”，卞和“不能忘情于璞”，既识玉，就当“不得不献之”，“玉幸我识之，而我不献之，则我负此玉，玉将无所复望，我罪则重于不识者，此所以两遭刖而犹献也”[9]；再如《随园随笔》“卞和刖足两解”一条，记载晋傅咸《卞和画像赋序》中认为是“卞和自刖以证玉之非石”[10]。这跟之前的“卞和被刖足”的情节是不同的。

对卞和献玉的故事的解读，我们认为其中包含的要素有荆山璞玉、卞和、玉工、君王以及献玉行为等五者，每一个要素都具有一定的意指。其一，璞玉。这既是珍宝的象征，又是怀才之人的象征，每一个人才都像璞一样期待有识之士。也正因此，后来诗歌中多以璞玉未遇识货之人来表示怀才不遇的境况。其二，卞和。在这个故事中，卞和既是识玉之人，如伯乐一样，又是不被发现认可的冤屈人才。同时，还是一个功成身退的形象。不仅如此，韩非子将此事记录在法家著作中，又将其作为一个忠信的形象来说明人要执着，虽受刖刑，却不离故国，具有屈原那种“九死其犹未悔”的精神。其三，玉工。在这个故事中，玉工虽然处于次要地位，但卞和的冤屈完全是缺乏“良工”所致。其四，君王。在此故事中有三位，楚厉王、楚武王偏听偏信，误伤卞和这样的识玉之人；楚文王能够被卞和泣玉所动，并找良工剖玉。楚厉王、楚武王象征着昏愦之君，楚文王则是明君的象征。其五，献玉行为。在此故事中，也是具有特别意味的：一是卞和识玉坚信会遇到明君，因此才有三献；二是两次刖足，象征着人才在成长中、被重用前的必经坎坷；三是泣玉行为，是献玉成功的关键，也是卞和执着精神的体现；四是卞和献玉功成身退，具有范蠡、鲁仲连等人的侠义精神，其献玉行为并不是单纯的献玉，而是提醒楚王能够识才用人，举贤任能。这些要素都成为后世文学意象、事象发生的基点。据前辈学者考证，卞和献玉确有其事，但该故事经过韩非子的文学加工之后，具有更加丰富的文学意蕴，体现出文学发生的价值功能。由该故事抽象出几个文学意象或事象，是后世文学经常书写的典型，成了文学创作的母题。

二、古典诗歌中的“卞和献玉”故事的书写

对卞和献玉事，自汉而唐宋不少诗作有专门吟咏。汉代楚辞中较早运用“卞和献玉”者为东方朔，如其《七谏·沉江》云：“悲楚人之和氏兮，献宝玉以为石。遇厉武之不察兮，羌两足以毕斮。”[11]基本将卞和献玉的故事纳入。而其《七谏·哀命》云：“伯乐之绝弦兮，无钟子期而听之。和抱璞而泣血兮，安得良工而剖之?”[12]则又从求“良工”角度对卞和献玉的隐含意指发明运用。又王褒《九怀·株昭》云：“瓦

砾进宝兮，捐弃随和。”叹息当时的玉石不分的时世。刘向《九叹·惜贤》所云：“晋申生之离殃兮，荆和氏之泣血。吴申胥之抉眼兮，王子比干之横废。”将和氏献玉之故事与申生、伍子胥、比干等人故事相提并论，抒发怀才不遇之感。这种用典形式在后代作品中屡见不鲜。汉诗琴曲歌辞中《信立退怨歌》较早亦较完整地记述了卞和献玉的故事。此诗有对“功成身退”后的慨叹：“去封立信守休芸兮。断者不续岂不冤兮。”[13]后代文人亦对此事多有吟咏。如唐胡曾《咏史诗·荆山》云：“抱玉岩前桂叶稠，碧谿寒水至今流。空山落日猿声叫，疑是荆人哭未休。”[14]在时空交错中对历史故事进行再阐释时，表达了作者的惆怅落寞之情。皎然《咏史》云：“卞子去不归，何人辨荆玉。”唐薛据《古兴》云：“投珠恐见疑，抱玉但垂泣”等，都可见诗人用典之意味。其他如唐孟郊《古兴》云：“楚血未干衣，荆虹尚埋辉。痛玉不痛身，抱璞求所归。”宋梅尧臣《荆山》云：“和楚人，兹楚地。泣玉山，无所记。但见楚人夸产玉，古庙悠悠无鬼哭。倘有鬼，定无足。”[15]不过，这些咏卞和故事之诗，寓意深刻，别有寄托。卞和献玉的故事因其本身所含有的丰富内涵，见仁见智，故后代文人对此故事的运用在不同的题材中有不同的表现，归纳起来约有以下数端：

其一，在赠答诗中多以卞和献玉之事表达朋友知己之情。如曹植《赠徐干诗》中云：“宝弃怨何人，和氏有其愆。弹冠俟知己，知己谁不然。良田无晚岁，膏泽多丰年。亮怀玙璠美，积久德愈宣。亲交义在敦，申章复何言。”诗中曹植以卞和自比，为友人徐干的才华未被朝廷重用感到自责和惋惜，但同时也安慰朋友“亮怀玙璠美，积久德愈宣”，玙璠，美玉，比喻品德高洁的人，全诗表达了曹植对朋友的关切以及他们之间深厚的友谊。用卞和之故事表现朋友之情意的诗词甚多，如韩愈《孟生诗》（孟生江海士）是写给科举落第的孟郊的诗，诗中高度赞扬了孟郊的品德才华，也表达了作者对孟郊的深切关怀，同时安慰朋友“卞和试三献，期子在秋砧”。唐李咸用《送人》云“荆山有玉犹在璞，未遇良工虚掷鹊”，安凤《赠别徐侃》“泣尽卞和血，不逢一故人”，也借卞和献玉表达了对友谊的珍惜之情。其他如宋杨亿《送张蜕秀才》中云“悬瓢颜巷安贫久，泣玉荆山失意频。莫向明时便朝隐，重来须醉杏园春”，梅尧臣《送正仲都官知睦州》云，“心中小宇宙，尤哂献玉和”，王安石《送杨冀秀才归鄱阳》云“荆山和氏方三献，太学何生且一归”等等，都表达了对仕途失意的安慰，蕴含着深厚的情感。

其二，赠别、书怀之诗也借卞和献玉来抒发科举失意之叹、安慰怀才不遇者、抒写郁闷情怀。一方面，涉及科举者多用此典来表达落第后的情怀，如唐李涉《送颜觉赴举》云“居然一片荆山玉，可怕无人是卞和”，是从卞和识玉的角度表达对颜觉科举应试的担心。唐雍陶《再下第将归荆楚上白舍人》云“穷通应计一时间，今日甘从刖足还。长倚玉人心自醉，不辞归去哭荆山”，用卞和献玉故事来体现下第的心情。又如宋罗与之《下第西归》，“抛却银袍制芹荷，春风一曲紫芝歌。古来至宝多横道，何事荆山泣卞和”，其《束担》（束担出荆扉）一诗，“抱璞今谁诉，知音古亦稀。寻思无一可，吾道欲安归”，均借卞和献玉表达了作者科场失意的心情。另一方面，因酬赠、答和的对象常是失意、沉于下僚者，故借卞和献玉之事来安慰之。如宋孔平仲《和经父寄张绩》云“但存漆室葵心在，莫学荆山玉泪哀”；宋李正民《寄闻人茂德·

其二》云“齐国吹竽吾独否，荆山泣玉恨难胜”，即是用此典来安慰友人。而黄庭坚《赠赵言》云“有手莫炙权门火，有口莫辩荆山玉。吴宫火起燕巢焚，当时卞和斫两足”，则将人生失意与卞和献玉关联起来，以劝告赵氏。苏轼《梦中作寄朱行中》云“舜不作六器，谁知贵玙璠。哀哉楚狂士，抱璞号空山”，也借卞和事来哀叹时世上不识贤才的现象。其他如宋陆文圭《婺州傅仁赟诗求见依韵和之》云“绝弦恨伯牙，抱璞泣和氏”，宋俞德邻《赠月篷戴相士》云“但烦一语抱璞人，莫学卞和遭再刖”等等，对和氏之典故或正用，或反用，或化用，以表达了作者或失意、或沉闷的情怀。

其三，咏玉石或玉器之诗以及释道之诗多用卞和献玉之典故来说理。如唐李峤《玉》云“映石先过魏，连城欲向秦。洛阳陪胜友，燕赵类佳人。方水晴虹媚，常山瑞马新。徒为卞和识，不为楚王珍”，全用有关玉的典故，末两句以卞和献玉故事总束全文。其他如唐南巨川《美玉》云“抱玉将何适，良工正在斯”，唐钱起《片玉篇》云“至宝未为代所奇，韫灵示璞荆山陲”，元稹《谕宝二首》云“至宝无卞和，甘于顽石列”，宋丁谓《玉》云“宁为田父泣，莫作楚人伤”，宋岳珂《玉唾壶》云“抱璞惜三刖，曾泣卞和血”等，也都是咏玉而用卞和献玉之典故的作品。值得注意的是，宋代释师范《颂古四十四首·其三三》云“一片荆山璞，分明辨者难。几人偷眼觑，只作石头看”，通篇以玉石关系阐释佛教义理之诗。从内容看，整首诗就是对卞和献玉故事中的一个小情节的诗意阐释，同时又蕴藏着禅机。其他如释子淳《颂古第一零一首·其九三》(荆山美玉何须辨)、释义青《第十二九峰丹青颂》(荆山美玉卞人寻)、释重显《送继宝禅者》(宝非宝)、释文珦《言志·其一》(凡物无美恶)、释智月《偈》(吾家宝藏不悭惜)等，都是借卞和之玉阐释佛教义理的。

其四，悼亡、哀祭诗等对卞和献玉故事中的卞和之哭也有尽情发挥。如唐徐夤《泪》云“已闻抱玉沾衣湿，见说迷途满目流”；宋许将《成都运司西园亭诗·潺玉亭》云“昼夜声不止，肯效楚人哭”，均以卞和泣玉事来代哭泣。这样，不少悼亡诗中就多用卞和泣玉的事象，如宋戴表元《亡友内翰赵公晦叔哀诗》云“上来鬼泣荆山璞，猎罢人惊鲁外麟”，化用卞和泣玉之故事，有两层意思：一是作者的哀婉痛惜之情；二是赵公自己(鬼)的凄恻悲恸之情。再如宋王柏《挽司直兄》(晚始亲荆玉)、宋梅尧臣《度支苏才翁挽词》(盛世虽多士)等，或借卞和之哭，或借荆玉之美，来表达对逝者的哀惜之情。

三、“卞和献玉”典故的运用方式

作为一个意蕴丰富的典故，诗词中“卞和献玉”故事主要被阐释的内容有荆璧之美、和氏辨玉、和氏献玉、和氏泣玉、和氏之哭以及和氏刖足等几个方面，据此，我们可以将其典面分为名词性典面和谓词性典面两种。名词性典面又可分为“献宝者＋玉宝类名”和“产宝地＋玉宝类名”两大类。前一类如卞宝、卞玉、卞璞、卞璧、和宝、和璞、和璧、和玉、和氏璧、和氏玉等；后一类如楚璧、楚玉、楚璞、楚家玉、楚山玉、荆宝、荆璞、荆玉、荆山玉、荆璧等，不一而足。此外，还有和氏泪、和氏场、荆国人、和氏罪、楚王珍、连城璧、献玉人、玉璞、荆人、卞和等名词性典面。

如“和氏泪”，唐刘得仁《送友人下第归觐》“莫将和氏泪，滴著老莱衣”，再如“和氏罪”，唐刘兼《诫是非》“辨玉且宽和氏罪，诬金须认不疑情”等。

谓词性典面按其谓词特点主要可分为四类：抱××；献××；悲（泣、哭）××或××悲（泣、哭）以及刖××。第一类如抱玉、抱璞、抱璧、抱玉啼等，例如唐卢僎《途中口号》，“抱玉三朝楚，怀书十上秦。年年洛阳陌，花鸟弄归人”，比喻多次参加科举考试。第二类如献璞、献玉、献楚、三献等，例如唐陆畅《下第后病中》，“献玉频年命未通，穷秋成病悟真金”；第三类如和氏泣、泣玉、卞泣、悲和泣、悲玉璞、刖人哭等，例如宋王禹偁《商州进士张齐说将赴春闱》，“明年得意归来日，不见麻衣泣玉斑”；第四类如刖足、足刖、遭刖、三刖等，例如唐曹邺《下第寄知己》，“自知才不堪，岂敢频泣血。所痛无罪者，明时屡遭刖”等。此外还有谤玉、疑玉、怀玉、怀宝等谓词性典面，这些都是卞和献玉故事在诗歌中的精彩呈现。话语都具有“语义潜势”，其语义受制于具体的语言环境。诗歌作者运用卞和献玉事典时主要着眼点都在当下，以抒发自己的情怀。故从语义关系来看，诗歌在运用卞和之典时多有转义、衍义、反义以及别解等方式。

其一，对卞和献玉事典的转义运用。所谓转义就是对典故原来的意思进行引申，然后在此基础上使用该典故。例如唐钱起《落第刘拾遗相送东归》（不醉百花酒）用卞和之典，抒发作者落第后的郁闷心情。“独收和氏玉，还采旧山薇”之句中，“和氏玉”用来比喻自己的才华，是对原典之义的引申。唐贯休《览李秀才卷》云“因嗟和氏泪，不是等闲垂”，其“和氏泪”借指爱惜人才的泪水。

其二，对卞和献玉事典的衍义运用。所谓衍义就是从原典的某一情节推衍开去，形成新的意思。例如唐刘兼《登郡楼书怀》（烟雨楼台渐晦冥）一诗，抒发作者忠贞见疑，蒙冤被罪的沉闷心情，“卞和未雪荆山耻”是对卞和献玉却屡受遭刖之罪引申和推衍，生发出新的意义，令人深省。宋刘筠《许洞归吴中》（欲折瑶华向绿畴）从荆玉之才入手，以“荆山待价何忧晚”劝慰友人，英雄自有用武之地，不要急于一时。

其三，对卞和献玉事典的反义运用。反义用典，即取与原典相反之义而用之。如李商隐《任弘农尉献州刺史乞假还京》反用卞和之典，收到出人意表的效果。《任弘农尉献州刺史乞假还京》云：“黄昏封印点刑徒，愧负荆山入座隅。却羡卞和双刖足，一生无复没阶趋。”此诗反用卞和之事，表面看来有违常情，实则意蕴深长，耐人寻味，表达了作者对奔走功名仕途的倦怠和厌恶。黄庭坚《乔令真赞》云“抱璞而居，其谁别玉。乔君不献，自尊两足”，就是反用卞和之典，赞美乔氏的清高自矜之美。

其四，对卞和献玉事典的别解运用。别解式用典，就是将原典之义有意作另一种解释。如宋谢翱的《文房四友叹》云“荆山风雨朝暮号，璞在吾怀足何罪”，借用卞和之典咏砚台，但并没用原典之义而是别作一解，实有新意。再如王禹偁《谢政事王侍郎伏日送冰》中“卞和抱璞直入庐，从此惊忙不成睡”，写暑天友人为自己送冰之趣事，“卞和抱璞”是指谢、王二人抱冰之形态，形容贴切，令人浮想，这也是卞和之典的别解。“现实故事同现实的关系存在于人的需要‘意义’中”[16]，典故作为一种历史的记忆，一旦在后人的追述中再现，其所负载的内涵必定会生发出多种不同的意蕴，而这种新意的产生则来源于对原典的“保存”和“变动”的张力关系之中。

“以用典的修辞文本模式来表情达意，在表达上可以使表达者的达意传情显得婉约含蓄。”[17]用典以一种言简意赅的方式传达出作者的意图，从而收到曲折委婉的效果。例如李商隐的《锦瑟》(锦瑟无端五十弦)一诗，其朦胧诗境众所周知，之所以如此，一个重要的原因就是李商隐用了好几个典故来渲染一种凄迷哀怨的氛围。陆游《老学庵笔记》卷五，“贺方回作王子开《挽词》：‘和璧终归赵，干将不葬吴’”[18]，用“和璧”“干将”之典故，表达了对逝者的哀悼之情。很显然，典故的运用有助于诗境的完美呈现，产生鲜明、强烈的效果，不仅典故本身具有深厚的内蕴在引用的时候被激发，而且也收到了简洁典雅的效果。用典往往具象，更容易感染读者情绪，同感作者的痛惜之情。试想，如果换成大白话，那便少了几分韵味余味。又如唐牟融《寄周韶州》(十年学道困穷庐)一诗作者感慨自己十年寒窗苦读却最终还是被困场屋，仕途坎坷：“山中荆璞谁知玉，海底骊龙不见珠。”从感情上来讲，表达了作者怀才不遇的悲叹；从修辞方法上来讲，用典对偶，纯叠列举，典面工整，收到一种典雅的效果。用典除了可以增加含蓄、典雅之外，有时也可以产生趣味性、反差性效果等，如前面所提到的王禹偁《谢政事王侍郎伏日送冰》、黄庭坚《乔令真赞》便是如此。总之，卞和献玉之故事在古诗词中有多种不同的表现，同时也产生了不同的美学效果。

四、“卞和献玉”书写的文化意义

卞和献玉与屈原放逐、昭君出塞是中国“怀才不遇”三大故事类型。当代学者对屈原、王昭君的书写问题研究比较多，而忽略了卞和献玉的文化意义，这就需要我们于此再予以深入探讨。

其一，与屈原放逐、昭君出塞不同，卞和献玉代表了普通人中杰出人才的尴尬遭遇。屈原为贵族，昭君为美女，在古人的诗歌里面多有体现，而“卞和献玉”却基本体现在下层文人的诗文空间中。由于卞和的身份，虽然是人才，但属于贫民。此点正与科举文人、下层文人相合，因此“卞和献玉”就成了文人科举遭遇的传达符号。在封建社会森严的等级制度下，怀才不遇是一个司空见惯的文化现象。隋唐以后，科举考试成为读书人入仕的重要途径。钱穆先生说：“科举进士，唐代已有。但绝大多数由白衣上进，则自宋代始。我们虽可一并称呼自唐以下之中国社会为‘科举社会’，但划分宋以下特称之为‘白衣举子社会’即‘进士社会’，则更为贴切。”[19]可见，隋唐以下科举的影响无处不在。科举重视考试选拔人才，造成了大量的阶层流动，但同时也造就了一大批皓首穷经、仕途蹭蹬的知识分子。故科举考试的不如意也是其“怀才不遇”的一个表现。卞和献玉的故事虽是一个“史实”故事，但在抽象层面上却与“怀才不遇”相似或者对等，因此很容易让不遇的知识分子产生共鸣。唐宋诗歌中，用抱璞之典来表达失意情怀的不在少数。如唐张乔《自诮》云“每到花时恨道穷，一生光景半成空。只应抱璞非良玉，岂得年年不至公”，以一种哀怨的笔法写自己累年进士不举的仕途窘况；唐卢僎《途中口号》云“抱玉三朝楚，怀书十上秦。年年洛阳陌，花鸟弄归人”，也是写自己多次参加科举考试，虽两者的情感表现不太相同，却都用“抱玉”“抱璞”来暗喻自己的才华。当然，这种共同性有其社会文化以及心理文化因素。人的精神活动是不尽相同的，但不同的精神活动可以指向共同的客体，即卞和献玉故事的本身的含义。而这个含义具有类的性质，它是一种行为意象类型，这种类型规定了理解的一个基本范围，即卞和献玉的曲折经历。但其结果却是心酸的完美，即献玉成功。所以这整个故事发展的过程蕴含了人类的普遍情感体验，即过程是曲折的，结局是美好的。古代的科举考试虽说为寒门士子打开了一条晋升之路，但毕竟要真正实现晋升还是有一定困难的，故此也就为卞和之事的流传提供了社会心理基础。对怀才不遇的书写作为一种文学现象，也有其历史情感积淀。从“同质异构”的理论来讲，屈原、王昭君与卞和三者其质是一样的，不同的是外部结构表现。屈原常被作为臣子不遇明主的象征，昭君则被当作美人遭遇不幸的象征。二者由于是忠臣、美人，故常被诗词吟咏、运用；而卞和则以其平民才子式的形象，仅仅在有限题材或诗歌中被运用与咏及，也说明了诗词对文学意象或形象的选择是有所要求的。由此来看，卞和献玉的故事在诗词中运用是有其独特性的。

其二，卞和献玉在古典诗歌中的表现还是中国“献玉”“献宝”文化的一个反映，也是中国古代与“佩玉”“赠玉”相并列的行为意象的反映。一方面，在中国古代有大量的向君王献宝、献计、献策的故事流传，其故事梗概基本上与卞和献玉的故事情节类似：献宝—不识宝—误会—峰回路转—得宝，中间所穿插的波折虽然不是“刖足”之类，但其性质相同。如《庄子》中提及“大瓠之种”“不龟手之药”即是人们不识、不知如何运用“宝贝”的寓言；又如先秦有关讽谏的故事，其实质也与卞和献玉相当，就连屈原忠而被谤、信而见疑之事也与卞和献玉情形有异曲同工之处。中国古代有献曝、献芹之故事，意在褒扬君王因平民一点忠心而予以奖赏，此正与卞和献玉形成反讽。卞和献玉故事本身就是韩非子制造的一个寓言，目的在讽刺君王不识宝、不识贤才，褒扬忠信之士，韩非子本人也有卞和献玉的影子。另一方面，与献玉故事在诗歌中表现运用相对单一来讲，同样为行为意象的佩玉、赠玉却运用得比较广泛，究其原因，佩玉故事（如郑交甫汉水遇游女解佩）具有香艳意味，因此在六朝乐府、唐宋诗词中得到广泛运用。这也正说明卞和献玉的故事本身的局限性：一是平民形象不适合作为香艳题材最早进入诗词中；二是其故事的“血腥”成分不符合诗歌的“典雅”特质；三是故事中对君王的讥刺不适合温柔敦厚的诗教。

其三，卞和献玉是中国玉文化的一个突出体现，它既是中国璞文化的一个反映，也是楚文化的体现。一方面，确切地讲，卞和献玉应当是卞和献璞，因为他献的是藏有美玉的璞，所以才被不识玉、不懂玉的玉工误解，招致刖刑。璞，实际上是中国人对事物认知、人才识别时所表现出的情形的“物化”与象征。当我们对出身低微、身份不明的人才进行选任时经常犯的毛病，就如同卞和作为不为人知的识玉人才所遭受的囧境一样。也正因此，《红楼梦》中就将顽石与宝玉并列，由此演绎人才观念的问题。另一方面，卞和献玉的发生地在楚国，实际上说明玉文化在楚文化中起着重要的作用。由当前出土的楚国墓葬中大量的玉器来判断，说明楚文化对玉的运用不仅是生前所需，还是巫文化、丧葬文化的表现。这就意味着卞和献玉，所献的不仅仅是宝，还是国之急需。也正因此，人们会将卞和献玉的故事与伯乐相马相等同，相比之下，献玉比相马更具有礼的意义。总而言之，卞和献玉等大量有关玉的故事传说以意象、典故等形式进入诗歌作品，从而被作者重新发挥，创造出了新的意义。庞德说：“意象在任何情形下都不只是一个思想。它是一团，或一堆相交融的思想，具有活力。”[20]在文本之外，追寻一种文化原型，是诗歌意象比较深厚的内涵的体现。玉文化也正是以这种方式对诗歌作品产生着影响。

×本文系山西省高等学校哲学社会科学研究项目“中国古典诗歌与玉文化研究”【2020W164】阶段性成果、国家社科基金重大项目“《诗经》与礼制研究”【16ZDA172】的阶段性成果。

注释：

[1] 神说传说类，如《山海经·西山经》中对西王母所居之“玉山”的描写；又如晋葛洪《神仙传·沈羲》中有仙人授沈羲“白玉版青玉介丹玉字”助其成仙的故事；历史故事类，如《韩非子·外储说右上》中以玉卮无当比喻人主言语有失的故事，又如《史记·项羽本纪》之鸿门宴故事中所记载的三类五件玉器对整个历史事件发展趋势的影响等。此外还有如关于汉武帝和玉燕钗的故事、唐玄宗与玉鼠的故事、女娲与五彩玉的故事、杨伯雍种石得玉的故事等，都成为文学创作的材料来源。总之，大量有关和田玉、蓝田玉、岫岩玉、五彩玉等的故事传说，不仅是中国玉文化的重要组成部分，而且也为中国文学的创作提供了重要来源。

[2]《韩非子·和氏》云：“楚人和氏(卞和)得璞玉于楚山中，奉而献之厉王。厉王使玉人相之，玉人曰：‘石也。’王以和为诳，而刖其左足。及厉王薨，武王即位，和又奉其璞而献之武王。武王使玉人相之，又曰：‘石也。’王又以和为诳，而刖其右足。武王薨，文王即位，和乃抱其璞而哭于楚山之下，三日三夜，泣尽而继之以血。王闻之，使人问其故，曰：‘天下之刖者多矣，子奚哭之悲也？’和曰：‘吾非悲刖也，悲夫宝玉而题之以石，贞士而名之为诳，此吾所以悲也。’王乃使玉人理其璞而得宝焉，遂命曰：‘和氏之璧。’”参见(清)王先慎：《韩非子集解》，北京：中华书局，1998年，第95页。

[3] (唐)杜光庭：《录异记》，北京：中华书局，1988年，第87页。

[4] 如卷第七释“中孚”“抱璞怀玉，与桀相触”时云：“卞和得玉璞，献楚怀王。凡三献，至荆王剖之，果得玉。”参见(汉)焦赣：《焦氏易林》，(元)佚名注，南京：凤凰出版社，2017年，第377页。

[5] (后魏)郦道元：《水经注》，(清)杨守敬纂疏，(清)熊会贞参疏，今人李南晖等整理，陈桥驿审定：《京都大学藏钞本水经注疏点校本》，沈阳：辽海出版社，2012年，第464页。

[6] (清)孙诒让：《温州经籍志》，北京：中华书局，2011年，第1445页。

[7] (南朝·宋)范晔撰，(唐)李贤，等注：《文苑列传》，《后汉书》卷八十下，北京：中华书局，1965年，第2633页。

[8] (汉)王充：《论衡》卷十六，黄晖：《论衡校释》，北京：中华书局，1990年，第657页。

[9] (明)何孟春：《余冬录》，刘晓林，等校点，长沙：岳麓书社，2012年，第148页。

[10] (清)袁枚：《随园笔记》卷十一，王英志：《袁枚全集新编》第十三册，杭州：浙江古籍出版社，2015年，第210页。

[11] (汉)东方朔：《七谏·沈江》，(清)严可均：《全上古三代秦汉三国六朝文·全汉文》，北京：中华书局，1958年，第524页。

[12] (汉)东方朔：《七谏·哀命》，(清)严可均：《全上古三代秦汉三国六朝文·全汉文》，北京：中华书局，1958年，第527页。

[13] 东汉蔡邕《琴操》所著录《信立退怨歌》：“悠悠沂水经荆山兮，精气郁泱谷岩岩兮。中有神宝

灼明明兮,穴山采玉难为功兮。于何献之楚先王兮,遇王暗昧信谗言兮。断截两足离余身兮,俯仰嗟叹心摧伤兮。紫之乱朱粉墨同兮,空山歔欷涕龙钟兮。天鉴孔明竟以彰兮,沂水滂沌流于汶兮。进宝得刑足离分兮,去封立信守休芸兮。断者不续岂不冤兮。”参见逯钦立:《先秦汉魏晋南北朝诗》中册,北京:中华书局,1983年,第313页。本文所引先唐诗歌均出于此书,不再出注。

[14] (清)彭定求,等:《全唐诗》第10册,中华书局编辑部编订本,北京:中华书局,1960年,第7419页。本文所引唐诗均出于此版,不再出注。

[15] 北京大学古文献研究所:《全宋诗》第5册,北京:北京大学出版社,1991年,第2964页。本文所引宋诗均出于此版,不再出注。

[16] 高小康:《人的故事——文学文化批评》,上海:东方出版中心,1993年,第15页。

[17] 吴礼权:《修辞心理学》,昆明:云南人民出版社,2002年,第226页。

[18] 陆游:《老学庵笔记》卷五,李剑雄、刘德权点校:《陆游全集校注》,北京:中华书局,1979年,第66页。

[19] 钱穆:《中国历史研究法》,北京:生活·读书·新知三联书店,2001年,第46页。

[20] 郑敏:《文化·语言·诗学 郑敏文论选》,福州:福建人民出版社,2017年,第12页。

【元明清文学研究】

《明诗归》选诗策略及其诗学史意义

陈婧玥

（武汉大学中国传统文化研究中心，湖北武汉，430072）

内容摘要：《明诗归》出现于竟陵派被诟病的明清易代之际，是竟陵派后期作家诗学抗争的反映。《明诗归》旨在编选“性情”之诗，对所录诗歌采取折中评点的方式，回避复古诗学与竟陵诗学的理论冲突。在编选过程中，《明诗归》以“明一代风雅之所归”为旨趣，宗尚唐诗，重视效仿古人“精神”。《明诗归》的选诗策略一方面顺应了明清之际儒教复古思想复归的历史潮流，同时又回应了时人对竟陵派的种种打压。这一做法有益于竟陵诗学的延续，也从侧面体现出易代诗坛文学话语权力的消长，预示了明清诗学的发展走向。

关键词：《明诗归》；性情诗学；风雅；文学话语权力

旧题钟惺、谭元春编选，后经清初王汝南补辑的明诗选本《明诗归》，自被王士禛、纪昀等定性为伪作起，编者问题便成为这部选本的研究重点[1]。除去对《明诗归》是否为钟、谭所编的真伪考证，学界对该文本的生成时间也有关注，有学者认为《明诗归》的主体部分形成于清代顺、康之际，并对《明诗归》的伪书性质及作伪原因进行分析[2]。作为名噪一时的明诗选本，《明诗归》所透露的诗学观念及编选策略，使之在竟陵派遭到全面贬斥的历史大背景下保存了主流之外的诗坛声音。正如顾颉刚所说：“许多伪材料，置之于所伪的时代固不合，但置之于伪作的时代则仍是绝好的史料。”[3]就选本价值而言，《明诗归》是明清诗学过渡时期的时代产物，我们有必要在悬置编者问题的前提下，通过分析《明诗归》的编选原则、诗学旨趣、诗风宗尚等内容，重新审视《明诗归》的选本特点，并在此基础上看到《明诗归》在明清诗学史上的多方面意义和贡献。

一、“诗从性情中流出”：《明诗归》的编选原则与选评特点

《明诗归》作为晚明竟陵余绪，在继承竟陵诗学“性灵”论的基础上，扩大“性灵”的内涵范畴，旨在选“性情”之诗。为体现诗歌“性情”，《明诗归》在诗歌选评

中采取避重就轻的评点方式，有意识地择取有益于竟陵诗学的论点进行重点评述。

《明诗归》共十卷，末有补遗一卷，收录明代四百九十余位诗人的一千一百余首诗歌。该集总体以诗人社会身份为纲，卷首收录帝王贵胄诗，卷一至卷九收录官员布衣诗，卷十收录方外、闺秀诗，卷末补遗一卷补辑前十卷所录诗人未收之诗。在诗人诗作的编选标准上，《明诗归》不以诗人、诗歌的文学流派归属作为评判准的，而仅依据诗歌是否存“性情”来决定其去留。《明诗归序》称：

> 杜陵云：“晚节渐于诗律细。”律者，法也。诗而有律，则当一准于法。然白仙贺鬼，岛瘦郊寒，从不一法，则律将谁按，知诗性情也。性情所发，喜则鸟语花香，哀则风悲麟泣，乐则日暖风恬，怒则天摧地塌，感于心而矢之口，触于物而形诸声，当其然，且不知涕泪何从，舞蹈何故，又安知所谓律者而斤斤从事哉！……而嗤其苦吟太瘦矣，不知性情虽不受制，而自至之浅深，独知之冷暖，又性情所固有，而一丝不容隔碍者，藉不穷幽极渺，曲曲遂之，则一往孤行，何由得畅，此虽路转山回，水穷云起，不然而然，然鸢鱼高下，流水宫商，律故在也。[4]

在《明诗归》的诗学体系中，“性情”至少具有两重意义：其一，“性情”是诗歌文体必备的文体要素，是诗歌得以为诗的先决条件。《明诗归》认为，诗歌当有一定的写作准则，即诗“律”。由于“思有为思，感有为感，言所欲言，不言所不欲言，方可言性情，方可言性情之正，方可言诗”[5]，因此只有包含“性情”的诗歌，才是符合诗“律”的真诗。其二，“性情”是诗歌优劣评判的唯一标准。《明诗归》声称诗歌之“性情”不仅有益于读者更深入地了解作者其人，同时“诗之妙入性情者，必其从性情中流出者也”[6]，再三强调“性情”对于诗歌能否成为好诗意义重大。基于对“性情”的重视，《明诗归》在有明一代诗歌的择选上表示：“明兴三百年，诗人满天下，莫不各具性情，莫不性情各具于诗。”[7]明确指出明诗选本的主要任务即是选“性情”之诗。

关于“性情”之诗的评定，《明诗归》表现出十分微妙的编选态度，一方面，《明诗归》延续竟陵派对诗歌“性灵”的倡导，强调创作者真情实感在诗歌实践中的表达；另一方面，《明诗归》试图通过较为迂回的方式回应复古文学的理论打压，以此淡化诗坛矛盾。

首先，《明诗归》在评选态度上表现出极大的包容性，其所选诗歌诸体兼备，纵跨古今。篇首署名王汝南的序言称：

> 二先生之选，不蕴藉则风骚，非温柔则香艳，既尚曹刘，复高元白，亦何尝参仙诮鬼，矜瘦凌寒，屑屑以杜陵之晚节相高，然阡也云霞，表天上之姿，鬼也斧斤，非人间之物。寒则落落疏梅，瘦则亭亭孤鹤，即按之以律，而自至之浅深，独知之冷暖，莫不出性情之固有，而若与杜陵讲之有素也。[8]

《明诗归》选“性情”之诗的范围十分宽泛，不仅在诗歌风格方面兼容“蕴藉”“风骚”“温柔”“香艳”等作品，同时其所推重的诗人也遍及汉唐。序言自称《明诗归》选诗“兴比皆在所略，盛晚俱可勿论”[9]，只要符合“性情”，则不必囿于诗人、诗作的流派归属。根据诗歌收录数量来看，《明诗归》所录诗歌最多的十位诗人分别为：高启（21首），葛一龙（21首），华善述（21首），李梦阳（16首），杨基（16首），谭元春（15首），李攀龙（13首），王世贞（13首），韩绎祖（13首），王微（13首）。其中，高启、李梦阳、李攀龙、王世贞四人作为明代复古文学的代表，在《明诗归》收录作品前十位的诗人中占据约一半席位。反观竟陵诗人，除谭元春外，其他诗人无一入选。由此可见，作为竟陵诗学的余绪，《明诗归》在选诗过程中不仅没有过多偏袒竟陵文人，甚至还对明代复古诗人的作品表现出一定程度的推崇。这种做法不论源于选家诗学观念的主动靠拢，抑或是当时诗坛高压下的被动屈从，都使《明诗归》呈现出一定程度的学古倾向。

其次，《明诗归》在诗歌评点上采取较为折中的处理方式，有意避开复古诗学与竟陵诗学间的理论冲突，强化二者的相似之处。如《明诗归》评复古诗人李梦阳《朱仙镇》称：

> 钟云：声调雄浑，是空同所长，不足为贵。所贵雄浑中有一种灵透之气耳。此诗绝不填塞事实，只淡淡写意，而武穆精爽之气，隐隐往来其间，可谓真雄浑，真灵透矣。不减杜工部丞相祠堂之作。[10]

《明诗归》指明选录此诗的理由在于诗中的“灵透之气”而非李梦阳的复古诗风，以此证实复古诗人的作品也同样具备“性情”因素。这种着意于挖掘诗之“性情”的做法在《明诗归》评点复古诗歌时频繁出现，如《明诗归》评李梦阳《登台》“深婉俊秀，空同别调”[11]，评高启《宿蟾公房》一诗多“幽韵逸气”[12]，评吴国伦《捉搦歌》“脱尽习套，性情方出，性情出而诗自可爱、可喜、可歌、可咏”[13]等。

而面对竟陵诗人诗作时，《明诗归》则在承认竟陵诗歌不足之处的基础上避重就轻，着重强调其中的崇古特征。如钟惺《岁暮送侄昭夏还家示弟栓等》评语：

> 补云：伯敬先生诗，其自得意者，在灵在慧，不知灵慧不伤巧则伤薄。吾独爱其拙者朴者，盖拙朴则温厚，温厚则悠永，其去巧薄，不啻千里，细味自知。[14]

在竟陵诗论中，“灵”与“厚”均被视为诗歌文体的必备要素。谭元春阐释二者关系称“一句之灵，能回一篇之运；一篇之朴，能养一句之神，乃为善作”[15]，认为在诗歌实践中不可偏废其一。《明诗归》虽是竟陵诗学的延续，但对“灵”与“厚”的诗学地位有所调整。《明诗归》表示，相较于钟惺诗歌中伤于“巧”“薄”的“灵”“慧”之气，更欣赏其作品中“温厚”“悠永”的“拙”“朴”特点。《明诗归》在评述具体诗歌时往往有意放大竟陵诗歌中的“温厚”“浑融”等特点，将“灵慧”之处一笔带过，如评钟惺《无字碑》“浑而古，绝无挑剔破碎小家病痛”[16]，评谭元春《舟闻》“浑融不露，直逼盛唐”[17]等。竟陵诗歌中的“厚”带有鲜明的学古色彩，符合“风雅”传统，相较于直接反击诗坛对竟陵派的批评，这种选评方式明确了《明诗归》的诗歌审美偏好，有效弱化了竟陵诗学与诗坛复古话语的矛盾。

《明诗归》对“性情”之诗的择选，是竟陵派性灵诗学的延续。基于这种编选原则，《明诗归》所选择的评点方式不仅有益于该选本完成明代“性情”之诗的选录，同时也为竟陵诗学得以立足易代诗坛找到了合理论据。

二、“明一代风雅所归”：《明诗归》的编撰旨趣与学古观念

《明诗归》以“风雅”传统为指归，试图通过编选“性情”之诗达到“明一代风雅所归”的目的。《明诗归》在诗歌选评上表现出浓厚的崇古思想，主张宗法唐人，并在继承竟陵诗学“厚”“灵”等论诗宗旨的基础上，借助诗歌选评表达自身的学古观点。

《明诗归》虽好尚“性情”之诗，但编选目的不止限于“性情”，更在于追求诗歌的“风雅”传统。《明诗归序》称：

> 二先生之选，又非黍离也，明一代风雅所归也。[18]

这说明，《明诗归》并非编者寄托易代亡国之思的诗歌选本，而是为了维持“风雅”传统的延续。“风雅”代表以《诗经》为源头的诗教传统，是以儒家思想为出发点的审美价值标准。“归”，“归附也……又合也”[19]，“明一代风雅所归”意味着《明诗归》的编选旨在回归儒家诗教传统，树立明诗之典范。《明诗归》评丘濬《采莲曲》称“诗元风雅物耳，若作诗不入风雅，便失诗之体矣”[20]，强调“风雅”之于诗歌本质属性的重要意义。关于“风雅”的内涵，《明诗归》将其理解为古隽古秀、“近俚而实古雅”[21]的诗风特色，并在具体的诗歌选评中多处透露这种认识，如评王世贞《读曲歌》“只寥寥数语而古隽风雅使人咏诵之而神情俱为之动”[22]；评唐寅《相逢行》“似此等作，古秀风雅”[23]；评高启《乌夜村》“似正又似俚”[24]；评王越《行路难》“似俚实雅”[25]；评王世贞《秋热》“极俚俗，却是极古雅”[26]；评张弼《渔舟》“练字琢句，俱以粗俗作风雅，而风雅特甚”[27]；评陶望龄《斑鸠拙鸟也，而鸣无验。俗云：晴鸠叫晴，雨鸠叫雨》“以俚语弄风雅，人知经书之为风雅，而不知俚语之风雅更甚于经书”[28]等。由此可见，不论诗歌艺术风格是以何种方式呈现的，《明诗归》最为重视的仍是诗歌之“雅”的凸显。

《明诗归》继承钟惺、谭元春等人的宗唐观，以唐诗为“风雅”之正，通过具体的诗歌选评，盛赞唐诗“高古闲澹”[29]“声调豪爽”[30]“精浑不露”[31]“写景澹隽”[32]等特点，倡导明人诗歌创作应师法唐诗，以此追求“风雅”传统。唐诗之中，《明诗归》尤为推重盛唐诗歌，且以杜甫诗为最。全本选录诗歌既有效法杜诗情致者，

如王世贞《赏石榴花有感》“低回幽咽若不胜情，是杜工部得意作”[33]、刘炳《吊杞上人》“诗浅甚，情却深，可与杜工部袈裟忆上泛湖船诗同妙”[34]等；也有模仿杜诗格律者，如许相卿《祝思允宅夜宴》“能用拗体别调，将眼前意中，杂沓写出，不许人知，是学杜而得其真者”[35]、郜圭洁《京邸春暮》“遣词命意，虽无意学杜，而有意学杜者不能到也。情高笔老，故不知其然而然也”[36]等。重盛唐诗的同时，《明诗归》又兼取中、晚唐诗，如评王穉登《无题》“此作亦极奇极巧，却不伤尖伤薄，却首尾不平弱，大有中唐气味”[37]；评皇甫涍《近淮東行之》“写景澹隽，饶有晚唐风韵”[38]；评曾异撰《边词》“以澹逸语写塞外惨事，是晚唐得意笔”[39]等，对中、晚唐诗风中的某些特质有所属意。

为追求诗歌的“风雅”之正，《明诗归》延续竟陵派“诗至于厚而无余事”[40]的诗学主张，将“厚”视为诗歌创作的最高审美境界。前文已知，《明诗归》对诗歌之“厚”的重视要胜于钟、谭，范文光《刻李钟合选与友人》一文进一步证实了这一点。范文光，字仲暗，生卒年不详，四川内江人。天启元年举人，官至南京吏部员外郎，以京察罢官归家。范文光在《明诗归》中留有多处评语，其诗学观点是《明诗归》的重要组成部分。他在给友人的信中声称“伯敬好裁，而笔下不简，缘胸中不厚耳。内薄则外窘，遂有绷曳之病”[41]，批评钟惺由于“胸中不厚”而造成诗歌“内薄外窘”的境地。范文光等编者在《明诗归》中极力推重诗歌之“厚”，于多处评点均有明显表述，如评王祎《杂赋》“笔闲气静，不失浑厚之体”[42]；评高启《送沈左司徒汪参政分省陕西》“声宏气厚”[43]；评李荫《浆洗房》“风旨温厚”[44]；评李濂《古意》“望而不怨，怨得温厚”[45]；评孙继皋《五月闻砧》“气厚力大”[46]等。由此可见，《明诗归》对诗歌“厚”的强调不仅仅是一种避重就轻的编选策略，某种程度上来说，也是该选本诗学观念的外化表现。

关于诗歌的复古问题，《明诗归》总体与钟惺、谭元春等竟陵诗人一样，始终秉承竟陵诗学“真诗精神”的观点，主张效仿古人之精神。《明诗归》评点费元禄《秋闺怨》称：

> 学李贺者，专以怪僻字涂饰形貌，而个中曲折情踪全不理会，几令李贺堕入野狐。此独以幽冷意，肖其神情，而偏偏侧侧，不独想见其为李贺，并李贺亦应增价。[47]

“涂饰形貌”指诗歌的格调声律等外在形制，“个中曲折”指诗歌的情感寄托等内在精神，《明诗归》认为，学李贺诗唯有重视后者，“肖其神情”，才能达到“不独想见其为李贺，并李贺亦应增价”的效果。正如竟陵诗学所说“真诗者，精神所为也”[48]，《明诗归》偏重师法古人之“精神”，并强调“学古而能令古人增价”[49]才是真正的学古。

《明诗归》借评价明代复古诗人宗法盛唐，进一步阐述自身对学古的看法：

钟云：格调声响，妙在无一不入盛唐，即不妙在无一能出盛唐也。学盛唐者，就予言思之，方不堕盛唐之障。[50]

（高棅《早朝》评语）

钟云：作盛唐诗，不独贵声调浑融，而浑融中要有可思处，可思处要愈淡愈深，味之不尽。[51]

（李维桢《赠顾生》评语）

钟云：此亦盛唐作，而杂风趣出之，便不觉有盛唐习气。吾愿学盛唐者，当以此种为法。[52]

（李梦阳《春游曲》评语）

《明诗归》通过评价高棅、李维桢、李梦阳三人诗歌中的宗唐表现，阐明了三个问题：其一，何为取法盛唐的错误路径；其二，如何正确宗法盛唐；其三，正确效仿盛唐诗后会取得何种诗歌效果。《明诗归》认为，学盛唐诗若仅限于模仿盛唐的“格调声响”，容易堕入“盛唐之障”，只有做到“浑融中要有可思处”，才能达到“杂风趣出”的境界。这里所说的“可思处”即为诗歌的“精神”层面。《明诗归》吸收严羽诗学对诗歌创作的认识，评李梦阳《犬诗》称：“咏物诗，妙在自有感托，若无感托，虽描写精工，终落第二义”[53]，指出诗歌只有同时具备妙悟（第一义）和文字（第二义），才能达到“入神”的至高境地，若诗歌没有寄托作者的内在感托，仍然无法成为真正的好诗。由此可见，在《明诗归》的诗学观中，诗歌内在的“精神”远重于格律体式，近人学古也应注重诗歌的情感内涵。

从诗学观念上看，《明诗归》的复古思想与竟陵诗学一脉相承，重视盛唐诗的同时兼取中、晚唐诗之优长，但值得注意的是，《明诗归》对诗歌之“厚”的强调等复古表现，均来源于《明诗归》对“风雅”传统的不懈追求。因此，《明诗归》虽为竟陵后学的诗学抗争，但它的编选动机实际上更趋向于诗学正统，带有独特的时代印记。

三、《明诗归》的诗学史意义

《明诗归》重“性情”之诗，批判七子派对古诗资源的僵化摹拟，同时倡导“学古”和“师心”相统一，力图在前人基础上建立新的诗学传统。它对“性情”之诗的折中处理，和以“风雅”为指归的编选旨趣，使该选本既保存了竟陵派的诗学观点，同时也尽量调和了竟陵诗学与易代诗坛的矛盾。

《明诗归》的选诗策略具有两重意义：首先，《明诗归》进一步强化了竟陵诗学中的复古观念，使之既契合易代诗坛的诗学共识，同时也增加了选本的社会接受度，以一种相对缓和的诗学论调保存竟陵余绪。明末清初正处于朝代更替、思想转型的过渡阶段，自天启、崇祯年间至顺治、康熙朝，人们对于儒家诗教的复归与复古递降的诗史发展观论争不断。比较《明诗归》《皇明诗选》《明诗评选》《列朝诗集》《明诗综》《明诗别裁集》六部处于明清易代之际的明诗选本，根据诗人诗作的收录数量，可以明显看到这些选本的诗学倾向。

明末清初明诗总集编选诗人诗作情况

总集	《明诗归》	《皇明诗选》	《明诗评选》	《列朝诗集》	《明诗综》	《明诗别裁集》
1	高启(21首)	李攀龙(155首)	刘基(85首)	高启(864首)	高启(138首)	何景明(49首)
2	葛一龙(21首)	何景明(151首)	高启(75首)	刘基(559首)	刘基(104首)	李梦阳(47首)
3	华善述(21首)	李梦阳(116首)	杨慎(40首)	李东阳(347首)	李梦阳(80首)	王世贞(40首)
4	李梦阳(16首)	王世贞(100首)	汤显祖(47首)	杨基(327首)	何景明(78首)	李攀龙(35首)
5	杨基(16首)	谢榛(66首)	徐渭(31首)	袁凯(304首)	朱国祚(58首)	谢榛(26首)
6	谭元春(15首)	吴国伦(53首)	杨维桢(29首)	张羽(240首)	李东阳(57首)	徐祯卿(23首)
7	李攀龙(13首)	徐祯卿(45首)	沈明臣(25首)	程嘉燧(215首)	徐祯卿(50首)	高启(21首)
8	王世贞(13首)	皇甫涍(23首)	蔡羽(21首)	王穉登(203首)	刘崧(50首)	刘基(20首)
9	韩绎祖(13首)	高叔嗣(19首)	祝允明(20首)	杨慎(179首)	杨基(49首)	陈子龙(19首)
10	王微(13首)	徐中行(19首)	王穉登(20首)	王逢(175首)	区大相(48首)	顾绛(16首)

从以上明诗选本收录诗歌最多的十位诗人来看,这六部选本对明代复古文人的作品十分青睐,一类如《皇明诗选》《明诗别裁集》,所录诗歌前十位中包含多位前、后七子成员;另一类如《明诗归》《明诗评选》《列朝诗集》《明诗综》,收录明初高启、刘基诗歌最多。可见明清之际的明诗选本,不论编选者的诗学观念存在何种差异,几乎都抱有一定的崇古思想。这种崇古观念不仅体现在诗歌收录上,同时也作为一种批评实践贯穿于评点中,如陈子龙、李雯、宋征舆编选的《皇明诗选》对前、后七子复古诗学的盛赞,陈子龙评李梦阳诗歌"自汉魏以至开元,各体见长,然峥嵘清壮,不掩本色"[54],宋征舆称赞何景明"直欲追踪风雅,故微辞淡旨,以三百篇为则"[55];又如王夫之《明诗评选》批评明代"成、弘之际,风雅道废"[56],"古诗一脉,斩于嘉隆"[57],定义真正的古诗是"远不以句,深不以字,转折不以段落,收合不以钩锁"[58];又如沈德潜、周准编选的《明诗别裁集》认为"宋诗近腐,元诗近纤"[59],有明之诗是"上续唐人"[60]"续唐音"[61]的复古之作,将明诗的诗史地位定位为"陵宋跞元而上追前古"[62],等等。因此,《明诗归》所呈现出的崇古思想一方面是竟陵派诗学原有观点的放大,一方面也是时代要求下的必然选择。

其次,《明诗归》采取避重就轻的评点方式,既回应了当时诗坛对竟陵派的诸多批评,同时也以竟陵后学的角度引发人们关注竟陵派诗学中的诸多积极因素。明清之际,竟陵派受到文学、政治等不同层面的攻讦,其中有关竟陵诗风的评价最为集中。钱谦益批评竟陵派"以凄声寒魄为致……以噍音促节为能"[63],"以俚率为清真,以僻涩为幽峭"[64];王夫之批评竟陵诗歌辱没"风雅"传统,称"竟陵灭裂风雅、登进淫靡之罪,诚为戎首。而生心害政，则上结兽行之宣城，以毒清流；下传卖国之贵阳，以殄宗社”[65]。另有陈子龙、朱彝尊、顾炎武等人，附和声讨竟陵派对时风、士风的败坏。面对诗坛的猛烈抨击，《明诗归》的做法十分巧妙：《明诗归》虽是为延续竟陵诗学而编的选本，但编选者也意识到诗坛对于竟陵派的某些评判是存在一定合理性的，特别是关于竟陵派“幽深孤峭”诗风的评论，因此，《明诗归》在评点中并未完全避讳谈论竟陵诗歌的不足，反而结合自身的编选旨趣重新评价竟陵诗风，如《明诗归》评点曹学佺《秋初望夜陈振狂过宿蓬廊话别》称：

> 竟陵与石仓论诗，每两不相下，石仓鄙竟陵尖薄，竟陵哂石仓庸熟，若石仓此等作，曾有一毫庸熟否，竟陵若见，自当心服。[66]

《明诗归》已意识到“幽深孤峭”诗风的弊病，在评钟惺诗歌时曾直接点明“伯敬先生诗，其自得意者，在灵在慧，不知灵慧，不伤巧则伤薄”[67]，此处对曹学佺的评价实质上是对竟陵诗歌“尖薄”问题的旧事重提。在具体诗句中，《明诗归》评“虚亭光不彻，展簟纳新凉。如此山月好，正堪秋漏长”句称“如此正堪，句法已与竟陵合辙矣，然气味浑厚自别”[68]；又评“乍亏即来夜，重满是他乡”句称：“有情有景，灵透老练，二语是老杜得意句，压倒竟陵矣。”[69]可见，《明诗归》认为竟陵诗歌整体上不如盛唐诗歌，缺乏“浑厚”气息。

《明诗归》的编选策略是建立在自省认识基础上的衍生物，正因为如此，《明诗归》不再只是单纯拥护竟陵诗学的明诗选本，其内容反映更多的是编选者渐趋理性的诗学观念。从明清之际的论诗观点中可知，人们开始意识到一味抨击竟陵派是有失公允的诗坛行为，如吴伟业反思称：“吾只患今之学盛唐者，粗疏卤莽，不能标古人之赤帜，特排突竟陵以为名高，以彼虚憍之气，浮游之响，不二十年嗒然其消歇，必反为竟陵之所乘。”[70]更有学人直接指出竟陵派的许多不足皆是学古所致，如王士禛称“明启祯间尚竟陵诗，多用助词，世以为口实，然古名辈先已有之”[71]；朱鹤龄称“幽深孤峭，唐人名家多有此体……今人以《诗归》流弊，群然集矢于竟陵，而并废唐人之幽深孤峭。于是伪王李余波宿烬复出，而乘权于世，岂非持论者矫枉而失其平之过耶”[72]等等，这些言论均意味着主流诗坛对于竟陵派的看法逐渐走向客观。

尽管《明诗归》的诗歌评点有过分刻意之嫌，其中的一些粗制滥造之语也被时人嘲讽“鄙俚可笑”[73]，甚至一定程度上还加深了人们对钟惺、谭元春及其竟陵派的误解；但《明诗归》以托名钟惺、谭元春的口吻进行选诗、评点，用折中的方式寻求竟陵诗学与复古派之间的契合点，不失为竟陵后学维护竟陵诗学所采取的一种努力，同时也代表了时人对当时诗坛走向的理论思考。

* 本文系国家社科基金项目“《钟惺全集》整理与研究”【18AZW015】的阶段性成果。

注释:

[1] 如张心澂《伪书通考》(上海书店,1998年),邓瑞全、王冠英《中国伪书综考》(黄山书社,1998年),邹云湖《中国选本批评》(上海三联书店,2002年)等,均考订《明诗归》作伪。

[2] 张清河:《论〈明诗归〉伪书的价值》,《贵州师范大学学报》(社会科学版)2011年第3期,第76～83页。

[3] 顾颉刚:《古史辨·自序》,《古史辨》第3册,上海:上海古籍出版社,1982年,第8页。

[4] (明)王汝南:《明诗归序》,(明)钟惺、谭元春:《明诗归》卷首,《四库全书存目丛书》集部第338册,济南:齐鲁书社,1997年,第530页。

[5] (明)钟惺、谭元春:《明诗归》卷十,《四库全书存目丛书》集部第338册,济南:齐鲁书社,1997年,第778页。

[6] (明)钟惺、谭元春:《明诗归》卷七,《四库全书存目丛书》集部第338册,济南:齐鲁书社,1997年,第705页。

[7] (明)王汝南:《明诗归序》,(明)钟惺、谭元春:《明诗归》卷首,《四库全书存目丛书》集部第338册,济南:齐鲁书社,1997年,第531页。

[8] (明)王汝南:《明诗归序》,(明)钟惺、谭元春:《明诗归》卷首,《四库全书存目丛书》集部第338册,济南:齐鲁书社,1997年,第531页。

[9] (明)王汝南:《明诗归序》,(明)钟惺、谭元春:《明诗归》卷首,《四库全书存目丛书》集部第338册,济南:齐鲁书社,1997年,第531页。

[10] (明)钟惺、谭元春:《明诗归》卷三,《四库全书存目丛书》集部第338册,济南:齐鲁书社,1997年,第608页。

[11] (明)钟惺、谭元春:《明诗归》卷三,《四库全书存目丛书》集部第338册,济南:齐鲁书社,1997年,第610页。

[12] (明)钟惺、谭元春:《明诗归》卷一,《四库全书存目丛书》集部第338册,济南:齐鲁书社,1997年,第569页。

[13] (明)钟惺、谭元春:《明诗归》卷三,《四库全书存目丛书》集部第338册,济南:齐鲁书社,1997年,第622页。

[14] (明)钟惺、谭元春:《明诗归》卷五,《四库全书存目丛书》集部第338册,济南:齐鲁书社,1997年,第665页。

[15] (明)谭元春:《题简远堂诗》,陈杏珍标校:《谭元春集》卷三十,上海:上海古籍出版社,1998年,第815页。

[16] (明)钟惺、谭元春:《明诗归》卷五,《四库全书存目丛书》集部第338册,济南:齐鲁书社,1997年,第666页。

[17] (明)钟惺、谭元春:《明诗归》卷五,《四库全书存目丛书》集部第338册,济南:齐鲁书社,1997年,第669页。

[18] (明)王汝南:《明诗归序》,(明)钟惺、谭元春:《明诗归》卷首,《四库全书存目丛书》集部第338册,济南:齐鲁书社,1997年,第531页。

[19] (清)张玉书,等:《康熙字典》,上海:上海书店出版社,1985年,第635页。

[20] (明)钟惺、谭元春:《明诗归》卷三,《四库全书存目丛书》集部第338册,济南:齐鲁书社,1997年,第612页。

[21] (明)钟惺、谭元春:《明诗归》卷六,《四库全书存目丛书》集部第338册,济南:齐鲁书社,1997年,第682页。

[22] (明)钟惺、谭元春:《明诗归》卷三,《四库全书存目丛书》集部第338册,济南:齐鲁书社,1997年,第614页。

[23](明)钟惺、谭元春:《明诗归》卷四,《四库全书存目丛书》集部第338册,济南:齐鲁书社,1997年,第640页。

[24] (明)钟惺、谭元春:《明诗归》卷一,《四库全书存目丛书》集部第338册,济南:齐鲁书社,1997年,第567页。

[25] (明)钟惺、谭元春:《明诗归》卷二,《四库全书存目丛书》集部第338册,济南:齐鲁书社,1997年,第589页。

[26] (明)钟惺、谭元春:《明诗归》卷三,《四库全书存目丛书》集部第338册,济南:齐鲁书社,1997年,第613页。

[27] (明)钟惺、谭元春:《明诗归》卷三,《四库全书存目丛书》集部第338册,济南:齐鲁书社,1997年,第605页。

[28] (明)钟惺、谭元春:《明诗归》卷三,《四库全书存目丛书》集部第338册,济南:齐鲁书社,1997年,第621页。

[29] (明)钟惺、谭元春:《明诗归》卷一,《四库全书存目丛书》集部第338册,济南:齐鲁书社,1997年,第566页。

[30] (明)钟惺、谭元春:《明诗归》卷二,《四库全书存目丛书》集部第338册,济南:齐鲁书社,1997年,第585页。

[31] (明)钟惺、谭元春:《明诗归》卷四,《四库全书存目丛书》集部第338册,济南:齐鲁书社,1997年,第650页。

[32] (明)钟惺、谭元春:《明诗归》卷三,《四库全书存目丛书》集部第338册,济南:齐鲁书社,1997年,第622页。

[33] (明)钟惺、谭元春:《明诗归》卷三,《四库全书存目丛书》集部第338册,济南:齐鲁书社,1997年,第613页。

[34] (明)钟惺、谭元春:《明诗归》卷二,《四库全书存目丛书》集部第338册,济南:齐鲁书社,1997年,第587页。

[35] (明)钟惺、谭元春:《明诗归》卷六,《四库全书存目丛书》集部第338册,济南:齐鲁书社,1997年,第683页。

[36] (明)钟惺、谭元春:《明诗归》卷四,《四库全书存目丛书》集部第338册,济南:齐鲁书社,1997年,第637页。

[37] (明)钟惺、谭元春:《明诗归》卷四,《四库全书存目丛书》集部第338册,济南:齐鲁书社,1997年,第644页。

[38] (明)钟惺、谭元春:《明诗归》卷三,《四库全书存目丛书》集部第338册,济南:齐鲁书社,1997年,第622页。

[39] (明)钟惺、谭元春:《明诗归》卷八,《四库全书存目丛书》集部第338册,济南:齐鲁书社,1997年,第725页。

[40] (明)钟惺:《与高孩之观察》,李先耕、崔重庆标校:《隐秀轩集》卷二十八,上海:上海古籍出版社,1992年,第474页。

[41] (明)范文光:《刻李钟合选与友人》,(清)周亮工著,米田点校:《尺牍新钞》卷七,长沙:岳麓书社,2016年,第178页。

[42] (明)钟惺、谭元春:《明诗归》卷一,《四库全书存目丛书》集部第338册,济南:齐鲁书社,

1997年,第562页。

[43](明)钟惺、谭元春:《明诗归》卷一,《四库全书存目丛书》集部第338册,济南:齐鲁书社,1997年,第568页。

[44](明)钟惺、谭元春:《明诗归》卷四,《四库全书存目丛书》集部第338册,济南:齐鲁书社,1997年,第648页。

[45](明)钟惺、谭元春:《明诗归》卷四,《四库全书存目丛书》集部第338册,济南:齐鲁书社,1997年,第649页。

[46](明)钟惺、谭元春:《明诗归》卷六,《四库全书存目丛书》集部第338册,济南:齐鲁书社,1997年,第681页。

[47](明)钟惺、谭元春:《明诗归》卷五,《四库全书存目丛书》集部第338册,济南:齐鲁书社,1997年,第662~663页。

[48](明)钟惺:《诗归序》,李先耕、崔重庆标校:《隐秀轩集》卷十六,上海:上海古籍出版社,1992年,第236页。

[49](明)钟惺、谭元春:《明诗归》卷五,《四库全书存目丛书》集部第338册,济南:齐鲁书社,1997年,第663页。

[50](明)钟惺、谭元春:《明诗归》卷三,《四库全书存目丛书》集部第338册,济南:齐鲁书社,1997年,第618页。

[51](明)钟惺、谭元春:《明诗归》卷五,《四库全书存目丛书》集部第338册,济南:齐鲁书社,1997年,第658页。

[52](明)钟惺、谭元春:《明诗归》卷三,《四库全书存目丛书》集部第338册,济南:齐鲁书社,1997年,第610页。

[53](明)钟惺、谭元春:《明诗归》卷三,《四库全书存目丛书》集部第338册,济南:齐鲁书社,1997年,第609页。

[54](明)陈子龙、李雯、宋征舆评选:《皇明诗选》卷一,上海:华东师范大学出版社,1991年,第45页。

[55](明)陈子龙、李雯、宋征舆评选:《皇明诗选》卷一,上海:华东师范大学出版社,1991年,第56页。

[56](清)王夫之著,周柳燕校点:《明诗评选》卷四,上海:上海古籍出版社,2011年,第118页。

[57](清)王夫之著,周柳燕校点:《明诗评选》卷四,上海:上海古籍出版社,2011年,第138页。

[58](清)王夫之著,周柳燕校点:《明诗评选》卷四,上海:上海古籍出版社,2011年,第130页。

[59](清)沈德潜:《明诗别裁集序》,(清)沈德潜、周准:《明诗别裁集》卷首,上海:上海古籍出版社,1979年,第1页。

[60](清)周准:《明诗别裁集序》,(清)沈德潜、周准:《明诗别裁集》卷首,上海:上海古籍出版社,1979年,第3页。

[61](清)蒋重光:《明诗别裁集序》,(清)沈德潜、周准:《明诗别裁集》卷首,上海:上海古籍出版社,1979年,第4页。

[62](清)沈德潜:《明诗别裁集序》,(清)沈德潜、周准:《明诗别裁集》卷首,上海:上海古籍出版社,1979年,第2页。

[63](清)钱谦益:《钟提学惺》,《列朝诗集小传》丁集中,上海:上海古籍出版社,2008年,第571页。

[64](清)钱谦益:《谭解元元春》,《列朝诗集小传》丁集中,上海:上海古籍出版社,2008年,第

572 页。

[65]（清）王夫之著，李中华、李利民校点：《古诗评选》卷三，上海：上海古籍出版社，2011 年，第 112 页。

[66]（明）钟惺、谭元春：《明诗归》卷六，《四库全书存目丛书》集部第 338 册，济南：齐鲁书社，1997 年，第 694 页。

[67]（明）钟惺、谭元春：《明诗归》卷五，《四库全书存目丛书》集部第 338 册，济南：齐鲁书社，1997 年，第 665 页。

[68]（明）钟惺、谭元春：《明诗归》卷六，《四库全书存目丛书》集部第 338 册，济南：齐鲁书社，1997 年，第 694 页。

[69]（明）钟惺、谭元春：《明诗归》卷六，《四库全书存目丛书》集部第 338 册，济南：齐鲁书社，1997 年，第 694 页。

[70]（清）吴伟业：《与宋尚木论诗书》，李学颖集评标校：《吴梅村全集》卷五十四，上海：上海古籍出版社，1990 年，第 1090 页。

[71]（清）王士禛：《居易录》卷二五，《王士禛全集》第 5 册，济南：齐鲁书社，2007 年，第 4175 页。

[72]（清）朱鹤龄：《竹笑轩诗集序》，《愚庵小集》卷八，《景印文渊阁四库全书》第 1319 册，上海：上海古籍出版社，1987 年，第 103 页。

[73]（清）永瑢，等：《明诗归》提要，《四库全书总目提要》卷一九三，北京：中华书局，1965 年，第 1759 页。

论明清小说家、评点家对“鹅笼书生”故事的接受

谷文彬

（湘潭大学文学与新闻学院，湖南湘潭，411105）

内容摘要：《鹅笼书生》是一篇颇有影响的六朝志怪小说，其故事奇幻诡谲，对明清小说产生了重要影响，但学术界对此关注不多。明清时期小说家、评点家对“鹅笼书生”的接受表现为：或是以《艳异编》《虞初志》为代表的小说选本对“鹅笼书生”的收录；或是将“鹅笼书生”所蕴含的奇幻的美学观念移植到小说批评中去；或是沿用“鹅笼书生”的想象模式、叙事结构、审美趣味来构建异境世界和异人形象，显示出明清小说家、评点家对“鹅笼书生”的接纳、认可和再创造。明清时期小说家、评点家之所以对“鹅笼书生”青睐有加，与他们对志怪小说价值的重新认识有关，也与他们对“鹅笼书生”的审美认同相关。上述种种，昭示着明清小说家们创新的路径，同时也彰显出以“鹅笼书生”为代表的六朝志怪小说经典是如何生成的。

关键词：明清小说；“鹅笼书生”；接受方式；经典化

南朝梁吴均所撰《续齐谐记》文笔清丽，叙事逶迤，被誉为“小说之表表者”[1]。其中《鹅笼书生》（又名《阳羡书生》）尤为出色，它主要讲述东晋阳羡人许彦负鹅赶路，途中邂逅一书生，目睹书生次第吞吐器具肴馔和男女离奇之事[2]。因其故事奇幻诡谲而备受历代学者的好评，著名戏剧家汤显祖盛赞其情节“展转奇绝”[3]，鲁迅亦称赞“阳羡鹅笼之记，尤其奇诡者也”[4]。该作品对后世文学产生较大的影响，《聊斋志异》《阅微草堂笔记》《虞初新志》《灯草和尚》等作品，都或多或少的对《鹅笼书生》有所借镜。不仅如此，金圣叹、袁于令等小说批评家亦从中获寻到小说批评的灵感，由此汇聚成一定规模的明清小说家、评点家对“鹅笼书生”故事的接受之风，昭示着“鹅笼书生”经典化在明清时期的生成。然而，上述这一现象罕有学者论及[5]。鉴于此，本文试图多方考察明清小说家、评点家对“鹅笼书生”故事的接受情况，把握明清小说家、评点家接受“鹅笼书生”的多种方式，管窥明清小说的文学趣味，进而思考六朝志怪小说经典如何创化生成等问题。

一、明清小说家、评点家对“鹅笼书生”的接受情况

明清两代是古典小说蓬勃发展的朝代，这一时期的小说家们一方面从六朝志怪、

唐传奇中汲取丰厚营养，另一方面则又从时代语境和文学自身发展规律中淬炼表达技巧。无论是小说文体、小说流派、小说类型还是小说批评、小说刊行、小说传播均取得令人瞩目的成就。

纵观明清小说发展情况，我们发现明清小说家、评点家对“鹅笼书生”的接受情况，可以归纳为三种方式：一是以《艳异编》《虞初志》为代表的明清小说选本对“鹅笼书生”的收录；二是明清小说评点家将“鹅笼书生”所蕴含的奇幻的美学观念移植到小说批评中去；三是明清小说家对“鹅笼书生”的故事情节或文本结构的仿写。

（一）以《艳异编》《虞初志》为代表的明清小说选本对“鹅笼书生”的收录

成书于明代中后期的《艳异编》，是明代颇具代表性的文言小说选本，系著名诗文大家王世贞编选[6]。该书卷二十五“幻异部”收录了“鹅笼书生”的故事，题名为“阳羡书生”，故事较为完备。此外，成书稍晚的另一部著名小说选本《虞初志》卷一亦收录了此则故事，内容与《艳异编》一致，皆应承袭《太平广记》所载。关于小说选本的价值，学术界多有讨论，大致可总结为三个方面：阅读、传播和文献价值[7]。事实上，除了《艳异编》《虞初志》外，尚有《顾氏文房小说》《稗家粹编》《绣谷春容》《逸史搜奇》等明清小说选本，亦收录了“鹅笼书生”，在方便士人阅读的同时，也起着扩展受众层面，推广普及的作用。

不仅如此，小说选本还是传统文学批评的形式之一，编选者通过“类聚区分”的方式对小说作品进行编选，反映的是编选家的小说观念、审美偏好、时代风气，传达出的是一定时代的文学导向和小说审美观念的变化。《艳异编》观其书名即可知编选者的编选眼光以“艳”“异”为主，“艳”主要以香艳、放纵之事为主；“异”则偏好怪诞、离奇之说。《虞初志》中“虞初”本是西汉一方士之名，方士之说多荒诞夸饰，作者以此为书名，其编选旨趣不言而喻，“法奇僻荒诞”“兼综怪迂”[8]。如前所述，《鹅笼书生》故事奇幻诡谲，为六朝志怪小说所罕见，符合上述诸家的编选旨趣，自然而然获得他们的垂青，编选者们有意辑录这类奇异故事，说明作意好奇已成为这一时期小说家们共同的审美追求。

（二）明清小说评点家将“鹅笼书生”所蕴含的奇幻的美学观念移入小说批评

除了小说编选者们对“鹅笼书生”的接纳外，该时期的小说批评家亦表现出对这个故事的认可，并进而在此基础上挖掘出该故事的艺术特点，丰富和充实了明清小说批评理论。关于这一点，主要见于金圣叹和袁于令二人。

金圣叹的观点主要见于《金圣叹批评水浒传》第六十二回《宋江兵打大名城 关胜议取梁山泊》，该回述宋江为了救卢俊义、石秀二人，派人攻打梁中书的大名府，梁中书最初仗着有李成、索超两位大将，不以为然，后来局势越来越危急，于是蔡京只好派关羽后人大刀关胜携郝思文与宣赞去对战梁山。当关胜向宣赞介绍郝思文的时候，金圣叹在此处做出夹批：

> 看他初被人荐便转荐人，写豪杰胸襟真与奸臣天壤。看他一个背后人引出一个背后人，一个背后人又引出一个背后人，章法便与杨（阳）羡鹅笼无二。[9]

在金圣叹看来,《水浒传》的作者这样介绍人物次第登场,叙事技巧和“鹅笼书生”故事颇为一致,笔法摇曳多姿而不至于呆板无趣。金圣叹评点《水浒传》能够灵活自如地从叙事的角度予以分析,肯定《水浒传》由此及彼、层层递进的叙事手法对于小说结构的意义,实际上亦是肯定“鹅笼书生”的叙事技巧。这从侧面也可以看出这位著名的小说理论家对“鹅笼书生”故事的熟稔与欣赏[10]。

如果说金圣叹是从叙事手法对“鹅笼书生”予以肯定,那么袁于令则站得更高,从小说的审美角度给予肯定。他在《隋唐遗文序》中指出:

> 史以遗名者何?所以辅正史也。正史以纪事:纪事者何,传信也。遗史以搜逸,搜逸者何,传奇也。传信者贵真:为子死孝,为臣死忠,摹圣贤心事,如道子写生,面奇逼肖。传奇者贵幻:忽焉怒发,忽焉嬉笑,英雄本色,如阳羡书生,恍惚不可方物。苟有正史而无逸史,则勋名、事业彪炳天壤者,固属不磨;而奇情侠气、逸韵英风史不胜书者,卒多湮没无闻;纵大忠义而与昭代忤者,略已挂一漏万,罕睹其全。[11]

袁氏认为正史和逸史应当互补,只有正史而无逸史,那些没有载入正史的奇情侠气就会湮没无闻,即使写到那些与时势背离的忠烈节义的情况,也只能是粗略而成,难免挂一漏万。他提出“传奇者贵幻”,从审美特征的角度指出小说要有奇幻美,这应该说是对小说作品与历史著作之本质区别的最清醒、最深刻的认识。怎样才是奇幻美,他紧接着举了一个例子“如阳羡书生,恍惚不可方物”,像六朝志怪小说《阳羡书生》那样,有一种扑朔迷离之美感。我们在这里不难发现,以袁于令为代表的一部分小说理论家已经充分认识到“鹅笼书生”这类小说的美学特征,并且从理论层面予以高度的肯定。

(三)明清小说家对“鹅笼书生”的故事情节或文本结构的仿写

明清小说家还有一种极具代表性的接受“鹅笼书生”的方式,那就是沿用“鹅笼书生”的想象模式、叙事结构、审美趣味来构建多姿多彩的异境世界和异人形象,极大地增强了小说的艺术魅力。

在异境构建方面,蒲松龄的《聊斋志异·巩仙》无疑是最具代表性的作品。《巩仙》虽然描写了一个会魔术的道士巩仙人,但其核心内容却是尚秀才与歌妓惠哥的爱情纠葛。秀才尚某与惠哥有恋情,二人矢志嫁娶,不幸惠哥被鲁王召为歌妓,从此咫尺万里,遂绝情好。后来在巩仙的帮助下,二人于巩仙的衣袖中多次幽会并生子,又借巩仙的衣袖医好了难产的鲁王爱妃。鲁王施恩,于是二人终成眷属[12]。这只神奇的袖子,“光明洞彻,宽若厅堂;几案床榻,无物不有。居其内,殊无闷苦”[13],充满想象力的异境世界无疑带有“鹅笼书生”的遗风余韵,不仅一定程度上表现了古人渴望超越现实局限的愿望,也使读者流连于光怪陆离的文学世界中,暂时忘记现实,获得一种审美上的愉悦。

如果说蒲松龄沿用“鹅笼书生”的异境想象模式来塑造奇异的文学世界,那么纪昀则是借鉴了“鹅笼书生”的结构模式来营造一种飘忽迷蒙的美学意境。《阅微草堂笔记》卷七“鄱阳湖谈鬼”条,讲述一个书生夜泊鄱阳湖,登岸于月下散步纳凉,遇同乡数人喝酒说鬼，其中一人说，他曾遇一读书人，闲谈中说到鬼令人憎恶，读书人道，鬼也有雅俗，不可全部否定。他游西山时遇一人论诗，见解精到，吟诵自己不少的诗句，都饶有情致。正想问他住在哪里，忽闻驮铃琅琅作响，论诗之人忽然没了踪迹。这人喜欢读书人的洒脱，想留其共饮，读书人振衣而起，一笑也消失了，这才知道读书人也是鬼。书生于是开玩笑道：说不定这个说鬼之人也是鬼哦。没想到他们听闻此言，全都变了脸色，化成一缕缕轻烟飘散了，原来这些人也是鬼。不同于蒲松龄的是，纪昀在结尾处明确点出自己是受“鹅笼书生”故事的影响：“此等奇艳，古所未闻，然阳羡鹅笼，幻中出幻，乃转辗相生，安知说此鬼者，不又即鬼耶？”[14]

此外，张潮《虞初新志》卷九《雌雌儿传》记载一高人雌雌儿身怀绝技，腰间所佩竹筒可化“竹筒椅桌帷帐器皿”“谷粟饮食牛羊鸡犬”“僮仆婢妪妻妾男妇数百人”，后被人误以为是妖，于是雌雌儿“尽以妻妾僮婢器用牛羊之类，纳诸筒内，飘然长往，不知所终”[15]，亦是仿照了“鹅笼书生”的吐纳情节，塑造了一个高蹈世外的高士形象。

上述是就文言小说而言，至于白话小说，也不乏向“鹅笼书生”致敬的身影，比如艳情小说《灯草和尚传》第五回写夏姐为了戏谑杨官儿，从口中吐出一个男子与其交合，杨官儿见了道：“我认得鹅笼书生故事，男吐女，女吐男。你今只吐得一个男子，想是你平昔认识的。”[16]于是夏姐又令男子吐出一女子，之后又相继吞回口中，复为夏姐一人。这一情节确实如杨官儿所言，模仿了“鹅笼书生”，但这种模仿只是为了宣扬男女淫乐，失去了原有故事的空灵气质，正如李时人指出的“是一种拙劣的抄袭”[17]。

以上是对明清小说家、评点家接受“鹅笼书生”故事的三种方式的梳理，这三种方式看似大相径庭，实则殊途同归，显示出明清小说家、评点家对“鹅笼书生”故事的接纳、吸收和再创造，进而促进该文本的经典化。

二、明清小说家、评点家接受“鹅笼书生”的原因

梳理了明清小说家、评点家对“鹅笼书生”的接受情况后，我们需要进一步思考的问题是“鹅笼书生”何以会受到如此的青睐。我们发现明清小说家、评点家之所以对“鹅笼书生”青睐有加，既与明清小说家、评点家对志怪小说价值的重新发现有关，也与明清作家对“鹅笼书生”的审美认同相关。在两种因素的交互影响下，便形成了上述之风气。

志怪小说自魏晋南北朝起就开始蓬勃发展，但由于受儒家思想“不语怪”的影响，它的价值颇受质疑，比如唐代学者刘知几在《史通·采撰》中就明确指出：“晋世杂书，谅非一族，若《语林》《世说》《幽明录》《搜神记》之徒，其所载或诙谐小辩，或神鬼怪物。其事非圣，扬雄所不观；其言乱神，宣尼所不语。……务多为美，聚博为功，虽取说于小人，终见嗤于君子矣。”[18]不过，五代以后人们开始认识到志怪小说的价值：“小道可观，圣人之训也。……可以资治体，助名教，供谈笑，广见闻，如嗜常珍，不废异馔，下箸之处，水陆具陈矣。”[19]以曾慥为代表的宋人认为志怪小说有淑世之用和资暇之趣的功能。

明代中后期，随着复古思潮的兴起，人们不仅赓续宋人的小说观念，认为志怪小说“搜事可以警世，讬讽可以矩俗，属辞可以娱目，谈异可以悦心”[20]，还在此基础上进一步认识到志怪小说的美学价值，“以奇僻荒诞、若灭若没、可喜可愕之事，读之使人心开神释，骨飞眉舞”[21]，道出了志怪小说的艺术魅力“在于波谲云诡的丰富幻想和短小精悍的艺术描写，丰富奇丽之幻想足使人置身玄虚之境而睹莫测之奥”[22]。“遇志怪之书辄好之”[23]的胡应麟不仅对小说进行了分类，以志怪为小说六种中的一种，还亲手辑录了二十卷本的《搜神记》。取材于六朝志怪小说的作品更是不胜枚举，蒲松龄在《聊斋志异》自序中说“才非干宝，雅爱搜神”“集腋为裘，妄续幽冥之录”[24]，可见他是自觉受到六朝志怪小说的影响而创作《聊斋志异》的。伴随着明清小说家、评点家对六朝志怪小说多元价值的发现，“鹅笼书生”作为六朝志怪小说的佼佼者，受到明清小说家、评点家的喜爱也是情理之中的事情了。

当然，“鹅笼书生”自身所蕴含的艺术魅力，也让明清小说家对其产生高度的审美认同。吴均的“鹅笼书生”虽然被段成式、鲁迅等人指出是借鉴了印度佛经《旧譬喻经》“王赦宫中喻”的故事，但在实际创作过程中，吴均对此进行过艺术加工、改变，最终成为一个纯粹的中国故事。纵览该故事，有三点印象深刻：想象奇特、情节曲折、结构新奇。

其中，想象奇特主要表现在“笼人比例”和“次第吞吐”。书生求寄笼中，这个请求本身就让人匪夷所思，更惊讶的是书生进去之后，“笼亦不更广，书生亦不更小”，这其实是佛教“小大相容”“芥子纳须弥”观念的反映。许彦背着也“不觉重”，则暗示了这位书生非同常人，这就为下面的“次第吞吐”埋下了伏笔。书生口吐佳肴已是让人惊讶，接下来发生的事情则更让人瞠目结舌，不仅吞吐活人，还能接二连三吞吐，男一吞吐女一，女一吞吐男二，男二又吞吐女二，如果没有时间的限制，这个故事似乎可以无限地循环下去。

情节曲折则主要体现在作者不仅精心设计了“次第吞吐”的情节，还赋予他们各自背叛的理由，“虽与书生结要，而实怀怨”，“此女子虽有心，情亦不甚”，这些理由既让读者对这些人物多了一些同情心，也让故事有了合情合理的发展动力——正是这些怨恨、不专一，他们才会寻找新一段感情，下一任恋人，借此慰藉自己在上一段感情中受到的伤害。可是有谁敢确定自己的恋人是否也和自己一样对爱情忠贞不贰呢？于是才会有不愿停下来的吞吐情节，荒诞之余，也让情节更加的曲折幻化。

至于小说结构，时贤多有论及，或称“套匣子”或称“离心圆”，说法不一但都道出了这个故事的结构新奇，它有效地规避了以往小说平面化的叙事方式，而是让小说文本呈现出动态的发展，摇曳多姿，令人耳目一新，过目难忘。它与上文提及的想象奇特、情节曲折一起构成了一种别样的美感，同时也为小说带来了新的思维方式和表现面貌。无怪乎纪昀感慨“阳羡鹅笼，幻中出幻”，蒲松龄亦曾发出“人间何事不鹅笼”[25]之叹。从上述小说家们的自陈和创作实践可以看出，“鹅笼书生”有着让他们服膺的文学气质和审美想象，他们的小说创作彰显着“鹅笼书生”故事的文学精神，借助对“鹅笼书生”为代表的六朝志怪小说等文学经典资源的取法，实现了与祖先的对话和对传统的彰显与回归。

三、明清小说家、评点家接受“鹅笼书生”的意义和启示

那么如何看待明清小说家、评点家对“鹅笼书生”的接受这一文化现象呢？笔者认为这一文化现象有着多方面的意义和启示。

就文学层面而言，明清小说家、评点家对“鹅笼书生”的接受，昭示着他们在传统文化长河中的创新路径。创新并不意味着全新，而是在原有基础上的继承和发展，创新的本质其实是新与旧的辩证结合，明清小说家、评点家尤其是文言小说家的创作实践很好的证实了这一点。

纪昀虽然取法于“鹅笼书生”，但对原有的叙事方式进行了创造性的点化，另辟蹊径，写得扑朔迷离，亦真亦幻，引人入胜。首先他比较注意叙事技巧的综合运用，在叙述的过程打破原有故事的直叙法，结合文势将顺叙、插叙、倒叙三种叙述方式交替使用，从而使情节更加曲折、细致，对话更加生动，故事结构更加复杂，结尾处“阳羡鹅笼，幻中出幻，乃辗转相生，安知说此鬼者，不又即鬼耶?”则又表现出作者自觉的虚构意识。其次，他巧妙地将原有故事发生的时间从白天改为夜晚，这无疑强化了文本的艺术魅力，因为从审美的角度来说，灯前月下的夜晚不仅能营造出一种朦胧美的氛围，而且还容易形成一种恐怖美的效果。当一阵微风拂过，灯光昏暗，之前还侃侃而谈的诸人，瞬间化为一缕缕轻烟飘走了，这种奇幻诡异的审美效果让读者得到极大的满足。最后，他还在故事中穿插诗句，这固然是作者一种文人趣味的流露，借此显露其诗才，但也为文本增添了不少的诗意，从而让故事从实导向虚，从有限走向无限。鲁迅先生曾评《阅微草堂笔记》有这样一段话：“纪昀本长文笔，多见秘书，又襟怀夷旷，故凡测鬼神之情状，发人间之幽微，托狐鬼以己见者，隽思妙语，时足解颐；间杂考辨，亦有灼见。叙述复雍容淡雅，天趣盎然，故后来无人能夺其席。”[26]以此来观照纪昀这篇仿“鹅笼书生”故事亦可以见出“雍容淡雅，天趣盎然”。

蒲松龄虽然也亲近“鹅笼书生”，但他也只是借助了“鹅笼书生”奇特的想象力和异境建构的方式，更多的是借此来描写人情世态，并融入与时代相契合的思想内涵，篇末异史氏曰：“袖里乾坤，古人之寓言耳，岂真有之耶？抑何其奇也！中有天地、有日月，可以娶妻生子，而又无催科之苦，人事之烦，则袖中虮虱，何殊桃源鸡犬哉！设容人常住，老于是乡可耳。”[27]这段议论，很显然已超越了“鹅笼书生”原有的记录怪异之事的主题，而是借此表达了自己的社会理想，同时也使小说文本得到充实和升华。

与此同时，梳理明清小说家、评点家结缘“鹅笼书生”的情形，还可以帮助我们更好地观察古代小说审美观念的演进过程。“幻”作为一种审美效果，早在小说萌芽之初就相随左右，比如被胡应麟认为是“小说之滥觞”的《穆天子传》就有大量的梦幻情节。魏晋南北朝以后，受佛教文化的浸润，志怪小说的奇幻色彩更加浓郁。不过，需要指出的是，以“鹅笼书生”为代表的六朝志怪小说中的“幻”“尚属‘以幻为真’的认识阶段，幻这种文化形态与怪力乱神等杂糅在一起，尚没有完全转化为一种审美形态，还不是一种自觉的审美意识和文学结构手段”[28]。明清以后人们对“幻”的认识有了一个明显的飞跃，他们不仅“以幻为奇”，比如张无咎在《批评北宋

三遂新平妖传叙》就提出“小说家以真为正，以幻为奇”[29]，还“以幻寓真”，“是真非真，是幻非幻，真即是幻，幻即是真”[30]。正是在这一审美观念的影响下，以奇幻为编选主旨的小说选本大量涌现，用虚幻作为衡量小说文体的一个标准，借幻笔来缩结小说情节、塑造人物，已是主流趋势，“鹅笼书生”在这一时期被接纳、认可和创化，不是偶然，而是必然，是明清小说审美趣味的映射。

就文化层面而言，明清小说家、评点家接受“鹅笼书生”，还为我们揭示了以“鹅笼书生”为代表的六朝志怪小说经典化的过程。所谓文学经典化，“是以创作主体的创造为起点，以读者对文本的阐释与理解为中心的交流过程”[31]。童庆炳认为，文学经典的形成有六个要素是必备的，分别是“(1) 文学作品的艺术价值；(2) 文学作品的可阐释的空间；(3) 特定时期读者的期待视野；(4) 发现人（又可称为赞助人）；(5) 意识形态和文化权力的变动；(6) 文学理论和批评的观念”[32]。如果进一步归纳，文学经典的生成主要是文本自身的艺术价值、接受主体和社会文化语境共同参与。

首先，就文本自身的艺术价值而言，它是文学经典化过程的基础。经典的文本通常都具备能被后来接受者效仿的典范性、丰厚的思想性、可供反复品味的审美性。“鹅笼书生”作为六朝志怪小说的佼佼者，它想象奇特夸张，情节奇幻诡谲，结构新奇多变，融审美、哲理、情感于一体，具备相当的艺术水准和价值，这些都是它能顺利穿越时空的关键。不仅如此，“鹅笼书生”还在简短的篇幅中注入了丰厚的意蕴，吴均的本意是记录怪异之事，但作品潜在意义已远远不止于怪异，于是我们看到“鹅笼书生”在明清时期已升华为一个意象、一个术语、一种技法，它早已摆脱怪异的意蕴，而开始向婚姻、人生、社会各个层面广延。

其次，就接受主体而言，它是文学经典化过程的关键。文学经典化的过程，其实就是文本不断被阅读的过程，在这个过程中，经典一旦满足了接受主体的阅读期待，它就会不断地被阐释被创造，因此接受主体在文学经典化中往往扮演着双重角色，既是发现者又是创造者。伽达默尔曾指出：“趣味概念无疑也包含认知方式。……按其最特有的本质来说，趣味丝毫不是个人的东西，而是第一级的社会现象。”[33]读者之所以喜欢阅读文学经典，是因为可以实现趣味的满足。从这个意义上来说，“鹅笼书生”故事因其怪异而给读者带来神秘、惊奇的阅读体验，满足了明清时期读者的期待，从而逐步走向经典。当然接受主体不是被动的存在，而是“作为主体占有了作品并按照自己需要改造了它，通过释放作品蕴含的潜能”[34]，以蒲松龄、纪昀为代表的明清小说家通过一系列的创造性转化，以更为开阔的视野开掘了“鹅笼书生”的潜能，扩展了它的生命力。

最后，社会文化语境也是影响文学经典化生成的重要因素。一部作品在历史的长河里沉浮俯仰，“决不是由一方决定的，而是作品本体与社会价值体系的‘大本体’之间相互作用的效应”[35]，“只有和能体味它的审美特性的时代心理相遇时，作品的内在意蕴和魅力才得以真正彰显，艺术审美才能得到真正的认可而进入文学经典的行列”[36]。从这个角度而言，“鹅笼书生”在明清时期被接纳、认可、创化，也是得益于它自身“深妙奇异”的审美特点顺应了明清时期追求奇幻的审美趣味，从而迎来了精神再生。

综上所述，我们结合相关材料考察了明清小说家、评点家对“鹅笼书生”故事的接受情况，把握明清小说家、评点家接受“鹅笼书生”主要有三种方式：或是以《艳异编》《虞初志》为代表的小说选本对“鹅笼书生”的收录；或是将“鹅笼书生”所蕴含的奇幻的美学观念移植到小说批评中去；或是沿用“鹅笼书生”的想象模式、叙事结构、审美趣味来构建异境世界和异人形象，显示出明清小说家、评点家对“鹅笼书生”的接纳、认可和再创造。明清时期小说家、评点家之所以对“鹅笼书生”青睐有加，既与明清小说家、评点家对志怪小说价值的重新发现有关，也与明清作家对“鹅笼书生”的审美认同相关，在两种因素的交互影响下，便形成了上述之现象。对这个个案的考察，既昭示着明清小说家、评点家在传统文化的长河中望月追星的路径，还可以追蹑古代小说审美观念的演进过程。在这个梳理过程中，我们也意识到经典和文物一样，都要经受住岁月的洗礼、历史的检验，那些悄然流逝的时光，最终凝结成价值的源泉。事实上，关于“鹅笼书生”的接受情况并不止步于明清，它在日本、朝鲜甚至当下仍在进行，继续显示着它超越时空的强大生命力。不过这一问题已超出本文的内容范围，容另撰文探讨。

*本文系湖南省教育厅双一流学科优秀青年项目“拟效与创新：‘鹅笼书生’故事群研究”【18B049】的阶段性成果。

注释：

[1]（清）永瑢，等：《四库全书总目提要》，北京：中华书局，1965年，第1208页。

[2]（南朝梁）吴均：《续齐谐记·阳羡书生》，李剑国辑释：《唐前志怪小说辑释》（修订本），上海：上海古籍出版社，2011年，629～631页。后文所引文字，均引自此处，不再另注。

[3]（明）袁宏道参评，屠隆点阅：《虞初志》，北京：中国书店，1986年，第7页。

[4] 鲁迅：《中国小说史略》，上海：上海古籍出版社，1998年，第29页。

[5] 目前学术界对“鹅笼书生”的研究主要集中在两大方面：一方面着眼于《鹅笼书生》由梵入汉的流变过程，其代表有鲁迅、钱钟书等人。此外，有论者对鲁迅的观点作了进一步地补充，参见王红：《论佛经故事对魏晋小说之影响——以“阳羡书生”与“梵志吐壶”比较为例》，《宜春学院学报》2012年第1期，第66～69页；朱增力：《试论志怪小说中的道德批判艺术——以〈梵志吐壶〉到〈鹅笼书生〉的情节演变为例》，《齐鲁师范学院学报》2016年第6期，第136～140页。另一方面还有学者立足于文本，分析了《鹅笼书生》的叙事结构和叙事空间等问题，并对相应的模型结构进行了解读，参见王耘：《从〈外国道人〉到〈鹅笼书生〉——论佛经故事向志怪小说的叙述范式转型》，《中国文学研究》2007年第4期，第42～45页；施畅：《从“链式占有”到“诸法无我”——六朝小说〈阳羡书生〉的结构修正与佛理解读》，《现代语文》2010年第1期，第23～24页；宁一中：《〈阳羡书生〉奇异空间与独特叙述结构》，《宁一中文学与文化论文集》，北京语言大学出版社，2012年，第41～49页。

[6] 关于《艳异编》的作者，学术界一直存有争议，有王世贞说、元朝名儒说、书坊伪托说、张大复说等，结合已有文献材料来看，本文还是采用王世贞说。

[7] 关于这方面的研究成果参见任明华：《中国古代小说选本形态论》，《文艺理论研究》2003年第4期，第74～81页；任明华：《明代的小说选本论略》，《明清小说研究》2006年第4期，第29～42页；任明华：《论中国古代小说选本的阅读、传播与文献价值》，《古代文学理论研究（第四十一辑）——中国文论的诠释学传统》2015年第2期，第308～325页；代智敏：《论明代传奇类小说选本的理论价值》，《长

春工业大学学报》(社会科学版)2013年第5期,第82～85页。

[8] (明)袁宏道参评,屠隆点阅:《虞初志》,北京:中国书店,1986年,第7页。

[9] 陈曦钟、侯忠义、鲁玉川辑校:《水浒传会评本》,北京:北京大学出版社,1981年,第1157页。

[10] 值得注意的是,金圣叹在评点欧阳修的《踏莎行》(候馆梅残)"平芜尽处是春山,行人更在春山外"时,"此十四字又反从家里忽然说到客中,抽思胜阳羡书生矣",也提及这个故事。具体可参见(清)金圣叹:《诗词曲卷》下,《金圣叹全集》第2册,南京:凤凰出版社,2016年,第834页。

[11] 丁锡根:《中国历代小说序跋集》,北京:人民文学出版社,1996年,第960页。

[12] 需要说明的是,蒲松龄虽然在这篇小说中并未明确指出受"鹅笼书生"的影响,但是纵观该篇故事的核心情节依然保留了"鹅笼书生"的叙事手法。事实上,明清小说家除了蒲松龄和下文谈到的纪昀外,还有周清源、沈起凤、和邦额等人都延续了"鹅笼书生"的文脉。对此,钱锺书先生称之为"鹅笼境地",具体可参见钱锺书:《管锥编》第2册,上海:上海三联书店,2008年,第1218～1223页。

[13] (清)蒲松龄:《聊斋志异会注会校会评本》,上海:上海古籍出版社,2011年,第898页。

[14] (清)纪昀:《阅微草堂笔记》,上海:上海古籍出版社,1980年,第136～137页。

[15] (清)张潮:《虞初新志》,上海:上海古籍出版社,2012年,第113页。

[16] (明)云游道人编次:《灯草和尚传》,转引自李时人,等:《中国古代禁毁小说漫话》,上海:汉语大词典出版社,1999年,第121页。

[17] 李时人、魏崇新,等:《中国古代禁毁小说漫话》,上海:汉语大词典出版社,1999年,第122页。

[18] (唐)刘知几:《史通通释》,上海:上海古籍出版社,2008年,第108页。

[19] (宋)曾慥:《类说》第1册,北京:文学古籍刊行社,1955年,第29页。

[20] (明)余懋学:《说颐》,济南:齐鲁书社,1995年,第5页。

[21] (明)袁宏道参评,屠隆点阅:《虞初志》,北京:中国书店,1986年,第7页。

[22] 李剑国:《唐前志怪小说史》,北京:人民文学出版社,2011年,第19页。

[23] (明)胡应麟:《少室山房集》卷一〇四《读夷坚志》,上海:上海古籍出版社,1983年,第757页。

[24] (清)蒲松龄:《聊斋志异会注会校会评本》,上海:上海古籍出版社,2011年,第1页。

[25] (清)蒲松龄:《聊斋诗集》卷四,《蒲松龄集》,上海:上海古籍出版社,1986年,第624页。

[26] 鲁迅:《中国小说史略》,上海:上海古籍出版社,1998年,第151页。

[27] (清)蒲松龄:《聊斋志异会注会校会评本》,上海:上海古籍出版社,2011年,第900～901页。

[28] 陈迎辉:《幻:中国古代小说的一种审美形态》,《齐鲁学刊》2014年第4期,第121～125页。

[29] (明)张无咎:《批评北宋三遂新平妖传叙》,黄霖、韩同文选注:《中国历代小说论著选》,南昌:江西人民出版社,2000年,第234页。

[30] (清)蒲松龄:《聊斋志异会注会校会评本》,上海:上海古籍出版社,2011年,第1230页。

[31] 郁玉英:《试论文学经典化的动力机制》,《兰州学刊》2017年第1期,第32～44页。

[32] 童庆炳:《文学经典建构的内部要素》,《天津社会科学》2005年第3期,第86～88页。

[33] [德]伽达默尔:《真理与方法》上卷,洪汉鼎译,北京:商务印书馆,2019年,第57页。

[34] [德]H. R.姚斯、[美]R. C.霍拉勃:《接受美学与接受理论》,周宁、金远浦译,沈阳:辽宁人民出版社,1987年,第24页。

[35] 程麻:《文学价值论》,北京:人民出版社,1991年,第224页。

[36] 郁玉英:《试论文学经典化的动力机制》,《兰州学刊》2017年第1期,第32～44页。

【当代文学研究】

《文城》与余华对传统的再发现

吴卫华

（三峡大学文学与传媒学院，湖北宜昌，443002）

内容摘要：余华的长篇新作《文城》在故事结构、人物形象和叙事策略等方面都呈现出古典化倾向。小说的正篇和补篇形成闭合式结构，以时间的重复与延伸暗合历史的循环，通过跌宕起伏的故事和引人入胜的情节，既展现了主人公林祥福千里寻妻的乱世人生，也挖掘、彰显了人物身上至善品性和民间社会的纯朴仁义。故事叙述虚实相生，在朝向过去的同时以镜像的方式来反思当下，小说依然具有先锋的内核，时空的交错、怀旧的姿态、寓言式的写作等都表明小说的古典化倾向是在现代意义上对传统的再发现。

关键词：《文城》；古典化；传统；再发现

自1990年代开始，余华开始从充满暴力和血腥的先锋叙事转向写实，但现代性的启蒙和批判依然是其主要内在立场。洪治纲就曾指出，余华作品《在细雨中呼喊》《活着》《许三观卖血记》的主题“都是充满抗争性的，向历史、向现实、向人性、向命运，一次次地发出质询”，都是“介入现实或者面向现实进行反抗的写作”，《兄弟》和《第七天》则充满了现代性焦虑，是“作家对现实的无奈、反讽和解构”[1]。睽违八年，余华再次推出长篇新作《文城》，从故事层面看，《文城》的主线是主人公林祥福对妻子小美的寻找，一个清末民初千里寻妻的爱情传奇，但从深层内涵审视，《文城》却是余华在先锋基因的现代叙事中重新发现传统的尝试，故事结构、人物形象和叙事策略等方面都呈现出古典化倾向，小说家以返本开新的方式实现了自身创作生涯的又一次重要转型。

一、正补结构与时间的循环

在整体结构上，《文城》由《文城》七十五章和《文城 补》三十六章构成，正补两重结构以时间的并置和延伸形成富有张力的互补和对话。正篇以林祥福的人生为主，讲述一个千里寻妻的传奇。小说主人公林祥福出生在黄河以北的一户富裕人家，他在二十四岁时的某个黄昏遭遇了一场骗局。阿强和小美自称兄妹，声称来自遥远的江南水乡一个叫“文城”的地方，这是一个类似农夫和蛇的故事。林祥福先后两次以田野般的宽厚接纳了小美，但小美依然在诞下女儿后一去不返。林祥福带着幼女南下寻找小美，一路凭口音和直觉找到江南小城溪镇，他认定溪镇就是最像文城的地方，在溪镇演绎了十七年的传奇人生，直到为赎回溪镇商会会长被土匪残忍地杀死。补篇则以小美的人生为主，揭开林祥福生前的种种谜题。小美本是阿强家的童养媳，受尽委屈，成年后被迫私奔，在走投无路的时候遇到林祥福，又在得知林祥福惊人的财富后听从阿强的安排临时决定行骗，小美始终心怀愧疚。当林祥福决定把溪镇当文城等候小美的时候，小美正在溪镇城隍阁的雪地里跪拜忏悔，直至以冻死的方式为自己赎罪。

小说虽然采用第三人称的全知视角，但有意识地从人物的视角展开叙事，正文和补叙就像两个平行宇宙分别讲述两个人的人生故事。林祥福始终不识小美的真面目，这是林祥福终其一生都未能揭开的谜；小美当然是知道这个谜底的，但小美去世前并不知道林祥福和女儿林百家将以溪镇为家，林祥福在溪镇十七年的生活反过来又成为小美无法解开的谜。林祥福不知道他曾经有过与小美同处溪镇的时光，更不知道他在溪镇雪冻时抱着女儿从不远处看到过冻死的小美；小美当然也不会知道，在她雪地跪拜的三天时间里，林祥福一直在溪镇挨家挨户给女儿寻找奶水，每天都会经过城隍阁，看到跪拜的人小腿逐渐没入雪地里，直到目送她被人抬走。当正补两部分的故事叠加起来时，两个人的人生真相才浮现出来，但真相却伴随着无可弥补的错过而流逝。爱情传奇的背后是时间的多重可能性，正如博尔赫斯在《小径分岔的花园》里借汉学家艾伯特所说的那样：“时间有无数序列，背离的、汇合的和平行的时间织成一张不断增长、错综复杂的网。由互相靠拢、分歧、交错，或者永远互不干扰的时间织成的网络包含了所有的可能性。在大部分时间里，我们并不存在；在某些时间，有你而没有我；在另一些时间，有我而没有你；再有一些时间，你我都存在。”[2]

但是，余华显然并未停留于这个小径分岔的迷宫游戏。死亡是人物的结局，也是另一个传奇的开始。在故事的尾声，北方老家的仆人田氏兄弟遵林祥福遗信南来带他还乡，在山间小路的尽头，田氏兄弟将装有棺材的板车停在小美和阿强的墓碑旁边，小美和林祥福左右相隔，咫尺之间。这次看似无意的停留，其实是命中注定要成就一个终极传奇，十七年的等候终于在另一个世界迎来短暂的相遇。至此回看小说的故事，可以发现很多看似合理或不合理的细节不过都是这个传奇结局的铺垫。林祥福在世的时候，无数次以不同的方式来到西山，却“只缘身在此山中，不识庐山真面目”，从未发现小美的墓地，这不能不说是一个让人疑惑的安排，但他恰好在死后返乡的路上来到这里，也正是这终极巧遇才能更强烈地突出他十七年漂泊和寻找的意义。林祥福因为想要叶落归根，才在以身探险前周密安排，写信嘱咐田氏兄弟来接他回家，才有了从溪镇出发的返乡之旅；为了避开返乡路上的汪庄激战，田氏兄弟才绕道西山，踏上了通往小美墓地的山间小路；之所以有汪庄激战，是因为陈永良要给村民和林祥福报仇，与土匪张一斧在汪庄展开殊死决战；陈永良之所以拉起队伍对抗土匪，是因为他与林祥福亲如手足的情谊；他们的情谊始于林祥福为寻找小美漂泊到溪镇的相遇；林祥福二十四岁前所有失败的相亲，包括和那个叫刘凤美的姣好女子的遗憾错过，都不过是为了在他二十四岁那个黄昏的骗局中认识小美……如此甚至可以前溯到小说的每一个细节，整个故事因此形成一个闭环式结构。

时间的循环不仅体现在小说的整体结构上，而且小说开头和结尾的文字中更明确地强化了这种循环的意义。正篇开头写道："在溪镇有一个人，他的财产在万亩荡。那是一千多亩肥沃的田地，河的支流犹如蕃茂的树根爬满了他的土地，稻谷和麦子、玉米和番薯、棉花和油菜花、芦苇和竹子，还有青草和树木，在他的土地上日出和日落似的此起彼伏，一年四季从不间断，三百六十五天都在欣欣向荣。"[3]正篇结尾写道："道路旁曾经富裕的村庄如今萧条凋敝，田地里没有劳作的人，远远看见的是一些老弱的身影；曾经是稻谷、棉花、油菜花茂盛生长的田地，如今杂草丛生一片荒芜；曾经是清澈见底的河水，如今混浊之后散出阵阵腥臭。"[4]补篇结尾却写道："此时天朗气清，阳光和煦，西山沉浸在安逸里，茂盛的树木覆盖了起伏的山峰，沿着山坡下来时错落有致，丛丛竹林置身其间，在树木绵延的绿色里伸出了它们的翠绿色。青草茂盛生长在田埂与水沟之间，聆听清澈溪水的流淌。鸟儿立在枝上的鸣叫和飞来飞去的鸣叫，是在讲述这里的清闲。"[5]在此不避冗赘搬出原文，是便于更直观地呈现正篇结尾与补篇结尾的矛盾，以及补篇结尾与正篇开头的呼应。正篇结尾和补篇结尾都是田氏兄弟拉着死去的林祥福和田大返乡途中的溪镇景色，为什么会出现两种完全不同的色调和氛围？奥秘就在于墓地奇遇的时刻。正篇结尾是在墓地奇遇之前，"萧条凋敝""杂草丛生""浑浊腥臭"正是溪镇遭遇土匪和战争之后的真实景象，补篇结尾是在墓地奇遇之后，十七年的等候和寻找，在田氏兄弟暂歇饮水的片刻，得以成全，这一瞬间，水是甜的，天地也为之一新，这只是一种良好的祝愿和主观想象。墓地奇遇堪称梁祝化蝶的另一个版本，这样的结局淡化了悲剧的色彩，这种想象中的"天朗气清""清澈溪水""清闲""安逸"场景，作为全书的结尾又和正篇开头的"欣欣向荣"相映衬，构成整体上的情绪和色调的一致性。

在这个循环的故事结构里，林祥福南下来到溪镇寻妻本身并非故事的重点，重点在于这个寻找本身产生的多重可能性，这些可能性分布在不同的时间节点，但人物却浑然不觉。真实与虚无、可知与不可知，交织成一个巨大的谜，它的谜底就是时间。个体在无限的时间里必须接受有限性的存在。无限时间里伸出无数个方向，对应着无数的可能性，一旦选择了一个方向，也就意味着放弃了其他所有的可能。但是如果换一个万能的视角，它便可以看到所有的选择及其可能性，当命运的轮廓一览无余时，更能发现命运的偶然与无常，每一个结局都可能是另一些分岔的起点。"命运的看法比我们更准确。"[6]余华曾经借古希腊人之口这样提醒我们。

当然，小说也曾提示故事具体的时代背景。在小美去世以后，小说明确交代："小美入土为安，她生前经历了清朝灭亡，民国初立，死后避开了军阀混战，匪祸泛滥，生灵涂炭，民不聊生。"[7]用小说创建一部百年历史，是很多作家的"野心"，余华也不例外。他在新书发布会上说过，之所以将笔触向后延伸至清末民初，是打算弥补自己创作中二十世纪中国历史开端缺失的一角。但值得注意的是，明确的时间背景并未指向明确的历史意识。小美避开的那些劫难，是林祥福不得不面对的生命之殇，也是小说正篇的时代背景。小美去世后，林祥福在溪镇生活了十七年，自小美经历过的“清朝灭亡，民国初立”往后推算，林祥福的生命终止时间应该在二十世纪二三十年代，这十七年正是近现代中国急剧转型的时期。虽然小说也通过顾益民在上海的生意、《申报》、女子学校，以及小美和阿强私奔到上海后看到的黄包车、电灯、有轨电车和衣庄（即裁缝铺）等线索暗示了十里洋场的都市文明，但是小说并未呈现出历史进步的时间观念，所有的时代背景都不过是人物命运展开的一个布景，只是以不同的方式昭示生命潜藏的各种可能性，但可悲的是，人物的每一个选择都指向最后的悲剧。这里的时代背景不过是一种障眼法，具体的时间/时代不过是推进故事的需要，并未真正进入到故事的叙述中，与人物命运并无必然联系，小说的主要人物林祥福、小美、陈永良、李美莲、顾益民的性格几乎没有变化，在氤氲着浓郁江南水乡特色的文字中，世事纷扰与时代乱象都阻拦不了他们在时空的循环往复中走向宿命的结局安排。

“时代的洪流推着每个人做出各自的选择。这是一个蛮荒的年代，结束的尚未结束，开始的尚未开始。”这是《文城》腰封的推荐语。清末民初，恰值新旧转型之际，的确是“结束的尚未结束，开始的尚未开始”，但那并非一个“蛮荒的年代”，而是乡土中国已然展开现代化转型的时代。小说并未顺着通常意义上对“晚清—五四”的现代性阐释展开，而是讲述了林祥福漂泊到江南小城溪镇的人生传奇。隔着一个世纪的时光，这个传奇故事罩上了一层朦胧和暧昧的面纱，萦绕着怀旧的色调。小说是时间的谜面，时间的修辞在让读者看到林祥福人生全貌的同时，也延宕和悬置了叙事人的判断，留下大量空白让读者在想象中接续那些未完成的部分。这里依然有着博尔赫斯式的“交叉小径的花园”，但最终指向的不再是永无止境的蘖生，而是回归时间的循环和命运的轮回，那些“交叉小径”不过是人生必然面对的选择和磨难，它们一起指向等在不远处的宿命。

二、“活着”之上与“高尚的作品”

《文城》的创作前后历经二十余年，最早的构思始于写完《活着》之后。在时间上，小说清末民初的设定正好是《活着》的前史，在人物身份上，方圆百里屈指可数的富户林祥福也可视为地主福贵的前世。但是，余华说当初写了二十多万字以后，发现往下写越来越困难，是不是因为那“二十多万字”不过是一种自我重复？我们不得而知。但面对《活着》出人意料的广泛影响和普遍好评，如何讲述另一个不一样的地主故事，或许还真是一个问题。按余华的说法，他是在 2020 年新冠疫情期间完成了《文城》的写作，有关疫情的思考或许正是《文城》重要的内驱力。病毒的无差别攻击和大量生命的逝去，让人们不得不停下快节奏的现代生活，关注和思考生命本身的高贵与尊严。面对难以言表的疫情之殇，举国同悲，在缺乏外在超越力量的文化传统里，向内超越便成为一种对抗现实苦难的途径。伴随“山川异域，风月同天”“岂曰无衣，与子同裳”“黄沙百战穿金甲，不破楼兰终不还”“江南无所有，聊赠一枝春”等赠语的，是友邦人士、援鄂医护和普通百姓等各种资源形成的抗疫合力，突如其来的灾难在震惊社会的同时，也复苏了那些在利益和欲望的压抑下蛰伏已久的大爱和至善，催生了英雄主义的当代复现。这是任何置身这场灾难中的写作都绕不开的语境，或许也正是《文城》最后的催化剂。

当然，《文城》并未写疫情本身，但调用了大量自然灾害元素，先后三次写到雨雹、龙卷风和雪灾，或许可以说，疫情在此以另一种方式加入了虚构的小说。三次灾害的后果一次比一次严重，自然灾害固然会加重人物的苦难，但每一次灾难都伴生着林祥福人生的转折点和新的可能，不断激活林祥福生命的潜能。第一次北方老家的雨雹夺走了管家的性命，林祥福像亲人一样为他送终，灾害带来的巨大恐惧与人间大爱一起促成小美和林祥福结为夫妻；第二次林祥福南下遭遇龙卷风几近丧命，当他九死一生怀抱失而复得的女儿在朝霞中出现时，遇见的第一个人就是他此后余生的生死之交陈永良，他看到的那个因为龙卷风“秃顶”的小城虽然不叫“文城”，却正是小美和阿强的家乡溪镇；第三次林祥福重返溪镇时恰逢连续十八天的雪冻，他在雪地里为女儿寻百家奶，亲眼见到小美在城隍阁跪拜冻死后被抬走的场景，虽然他并不知道那就是小美，那时他认定溪镇就是最像“文城”的地方，从此开启了他在溪镇十七年的另一重人生。自然灾害终结了过去，也开启了未来。

自然灾害之外，《文城》里的兵匪之患也是故事的重要推动力。兵匪当然是与自然灾害性质相异的人祸，但小说显然也并未指向批判，反而是以兵匪的残暴反衬溪镇人的至善和大义。林百家被土匪绑走后，李美莲毫不犹豫地让自己的儿子陈耀武去替换；张一斧带队攻打溪镇势在必得，溪镇的独耳民团却前仆后继，誓死抵抗；溃退的北洋军原本烧杀抢掠无恶不作，却因为顾益民的仁义放弃了抢劫溪镇的想法；顾益民被张一斧绑架后，林祥福甘冒风险去给土匪送赎金，孤勇决绝到出发前就已留下遗书，被残忍杀害后仍面带微笑，死而不倒；土匪屠村后，陈永良义无反顾带领众人报仇雪恨，直至最后手刃张一斧；陈永良和张一斧的汪庄激战，则在无意中成全了林祥福和小美的团聚。

在余华以往所有的写作中，苦难与暴力是人们谈论最多的主题，但由恶人、历史与社会制造的苦难，常常指向对人性之恶与历史荒诞的批判。《文城》中的苦难与暴力却反向激发了人们心中的善与爱，以及由此构建的命运共同体意识。林祥福幼年丧父，耕读传家，他可以为爱行走天涯，也可以为义挺身而出。他的美德是在传统文化中开始启蒙的，他在母亲的纺车旁，坐在父亲亲手做的小桌子和小板凳之间，在织布机吱哑吱哑的声响和母亲温软的话语里，从《三字经》学到了《汉书》《史记》。他面临一次又一次的天灾人祸和反复被骗的困境时，不但全都承受下来，而且有能力从容应对，到了生命的最后时刻，则义无反顾地像一个英雄那样慷慨赴死。这种能力来自家里那些线装书，来自田间的泥土，来自母亲的纺车，来自父亲的木器，来自朴素的民间大义。在无限的时间里，在无数的方向中，在无数的可能性中，善与信义的光芒是与虚无抗衡的能量源泉。

《文城》因此成为余华在《活着》之后另一部不一样的“高尚的作品”。余华曾经在1993年中文版《活着》的自序中坦言创作的心路历程：“我一直是以敌对的态度看待现实。随着时间的推移，我内心的愤怒渐渐平息，我开始意识到一位真正的作家所寻找的是真理，是一种排斥道德判断的真理。作家的使命不是发泄，不是控诉或者揭露，他应该向人们展示高尚。这里所说的高尚不是那种纯粹的美好，而是对一切事物理解之后的超然，对善和恶一视同仁，用同情的目光看待世界。”[8]相对《活着》赋予小人物“活着”本身“高尚”的意义，《文城》的“高尚”增加了人物的主动性和至善的伦理。在悲剧的底色上，余华不吝笔墨书写那些普通人身上人性的光芒和守卫家园的勇气，由此而生发的感动甚至足以遮蔽所有苦难及其带来的痛感。从初衷来看，林祥福的寻找徒劳无获，但从人生的质量来看，林祥福的一生又是丰盈而充实的。他在绝对的虚无中张扬绝对的善，这是双重的悲悯，也是深层的温暖。余华在北京的读者见面会上谈到林祥福这个人物时说，他要写一个“纯洁到令人难以置信”的形象，林祥福就是这样一个纯洁至善的产物，林祥福作为善的化身被高度抽象化。他将林祥福的选择视为一种不可知力量作用的同时，又让林祥福充分施展他把握人生的能力。在此，余华依然不回避宿命的悲剧，但他更强调人在无限时间的有限选择里的主观能动性。如此，温情、善良和信义才凸显出来，中国古老的道德传统获得了更强劲的力量。

三、回忆与“讲故事的人”

回忆是余华写作的基石，他说：“我只要写作，就是回家。”[9]这里的“回家”，既是一种源于乡愁的精神返乡，也是一种朝向传统文化血脉的自觉回归。这种对过去的迷恋，可以透过时空的距离察看人生，获得一种超越性视角，更容易看到重新选择的种种可能性，但人生又注定是不可逆的单行道，巨大的悲悯便由此而生，个人的记忆也因此扩散为一种时代和群体的记忆，正如余华的自我体察：“我的经验是写作可以不断地唤醒记忆，我相信这样的记忆不仅仅属于我个人，这可能是一个时代的形象，或者说是一个世界在某一个人心灵深处的烙印，那是无法愈合的疤痕。”[10]《文城》的封面是艺术家张晓刚的作品《失忆与记忆：男人》：梦幻般的蓝灰渐变色调如同记忆般朦胧，光线从左侧洒进来，男人的眼底挂着欲滴的泪水，平滑与柔和的色彩和造型里，晕染着白日梦的诗意。在反复的擦拭笔法中，眼角外那个写实的不规则灰紫色块显得极不协调，它提醒人们记忆的伤疤随时都会显影，这突兀的色块逼近人们的视线，唤醒过去的记忆，回到不堪的现实。过去与现实暧昧地混杂在一起，时间的疤痕在混沌的记忆里如此突兀，又如此切近，人们在错乱的时空里艰难前行。柔和的画面与含混的记忆叠加在一起，先锋与古典、写实与幻象杂糅在一起，这也正是《文城》的叙事策略。小说细节的精准和整体的虚幻统一在一起，“虽然里面迷人的意象和感受已经深深地打动了我们，可我们依然无法接近”，像博尔赫斯一样，余华“在同一事物的内部进行着瓦解和重建的工作”，“通过叙述让读者远离了他的现实，而不是接近”[11]。

按本雅明的说法，现代小说与传统故事的重要区别就是失去了那个“讲故事的人”，在传统的故事里，“无论何种情况，讲故事的人都会向读者提出忠告”，但在现代小说兴起后，“讲故事的艺术正濒临绝境”，因为“小说的诞生之地是孤独的个人……而这个孤独的个人已经不会用举例的方式来诉说自己的关切，他没有忠告，也提不出忠告，所谓写小说，就意味着在表征人类存在时，把其中不可通约的一面推向极致”[12]。现代社会经验分裂和时空破碎的生活现实导致这种“不可通约的一面”越来越强势，现代小说因此无法像传统故事那样依据个人经验提供普遍适用的道德训诫。这也正是上世纪八十年代中期以来小说形态的重要变化，从先锋小说和新写实小说开始，作家普遍放弃了小说的主体性评判，拒绝成为道德秩序的引领者。物极必反，在经历了叙事的革命和话语的狂欢后，现实社会的精神萎靡和价值真空又召唤作家重新构建话语主体性。

作为在先锋小说潮流中成长起来的作家，余华的写作当然不可能褪去先锋的基因，当他回望传统时，只能在传统与现代的融合中开辟新的道路。传统小说是看重故事性的，譬如尽量保持自然时空的完整性、叙事的连贯性和完整性、用人物自身的言行而不是心理活动塑造形象、叙事人明确传递某种伦理观念和道德教化等。《文城》无疑是具备传统故事性的，它以世情小说的方式演绎林祥福和小美的传奇，并且穿插了大量传统的元素，但它打破了自然时空的形式，以重复性叙事破坏了故事的连贯性和完整性，以大量人物内心的声音替代了人物外在的言行。更重要的是，叙事人并不直接进行道德评判，但却通过人物自己的选择自然传递至善的伦理。也就是说，余华无意于充当一个导师或智者的角色，布道人生的教义，他只是在林祥福死去后，重温林祥福一生的命途多舛和善良仁义，提供人们内心渴求的温暖和慰藉，这正是本雅明发现的“小说的意义”：“小说的意义不在于它为我们——而且有可能是说教式地——呈现了他人的命运，而在于这个陌生人的命运在燃烧时发出的火焰，为我们提供了从自身的命运中无法获取的温暖。”[13]余华不动声色地讲述人物面临困境时的选择，而林祥福生命中的每一次选择都是“命运在燃烧时发出的火焰”，至善的追求烘托出生命的高贵，照亮现代人孤独的内心。这正是传统故事净化心灵的道德诉求，但余华实现小说伦理目标的方式是情感的共鸣而非刻板的劝谕。

小说花费了大量笔墨描写精工细作的木工和织补技艺，那些木器和织物既是日常场景，具有世俗生活的肌理，也渗透着中国文化的审美体验，隐藏着人物的精神趣味，物性与人性混融一体，虚实相生。木工和织补的过程已然内化为人物生活的一部分，也是人物抵御虚空的一种方式。林祥福从小就像父亲一样酷好木工，天赋加上好学苦练，木工技艺日益精进。在遭遇小美的骗局破财后，他出门拜陈箱柜和徐硬木为师，两人都是木工行里的顶级师傅，分别教给他两种不同的行业观念。在软木器匠陈箱柜看来，木工行当里是有等级之分的，最上乘的是硬木器匠，最下等的是洋木器匠；但陈箱柜最敬佩的徐硬木却告诉他：“木工行里只有分门别类，没有贫贱富贵。”[14]手工艺人的素养影响了林祥福的人生观，林祥福一方面学会了硬木匠，在技术上更胜一筹；另一方面又对徐硬木不分贵贱等级的木匠分工心领神会，当他在溪镇听到陈永良说自己只是一个“低等的大锯匠和扛房工人”时，他用徐硬木的话赢得陈永良发自内心的尊重，随后两人才开始联手修缮溪镇被损毁的房屋，又一起开办木器社，成为生死之交。在林祥福的一生中，木匠手艺既是个人爱好，也是谋生手段，更是内在超越的方式，余华以此接通了中国古典的审美品格和修身方式。现代社会以机械复制替代传统手工，千篇一律的艺术品取代了传统艺术的差异性，同质化的生活取代了个性化的经验。余华在此反其道而行之，复活了木工与织补这些被现代工艺抛弃的手工技艺，以“打磨”和“织补”的方式触动现代人浮躁的灵魂，同时，余华也以此回应了本雅明的反问：“讲故事的人与其素材即人类生活的关系，难道不正是手工艺人与其材料的关系？讲故事的人的任务，不正是要以一种牢固的、实用的、独一无二的方式来塑造经验的原材料，无论是自己的还是他人的？”[15]

小说虚实相生的策略也体现在“文城”能指与所指的错位。“文城”以乌托邦的形式成为余华的故事底本，“文城”意义的含混性与复杂性成就了它自身的活力与生机，在间隔一百多年时间的凝视中，“文城”的现实所指溪镇成为现代人在破碎世界里的一个乌托邦，潜藏着意义的总体性。在《兄弟》《第七天》与现实“正面强攻”后，余华再次采用迂回战术，摒弃了史诗性的追求，也放弃了批判性和反讽性的愤懑，转而以小人物的世情故事，想象那个“蛮荒时代”的浪漫传奇。但一切历史都是当代史，当传统被置于前景时，无不是在为当下的现代性后果寻找解药良方。叙事人是一个超越了时代的人，但他显然带有总体性匮乏和意义流失的现代基因，一直试图在过去的记忆里投射自己的影子，整体上呈现一种暧昧的意味。“文城”是一个虚幻的开始，溪镇才是真实的生活，但人们内心永远需要一个“文城”。《文城》虽然在故事时间上指向清末民初，但也是以镜像的方式提醒人们反思当下的处境。

小美多次追问阿强：“文城在哪里？”阿强最后回答她说：“总会有一个地方叫文城。”但是，这个虚无缥缈的文城，是小美的心底之痛，“意味着林祥福和女儿没有尽头的漂泊和找寻”[16]。永远无法抵达的“文城”，虽是一个乌托邦的幻影，却无处不在，其挥之不去的幻灭感与历史的悲剧意识是小说虚无的底色；但另一方面，“文城”作为阿强随口杜撰的一个地名，却指引林祥福走向溪镇，演绎出十七年的现实人生，作为一个谎言，“文城”又激活了民间真诚、善良、信义等信念。由此可见，《文城》虽然具有古典化倾向，但依然具有先锋的内核，时空的交错、怀旧的姿态、寓言式的写作等都表明小说的古典化倾向是在先锋意义上对传统的再发现。

注释：

[1] 洪治纲：《余华评传》，北京：作家出版社，2017年，第286～287页。

[2] [阿根廷]博尔赫斯：《小径分岔的花园》，王永年译，上海：上海译文出版社，2015年，第97页。

[3] 余华：《文城》，北京：北京十月文艺出版社，2021年，第3页。

[4] 余华：《文城》，北京：北京十月文艺出版社，2021年，第236页。

[5] 余华：《文城》，北京：北京十月文艺出版社，2021年，第348页。

[6] 余华:《我能否相信自己》,《温暖和百感交集的旅程》,北京:作家出版社,2012 年,第 1 页。

[7] 余华:《文城》,北京:北京十月文艺出版社,2021 年,第 343 页。

[8] 余华:《活着·自序》,北京:作家出版社,2012 年,第 3 页。

[9] 余华,杨绍斌:《"我只要写作,就是回家"》,《当代作家评论》1999 年第 1 期,第 4～13 页。

[10] 余华:《黄昏里的男孩·自序》,北京:作家出版社,2012 年,第 1～2 页。

[11] 余华:《博尔赫斯的现实》,《温暖和百感交集的旅程》,北京:作家出版社,2012 年,第 35～40 页。

[12] [德]瓦尔特·本雅明:《讲故事的人》,《写作与救赎:本雅明文选》,李茂增、苏仲乐译,上海:东方出版中心,2017 年,第 124～125 页。

[13] [德]瓦尔特·本雅明:《讲故事的人》,《写作与救赎:本雅明文选》,李茂增、苏仲乐译,上海:东方出版中心,2017 年,第 138 页。

[14] 余华:《文城》,北京:北京十月文艺出版社,2021 年,第 31 页。

[15] [德]瓦尔特·本雅明:《讲故事的人》,《写作与救赎:本雅明文选》,李茂增、苏仲乐译,上海:东方出版中心,2017 年,第 145 页。

[16] 余华:《文城》,北京:北京十月文艺出版社,2021 年,第 330 页。

历史功能·权力轮回·杂学趣味

——《张居正》文化阐释

刘保昌

（湖北省社会科学院，湖北武汉，430077）

内容摘要：熊召政的长篇历史小说《张居正》是一部被评论家视为“以心灵吟唱历史，以史笔重构文化”的具有恢宏史诗气象的历史小说。其历史观念、表现方法、文化思辨、地域符码呈现、人物形象塑造、审美空间构建等，在当代历史小说写作中均具有标志性意义。小说成功地塑造了张居正这一典型的“楚狂”人物形象。《张居正》能够很好地调和“认识论”与“价值论”的双重功能，真正做到了“历史真实”与“小说想象”的有机结合。小说对权力文化进行了独到思考和深入探讨。小说中丰富背景知识的铺陈，杂学趣味的呈现，营造出浓淡相宜、疏密相间的美学空间。

关键词：《张居正》；历史功能；权力轮回；杂学趣味

进取和狂放是“楚狂”性格的一体两面。敢作敢为正是张居正锐意改革，最终取得成功的可靠保障；而任性专权则为其身后的命运陡转埋下伏笔。“熊召政写的《张居正》，敢于揭示主人公在激烈政治斗争中公德和私德的冲突，突出人物异乎常俗的抉择，把从大处着眼的历史观与现实主义的艺术风格结合起来，寓客观的褒贬于冷静的描绘之中，在历史小说人物塑造上开了新生面”[1]，一切成功的历史小说，首先必然是人物艺术形象塑造的成功。熊召政笔下的张居正，无疑是一个成功的“楚狂”形象。

一、历史功能

不同的读者对于历史小说有着不同的阅读要求和审美期待，有人注重其认识论功能，即要了解和认清“某些历史事件、某个历史人物是怎样的”；有人则注重其价值论功能，即“要了解那些历史事件、历史人物与今天、与自己有什么关系”[2]。由此，也就产生了分属“认识论”派和“价值论”派的两种迥异其趣的衡量历史小说优劣成败的标准。事实上，历史小说的认识论与价值论不可分离，同时也不能作极端化的理解。海登·怀特在论述小说家与史学家的差异时同时指出他们之间存在的共性：一般人们总是认为只有小说家才靠想象生存，想象力是小说家的看家本领；历史学家要靠发现真相生存，真实是历史学家的第一追求，而事实上，历史学家总是要“把想象与真实事件融为可理解的整体，并使其成为表述客体的过程，实际是一个想象的过程”[3]。相对来说，以人物形象塑造、审美期待满足、历史资源借鉴、真实情景还原为主体诉求的历史小说写作，更是离不开合理的艺术想象和适度的艺术加工。

历史小说创作的原则向来是“大事不虚，小事不拘”。《张居正》能够很好地调和“认识论”与“价值论”的双重功能，真正做到“历史真实”与“小说想象”的有机结合，可谓成功之作。虽然在某种意义上我们可以借鉴克罗齐“一切历史都是当代史”的说法，认为“一切历史小说都是当代现实题材的小说”，都具有或者曲折或者直接的现实针对性和人文关怀，但是，选择哪一段历史，选择哪一种人物作为历史小说的书写对象，事实上仍然是由作家的历史观所决定的。为什么要花十年时间研究、书写明朝万历年间的首辅张居正，熊召政给出的解释，是因为四百多年前的那一场改革、那一个历史人物，对于当下的“正在进行中的改革，具有积极的借鉴意义”[4]。这种“古为今用”的历史功能观，无疑是经世致用文化传统的题中应有之义。我们注意到，历史小说创作向来有为“帝王君主”作传的传统，如许啸天的《明宫十六朝演义》《清宫十三朝演义》、蔡东藩的“中国历代通俗演义”、二月河的“清帝系列”、凌力的《少年天子》、孙皓晖的《大秦帝国》等，或者描写帝王功业，或者批判宫廷文化的专制腐朽，兼具历史知识普及与文学审美传播的双重功能。熊召政选择张居正作为描写对象，是其历史观的具体体现，他认为在中国两千多年的封建历史中，政治活动主要由两类人物系列来完成，一类是皇帝系列；另一类是宰相（或者相当于宰相）系列。皇帝系列中的杰出人物并不太多，秦皇汉武、唐宗宋祖，屈指可数，大多数皇帝较为平庸，甚至昏聩不堪；宰相系列中虽然也有李林甫、秦桧、严嵩之流的奸佞小人，但杰出人物则不胜枚举。从历史的大数据分析，贤相的比率要远高于明君。这是因为，与皇帝的世袭制不同，宰相并非世袭，绝大多数都是靠科举功名进入政治体制之内，依靠真才实学“干”出来的。因此，熊召政对宰相系列更有研究的兴趣，由此产生了强烈的创作冲动。他发现宰相往往“具有两重性”：一方面，他们是“学而优则仕”的代表；另一方面，“他们崇尚的道德与残酷的现实大相径庭”[5]。这种人格两重性所造成的性格“分裂”，及其所形成的精神张力，对于作家来说，大有驰骋想象的艺术空间。熊召政是一个具有深重忧患意识的作家，这种忧患来源于强烈的“此时此地此在”的现实关怀，他曾经在访谈中说过：“我写作这本书的目的不是为了跟着市场走，而是出于我的强烈的忧患意识”，朱明王朝的“国家管理体制，对今日中国最值得借鉴”[6]。

为了让历史复活，就必须在小说创作中做到最大限度地接近历史真实；而历史真实主要包括三个方面：典章制度的真实、风俗民情的真实和文化的真实。熊召政认为前二者属于形而下层面，比较容易做到，而文化的真实属于形而上层面，比较难得做到；真正优秀的历史小说，必须具有形神兼备的真实性，如此方可算作“上乘之作”[7]。在书写历史真实、还原历史本来面目的基础上，古为今用才有了可资依凭的坚实根基。小说《张居正》下了细致深彻的研究功夫，着力还原明朝典章制度，对职官设置沿革、朝廷礼仪经筵、诏书格式用印等均有详细描写，既为读者提供了丰富的历史知识，也为小说营造了真实的历史氛围。典章制度文化的描写，在小说叙述中“随物赋形”，跟随小说人物和事件的节奏，得以自然地呈现，如《木兰歌》第三回交代南京应天府的功能，“除了内阁之外，一应的政府机构，如宗人府、五军都督府、六部、都察院、通政司、大理寺、詹事府、翰林院、国子监、太常寺、鸿胪寺、六科、行人司、钦天监、太医院、五城兵马司等等，凡北京有的，南京也都保留了一套。北京所在府为顺天府，南京所在府为应天府。不过，北京政府管的是实事儿，而南京的政府，除了像兵部守备、总督粮储的户部右侍郎、管理后湖黄册的户科给事中这样为数不多的要职之外，大部分官位，都形同虚设”[8]。这就为任南京工部主事的胡自皋向冯保的管家徐爵钻营行贿“烧冷灶”提供了可靠的依据和现实的动机，同时也为读者提供了符合正史记载的真实历史知识，具有一石二鸟的叙事功能。为了追求历史表达的真实性，小说在明代典章制度文化的描述中，格外注重其流变性，对某项制度的兴起、隆盛、衰败的过程，纵然千头万绪，也要力求做到简洁扼要的叙述交代，显见作家对明代典章制度的沿革烂熟于心，有效地还原了明代典章制度文化的真实。

小说同样致力于还原明代风俗民情文化的真实。相对于跟随朝代递嬗而变易的典章制度文化来说，风俗民情文化具有更为长久的“恒定性”，具有鲜明的民间性，生动活泼，代代相传。小说写到斗蟋蟀的学问，仍是从头说起：斗蟋蟀又名促织，源自唐代，兴于南宋，元代燕京盛行，明代京师达到登峰造极的地步，赌风日炽，满城欲狂，斗蟋蟀最为集中的“庙前街”，竟被唤作“促织街”；豪赌盛行，动辄白银千两，连带着宣德窑所出蟋蟀盆子，也水涨船高，一只价值数百两银子。其中自然也有一套“蟋蟀经”，“从颜色来分，就有红紫头、黄麻头、栗麻头、柏叶麻头、黑麻头、半红麻头、乌麻头等数十种之多。其中青为上，黄次之，赤次之，黑又次之，白为下”[9]。描写斗蟋蟀的民俗文化并非闲笔，金学曾以“黑寡妇”斗败“金翅大将军”赢得一万两银票以纾国库空虚之难，既是小说的重要叙事情节，又是塑造人物性格的重要方式。京城人每年正月十九到白云观过“燕九节”的风俗，也是小说民情风俗文化描写的重要段落，不惜施以浓墨重彩。其他如棋盘街的市井风情、元宵节的鳌山灯会、早春二月的陀螺打桜游戏、大隆福寺的花市庙市、缔结婚姻中的纳采问名三茶六礼、楚地葬礼中看风水定吉穴斩雄鸡摔瓷碗封墓道的习俗，甚至四时八节的日常过法，算命测字打卦的诀窍，青楼风月的“门坎”和秘密，荆州名菜蒸茼蒿、皮条鳝鱼、冬瓜炖裙边的做法等，莫不工笔描绘、细致入微、引人入胜。真实的风俗民情文化展示，为小说平添了烟火人间气息，为小说人物形象提供了生动的“具体性”，从而营造出真实的历史文化氛围。

历史小说创作最难做到的是还原出文化的真实，《张居正》于此下了很深的功夫。小说不仅天衣无缝地移植了不少张居正本人创作的诗词、奏章，还从野史笔记中精挑细选出不少民间俚曲唱词，进行精当剪裁，与叙事情节完美交融，而且为了推进情节和塑造人物形象的需要，作家往往为古人“代笔”，创作了大量的几可乱真的诗词歌赋散曲；至于在小说叙事中进行文化“回溯”，勾勒文化发展的历史脉络，则更是比比皆是，不胜枚举，由此营造出浓郁的历史文化氛围。我们据此可以说，《张居正》

中的人物形象不仅是“历史的存在”，而且也是“文化的存在”，是历史人物“文化思维的表现”[10]。

二、权力轮回

《张居正》对权力文化进行了独到思考和深入探讨，尤其是对儒教和儒家文化、对封建专制皇权文化的批判与反思，达到了罕见的深度。

张居正是有明一代的改革家，梁启超称之为“明代唯一的大政治家”。张居正儒家其表法家其里，有其雄才大略的一面，也有其擅作威福的另一面。这种两面性，已为前人所认识到了，如清人纪昀就认为，张居正“振作有为之功，与威福自擅之罪”，功过相对，十分明显，“不能相掩”，在他看来，张居正一生功过，毁誉各半，五五对开。史乘记载中对张居正的功与过，亦多持辩证观点，如《明史》评论张居正，“通识时变，勇于任事”，而威权“震主”，“祸发身后”。《明神宗实录》也说张居正其人“性沉深机警，多智数”，慷慨独任，柄政之后，四海安靖，四夷来服，钱粮充足，但是他“偏衷多忌，小器易盈”，钳制言论，信任奸佞，“威权震主”，最后落得个“戮辱随之”的下场。

如果放宽历史的视界，我们就会发现，万历新政的伟业，在历史长河中颇具光辉。清人魏源指出，张居正的改革事业，不仅换来明代五十年的和平岁月，而且“为本朝开二百年之太平”[11]。梁启超更在《中国六大政治家》中将张居正与管仲、商鞅、诸葛亮、李德裕、王安石并列。熊十力在与友人论张居正时，推赞其为汉代以来唯一真正具有“公诚之心”的历史人物，“毅然以一身担当天下安危，任劳任怨，不疑不怖”，这种“千古一人”的评价，可谓至矣、尽矣、无以复加矣。

熊召政在小说写作中探讨权力文化的结构组成，在封建专制金字塔式的权力结构体系中，位于最上端的无疑是皇权。皇权不可冒犯；一旦侵犯，必会产生可怕的后果。虽然张居正在万历新政中“起衰振隳，纲纪修明，海内殷阜”，达到“帑藏充盈，国最完富”（夏燮《明通鉴》）、天下大治的效果，然而，等到张居正病故仅仅十个月，万历帝一面享受着张居正改革的成果，一面迫不及待地连下十几道圣旨，对张居正及其势力实施残酷的清算，封赠尽夺，家产被抄，亲人被贬谪流放或者身陷囹圄。张居正险些被鞭尸，挫骨扬灰，其长子被逼上吊自杀，门生故吏皆遭打击，以致数十年间无人敢提张居正的名字。于此不难想见万历帝对张居正怀着怎样的“深仇大恨”。少年皇帝对张居正“既敬重又憎恨，既依赖又忌惮”，“尽管张居正严守臣道，对他礼敬有加，但他在张居正面前，总是小心谨慎，像一个生怕做错事情的小媳妇。处理朝政，他对张居正言听计从，但每签发一道圣旨，他又怅然若失——皆因张居正的票拟，他不敢擅改一字”[12]。这种敬重、憎恨、依赖、忌惮交织的帝王心理分析，一针见血。压抑太久，终究会爆发。皇权不能旁落，逐渐长大的万历帝已经认识到了权力的利害。为了从根本上消除张居正产生的“影响的焦虑”，万历皇帝对张居正及其家族、门生故旧动手，风卷残云，毫不留情。于此可见封建专制皇权的刻薄寡恩与残酷无情。

封建历史中的一切改革家，本质上都是法家，张居正也不例外。他对权力文化的理解、对权谋手段的应用、对权术方法的掌握都达到了炉火纯青应用自如的境界。张居正本人还曾著有《权谋残卷》,善于从历代史籍中寻找关乎权谋的启示和教训,完全可以视为其从政的不传之秘。张居正追求事功,任用循吏,罢斥清流,注重实效,是个地地道道的实干家。张居正看中的循吏,就是那些“勤政利民、刚正不阿、执法无私”的能臣,他们敢于慷慨任事,不计利害,埋头苦干;而清流虽然洁身自好,能够坚持操守,敢与官场不正之风斗争,却往往遇事不知变通,严守儒家规范,一味寻章摘句,喜欢空发议论,终至无所作为。张居正在前往湖广江陵老家葬父的路途中,在北直隶真定府知府钱普的宴会上,发表过一番关于清流与循吏的议论,“清流”“冲虚淡泊,谦谦有礼”,注重“个人名器”,“遇事三省其身”,其失在于“不敢革故鼎新,勇创新局”;“循吏”“大醇小疵”“心存朝廷,做事不畏权贵,不避祸咎”[13],明显可见,张居正对于循吏充满赞许。事实上,万历新政的成功,实在应该归功于金学曾、戚继光、潘季驯、殷正茂、李义河、王国光、杨本庵等一大帮循吏能臣。张居正富有政治智慧,自谓“霹雳手段菩萨心肠”,他善于“审时度势因势利导”,忍到极致,辣到十分[14],初登首辅宝座时,有意留任老臣杨博、朱衡、葛守礼,目的在于借钟馗打鬼,“压倒群猴莫乱啼”,趁机将政敌一个一个地收拾干净,高拱势力被彻底瓦解,影响被彻底消除,其威权已远远超越当年的高拱。

历史的吊诡之处正在于这种“权力的轮回”。张居正想要实现改革的宏愿,首先必须取得首辅的权力,登上首辅的宝座,这是高度集权专制政治体制运作的必然选择。面对首辅高拱与“内相”孟冲、门生故吏结成的政治联盟,张居正找到了与冯保、李贵妃结成政治“铁三角”的对抗方法,利用隆庆皇帝病逝、万历皇帝登基之机,完成权力的交接和重新“洗牌”。高拱被打败了,张居正终于可以一展抱负。但是,他并没有能够从“权力的怪圈”中逃脱,反而沦陷于下一个周期的“权力的轮回”之中无法、无力,或者不愿自拔。万历新政的每一个步骤,京察、龙袍织造、清丈田亩、整顿吏治、任免官员、加强边防、治理黄河、改革税制等等,都与“铁三角”中的另外两角李太后和冯保有着千丝万缕的联系,张居正必须拿出相当的精力和智慧来应付他们,同时还必须应对来自帝国“文官集团”的整体压力。张居正费尽移山心力,依靠权力的魔杖实施改革,在改革中不断扩充权力,没有制约的权力日益加速度地膨胀,这一方面加强了改革的执行力,提高了改革的效率,让他拥有更多的自由和更大的权势;另一方面,这种日益异化的权力,也让万历新政日益偏离了为天下黎民改革的“初心”,个人意志和集团党派的利益越发不可侵犯,不但成为以后被政敌攻击的口实,而且在最根本的层面上失去了一个政治家应具备的为政公德。如此,从张居正的个人主观愿望来看,轰轰烈烈的万历新政,“并非真的就是为了天下万民”,只不过“希望建功立业、青史留名,以实现自己的人生价值和人生理想”[15]。同时,中国人国民性中的权力崇拜意识根深蒂固,正是这种极权崇拜的国民性,才是“极权统治存在的土壤”[16],张居正跳不出这种权力崇拜、专制结构的泥潭,因而在“权力的轮回”中越陷越深,无法自拔。

这种“权力的轮回”甚至表现在人物结构关系上,高拱与孟冲——张居正与冯保——张四维与张鲸,朝堂首辅和大内太监虽然在更替嬗变,“一朝天子一朝臣”,朝臣总有荣衰起落，胜残去杀，但是“外相”与“内相”联盟的权力结构始终没有改变。高拱联合孟冲对付张居正之际，冯保深夜潜访学士府与张居正密谋；张四维当上首辅之际，张鲸也是夤夜造访主动寻求联合，这样的“情节”何其相似！这正是对“权力轮回”的最好表现。当高拱与张居正围绕殷正茂、李延的任用与罢黜，对矫诏征召童男童女的妖道王九思是捉还是放斗智斗勇的时候，孟冲与冯保也进行了针锋相对的权力斗争，最后以孟冲败北甘愿被敲诈结束。张居正为了“上位”，利用自己“帝师”的身份及时上奏本册立万历帝，立下“拥戴”之功；冯保为了“上位”，花高价买到佛珠献给太后；高拱为了“固位”，提出调拨府库二十万两白银给太后做首饰，一切权力争斗无不指向终极“皇权”，千般机心万种韬略，其实都抵不上一道“圣谕”。这就是专制皇权社会权力运作的典型特征。张居正显然深谙此道，极力维持着“铁三角”内部的平衡，不惜牺牲改革的原则和底线，在折俸、征税、棉衣、龙袍、首饰、修寺、经筵等问题上向李太后不断妥协，在明明知道胡自皋是个贪官的情况下仍然予以提拔重用以免得罪冯保，如此才能保证万历新政的顺利实施，不至于后院起火，自乱阵脚。但是，这种牺牲改革利益、破坏改革底线的做法，本身就是对改革的最大伤害，当程序和手段失去正义和公平时，改革的目标和内容自然也就失去了终极的正义和公平。以为国为民为鹄的的万历新政，就是这样在权力的异化中偏离了正常轨道，张居正权力达到巅峰状态时，必然会在夺情事件中滥用权力，必然会产生权力的异化、劣币驱逐良币、信任阿谀奉承之辈如钱普、陈瑞等，必然容不得反对的声音而钳制言论、关闭学堂、滥杀无辜，必然会背离儒家文化传统、蓄养外室、衣锦还乡、一路招摇，必然会走向改革的反面，接受戚继光赠送的两名胡姬，不惜壮阳纵欲在女色享乐中走向衰亡。这可以说是历史人物的局限性，人们无法走出自己的时代，正如人们无法走出自己的皮肤，张居正深陷“权力的轮回”的迷阵之中无法自拔，逐渐走到了改革和儒家伦常的反面，这是熊召政在小说书写中对封建专制文化的深刻反思。

三、杂学趣味

长篇历史小说离不开丰富的背景知识的铺陈，这既是增强历史书写真实性的必要手段，也是调节小说叙事进程的必要方法。历史小说杂学趣味的多寡往往是衡量作家叙事水平高低的标准之一，《张居正》中遍布地域风景、风情风俗、三教九流、看相打卦、巫医星象、风水符篆、禅语偈贴、扶乩炼丹、礼佛祈福、琴棋书画、促织斗鸡、小道传闻、诗酒风流、插科打诨、作买作卖、诉讼纠纷、服饰装扮、青楼生涯、俚曲淫词、童谣民谚、官场权谋、丹墀争辩、战阵冲杀、帷幕密议、世态炎凉、江湖侠义、帮派规矩、人间百态等杂学知识描写，看似闲笔，却往往涉笔成趣，引人入胜。在主干叙事的结构间隙，密密安排花团锦簇的背景性文字，借此营造出浓淡相宜、疏密相间的美学空间。

小说开篇在“病皇帝早朝生妄症”造成朝臣们一片混乱之后，接着描写寂寂后宫内“美贵妃衔恨说娈童”，孙皇后和李贵妃娓语相叙，内心焦灼，讨论京城帘子胡同的娈童交易，当朝皇帝染上杨梅大疮的可怕病症等等。文本结构错落有致张弛有度，庙堂与市面的对照书写相映成趣，急管繁弦与箫声呜咽自然交替，显示出作家匠心独运的谋篇叙事能力。在此，杂学知识的铺陈，不露痕迹地参与到小说叙事节奏的美学营构之中，浑若天成。在“主事钻营买通名妓”部分详述作为留都的南京的政府机构及其“闲置性”功能，在此知识背景之下，胡自皋出场钻营也就顺理成章；接着“管家索贿说动昏官”，胡自皋向冯保的管家徐爵行贿，穿插秦淮河的青楼风月、徐爵“烧冷灶”的官场秘籍、温柔乡中的孙子兵法；在“江南大侠精心设局”为高拱登上首辅之位的紧锣密鼓的叙事之后，接着叙述“京城铁嘴播弄玄机”，邵大侠闲逛大街，欣赏各家铺面妙趣横生或雅或俗的对联，卖膏药铺“神妙乌须药，一吃就好；祖传狗皮膏，一贴就灵”，酒肆“劝君更尽一杯酒；与尔同销万古愁”，修脚铺“足下功夫三寸铁；眼前身价一文钱”，直到邵大侠找李铁嘴测字，李铁嘴察言观色，插科打诨，却又暗藏玄机；在“姨太太撒泼争马桶”的粗俗放肆之后，是“老和尚正色释签文”的雅洁高古；“演蛤蟆戏天子罚跪”中客用善于指挥蛤蟆和蚂蚁打仗，谐趣横生，继之以“说舍利珠内相谗言”，冯保在李太后面前攻讦高拱落井下石；张居正开启“京察”全面考核官员的直接原因，就是“邸报中连篇诳鬼话”，山会跑、石会长、男变女，种种荒诞不经的邸报消息；在魏学曾、王希烈青梅煮酒论政的宴席上，安排了“卖艺人席间演幻术”的情节；“拆石牌坊知府惊心”凸显张居正的高风亮节，却又与此前“送乌骨鸡县令受辱”中张居正家人的飞扬跋扈形成对照，世态炎凉于此可见一斑；在何心隐被抓后湖北学政衙门前数千名学生云集请愿冲突一触即发之际，安排了“金学曾智布黄蜂阵”用黄蜂驱散学生的情节；在何心隐被谋杀之前，安排了“唱荤曲李阎王献丑”的场景，等等。庄重与诙谐的场面交替出现，由此造成小说叙事情节的跌宕起伏，相映成趣，摇曳生姿，这无疑是熊召政历史小说叙事艺术的成功表现。

熊召政在访谈中说过，历史小说既要为现实服务，同时又不能“让古人穿着龙袍说今天的话”[17]，要追求小说艺术表达的真实性。回归历史现场，复活历史场景，离不开杂学知识的叙述，离不开对历史人物心理的合乎逻辑的追摹。章学诚在《文史通义》内篇二《文理》中提倡，“知古人之世”，“知古人之身处”，才能“论古人文”，这就尤其需要有合乎历史逻辑的追摹和艺术想象。邵大侠帮助高拱当上首辅，其事在正史记载中只有寥寥数十字，熊召政展开合理的想象，进行合乎历史逻辑的演义，塑造了一个生动饱满的江湖人物形象。隆庆元年高拱受到首辅徐阶排挤，从此在家赋闲，邵大侠主动提出帮助他登上首辅之位，事成之后，邵大侠既不要钱也不要官，只要他赦免王金、陶仿、陶世恩、刘文彬、高守中等一帮鞠谳入狱的炼丹方士的死罪，这显然是江湖人士的义气所在。邵大侠最终独自承担了“劣质棉衣案”的罪名，临刑之前留下几句人生感慨：象以齿焚，熊以掌亡。匹夫何辜，怀璧其罪，代表了传统中国人的处世哲学观念。邵大侠这一人物形象，是小说中的功能性人物，联结着庙堂与江湖，联结着高拱与张居正，联结着皇亲国戚与前线将士，联系着官场与商场，同时凝聚了作家的丰富人生经验和深长情感积累，处处闪烁着杂学知识的光辉。

按照文化史家的说法，明清两代是中国传统文化达于烂熟的阶段。某种程度上来说，书写明代历史的小说，可供选择的文化史知识浩如烟海，这就需要作家有沙里淘金的精细甄别功夫，挑选出那些对于当代读者来说既相对“陌生”却又并不“隔膜”、既“有意思”又“有意义”的相关知识，有机编织进小说叙事之中，以增强艺术魅力和阅读趣味。比如关于“龙生九子”的问题，小说借助小万历皇帝的询问，张居正写出的揭帖予以详解，结尾不忘“曲终奏雅”：“龙生九子，虽不成龙。然各有所好，各尽所能。诚难能可贵，都是人间万物守护神也。”隐含劝谕之意，天子当有包容四海的雅量，当有物尽其材人尽其用的智慧。类似的知识性介绍，在小说叙事中不胜枚举。

“将情境与知识融于一体”，的确“需要艺术与知识的双重智慧”[18]。如果联系明清世情小说如《金瓶梅》《红楼梦》来看，我们就会发现，古典小说中关于灯会焰火的描写，向来大有隐喻，于繁花锦簇烈火烹油之际，象征着巅峰状态的急遽结束，等到明日清晨看到满地的残花剩灰，即已喻示一切好梦已经做完。小说细致描写万历十年的灯会，自然也有繁华如梦盛极而衰的隐喻。此后，张居正病逝，家破人亡；改革伟业人亡政息，烟消云散；晚明逐步走向衰亡，风流总被雨打风吹去。

小说对地域文化的呈现十分精彩，如北京紫禁城、棋盘街、灯市口、纱帽胡同、昭宁寺、隆福寺、白云观、各家会馆，南京夫子庙、秦淮河，广西庆远、江苏扬州，等等，尤其是对两湖地域文化，包括张居正故乡荆州的书写下了极深的功夫。两湖地域文化书写随着小说中人物的行踪展开，举凡南岳衡山，武昌黄鹤楼、宝通寺、粮道街、洪山书院，荆州铁女寺、大学士府，楚地斩雄鸡封墓的葬俗，武昌府的人们惯耐高温死后不怕阎王炸油锅的笑话，两湖地域的饮食习惯和节令风俗等，娓娓道来，形象生动。那“南岳衡山，逶迤八百余里”，“七十二峰峰峰皆秀”，“古木参天，幽径重重；白云飞瀑，宛如仙界”；那阳春三月，“江汉平原上草长莺飞万紫千红”，“荆州城中”“绿柳烟花芳菲一片”；那位于荆州城大北门跟前的铁女寺，有幸得到当今圣母李太后捐资翻刻的《大藏经》，颁赐仪式热闹非凡；那荆州名菜皮条鳝鱼、蒸茼蒿、冬瓜炖裙边的精细做法；那些“登临黄鹤楼”的人们，总会看到“拍天而去的万里长江和城中烟雨楼台十万人家”；那些“登临洪山宝塔”的善男信女们，总会看到“芰荷满地田陌纵横的江南胜景”……这些叙述，给读者留下了深刻的阅读印象和审美愉悦。同时，该小说的语言也特别值得称道，文白相间，雅俗共赏，亦庄亦谐，清丽雅正与谐趣讽刺交相辉映，充满张力和韵味。历史小说既要符合当下读者的阅读习惯，又要使用流畅的现代白话文，且还要自然地带出浓郁的古风，殊为不易，显示了熊召政成功的审美性创造。

* 本文系国家社会科学基金项目“地域文化视野中的两湖现代文学研究”【项目编号：14BZW112】的阶段性成果。

注释：

[1] 王先霈：《历史小说作家的历史观》，《文艺报》2002年9月10日，第8版。

[2] 王先霈：《向历史题材文艺要求什么》，《文学评论》2004年第3期，第13～19页。

[3] [美]海登·怀特：《后现代主义历史叙述学》，北京：中国社会科学出版社，2003年，第293页。

[4] 参见咸江南：《长篇历史小说创作引人关注》，《中华读书报》2003年8月27日，第12版。

[5] 熊召政:《文学的自觉与作家的责任——〈张居正〉创作谈》,《湖北大学学报》(哲学社会科学版)2008 年第 5 期,第 38～41 页。

[6] 周百义、熊召政:《关于历史小说〈张居正〉的对话》,《出版科学》2002 年第 2 期,第 71～74 页。

[7] 熊召政:《让历史复活》,《文艺新观察》2001 年第 1 期,第 20～23 页。

[8] 熊召政:《张居正·木兰歌》,武汉:长江文艺出版社,2003 年,第 33 页。

[9] 熊召政:《张居正·水龙吟》,武汉:长江文艺出版社,2003 年,第 336 页。

[10] 何镇邦:《〈张居正〉与历史小说创作》,《南方文坛》2003 年第 6 期,第 50～55 页。

[11] (清)魏源:《武事余记》,《圣武记》卷 12,北京:中华书局,1984 年,第 392 页。

[12] 熊召政:《张居正·火凤凰》,武汉:长江文艺出版社,2003 年,第 401～402 页。

[13] 熊召政:《张居正·火凤凰》,武汉:长江文艺出版社,2003 年,第 28～29 页。

[14] 熊召政:《张居正·金缕曲》,武汉:长江文艺出版社,2003 年,第 61 页。

[15] 於可训:《权力怪圈中的改革悲剧》,《文艺报》2003 年 12 月 23 日,第 2 版。

[16] 熊召政:《让历史复活》,《领导文萃》2004 年第 4 期,第 92～96 页。

[17] 陈一鸣、熊召政:《访谈:儒者从来作帝师》,《文学界》2008 年第 1 期,第 97～103 页。

[18] 沈光明:《〈张居正〉的模式化与超越性》,《小说评论》2009 年第 5 期,第 56～58 页。

在现实与历史的开合中寻找文化密码

——论江子散文的文化追求

江腊生

（江西师范大学文学院，江西南昌，330022）

内容摘要：当下的散文创作，已经不再满足于上个世纪以来文化散文的大命题、大追求，而是深入生活与历史的皱褶之处，带着时代个体的生命情怀，表达个体的人生感悟和生活思考。江子的散文或通过以点带面的方式绘制一个个乡土世界的生存图景，或将诗意的触角伸向历史钩沉，在现实与历史的开合中寻找红土地上的文化密码。

关键词：江子散文；现实；历史；文化密码

当下的散文创作，已经不再满足于上个世纪以来文化散文的大命题、大追求，而纷纷深入生活与历史的皱褶之处，带着时代个体的生命情怀，表达个体的人生感悟和生活思考。批评家王兆胜提出当下散文创作需要“形聚神凝心散”，正是要接续中国传统散文的流风遗韵，“将天地自然、社会人生、生命智慧融入心间，变成自己的底气和元气，然后以自然而然、散淡从容的笔法表达出来”[1]。江子的散文当中，无论是家园、还是历史，或是器物，都带着他诗性的情怀与生命的追求。从《田园将芜》，到《苍山如海》，到《青花帝国》，看似散散淡淡的文化与历史追求中，却被其中一种独特的“寻找”气质所打动。他一方面将江西本土的乡土状态放在当下城市化进程中，通过以点带面的方式绘制一个个乡土世界的生存图景；另一方面则将诗意的触角伸向历史钩沉，在时代与人性之间寻找红土地上的文化密码。

和作家江子的交流，总是有一种酣畅淋漓的感觉。江子生活在南昌城，却以一个乡村的卧底身份联结着城市与乡村，思索后乡村时代的存在。他的背后是一个生他养他的原乡，来自血脉深处的乡村记忆有他永远割舍不下的情感。历史人物与器物的点击荡开了时代与人性之间的话语空间，在历史与现实的逡巡中寻找存在的诗意。阅读江子的散文，很喜欢其文本之间纠结的寻找激情，一种内心对现实把握和历史记忆之间的开合感，一种情怀涌动中的孤独气质。他渴望在历史的人物与物件之中寻找文化的密码，在靠近历史真相的激情中捕捉人性的本质。因此，立足于当下的文化语境来考察江子的散文创作，既能在社会文化学的层面上感受一种难以抑制的历史冲动，又能在诗意审美的追求中聆听曾经的生命喘息声。

一、在现实的撕扯中寻找诗意

在江子的笔下，现实从故乡开始，从故乡的日常生活开始。他将目光投向原生态的乡土世界，着意于体味乡村民众的悲喜哀乐，而通过自己的情感通道流淌出来。江子的散文巧妙地将自己的体验融入进去，以人物点击的方式，走进后乡村时代的故乡、故土，将自己作为其中的一员，书写乡村在现代化进程中的痉挛与阵痛。在他的散文中，既没有当下诸多底层写作的那般居高临下，而是拥抱乡村，将乡村生活的境遇与自身的体验紧密联系，又能保持一定的距离来思考当下乡村的出路。

他以略带俏皮又不无心酸的话语，将自己比作乡村的卧底，引出了一系列血脉相连的人物与故事。太祖父、外祖父、祖父、父亲、母亲、叔叔、侄子、堂弟、表弟，然后延伸到村子里的大婶、大爷，当年的同事、同学、朋友，这一个个平凡的人物生活状态，构成了散文中乡村世界的肌理。作家倾听他们血管的撞击，感受心脏的跳动，一切都在亲情之中带来叙述的方便，更在真切的底层叙述中触摸到乡村现实的隐隐痛感。命运莫测，相貌堂堂的太祖父无辜横死于土改时期。祖父继承了太祖父的壮士气概，但也时运不济，两次投军失败，最终还是“娶妻生子，种地杀猪，直到终老”[2]。外祖父是人们口中称道的拳师、郎中，却是母亲口中好赌的泼皮。父亲不似祖父勇猛洒脱，反而生就“一副书生的瘦弱体态和善良本质的天性”[3]，在村中备受欺凌。不过，父亲手艺好，凭着一把篾刀，编织出了一个竹器世界。然而，手工业时代没能抵挡住工业时代的滚滚洪流，时间把父亲变成废人，只留下篾刀闪着月亮的寒光。三代人，有豪气有手艺，却一辈子没走出乡村大地，如同所有乡村农民一样在这块土地上刨土谋食，生老病死。至于“我”，“我”不想重复父亲被人欺辱的命运，通过努力读书工作得以告别故乡驻扎城市，肩负起这个苦难家族里一名父亲的责任。透过这条血脉的流淌，折射了乡村世界生命的喘息与精神的绵延。

作家在触摸家族血脉的流向后，最终还是在当下农民进城的大时代语境下，忧心忡忡地书写一个个乡民与亲人在城乡之间的命运遭际。留守老妪河清大婶孤独地老死在自己的老屋，生儿育女一辈子的她，身边并无一双聆听她的遗言的耳朵。种田的刘武汉老头一生精于耕种，不慎跌入田间，无力爬起而成为肥田的膏腴。乡村在城市的巨大吸引下，被押解上一个前途未卜的快车。他们一个个被裹挟着，奔走着，却茫然不知所终。“田园将芜胡不归”，归向何处，如何归，不归又怎么办，一切都在作家的视野下。“我”的堂弟会根在城市被骗光了钱财，遭遇警察暴打，频繁更换工作，最后陷入了传销；弟弟曾元生进城后陷入了身份焦虑和归宿恐慌的煎熬之中；王五生因在化工厂上班而得脑颅肿瘤，结果救治无效死亡；希望一辈子待在村子里的小堂叔曾群星进城做了装修工人，却不慎从高楼摔下死于非命……作家在道出一个个乡民亲戚的打工之苦时，并没有以居高临下的底层关怀将批判指向城乡二元对立，而是将自己融入进去，在触摸一个个乡民亲戚的脉搏跳动中，感受当下乡村的真实状态。但由于没有找到一条讲述相关人物事件的合适通道，未能细致入微地抓住那些人物命运中能让读者内心产生共振的细节，文本因此显得痛感有余而韵致不足。

尽管太祖父、祖父和外祖父、父亲、“我”这一支血脉命途迥然，却在“对岸的村庄”这一向往中殊途同归。无“此”不成“彼”，“对岸的村庄”是以这一头“我”的故乡为参照；此岸的村庄，“是个人多地少、穷山恶水的地方”[4]。自然资源缺乏，农耕文化背景之下的乡村生存时刻受到威胁；加之，此地民风凶悍，械斗欺凌时有发生，来自自然环境以及周遭村人的双重威胁，一个家族想要在此实现安居乐业是极为艰难的。“对岸的村庄”里，以太祖父在故乡对岸的村庄认了一门干亲为肇始，代代延续下来。于父亲而言，对岸见证了他幸福的童年时光，更抚慰了他在“土改”“文革”时代变革中遭受的苦痛。太祖父、祖父和父亲，他们在对岸受到了一群无血缘关系的人所给予的亲人礼遇。“我”去过江那一头的对岸，结果发现现实的对岸其实与故乡毫无二致，但“我”依旧对它心生向往。

“对岸的村庄”，即是“稻子在田野自在地摇曳，村居在树林中隐现。地少人多、资源富足使这里的人安居乐业。阳光的充足、雨水的充沛和绿荫的庇蔽使他们目光平和，面色清静，与天地万物有着一种近乎天籁的和谐”[5]。这一现实村庄，也是“我”和父辈们的幻想村庄，更是当下个体生存诗意化的想象。然而，这种诗意化的想象，并不能真正缓释作家内在的乡村痛感。诗意化的想象并非来自田园诗人的咏叹，也不是当下很多底层创作空泛的悲悯情怀，而是血脉相连的亲情之下相互撕扯的疼痛与理解。

江子指出：“田园将芜的命运，让每一个乡村后裔，每一个自认为与乡村存在文化上的母子关系的人都感到揪心。如此三千年未有之乡村剧变必须有人记录。中国散文传统一脉，是史官带有使命意识的庄重书写，那就让我做我的故乡的史官。——同时也是做当下乡村中国的史官，以唤起更多的人回望故乡，回望乡村，唤起更多的人对乡村精神失落的深度关注。”[6]这些忠实于乡村生活事实记录的文本，没有底层意识的理念化，也没有农民工生存愁云惨雾的想象性表述，一切都在亲情的追索下，书写乡村的衰败与空心。透过这些常态的生活肌理，作家拥抱着这些熟知的生活状态，又努力探究人的存在，二者扭结在一起，既充满人文关怀地为日益破碎的古老乡村立言，又复杂地抖开乡村日常世界的隐痛。

二、在历史的逡巡中破译文化的密码

江子的散文创作除了关注乡村现实的生存状态以外，还将目光投向历史厚重的一面。历史既承载着深邃的文化空间，也承载着活生生的人和事。如何在历史的框架之内，将散文的才情与历史的深邃紧密地结合，江子发挥了他的豪爽之气，将历史的大开大合与人物的命运、精神置于日常生活的柔软之处，文本体现了历史的大气和个体对命运的把握。

面对井冈山这座早已成为承载革命话语的概念之山，作家发挥乡村叙事的长处，以人物点击的方式，拨开革命战争的迷雾，将激情想象与史料爬梳相结合，沉入当时的生存状态。作家自言：“我尝试着以人物命运为经，以井冈山历史事件为纬，以与井冈山历史有关的突出意象为精神内核结构篇目，或者完全通过揭示一个个人物命运来阐述历史——我尽量从小人物入手，因为小人物的命运，更有广阔的人性意义，更能原生态地表现那段历史的艰难、慷慨与悲壮。”[7]作家努力绕过正史叙述的坚硬掩体，进入日常生活柔软的一面，重在探究这些人物身上的信仰是如何与日常生活中的人性相互联系的。在散文中，革命历史只是一种叙述，它往往变成了恋家乡情、夫妻恋情、母子深情，将革命战争的硝烟岁月转化为以人为中心的命运叙述。“盐”“药”“信”“歌”这些生活中常见的事物，都成为作家切入井冈山革命历史的着眼点，残酷的历史在情感的映衬下更显得残酷，而革命也在各种情感中得到了确认，进而叠加成为一个高大丰满、切实可感的井冈山。作家在迂回于井冈山历史往事的沟壑之间，努力寻找特定的井冈山文化密码，在貌似枝枝蔓蔓的叙述中，涌动着一种靠近历史真相的激情。

实际上，这一段战争历史的激情叙述中，人性与革命始终在撕扯着作家的内心。这一撕扯本身，带来了散文文本更多的阐释空间与维度，同时也导致了文本的左顾右盼，很多地方难免转化仓促，不自觉地汇入革命话语的泛泛之流。欧阳洛、贺国庆等人的历史叙述，革命的激越大于人性的复杂，最终还是表现为一种平面的革命小史叙述，无法进入艺术世界的诗与思。可见，激情唯有在历史理性的导引下，才能更好地在历史的大殿中找到人性的尊严。

在《青花帝国》中，作家以折扇式的叙述方式，将江西景德镇历史上的青花瓷不断地人化。历史的青花瓷高贵典雅，却始终与人的灵性，人的生命气息相互融合。在典雅而又鲜活的氛围中，将青花瓷身上的灵光以诗的韵味呈现在读者面前。

首先，作品以人的生命体验来贯穿历史上的每一个瓷器，将青花瓷的历史与人的生命气息相互联结。明朝大龙缸的烧制，正是把桩师傅童宾为了拯救景德镇民众于水火，毅然将自己的肉身投进熊熊的窑火，于是大龙缸因为吸收了人体的生命气息而获得了成功，童宾也成了景德镇陶瓷精神的图腾符号。督陶官唐英用自己的生命督制青花，铸就了景德镇陶瓷艺术的辉煌。在作家笔下，皇帝、异国的国王、画师、诗人、郑和、考古学家刘研究员，还有活跃于景德镇的帮会，他们的生命、生活融入了青花瓷的历史，让人的历史与青花历史的血脉一同跳动，青花的历史因为生命的融入而楔入了深远的文化密码。

作品以八个碎瓷片的方式，满怀野心地在构建一个青花历史的帝国中融入了浓郁的家国情怀。与此前的《田园将芜——后乡村时代纪事》构成呼应的是，作家将其中对当下乡村生活状态的诗性关怀，融入青花瓷的历史叙述当中，将青花瓷的命运上升为家国的命运。也就是说，青花瓷不仅仅联结的是个体的生命体验，还有一个巨大的文化符号支撑其每个青花瓷的故事。童宾之死，将肉身化为陶瓷之神，其实演绎的正是中国传统文化沿袭已久的民族之魂。督陶官唐英呕心沥血体察百姓疾苦，在景德镇推广买卖公平和工匠救济等制度，将景德镇变成一个人人向往的理想国度。他为青花写诗，画画，又将景德镇变成一个艺术的王国，连同他最后的生命终结，都体现了为艺术、为民族而献身的大情怀。同样，刘研究员在发现高安的青花瓷窖藏之后，整日埋首其中，寻找青花主人的踪迹。郑和受命下西洋出访各国，携带着彰显国家气度的青花瓷器，历经一次次的艰难，却客死在异国他乡。这些生命个体的存在，连同景德镇的帮会争斗，背后都有一种大写的情怀，即家国情怀附着在青花的每一个故事当中。“它见识了西方强权势力乘着海上舰艇冲进皇宫，那瓷壁上看不见的隐秘裂缝，就是国家遍体鳞伤的隐喻。它的齿间一直紧紧咬住覆水难收的破碎之声，那是这个古老国家在危急关头随时迸发出的怒吼，是这个历经沧桑的民族葆有的最后血性”[8]，话语当中透出的这种家国情怀，激活了青花瓷身上的每一历史碎片，使得青花瓷最终有了民族之魂的归依。

同时，也应该看到，八个青花瓷的系列故事，每一个故事主体的背后如出一辙，都在青花瓷文化精神中体现出这种大情怀的同一性，从而导致每一个青花瓷故事的个性缺失。童宾、唐英、郑和、刘研究员、画师、诗人等都最后将其精神升华到一个民族之魂的高度，却忽视了每一个青花瓷都具有自己独特的生命气息。

三、在诗性的纪事中抵达生命的沉重

总体来看，江子的散文是一种诗性的表达。早年的江子乘着想象的翅膀在诗歌的大地上有过短暂的翱翔，组诗《我在乡下教书》为他赢得了诗坛的地位，也开启了他叩问乡土中国的沉重之思。“田园将芜”系列散文既是江子对故土田园的一次社会学意义上的生存追问，也是一次精神层面的诗性还乡。面对脚下这片曾经哺育过欧阳修、刘辰翁、文天祥、解缙等文学巨匠，创造过一门三进士、九子十知州等人文奇迹的“江南望郡”，如今却空余“歧路上的孩子”“老无所依”“消失的村庄”“永远的暗疾”和“无处安放老照片”。作家以散点透视的手法，通过以人纪事的方式，试图揭示市场经济和城市化进程挤压下田园将芜的一个个真相，“故乡已被押解上路”[9]，“有一种不可知的力量妄图把乡村变成一座废墟”[10]。

作家以非虚构的真诚，在“消失的村庄”“粗重的奔跑”“疾病档案”和“绝版的抒情”中，记录了一系列乡村皱褶处触目惊心的衰退和嬗变。留守老人的非正常死亡、留守儿童的无助与孤独，乡村病痛的可怕与打工者的艰难等，这些乡村社会学意义上的纪事，带着力透纸背的沉默与呐喊、悲鸣与叹息，触痛着每位读者的神经。

然而，从江子的文字中，我们不难看出作家乡村、历史、生活本身的诗性理解。孤独、寻找构成了他的散文一个个突出的诗性主题，这些诗性主题体现了作家将诗性的品格与现实的反思紧密结合，既有诗意的超拔，又有思考的沉重。

首先是孤独。散文有一组是回首二十多年前那段青涩的年少时光，徜徉在这些文字里的是浓烈的诗意。刚参加工作的“我”和大家一起打牌、弹吉他、喝酒、玩刀，游游荡荡充当一回“罗子”的气派，其实掩饰不住内心青春的孤独与茫然。刘仁堪被捕后在狱中，张子清伤后无法得到治疗，最后躲藏在一个山洞里，母亲在牢狱中掩护儿子，这些人物都身处一种莫大的孤独之中，将他们对革命的信仰、对亲人的情感升华至一种人性的诗意境界。同样，在《田园将芜》中，乡民不断生病死亡，不断有人失踪，亲情流逝，杨万里笔下的诗意终究不可挽留，每一个乡民连同刚出生的孩子都被押解着、拖向城市。“我”在大雪中还乡，发现故乡和父母一起老去，笼罩在乡村世界上空的是一种“百年孤独”的沧桑与无奈。

同样，在《青花帝国》中，由于青花瓷的独特魅力，每一个相关个体既承载天地之德又富有生命的质感，在精神气质上天然与孤独为伍。昊十九尊崇道家的“虚静”，避开尘世，一生醉心于青花瓷散发出来的魔幻气息与历史魅力。程门恪守职业精神，追求着瓷器的精巧，但最终走向了自然，回归了道家的本原。明皇朱瞻基、清皇乾隆都热衷于关心景德镇的瓷器生产，迷恋瓷器上的青花，他们在权力的辉煌中独自享受青花瓷的魅力。波兰国王奥古斯都二世喜欢静坐在他的瓷器宫殿里，享受无忧欢畅的时刻。这些生命个体，只要和青花瓷产生关联，必然建构起一个艺术的独立王国。在这个自我建构的孤独世界里，“瓷器”与孤独的人相伴，二者造就了充满“孤独”气息的“青花帝国”。因此，“孤独”既是这些生命个体的精神气质，也是青花瓷在今天的现代化进程中散发出来的乡愁气息。由此看来，一部《青花帝国》，也正是一部喧嚣时代透出孤独气质的乡愁之作。

寻找诗意的空间是江子散文最大的努力，也是文本呈现出的独特之处。在他的散文创作中，人物总是流露出一种流浪的气质，流浪是一种行为方式，也是散文的诗意流露。流浪意味着精神的自由，一种骨子里的放荡与豪爽：背着篾刀的流浪是父亲精神的温暖与慰藉；醉酒是村民张羊苟精神流浪和找到自我的方式；骑自行车让“我”感受自由的快乐。在乡民进城的书写中，村民一个个被城市押解着，在城乡之间“粗重的奔跑”，也是他们努力走出乡村贫穷的精神流浪方式。即使在散文《青花帝国》中，景德镇著名画师昊十九费尽一生琢磨，研制出了流霞盏、卵幕杯灯艺术瓷器，却特立独行，把自己隐藏起来，与世界两不相欠，让自己的精神自由自在地流浪。伍良臣藏起了祖传的瓷器后，也把自己藏了起来，没人知道他去了哪里，“他或许真变成了闲云一朵，在天空自由自在地踱步，无惧战争与死亡”[11]。他们的身上都具有一种超越尘世的气质，或者是生活中的出走，或者是把自己隐藏起来，本质上都属于一种精神的自由流浪。

流浪属于形式，寻找才是江子散文的最终气质，一直贯穿着江子散文的创作。《赣江以西》中，从太祖父、祖父、父亲到“我”的人生，完成的是一次家族血脉精神密码的寻找。《对岸的村庄》中，太祖父和父亲的心里总有一个隔着一条赣江的对岸村庄，这些正是纷乱与烦乱世界中的诗意空间。“田园将芜”的当下乡村社会，作家在“消失的村庄”里努力地寻找一个曾有的乡村，一个精神的彼岸世界，尽管前途未卜，尽管有些悲壮，但寻找一直在进行。因此，在感受乡村的隐痛时，并没有让人感觉异常的“愁云惨雾”，而是一种诗意的领略，即在现实空间中对未知空间的寻找。

在《青花帝国》中，作家没有将散文写成一部类似于知识考古学的文化散文，而是将“瓷史”转化为“瓷人”，让青花瓷焕发出的精神气质与生命个体的精神气质相通，成为当下需要的精神家园。作家坦言：“与以往的青花主题书写不一样的是，我这本小书，写的是人。人是精神的载体。景德镇这座伟大的东方艺术之城的精神，当然要由人而不是器物来指认。我努力呈现跟景德镇有关的人们的艺术精神，他们的性情、人格，他们的爱与恨、力与美，他们的癫狂与劳作，他们的牺牲与贡献。我想，他们立起来了，景德镇的千年文化品格也就得到集中展示。”[12]把桩师傅童宾、画师、工匠、皇帝、国王、郑和、刘研究员等，他们身上的每一个故事都是个体在寻找人与瓷之间的神合。作家寻找的正是，青花瓷的艺术魅力与人物个体身上的人格魅力之间的契合点。

毫无疑问，江子的散文以他来自血脉的乡村冲动与诗性品格，在“田园将芜”的生存空间展开了怀乡与批判的肉搏；又大胆闯入井冈山、景德镇青花瓷的历史空间，在逡巡与流连中寻找其核心的文化密码。他在诗性的纪事中，任由激情与理性撕扯，在感受孤独中完成现代精神家园的寻找。于是，带着诗的冲动与史的追索，江子散文在一个个小故事的开开合合中传达了来自个体自我内心的大情怀。

*本文系江西省社科规划重点项目“新时期文学的‘现代文学传统’研究与反思”【19WX02】的阶段性成果。

注释：

[1] 王兆胜：《“形不散—神不散—心散”——我的散文观及对当下散文的批评》，《南方文坛》2006年第4期，第7页。

[2] 江子：《田园将芜：后乡村时代纪事》，西安：陕西人民出版社，2013年，第171页。

[3] 江子：《田园将芜：后乡村时代纪事》，西安：陕西人民出版社，2013年，第226页。

[4] 江子：《田园将芜：后乡村时代纪事》，西安：陕西人民出版社，2013年，第226页。

[5] 江子：《田园将芜：后乡村时代纪事》，西安：陕西人民出版社，2013年，第227页。

[6] 江子：《田园将芜：后乡村时代纪事》，西安：陕西人民出版社，2013年，第3页。

[7] 江子：《苍山如海——井冈山往事》(前言)，南昌：江西高校出版社，2012年，第2页。

[8] 江子：《青花帝国》，桂林：广西师范大学出版社，2017年，第195页。

[9] 江子：《田园将芜：后乡村时代纪事》，西安：陕西人民出版社，2013年，第56页。

[10] 江子：《田园将芜：后乡村时代纪事》，西安：陕西人民出版社，2013年，第63页。

[11] 江子：《青花帝国》，桂林：广西师范大学出版社，2017年，第195页。

[12] 凤凰网江西频道：《江子：跟随青花抵达历史新边疆》，《文化·大家》第51期，http://jx.ifeng.com/a/20180315/6435749_0.shtml.

【语言学研究】

论“好”和“难”的句法差异

崔四行

（华中师范大学文学院，湖北武汉，430079）

内容摘要：文章以“好/难＋$V_{单}$”和“好/难＋$V_{双}$”两个结构出发，重点研究“好/难”为“容易/困难”义时“好/难＋$V_{单}$”和“好/难＋$V_{双}$”的句法对立，以及“很好＋$V_{双}$”与“很难＋$V_{双}$”带宾语的对立：前者可加宾语，后者不可。最终揭示之所以出现“很好＋$V_{双}$”与“很难＋$V_{双}$”带宾语的对立，是由于存在两个“很难＋$V_{双}$”结构，其一为程度副词“很难”修饰“$V_{双}$”，其二为程度副词“很”修饰“难＋$V_{双}$”。而造成“好/难＋$V_{单}$”和“好/难＋$V_{双}$”对立的则因为这是两类不同性质的句法结构。

关键词：好；难；句法差异

前言

我们研究发现，“好”“难”作“容易”“困难”义时有如下句法表现：

（1）这道题好懂。
　　这道题难懂。
　　*我们好懂这道题。
　　*我们难懂这道题。
　　*我们很好懂这道题。
　　*我们很难懂这道题。
（2）这道题好理解。
　　这道题难理解。
　　*我们好理解这道题。
　　*我们难理解这道题。
　　*我们很好理解这道题。
　　我们很难理解这道题。

由上可知，“好/难＋$V_{单}$”与“好/难＋$V_{双}$”有句法差异，前者后面不能带宾语，受“很”修饰后仍不能带宾语。而“很难＋$V_{双}$”却可带宾语。是什么原因导致了“好/难＋$V_{单}$”与“好/难＋$V_{双}$”带宾语的对立？又为什么“很好＋$V_{双}$”不能带宾语，而“很难＋$V_{双}$”却可以呢？我们尝试从“好/难＋$V_{双}$”的性质入手探索其背后机制。

一、“好＋V”和“难＋V”的语法特点

我们首先对《人民日报》语料中“好/难＋$V_{双}$”带宾语的情况进行考察，发现“好＋$V_{双}$”不能带宾语，例子如下：

(3) 而我们自己研制的工业机器人结实、实用、好维修。

*维修工人好维修我们自己研制的工业机器人。[1]

(4) 教育、金融是我分管的两个口子，好协调。

教育、金融是我分管的两个口子，*我好协调它们之间的关系。

“难＋$V_{双}$”共有4918条，而独立可带宾语的却只有两例，例子如下：

(5) 融资困难，金融机构往往认为私企资信等级不高，难找到合适的担保人，对其潜在风险顾虑重重，并制定了一些限制性条文。

(6) 会后，区园林局回复：该局“无规划”“无钱”“无权”，难解决此问题。

但当“难＋$V_{双}$”前面有副词如“很”“更”“都”等修饰时，则都可带宾语。例如：

(7) 他想，任何一个高明的骑手，都难驾驭一匹没有缰绳的马。

(8) 人们不难记住特区在“试验”中出现的种种失误，更难忘记特区扭错行正后的成功。

(9) 政府职能不转变，政企就难以分开，企业只能按行政意志办事，很难适应市场经济的要求，也不可能建立现代企业制度。

而“好/难＋$V_{单}$”都不能带宾语，整个结构呈现出形容词的特点，既可独立使用，也可受程度副词修饰，例如：“这辆车好开。/这辆车很好开。”

其实有关“好＋$V_{双}$”以及“难＋$V_{双}$”能否带宾语，吕叔湘（1984）[2]，Gu（1990）[3]，Sung（1994）[4]，熊仲儒（2011）[5]，蔡淑美、张新华（2015）[6]都有所研究，但多数只强调了“好＋$V_{双}$”和“难＋$V_{双}$”语法特点的一致性，在探求两者差异性方面明显不足。正如我们发现的，独立的“好＋$V_{双}$”和“难＋$V_{双}$”都不能带宾语，但是当“好/难”前面有“很”修饰时，则会出现“很好＋$V_{双}$”与“很难＋$V_{双}$”

带宾语时的对立。如下所示：

(10) *我们很好理解这个问题。
我们很难理解这个问题。

随之而来的问题是：为什么“好+$V_{双}$”无论什么情况下都不能带宾语，而“难+$V_{双}$”中当“难”受“很”修饰时则可以带宾语呢？目前所见材料中，只有朱德熙(1982)注意到“难”和“很难”语法功能的差异，并认为“难”的宾语总是单个的动词(特别是单音节的)，如果宾语不止一个词，就只能用“很难”[7]。例如：

(11) 很难把他驳倒。
很难令人信服。

但朱先生注意到的只是“难”与“很难”带的是单个宾语还是复杂宾语，并未关注“难+$V_{双}$”与“很难+$V_{双}$”能否带宾语的对立，也未关注“很好+$V_{双}$”与“很难+$V_{双}$”带宾语的不同。下面我们尝试从“好/难”的性质入手研究“好/难+$V_{双}$”的性质，从而揭示其背后的制约机制。

二、“好”和“难”的性质

关于“好”和“难”的性质，学界主要有四种处理方案：助动词，副词，形容词，构词成分，下面依次介绍。

(一) 处理为助动词

持此种观点的主要是吕叔湘(1966)[8]和朱德熙(1982)[9]、曹宏(2005)[10]等。吕叔湘(1966)指出：“好”和“难”前边能加“很”，例如“很好讨论，很难讨论”，但是“很好、很难”之后不能加de，因此“好”和“难”对于后边的动词是否修饰关系还值得研究。然后提出也许该归入助动词[11]。吕叔湘(1999)又将“好/难”处理为形容词，但认为其作用类似助动词，如“这问题好解决”“他的话难懂”等[12]。朱德熙(1982)在《语法讲义》中也提出“难、容易、好意思”等几个形容词也有助动词的用法。其举例如下：

(12) 日语容易学，阿拉伯语难学。[13]

曹宏(2005)认为“好、难”在语法表现上是相同的，除了不能单说这一点之外，很像助动词，原因有四：(1)可以带谓词宾语，不能带体词宾语；(2)不能重叠；(3)不能带后缀“着、了、过”；(4)可以放在“～不～”的格式中[14]。

我们认为一般来说助动词的有无不会影响动词的语法功能，更不会影响整个句子的合法性，如“她应该不来了”去掉助动词后“她不来了”只是少了情态判定，但句子仍然成立。考察可知，“好/难”修饰动词后，动词将不能带宾语。这说明“好/难”

起码不是典型的助动词。

（二）处理为副词

目前所见材料中只有 Chao Yuen Ren（1968）[15]、赵元任（1979）[16]将“好/难”处理为副词，Chao Yuen Ren（1968）举到的例子是：

(13) 问：这事情好做不好做？
答：好做。/＊好。[17]

赵元任（1979）指出，当“好”表“容易”义时，其表现有两个特点，第一个特点如（13)。第二个特点是问话“好做不好”跟“好不好做”都少见，赵元任先生认为这是因为单音副词粘着于后边的动词，不如助动词自由[18]。现代汉语中无论是“好做不好”还是“好不好做”都成立，但“好”始终无法单独作为答句。我们注意到助动词一般都可以单独充当答句，无论音节单双。例如：“他会来吗？会!”“他应该来吗？应该!”因此从这点来说，“好/难”也不是典型的助动词。

那么是不是处理为副词更好呢？因为显然副词无论音节单双都不能充当答句。郑怀德（1988）认为副词和“好”有诸多不同点，认为“好”不太像副词，理由有三，一是“副＋动”一般能自由扩展，如刚来-刚从北京来；二是副词对动词的功能基本没有太大的影响，起码副词不会影响动词带宾语的能力，而“好＋V”后面无法再带宾语；更重要的区别是“副＋动”前边一般不能加“很”，后边不能加“得很/极了”，但“好＋动”不但前面可加“很”，后面还可加“得很/极了”[19]。这些都说明“好”也不是典型的副词。有鉴于此，郑怀德又分别从六个方面论证了“好＋动”和“助动＋动”语法功能上的差异，从而认为“好”不是助动词，而是构词成分。认为“好＋动”是动词性词语向形容词词语的过渡、词组向词的过渡。有的“好＋动”已经完成了这个过渡，成为一个形容词了，有的则还没完成这个过渡，仍留有动词性词语的印记。

（三）处理为形容词

持此种观点的主要是胡明扬（1987）[20]，吕叔湘（1999）[21]，崔四行（2009）[22]，熊仲儒（2011）[23]等。胡明扬（1987）认为“好”和“难”是用作状语、意义有不同变化的形容词，认为此时形容词和动词之间的关系不是一般的修饰关系，而接近助动词和动词之间的关系，如“容易办”等于“办起来容易”[24]。

其中崔四行（2009）对“好/难”有两种处理，一种是认为“好/难”还是形容词，是饰 V^0 类形容词，修饰动词后形成的是句法词。一种是“好/难”是形容词词缀，修饰动词后形成的是形容词。如果其将“好/难”处理为形容词词缀，还需满足词缀的一般要求：语音上一般轻读，语义上发生虚化。但实际上“好/难”语音上尚未轻读，语义也还有“容易/困难”义，因此很难说其已经词缀化[25]。

熊仲儒（2011）研究焦点在“NP＋好 V”，其运用生成语法理论解决了“好”的词类，并证明了“好”是形容词不是助词[26]。其基本思路是：“好”是形容词、副词还是助动词，取决于“好V”是词还是短语及汉语普通话的特点。如果“好V”是词，则“好”只能是形容词或助动词，如果汉语普通话的动词移位不高，则V不会或很难向助动词“好”移位，因此只能是形容词。如果“好V”是短语，则“好”可能是形容词，也可能是助动词，也可能是副词，只要V不向“好”核心移位或移位不高。之后其利用布龙菲尔德（1985）[27]及赵元任（1979）[28]的“隔开法”论证了“好V”是词，因为“好V”既不能语音停顿又不能被扩展。既然“好V”是词，又因为汉语普通话中动词移位不高，根据邓思颖（2003）提出的“汉语普通话中动词不能移位太高”[29]，以及熊仲儒（2002）的“嫁接与移位同向假设”判定“好”不是助动词[30]，因此“好”只能是形容词，详细论证过程请参阅熊仲儒（2011）[31]相关讨论。

曹宏（2005）则认为将“好/难”处理为形容词将面临很多理论问题，因为如果“好”是形容词，而形容词不能带宾语，因而“好＋V”就只能是偏正结构。“好＋V”可以扩展为“很好＋V”，但由于“很”不能修饰偏正结构，因此“很好＋V”中的“很好”只能是“好”的扩展形式。又由于现代汉语中由“很、挺”一类程度副词加上形容词构成的组合作修饰语时必须加上后缀“地”，而“很好＋V”中间却不能加“地”。综上，其认为与其将“好/难”处理为形容词不如处理为助动词[32]。

但是曹宏讨论中的前提值得商讨，现代汉语普通话中的形容词一般情况下确实不带宾语，但并不意味“好＋V”就只能是偏正结构，“好＋V”还有可能是句法词。“很”也并非不能修饰偏正结构，根据黄少楼（2007）[33]和崔四行（2009）[34]的研究，“好、难、易、快”四个形容词修饰动词时前面可同时被“很”修饰。而且“很”在修饰偏正结构时，还会受到形容词音节单双的影响。单音节形容词作状语，一律不能受“很”修饰，不管“好＋V”是短语还是句法词，如“＊很乱批评”“＊很粗加工”。而双音节形容词作状语，则可受“很”修饰，且“很＋形容词”与V之间常可插入“地”，如很粗糙地加工。

综合以上四种处理，我们认为“好”不是助动词，因为其始终无法单独作为答句。也不是副词，正如郑怀德（1988）所指出的，一般的副词不会影响动词带宾语的能力，更重要的是“副＋动”前边一般不能加“很”，后边不能加“得很/极了”，但“好＋动”不但前面可加“很”，后面还可加“得很/极了”[35]。鉴于以上原因，我们最终认为将“好/难”处理为形容词比较可取，由此则“好/难＋$V_{双}$”为句法形容词。

三、“好＋$V_{双}$”和“难＋$V_{双}$”的句法性质

学界从句式角度对“好/难＋V”结构进行的研究主要分四类，一类认为“好/难＋V”构成的是难易句，如Sung（1994）[36]，曹宏（2005）[37]，纪小凌（2006）[38]；一类认为是中动句，如Cheng（1989）[39]，古川裕（2005）[40]，吴锋文（2007）[41]；还有一类认为其是介于难易句与中动句之间的句式，如熊仲儒（2011）[42]。还有一些学者认为带“好/难＋V”的句子是受事主语句，如吕叔湘（1984）[43]，詹人凤（1997）[44]。正如熊仲儒（2011）所指出的，难易句很难解释NP为什么不能还原到V后位置，而中动句却不能说明“好V”的词身份[45]，因此我们赞成将“好/难＋

V”处理为介于难易句与中动句之间的句式，然后对这一句式进行句法定性。关于“好＋$V_{双}$”的句法性质，崔四行（2009）[46]及熊仲儒（2011）[47]都有所论证。但就目前所知，尚未看到对“难＋$V_{双}$”句法定性的相关研究。在此研究背景下，我们拟先对“难＋$V_{双}$”与“很难＋$V_{双}$”带宾语问题进行研究。由第一部分研究可知，“难＋$V_{双}$”很难带宾语，而当“难＋$V_{双}$”受“很”“更”等修饰时则可带宾语。如下所示：

(14) 人们不难记住特区在“试验”中出现的种种失误，更难忘记特区扭错行正后的成功。

(15) 政府职能不转变，政企就难以分开，企业只能按行政意志办事，很难适应市场经济的要求，也不可能建立现代企业制度。

随之我们又产生了一个疑问，是否所有的“难＋$V_{双}$”与“很难＋$V_{双}$”都有带宾语的对立呢？“难＋$V_{双}$”很难带宾语这是既定事实，问题是是否所有的“很难＋$V_{双}$”都可以带宾语呢？请看下面的例子：

(16) 我们很难理解这个问题。

(17) 一般的骑手很难驾驭没有缰绳的马。

对应地，下面两个例子中的“很难＋$V_{双}$”则很难带宾语，如下所示：

(18) 这个问题很难理解。

(19) 没有缰绳的马很难驾驭。

这是否意味着“很难＋$V_{双}$”其实分为两类呢？带着这一想法，我们通过将“很难”去掉之后是否影响整个句子的合法性这一方法，发现了以下有趣的现象：

(20) a. 一般的骑手很难驾驭没有缰绳的马。
b. 一般的骑手驾驭没有缰绳的马。

(21) a. 没有缰绳的马很难驾驭。
b. *没有缰绳的马驾驭。

以上两组例子说明（20）和（21）中的“很难＋$V_{双}$”用法实则不同，前者无论a组还是b组均可成立，而后者则一个成立一个不成立。换言之，当句子为施事主语时，“很难”的有无不影响句子的合法性，如（20）。但当句子为受事主语时，“很难”的有无则会影响句子的合法性，如（21）。问题是什么原因导致了这种区别呢？

最终还是要从结构上解释，当“很难＋$V_{双}$”的主语是施事时，“很难”作为一个整体修饰“$V_{双}$”，而非“很”修饰“难＋$V_{双}$”。其中的“很难”已经词化，是一个表示程度的副词。之所以这样认为，理由是如果“很难”没有词化，那么“很难”应该是“很”修饰“难”。一般来说将修饰性副词“很”去掉后句子的合法性应该不受影响，但是（20a）中一旦去掉“很”，句子则非法。

（22a）一般的骑手很难驾驭没有缰绳的马。

＊一般的骑手难驾驭没有缰绳的马。

由此我们认为此时的“很难＋$V_{双}$”是一个自由短语，因此“$V_{双}$”可以自由带宾语。而当“很难＋$V_{双}$”的主语是受事时，“难＋$V_{双}$”是一个句法派生的形容词，“很”修饰的是整个“难＋$V_{双}$”而非“难”。正因如此，将“很难”去掉后句子则非法。由此可知，确实存在两个“很难＋$V_{双}$”，一个是程度副词“很难”修饰“$V_{双}$”后形成的自由短语；一个是“很”修饰“难＋$V_{双}$”结构，“很难”不是一个句法单位。前者多出现在施事主语句中，而后者多出现在受事主语句中。

如果上述结论成立，那我们就可以解释文章最初的疑问，即为什么“好＋$V_{双}$”无论什么情况下都不能带宾语，而“难＋$V_{双}$”中当“难”受“很”修饰时则可以带宾语。如前所述，我们认为“好＋$V_{双}$”是句法派生的形容词，因此无论何时其都不能带宾语，这符合形容词一般不带宾语的用法。而“难＋$V_{双}$”受“很”修饰时可以带宾语，这只是表象，事实上此时“很难＋$V_{双}$”的结构为“‘很难’＋$V_{双}$”而非“‘很’＋‘难＋$V_{双}$’”。也即“难＋$V_{双}$”亦为句法派生的形容词，与“好＋$V_{双}$”一样也不能带宾语。由此我们就解释了“很好＋$V_{双}$”与“很难＋$V_{双}$”的对立，以及“很难＋$V_{双}$”与“难＋$V_{双}$”的对立，解决问题的关键就是存在两个表面一致而性质不同的“很难＋$V_{双}$”。

四、结语

通过以上讨论我们解决了“好＋$V_{双}$”和“难＋$V_{双}$”的句法定性，两者都是句法派生的形容词，也正因如此，其中的动词都不能再带宾语。但这样的解释似乎又面临挑战，有的“很难＋$V_{双}$”却可以带宾语，这似乎说明有两类性质不同的“难＋$V_{双}$”。其实不然，问题的关键在于有两个“很难”。能带宾语的“很难＋$V_{双}$”与不能带宾语的“很难＋$V_{双}$”结构不同，前者为程度副词“很难”修饰“$V_{双}$”，后者为程度副词“很”修饰“难＋$V_{双}$”，而“难＋$V_{双}$”只有一个，其性质为形容词。

＊本为教育部人文社会科学规划项目“汉语韵律和语体的互动研究”【20YJA740007】的阶段性成果。

注释：

[1] 这个句子只有当“好”为“便利”义时才成立。

[2] 吕叔湘：《从主语、宾语的分别谈国语句子的分析》，《汉语语法论文集》增订本，北京：商务印书馆，1984年，第445～480页。

[3] Y. Gu, *Thematic Relations and the Middle Construction in Chinese*，纪小凌：《再论汉语的中

间结构》,《上海师范大学学报》(哲学社会科学版)2006 年第 6 期,第 123～130 页。

[4] K.M.Sung, *Case Assignment Under Incorporation*, Doctoral dissertation, University of California, 1994, p.62.

[5] 熊仲儒:《“NP+好 V”的句法分析》,《当代语言学》2011 年第 1 期,第 63～72 页。

[6] 蔡淑美、张新华:《类型学视野下的中动范畴和汉语中动句式群》,《世界汉语教学》2015 年第 2 期,第 196～210 页。

[7] 朱德熙:《语法讲义》,北京:商务印书馆,1982 年,第 66 页。

[8] 吕叔湘:《单音形容词用法研究》,《吕叔湘文集》第 2 卷,北京:商务印书馆,1990 年,第 327～348 页。

[9] 朱德熙:《语法讲义》,北京:商务印书馆,1982 年。

[10] 曹宏:《中动句的语用特点及教学建议》,《汉语学习》2005 年第 5 期,第 61～68 页。

[11] 吕叔湘:《单音形容词用法研究》,《吕叔湘文集》第 2 卷,北京:商务印书馆,1990 年,第 327～348 页。

[12] 吕叔湘:《现代汉语八百词》增订本,北京:商务印书馆,1999 年,第 257 页。

[13] 朱德熙:《语法讲义》,北京:商务印书馆,1982 年,第 66 页。

[14] 曹宏:《中动句的语用特点及教学建议》,《汉语学习》2005 年第 5 期,第 61～68 页。

[15] Y.R.Chao, *A Grammar of Spoken Chinese*, California: University of California Press, 1968.

[16] 赵元任:《汉语口语语法》,北京:商务印书馆,1979 年。

[17] Y.R.Chao, *A Grammar of Spoken Chinese*, California: University of California Press, 1968, p.746.

[18] 赵元任:《汉语口语语法》,北京:商务印书馆,1979 年,第 329 页。

[19] 郑怀德:《好+动》,《语言研究和探索》四,北京:北京大学出版社,1988 年,第 225 页。

[20] 胡明扬:《北京话初探》,北京:商务印书馆,1987 年。

[21] 吕叔湘:《现代汉语八百词》增订本,北京:商务印书馆,1999 年。

[22] 崔四行:《三音节结构中副词、形容词、名词作状语研究》,北京语言大学博士学位论文,2009 年。

[23] 熊仲儒:《“NP+好 V”的句法分析》,《当代语言学》2011 年第 1 期,第 63～72 页。

[24] 胡明扬:《北京话初探》,北京:商务印书馆,1987 年,第 135 页。

[25] 崔四行:《三音节结构中副词、形容词、名词作状语研究》,北京语言大学博士学位论文,2009 年。

[26] 熊仲儒:《“NP+好 V”的句法分析》,《当代语言学》2011 年第 1 期,第 63～72 页。

[27] [美]布龙菲尔德:《语言论》,袁家骅,等译,北京:商务印书馆,1985 年,第 221 页。

[28] 赵元任:《汉语口语语法》,北京:商务印书馆,1979 年。

[29] 邓思颖:《汉语方言语法的参数理论》,北京:北京大学出版社,2003 年,第 108 页。

[30] 熊仲儒:《自然语言的词序》,《现代外语》2002 年第 3 期,第 372～386 页。

[31] 熊仲儒:《“NP+好 V”的句法分析》,《当代语言学》2011 年第 1 期,第 63～72 页。

[32] 曹宏:《中动句的语用特点及教学建议》,《汉语学习》2005 年第 5 期,第 61～68 页。

[33] 黄少楼:《“很+形容词+动词”结构研究》,华中师范大学硕士学位论文,2007 年。

[34] 崔四行:《三音节结构中副词、形容词、名词作状语研究》,北京语言大学博士学位论文,2009 年。

[35] 郑怀德:《好+动》,《语言研究和探索(四)》,北京:北京大学出版社,1988 年,第 225 页。

[36] K. M. Sung, *Case Assignment Under Incorporation*, Doctoral dissertation, University of California, 1994, p.62.

[37] 曹宏:《中动句的语用特点及教学建议》,《汉语学习》2005 年第 5 期,第 61～68 页。

[38] 纪小凌:《再论汉语的中间结构》,《上海师范大学学报》(哲学社会科学版)2006 年第 6 期,第 123～130 页。

[39] L. Cheng, S. Lisa, *Transitivity Alternations in Mandarin Chinese*, Proceedings of the Third Ohio State University Confernce on Chinese Linguistics, 1989.

[40] 古川裕:《现代汉语的"中动语态句式"--语态变换的句法实现和词法实现》,《汉语学报》2005 年第 2 期,第 22～32 页。

[41] 吴锋文:《现代汉语中动结构论析》,华中师范大学硕士学位论文,2007 年。

[42] 熊仲儒:《"NP+好 V"的句法分析》,《当代语言学》2011 年第 1 期,第 63～72 页。

[43] 参见吕叔湘:《从主语、宾语的分别谈国语句子的分析》,《汉语语法论文集》增订本,北京:商务印书馆,1984 年,第 437 页。吕叔湘先生具体归类名称为"甲受事,施事不见,不因省略",我们将其进一步归纳为"受事主语句"。

[44] 詹人凤:《现代汉语语义学》,北京:商务印书馆,1997 年,第 248 页。

[45] 熊仲儒:《"NP+好 V"的句法分析》,《当代语言学》2011 年第 1 期,第 63～72 页。

[46] 崔四行:《三音节结构中副词、形容词、名词作状语研究》,北京语言大学博士学位论文,2009 年。

[47] 熊仲儒:《"NP+好 V"的句法分析》,《当代语言学》2011 年第 1 期,第 63～72 页。

表短时义“X之间”的多维度考察

张言军

（信阳师范学院文学院，河南信阳，464000）

内容摘要：方位词“之间”可以与少量动词、副词、形容词、名词等组合构成表短时义的“X之间”结构。在句法层面，“X之间”作为状语可出现在句首或句中，有时也可以出现在谓词性宾语的前面充当底层状语。从语义层面看，不管是修饰句子谓语还是谓词性宾语，它都要求后续的VP或小句需满足［十达成］的语义特征，即后续行为/事件从事态上来说应是已经实现了的，而不能是未然的。从语用方面看，“X之间”的使用可以凸显后续行为的突发性，同时也可以呈现出说话人/叙述者惊讶、意外的主观认识，此外，当“X之间”位于句首时还具有语篇关联的作用。

关键词：X之间；句法特点；语义特点；语用特征

一、引言

对于汉语方位词“之间”，学界已有较多的关注，纵观以往的研究，可以看到学界的讨论主要围绕以下四个方面的内容：1）“之间”的句法搭配；2）“之间”的表义特点；3）“之间”与“中间”“间”等相近词语的异同辨析；4）“之间”词义以及用法的历时发展。

应该看到，已有的研究为进一步深入认识“之间”的语法功能廓清了很多问题，同时也解答了对外汉语教学中所面临的一些困惑（特别是跟“中间”等相近词语的比较分析）。但也必须看到，对于方位词“之间”的研究，还存在一些问题，主要表现为：以往的一些研究认为“之间”有两个，有的研究者称之为“之间$_1$”和“之间$_2$”，前者表示范围，后者表示短时、动作迅速。然而，这种分类是否有其必要性？分类的依据又是否充分？我们对此持否定态度。我们以为，“之间$_2$”之所以可以表示短时义，是在“X之间”这一框架结构中呈现出来的，并不是“之间”独立呈现的，这是把格式所具有的语法意义赋予了“之间”，是不太恰当的。

基于此，本文将对表短时义的“X之间”从句法、语义以及语用特征等方面作全面的考察，同时，也顺带讨论“之间”的划分问题。

二、“X之间”的句法语义特点

为便于下文的分析，先通过下面一组材料来认识一下表短时义的“X之间”：

(1) 他不是命令英国商人把烟交给林则徐，他是教英商把烟交给他，并且由他以商业监督的资格给各商收据，一转手之间，英商的鸦片变为大英帝国的鸦片。(蒋廷黻《中国近代史》)

(2) 他因缘机会，一夜之间就作了皇帝，而且像他这样黄袍加身作皇帝的，宋太祖也并不是第一个，到他已经是第四个了。(钱穆《中国历代政治得失》)

(3) 那笑声刚落，突然之间，努尔哈赤又将双手一松，那飞舞的蝴蝶一下坠落下来，正落在他胸膛时，努尔哈赤双手一抄，抱住春秀姑娘，顺势搂在怀里。(李文澄《努尔哈赤》)

上文例句中“一转手之间”“一夜之间”“突然之间”在句中都作状语，表达出一种短时义，即后续动作行为/事件的出现对说写者而言是在很短的时间内实现的。

我们认为短时义是“X之间”这一框架结构所表达的语法意义，并不是由“之间”所体现出来的，理由是有些“X之间”在删除“之间”后照样可以表达出短时的意义，如例(1)；而删除X后剩下的“之间”则并无短时的意义，如例(2)。这也就说明单独的“之间”并无表达短时的功能，在“X之间”这一框架结构中，“之间”的使用是通过一种更为显性的标记来说明后续行为/事件的突发性。那么，哪些词语可以进入该结构并表现出短时义呢?《现代汉语八百词》指出，“动/副+之间”，多表示时间短暂，X限于少数双音节动词和副词[1]。张琦也指出，“X+之间”表示短时义受到如下的句法语义条件限制：一是其中的X通常为表示“时间短暂”意义的动词或副词；二是其中的动词是动作动词或心理动词，可以是瞬时完成动词也可以是某些持续性动词，但常用在句式“一……就……”之中[2]。上述研究大体已经揭示了“X之间”表示短时义时所受到的句法语义限制，但有些问题还可以更深入一层，因此，下面将从以下四个方面作具体的分析。

(一) X的语法类别

为了更为精确地概括短时义“X之间”的组配特点，我们在国家语委现代汉语平衡语料库(约1亿字符)和北京大学CCL现代汉语语料库中做了大规模检索，对前者做了穷尽统计，对后者在9万条的语料中选取了前2万条做了人工筛查，发现下面这些词语是较为经常进入“X之间”结构表示短时义的：

恍然、眨眼、毫秒、顷刻、一瞥、刹那、一刹那、骤然、仓促、倏忽、惊讶、猛然、转眼、转瞬、瞬息、一呼一吸、匆忙、一息、恍惚、倏歘、须臾、弥留、片刻、生死、一念、喘息、匆忙、转足、俯仰、旦夕、转手……

再进一步观察，可以发现，能跟“之间”组配构成短时义的X除了动词、副词外，还可以是形容词和名词等词语[下面词语属性的判断主要依据的是《现代汉语词典》(第7版)]。具体分类如下：

动词：喘息、转眼、转念、转瞬、挥手、弹指、腾跳、一晃、一瞥、俯仰
副词：忽然、顷刻、顿刻、骤然、登时、陡然、猛然、蓦然
形容词：突然、匆忙、惊讶、悠忽
名词：毫秒、刹那、片刻、旦夕、瞬息、须臾、一瞬、一时、一刹那
数量词语：一刻、一夜

由此来看，虽然动词和副词在构成短时义“X之间”结构中出现频率较高，但能进入短时义“X之间”结构的X却并不仅限于动词和副词，它们还可以是形容词、名词和部分数量词语。此外，X虽然体现出较为明显的双音节倾向，但实际上也并不局限于双音节，如“一刹那”“一呼一吸”这些多音节成分也可以与“之间”组合构成短时义的“X之间”，这些现象是以往的研究在观察语料时有所忽略的。

（二）“X之间”表示短时义的理据

从上面的调查可以看到，能跟“之间”构成短时义的X的数量是相对有限的，通过对北京大学CCL现代汉语语料库前2万条的统计，也只发现了上面三十多种组合。那么，X究竟满足了什么样的条件才可以跟“之间”组合成短时义“X之间”呢？此外，如果“X之间”不是在所有的场合中都呈现出短时义，那么“X之间”又需要满足怎样的句法条件才会呈现出短时义？下面分三点分析“X之间”短时义的形成理据：

其一，X本身具有短时性，这样有其参与构成的“X之间”自然而然也就获得了短时义，如“忽然、片刻、刹那、转眼”等。

（4）忽然之间，她什么都已看不见，连自己伸出去的手都已看不见。（古龙《幽灵山庄》）

（5）片刻之间，屋子里所有的东西都已被这三个人砸得稀烂，十七八坛好酒也已被砸得粉碎。（古龙《陆小凤传奇》）

（6）转眼之间，客厅正中的桌子上就摆满了美酒佳肴。（莫言《红树林》）

对于上述语句中表达短时义的“X之间”而言，X是短时义的主要呈现者，所以在表达中如果删除“之间”并不会影响短时义的呈现。当然，能独立表达短时义的X和“X之间”在语用功能上还是有区别的，详见下文第三节的分析。

其二，X本身并不具有或不明显具有短时义，而是进入到“X之间”这一组合以后才呈现出短时的语义特征。如“挥手、说话”等。

（7）作者似乎是凭着一股激情，挥手之间便完成了这部作品。（百度文库）

（8）由于皇太极的那匹名马，跑得特别快，说话之间，他已冲到安文子、褚英的前头！（李文澄《努尔哈赤》）

虽然“挥手、说话”等都是可持续的动作动词，但是进入到“X之间”以后，受到“之间”的语义制约，这里的“挥手”和“说话”更侧重于表达完成一次“挥手”和

"说(一句)话"所需要的时间。从认知上看，完成一次这样的行为所需的时间是极为短暂的，而正是在这样短暂的时间中，又发生了其他的动作行为，可见后续行为的发生用时更短，这样"X之间"的短时义就被凸显出来了。

其三，有时"X之间"是否表示短时义，从这一结构自身并不能获得答案，而是要进入句子以后，看后续事件/行为实现的复杂程度才能得到一个清晰的判断。即后续行为/事件实现起来复杂程度越高，则"X之间"越能凸显短时义，否则，"X之间"的短时义就不太明显。下面来看具体的材料：

(9) 他想卖了珠贝后赶快跟珍珠结婚，没想到一夜之间，成熟待卖的珠贝让毛贼偷了个精光，连五百个珠笼都赔上了。(莫言《红树林》)

(10) 孙丙的头发一夜之间全部变白，残存的几根胡须也变成了枯草，纷纷地折断脱落。(莫言《檀香刑》)

(11) 沈养斋在一夜之间，骤然变得多言和乐观起来。他的祝贺，他的笑声强烈地感染着徐鹏飞。(罗广斌、杨益言《红岩》)

在上面三例中，养殖的珠贝被人在一夜之间偷走，这种行为发生的现实可能性还是有的，因此，例(9)中的"一夜之间"就不太凸显短时义。而例(10)和例(11)中头发一夜之间全部变白、性情一夜之间发生了巨大的变化，这些都不是现实生活中轻易能够实现的，因此这里的"一夜之间"就较多地凸显了短时义。此外，"X之间"是否具有短时义，有时还跟上下文搭配的词语有关，如：

(12) 他们正在说话之间，忽然齐英来了。(刘流《烈火金刚》)

(13) 说话之间，洋狗已到跟前了。人们把锹头飞快地舞动，眼睛偷溜着那狗的动静。(马烽《吕梁英雄传》)

例(12)中"说话之间"前面有表示动作/状态持续的副词"正在"，所以此时"说话之间"就不能表达短时义，否则就跟"正在"的语法意义相冲突。为了实现跟搭配成分的语义和谐，它在句中表达的就是动作的持续，所以替换为"说话之时"也是合乎句意的。此时，句中动作行为实现的短时迅速义主要是由副词"忽然"来呈现的。例(13)中"说话之间"不受其他搭配成分的干扰，表示动作的迅速完成，即洋狗从远处到跟前的移动过程仿佛是一瞬间发生的，具有短时义。

(三)"X之间"所能分布的句法位置

"X之间"在句中只能充当修饰成分，常常修饰后续VP或小句充当状语，其位置有两种：一种是位于句首作状语，一种是位于句中作状语。如：

(14) 片刻之间，四个骑马的人出现在二十丈以外的云雾中，为首的大个子青年将领是刘体纯。(姚雪垠《李自成》)

(15) 时间稍久，白剑已看出她那兵刃的缺点，掌式一变，连环进招，倏忽之

间，就是一十三掌，只逼得那瘦女步步后退，鬼叫连声。（东方英《霹雳金蝉》）

例（14）“片刻之间”位于句首作状语，例（15）“悠忽之间”位于句中作状语。而再进一步观察又可发现，“X之间”位于句中时又可以分为两种类型：一种情形是“X之间”在句中修饰谓语作状语，一种情形是“X之间”在句中作谓词性宾语的修饰语。如：

（16）瑞芳觉得自己胸口胀得厉害，突然之间产生出一种无法遏制的冲动，一种强烈的欲望，一种难耐的空落落的感觉。（元杰《红云》）

（17）广大青年拥护改革开放，但是他们中不少人不了解中国的历史和现实，因此也就不可能了解改革的艰巨性、长期性和复杂性，幻想在一夜之间把西方的物质文明搬到中国的土地上，比较容易接受实行资本主义制度的宣传。（《人民日报》1989年6月24日第一版）

前例“突然之间”修饰句子谓语作状语，后例“一夜之间”修饰谓词性宾语作状语。

（四）短时义“X之间”对被修饰成分的时体要求

在言语交际中，当说话者/叙述者使用“X之间”时，常常不会是孤立地使用这一结构，因为“X之间”是一个语义非自足的短语，具有依附性，常常在句首/句中充当状语。同时，它对于所修饰限定的对象也并不是完全开放的，而是有所约束和限制的。

（18）康伟业春风得意马蹄疾，两年时间一晃而过。一晃之间，康伟业完完全全换了一副崭新的面貌。（池莉《来来往往》）

（19）突然之间，西门的火药库起火，连续发出轰轰巨响，震得山动地摇。那冲天的大火烧及城上和各军的窝铺。（李文澄《努尔哈赤》）

上面例句中，“一晃之间”“突然之间”修饰的都是一个已然的事件/行为，通过对语料的观察，我们看到，短时义“X之间”所修饰的对象必须满足［+达成］这一语义特征，在句法上最典型的表现是动词的后面往往要有动态助词“了”的辅助，如例（18）中“换了一副崭新的面貌”。否则，单纯的光杆动词或由光杆动词做谓语的小句是不能接受短时义“X之间”的修饰的。如：

（20）*一晃之间，康伟业完完全全换一副崭新的面貌。

当然，动词后面如果出现的不是动态助词“了”，而是“过”或“着”时，所构成的表达也是不能成立的。这是因为“着”用在动词、形容词后面，表示的是动作正在进行或状态在持续[3]，从时间结构上看，它所呈现的是一个无明确起始点的行为或状态，这跟“X之间”所呈现的短时义是矛盾的。“过”用在动词、形容词后面，表示曾经发生这样的动作或者曾经具有这样的性状[4]，而短时义“X之间”所修饰对象必须是在一个短暂时间之内发生的行为，指向的是说话/叙述时刻的短时，并不指向说话者/叙述者曾经的经历。

有时在“X之间”所修饰的小句中，动词后面并没有出现动态助词“了”，为何所构成的表达仍是成立的呢？我们看到，这是因为句子中的动词自身都含有［＋达成］的语义特征，因而可以不需要动态助词“了”的辅助。如“变成、成为、轰动”等：

(21) 可是，被发觉是个女人之后，连这个基本条件都在一夕之间变成稀奇的东西，惹来许多问题。(龙应台《做女人和做人的平衡》)

(22) 不用任何药物补品，他会像孙悟空一样说变就变，转眼之间成为一个巨人。(张贤亮《绿化树》)

除了少数动词自身已经蕴含了［＋达成］这一语义特征外，“X之间”所修饰的谓语成分（包含谓词性宾语）更为常见的一个表现是由述补结构来充当，由补语成分来实现动作行为［＋达成］的语义要求，如下例中的“下起”：

(23) 扫兴的是常常顷刻之间下起瓢泼大雨，把我们浇得个个像“落汤鸡”，到了晚上，地上全是水，我们只能挤在一起，顶着刺骨的寒风，背靠背坐着盼天亮。(罗林口述、刘百粤整理《世上本没有路》)

再或者，是在小句中含有“已经”等能凸显动作行为完成或达到某种程度的时间副词。如：

(24) 说话之间，先前一壶滚水似的浔阳楼已经寂静如庙宇。食客们都屏了声息，来观候这场官司如何着落。(陈世旭《将军镇》)

三、短时义“X之间”的语用特征

邢福义先生指出：“一个语言符号存在的根据就在于它在自己所处的系统中有着独特的价值。不然，它就会成为多余的东西，就会被淘汰。”[5]因此，本小节就将主要探讨一下表短时义“X之间”在使用上的一些特点。经过对语料的分析和思考，我们认为短时义“X之间”具有以下四个方面的典型特征。

(一)“X之间”的非自足性以及与复杂成分的适宜性

短时义“X之间”，在语义上具有非自足性，在使用上具有黏附性，即必须依附于后续的VP或小句才能构成一个语义完整的表达。此外，从后续VP或小句的构成来看，它们也必须是一个复杂的结构，如果“X之间”出现在句中，则后续VP的主语或者在句首，或者因跟前一个小句主语同指而省略，但不论如何VP本身都不能是一个光杆动词，要么是动词前面有状语，要么是动词后面有补语或宾语。如果“X之间”出现在句首，则其后续小句的形式特征更为明显，即大多是一个语义自足的主谓小句，个别时候，当小句的主语与前一小句主语同指时，会为了表达的简洁而省略不出现。如：

(25) 脑子里，肯定萦绕着马缨花的影子，一心想早点赶回去跟她见面。可是，转眼之间，起了多么大的变化啊！(张贤亮《绿化树》)

(26) 难民老的、少的、男的、女的，挤到前边，愈来愈多，把他团团围住。有的叫着：“李公子你老积积福，救救我们！”有的伸出手等他打发。刹那之间，在他的面前围了一大片。(姚雪垠《李自成》)

(27) 有一个学生用手围拢嘴巴，大声叫嚷着发出警告道：“朝左！——朝左！——”但是那几个游客好象一点也不知道这里的水性，也没有听见岸边有人喊叫，一直朝水鬼氹划过去。霎时之间，那只洋舢板旋转起来了。(欧阳山《苦斗》)

“转眼之间”所修饰的VP是一个动宾短语，“刹那之间”所修饰的是一个状中短语，并且动词带有宾语，“霎时之间”所修饰的则是一个完整的主谓小句。之所以“X之间”与复杂成分具有较为突出的适宜性，是跟前者要求后者具有［＋达成］的语义特征有关的，因为光杆的动词无法满足［＋达成］的语义要求，就必须借助于状语、补语的辅助来实现这一语义要求。这样一来，它们在线性结构上就会变得复杂一些。

(二) 凸显后续行为的突发性，折射说写者惊讶、意外的主观认识

从语用上看，说写者/叙述者之所以要在语句中使用表示短时义的“X之间”这一结构，最主要的交际意图是为了凸显后续行为的突发性。如：

(28) 吴汝义迅速地夺下来丁国宝的腰刀，转身抵抗从天井中扑上来的几个刀客。刹那之间，全院大乱。闯王的二十名亲兵飞奔过来，站在台阶下排成一道人墙，将闯王护住，也把丁国宝包围在内。(姚雪垠《李自成》)

(29) 经过分析，他估计抢他外带的这些家伙，准是伪经济警察和轮带商人勾结起来干的，他想到橡胶洋行去找，但他们人多势众，赤手空拳怎能讨出公道呢！边想边往前走，忽然发现道旁一家铺子挂着刀剪铺的招牌，玻璃罩内陈列着各式各样的刀剪，电灯照的闪闪发光。骤然之间，触动了他的心事。稍停一下，他迈进门去，逐一观瞧。(李英儒《野火春风斗古城》)

例(28)中“刹那之间”的使用，衬托出“全院大乱”这一状态的出现是在一个短时间内形成的。例(29)中“骤然之间”用来形容“心事”被触动的迅速。有时，说写者/叙述者认为“X之间”的短时义还不够凸显，还可以使用多种手段连用的方式来强化短时义。如：

(30)“文化大革命”好像是一场大地震，一夜之间突然从地心爆发，人们分

为发灾难财的和抢险救灾的!(蒋元明《龙三精神》)

“一夜之间从地心爆发”“突然从地心爆发”分别都可以显示行为的短时迅速，而现在说写者把这两种表达方式叠加在一起来进一步强化“文化大革命”出现的突发性。

从使用场景来看，“X之间”只能用于修饰动作行为或性状出现、消失的突然、迅速，而不能用于动作的持续性过程。如：

(31) a 忽然之间，这一切都没有了。

b 可是突然之间，情况又起了变化。

c *突然之间，水面上漂浮着几片树叶。(自拟)

表示动作行为或性状出现、消失的例(31)a、b两句都可以跟“X之间”共现，而表示动作持续进程中的例(31)c就不可以跟“X之间”共现。

而不管具体表义上有何具体的差异，“X之间”的使用在凸显后续VP的突发性之外，还在一定程度上折射出了说写者/叙述者的惊讶、意外等主观态度，即在说写者/叙述者的常规认识中，后续VP所反映的动作行为的实现或完成是需要较长的时间，而现实的状况是后续VP的实现或完成却是在短时间乃至瞬时间完成的，这对说话人/叙述者而言就超出了常规的预期。吴福祥指出，话语中语言成分所传达的信息可以分为三类，即预期信息、反预期信息和中性信息[6]。“X之间”的使用就传递了说写者/叙述者对后续行为/事件的发生表现出惊讶、意外的言语信息，而这种言语意义的出现则来源于后续行为/事件的发生与说写者/叙述者的已有认知或合情推理相反。

(三) 位于句首时具有承上启下的语篇关联作用

“X之间”在表达中具有句首和句中两种句法分布，位置的不同导致它们在功能上也有少许的差异，具体来说，当“X之间”出现在句首时，它除了具有对后续语句的修饰限定功能外，还衍生出了语篇衔接的功能。

其一，当“X之间”位于句首时，其往往能起到标记情节转换的作用，常见的是起到标记话题转换的功能，进而表现出语篇衔接的功能。如：

(32) 周炳叫人群挤撞着，退到路边，只见四个华人巡捕，一面狂吹警笛，一面飞跑过来。那李民天把手里剩下的传单往半空中一扔，正准备和那演讲的人一道逃走，可惜他们身边，早埋伏着两个便衣侦探，这时一齐动手揪住他们，跑不脱身。眨眼之间，四名华捕赶到，把他们逮走了。(欧阳山《苦斗》)

此例中“眨眼之间”前一句的话题是“李天民”，而下一句叙述的对象则转变为“四名华捕”，对于这一叙述对象的变化，“X之间”在句中即具有标记话题转换的功能。一个完整的语篇，其前后话语应该是有关联的，当话语中没有别的更为显性的关联标记时，“X之间”就可以临时凸显语篇连接的功能，既表达了后续行为或事件发生的短时迅速，同时也具有语篇连接的功能，使前后的话语在表达上更加顺畅，更便于听读者去理解。

其二，是提供事件的时间背景，如果主语前面没有定位事件的时间词语，那么不管主语是有定还是无定，“X之间”都倾向于出现在主语的前面。因为陈述一个具体事件，一定需要交代事件的时间和地点[7]。王志也指出，汉语在叙述时，一般是先提出某个时间词语，然后再接着提出在这个时间词语所表示的时间里发生了什么事情[8]。“X之间”虽然在时间表达上并不如“昨日”“凌晨三点”等时间词语表达的时间具体，但其仍具有为后续句提供时间背景的能力，因此，当后续句前没有其他明确的时间标记时，“X之间”就暂时凸显了这一功能，从而使语句的表达符合了“背景→焦点”式的汉语信息表达常规顺序[9]。如：

（33）正在大家哄笑的当儿，忽然听到北方一阵呱呱乱叫声，和战士们的笑声交织在一起。大家定睛看时，原来是一群野雉，像是大敌袭来，惊恐万状地向南飞奔，把在战士们跟前吃米和在吃马料的那几只野雉也吓得惶惶地飞去了。转眼之间，机警的哨兵向杨子荣跑来。（曲波《林海雪原》）

上句中如果没有“转眼之间”的插入，那么后续小句的出现是显得极为突兀的，一方面是上下句缺少了必要的过渡——即关联，另一方面是后续小句所描写的行为也缺少了必要的背景铺垫，而是突然就呈现在了读者的面前，让读者在接受心理上毫无准备。而现在有了“转眼之间”的插入之后，不仅上下句建立起了关联，而且还为后续小句的出现提供了铺垫，使读者在心理上有了接受新行为发生的准备。再如：

（34）当然，在这个世界上，如果有她要嫁的人的话，那个人就是张帆。张帆是实实在在地疼着她爱着她让着她的。

转眼之间，苒青来美国已经一年。这一年，在苒青的生命中，也许是最困难的一年。（百合《哭泣的色彩》）

（四）线性长度变长以吸引读者的注意，同时增强了庄重、正式的语体效果

在前文的分析中，我们已经看到，有些“X之间”的短时义主要是由X来呈现的，换句话说，删掉“之间”，X自身也能表现短时义。那么此时，说话者为何要使用“X之间”而不直接使用X呢？下面以“忽然”与“忽然之间”为例做一些对比分析：

（35）“当时就有一种很强烈的荒诞感”，因为对帕瓦罗蒂的《我的太阳》太熟悉了，忽然听到一首用藏语唱出来的歌，就有一种比较怪诞的感觉。（《新京报》2019年4月26日）

（36）西汉成帝时，赵飞燕穿了一条云英紫裙与皇帝同游太液池，忽然大风骤起，成帝慌忙命侍从拉住她的裙子，裙摆就被拉成许多皱纹。（《广州日报》2019年4月25日）

（37）小狗无意中咬出一根恐龙化石身下的骨头，忽然之间所有的恐龙都复

活了。(《北京青年报》2019年4月3日)

(38) 到达博物馆史料展示厅后,浅利庄重肃穆地简述了过去的历史,一行人合十手掌鞠躬默哀,大厅里一片沉重的寂静。忽然之间,原本晴朗的天空狂风呼啸,随后下起倾盆大雨,而当众人走出大厅时,风停雨住,天空重又放晴。(《人民日报》2018年9月9日)

在以上语句中,虽然"忽然"和"忽然之间"都充当了状语,但因为"忽然之间"在结构上比"忽然"复杂,在线性长度上要大于"忽然",所以在句中充当状语时,也就更能引起读者的注意。因为从认知的角度看,大的、长的事物要比小的、短的事物更能引起人的注意。而说写者/叙述者正是通过增加线性长度的方式来吸引听话人/读者的注意力,使其能对后续事件/行为的突发性产生更深的印象。冯胜利指出,"语体是通过语法表现出来的(当然也包括词汇)",而"书面正式语体的基本原则是用语法手段把正式表达和与之有关的口语表达之间的距离拉开"[10]。我们看到,"X之间"正具有这样的"拉距变形"作用,因为该结构在口语非正式语体的表达中是几乎不出现的,而"忽然"等词语虽然也可以表达动作行为的短时迅速,但它们既可以出现在口语非正式语体中,也可以出现在书面正式语体中。因为"正式有程度的高低,典雅也有量度的大小"[11],所以从正式度等级来看,使用"忽然"的表达它的书面正式语体的程度就要低于与之语义表达相近的"忽然之间"。

四、余论

上文我们对表短时义的"X之间"的句法语义特点以及语用特征做了考察分析,从中可以看到,可以跟"之间"组合构成短时义"X之间"的词语除了常见的动词和副词外,一些形容词、名词以及数量短语也可以进入组合。在句法层面,"X之间"可以出现在句首或句中充当状语修饰谓语,有时也可以出现在谓词性宾语的前面充当底层状语。从语义层面看,不管是修饰句子谓语还是谓词性宾语,它都要求后续的VP或小句需满足[+达成]的语义特征,即后续行为/事件从事态上来说应是已经实现或出现了的,而不能是未然的。从语用方面看,"X之间"的使用可以凸显后续行为的突发性,同时也可以呈现出说写者/叙述者惊讶、意外的主观态度,此外,当"X之间"位于句首时还具有语篇关联的作用。

此外,本文在对"X之间"进行描写和分析的同时,对方位词"之间"的释义问题也提出了一点不同的认识。我们认为以往的研究,其对于方位词"之间"的句法分布及其表义特点都进行了较为全面的分析,在系统性和精细度方面也都达到了很高的程度。但是以往的研究也存在一些问题,如把方位词"之间"分立为五种或更多种用法的时候,它们彼此之间的相似性或共性体现在哪里?这些用法是"之间"的意义还是所在组合的意义,是否有必要进一步区分"之间$_1$"和"之间$_2$"?

我们认为从"整合"的角度来看,方位词"之间"的用法看似复杂的背后其实是有统一的意义的,这些不同是"之间"进入不同的句法环境之后所显现出来的,并不应该看作是"之间"的语法意义。邵敬敏先生指出,要重视虚词的研究框架,这样对于虚词的学习或使用才是有指导或帮助意义的[12]，这一点我们很为赞同，但是与此同时，我们不能把组合框架的意义都赋予某一个虚词身上。马真先生曾十分明确地指出，必须注意不要把某个虚词所在的格式所具有的语法意义误认为是该虚词表示的语法意义，也必须注意不要误将在某个句法格式里出现的某个虚词的语法意义归到与之共现的另一个虚词头上[13]。因此，本文认为对于方位词“之间”用法的说明还是应该回归到它的基本用法上来。综合前文的讨论，对于表示短时义的“X之间”中的“之间”并无必要单独设立为“之间$_2$”，它跟“之间$_1$”的其他用法在语义上是连贯的，都是表示两个区间以内，只不过是一种较为抽象的区间。一方面是常规情形下方位词“之间”所依附的“X”为一个联合短语或复数概念，如“北京和上海”“元旦和春节”“一块和两块五”“我们”等。而进入短时义组合的“X”则是一个个体词语，且是抽象的动作行为或蕴含时间意义的副词、名词、形容词等。这些个体词语从常规情形下看是没有内部区间的，但是在说写者/叙述者的主观认知上看其内部仍是可以作内部切分的，这样就会形成一个复数的概念，进入其内部就有了区间划分的可能。如“突然”其本身表达的是一个极小的时间，而说写者/叙述者认为其内部还可以分割为若干更小的个体，而它与“之间”组合后则要表达的是在这些更小的个体之间所建立的某个区间。由此一来，“突然之间”的短时义便应运而生。

*本文系2017年国家社科基金一般项目“跨语言视角下‘来’的共时分布与历时演变研究”【17BYY141】、2021年河南省社科规划一般项目“历时视角下汉语时间词词义的发展变化及其演变动因研究”【2021BYY013】的阶段性成果，同时也得到了信阳师范学院“南湖学者奖励计划（青年项目）”的资助。

注释：

[1] 吕叔湘：《现代汉语八百词（修订本）》，北京：商务印书馆，1999年，第675页。

[2] 张琦：《“X+之间”结构研究》，长春：吉林大学硕士学位论文，2012年。

[3] 黄伯荣、廖序东：《现代汉语》下册，北京：高等教育出版社，2017年，第29页。

[4] 黄伯荣、廖序东：《现代汉语》下册，北京：高等教育出版社，2017年，第30页。

[5] 邢福义：《现代汉语语法研究的两个“三角”》，《云梦学刊》1990年第1期，第78～84+62页。

[6] 吴福祥：《试说“X不比Y・Z”的语用功能》，《中国语文》2004年第3期，第222～231页。

[7] 储泽祥、刘琪：《制约“忽然”句法位置的若干语用因素》，《世界汉语教学》2014年第4期，第498～507页。

[8] 王志：《谈汉语时间概念的表达》，《逻辑与语言学习》1989年第2期，第35～38页。

[9] 完权：《语篇中的“参照体—目标”构式》，《语言教学与研究》2010年第6期，第38～45页。

[10] 冯胜利：《论语体的机制及其语法属性》，《中国语文》2010年第5期，第400～412页。

[11] 冯胜利：《论语体的机制及其语法属性》，《中国语文》2010年第5期，第400～412页。

[12] 邵敬敏：《〈汉语虚词框架词典〉编撰的创新思路》，《语言文字应用》2013年第3期，第69～78页。

[13] 马真：《现代汉语虚词研究方法论》，北京：商务印书馆，2004年，第18页。

话语标记研究热点与发展分析

肖　明

（华中师范大学语言与语言教育研究中心/

华中师范大学信息化办公室，湖北武汉，430079）

内容摘要：本文利用文献计量和知识图谱可视化的方法，详细分析了 CNKI 和 Web of Science 中话语标记领域研究的 4109 篇文献，重点考察了话语标记研究的进程及其在合作网络、国外发文期刊、国内研究机构、高产研究者、研究经费等多方面的分布情况，对该领域的研究热点和未来趋势进行了定量和定性评估。国外的话语标记研究呈多波峰式推进，国内研究则呈单波峰式推进，其发展后劲稍显不足；国内外研究进程可分为起步、发展和扩充三个阶段；美国居于合作网络的中心联络位置，中国也具有较广泛的国际合作；国际上已形成了以 Fraser、Schourup 等学者为中心的合作网络，国内研究者的合作关系则较为松散；国内研究机构以各大高校为主；经费来源以国家社会科学基金为主；根据关键词聚合发现四类研究热点：关联理论和标记语研究、篇章和口语等语体中的话语标记研究、依存关系研究及主观性和主观化的研究；“多元结合”和对话语标记展开依存句法分析、语用功能分析应是话语标记研究今后一段时间的发展趋势。

关键词：话语标记；文献计量；知识图谱；文本可视化

话语标记（Discourse Markers，简称 DM）研究在 20 世纪 50 年代的西方学界已初见端倪。Randolph Quirk[1] 早在 *Some Recent Interpretations of Old English Digraph Spellings*（《古英语连字拼写的一些最新解释》）中就已注意到“you know、you see、well”等口语中大量出现的“修饰语”的重要研究价值，开创了话语标记研究的先河。Zwicky[2] 强调话语标记的语用和句法属性，主张将其独立为一种区别于其他功能词的语法类，并尝试从分布、词性、搭配和韵律等角度对其展开研究。此后 Deborah Schiffrin[3] 在 80 年代出版的这一领域最重要的专著《话语标记》中首先确定了话语标记语的定义：“一种用分隔交谈单位内外内容的连续性依赖成分”，并分析了“and”“because”“but”等话语标记的用法和分布。1990 年《语用学杂志》出版的第二本专题特辑，就是以话语标记为主题。除上述学者外，Degand[4]，Fraser[5]，Redeker[6]，Schourup[7]，Maschler[8]，Cuenca[9]，Blakemore[10]，Verschueren[11] 等学者也在不断推进话语标记研究的发展，他们将其视为一种话语层次上的标记，即语用上的标记。有的学者还提出了“语用标记语”（Pragmatic Markers），进一步突显部分话语标记的语用功能。2011 年，*Linguistic* 杂志为这一研究专门出了一期特刊。随后，越来越多的学者开始关注话语标记，融入了自己见解，扩充了研究对象，使该领域的研究有向多领域渗透的发展趋势。

2000 年以来，国内学者开始对话语标记研究产生兴趣，研究成果逐渐增多。如方梅[12]用话语标记的研究方法分析连词。冉永平[13]将国外话语研究三十年来的进程系统总结为三个阶段。刘丽艳[14]阐述了话语标记的语篇组织功能、语境顺应功能和人际互动功能，对“这个、那个、不是、你知道”等进行分析。姚双云[15]对汉语中的话语标记进行了持续考察，既有“就是、但是”等个案分析，在话语标记的信息处理方面也有相应的设想和探索；认为话语标记的重要来源之一是名词，名词向话语标记的演变是其基本话语层用法向元话语层用法的转移，属于语用化现象。

当前，国内外对话语标记的研究方兴未艾。鉴于传统文献综述受限于学者的学识和精力难免会存在盲区，本研究采取文献计量分析法，从宏观角度全面观察有关文献，系统梳理国内外话语标记研究的总体态势及分布，并运用可视化分析的手段展示相关的知识图谱。运用 CiteSpace 和 HistCite 文献计量软件对国内外话语标记研究文献进行知识图谱量化分析，尽可能全面地分析中国知网和 Web of Science（WOS）中的文献，探讨国内外话语标记的研究分布、热点与趋势，为话语标记研究提供科学参考。

一、数据与方法

本文数据来自 CNKI 和 WOS 核心合集，检索时间为 1960 年—2020 年，检索式为：SU＝’话语标记’ or SU＝’话语标记语’ or SU＝’Discourse Markers’ or SU＝’Pragmatic Markers’。从 CNKI 检索到相关文献 3623 篇，其中 1960 年—2000 年检索文献 8 篇，2001 年—2010 年检索文献 710 篇，2011 年—2020 年检索文献 2187 篇。从 WOS 中检索到 486 篇相关文献。

本文运用文献计量方法分析话语标记的文献引文，首先展示话语标记研究的历时发展和分布情况，然后通过关键词聚类和文献引证关系图来揭示话语标记研究的趋势与热点。

二、话语标记研究的进程与分布

文献计量分析结果清晰地展示了话语标记研究的历时发展及其在合作网络、发文期刊、研究机构和经费来源等方面的分布情况。吉晖[16]用引文计量方法探寻过国外话语标记研究在 2001 到 2016 年期间的研究热点，但未对中文和英文研究热点作对比分析。

（一）文献时间分布

本研究对 WOS 核心合集的 486 篇文献和 CNKI 的 3623 篇文献进行了分析，结果如表 1 所示。

表1 CNKI与WOS中话语标记类文献的时间分布情况

年份（年）	CNKI文献量（篇）	WOS文献量（篇）
1980年以前	0	1
1981—1982	0	0
1983—1984	1	0
1985—1986	0	2
1987—1988	0	4
1989—1990	1	6
1991—1992	0	5
1993—1994	0	5
1995—1996	3	5
1997—1998	0	22
1999—2000	3	18
2001—2002	16	17
2003—2004	39	10
2005—2006	98	19
2007—2008	229	30
2009—2010	328	21
2011—2012	493	43
2013—2014	539	51
2015—2016	510	109
2017—2018	411	101
2019—2020	216	94

表1的数据显示，WOS中有关文献出现较早，到1998年左右增长出现第一个波峰，其后略有减少。2000年之后有起伏波动，但总体仍是上升趋势。2015年前后达到了检索时间段内的最大峰值。近5年来，话语标记研究的文献量都维持在较高水平。

就话语标记各主要研究国家的文章贡献情况来看，美国、西班牙、比利时是产出话语标记研究成果最多的三个国家。英、德、法、中等国的发文量差距不大，基本上处于10到20篇的区间。成果数量的产出一定程度上能够说明话语标记研究在该国的活跃度。

进一步对比表 1 的数据可知，虽然国内话语研究开始得稍晚，但发展迅猛。CNKI 中的成果数量在 2003 年前后就开始快速超越 WOS。但相较于国外多波峰的研究进程，国内的话语标记研究目前只出现了一个波峰，即在 2013 年—2014 年达到了检索时间段内的最大峰值，其后有逐渐下降的趋势。这反映出国内研究喜爱追逐热点的特点。CNKI 中的话语标记研究成果在数量上虽然明显多于 WOS，但在质量上却是良莠不齐。这也启示我们，国内的相关研究不应过度追求成果数量，而应着力提升研究成果的质量。

（二）合作网络分布

本研究发现话语标记的研究领域已形成了多个明显的国家合作网络，其中美国在合作网络中一家独大，与其合作的国家最多；法国、英国、西班牙等国虽然在话语标记领域起步较早，成果产出也较多，但在合作网络中的作用不及美国。尤其值得注意的是，得益于近年来中国学者的持续探索和积极的国际合作，中国在话语标记领域中的作用也越来越明显，与多个国家建立了良好的科研合作关系，形成了一个稳定的合作网络。

本研究发现话语标记研究领域存在多个较有影响力的学者合作网络。WOS 的学者发文和引用情况如表 2 所示，CNKI 的学者合作网络情况如图 1 所示。

表 2　WOS 中的学者发文和引用情况

序号	作者	发文量	本专业领域引用量	所有专业领域引用量
1	Fraser B	3	154	599
2	Schourup L	4	70	196
3	Redeker G	3	69	233
4	Jucker A H	1	29	147
5	Carter R	1	22	111
6	Fung L	1	22	111
7	Degand L	8	20	78
8	Maschler Y	4	20	88
9	Cuenca M J	4	19	42
10	Brizuela M	2	15	48
11	Hellermann J	1	15	52
12	Marin M J	2	15	33
13	Vergun A	1	15	52
14	Borderia S P	2	14	32
15	Blakemore D	2	13	66

由表 2 可见，国外话语标记研究领域已形成了以 Fraser B、Schourup L、Redeker G 等多位学者为中心的合作网络。Fraser B 将语用意义理论作为研究话语标记的基础，讨论其在连通信息内容、标示信息关系等方面的作用。Schourup L 的关联理论框架对话语标记研究有较大影响力。再加上以 Fraser B 为代表的“连贯派”，二者组成了话语标记研究领域的两大主要阵营。

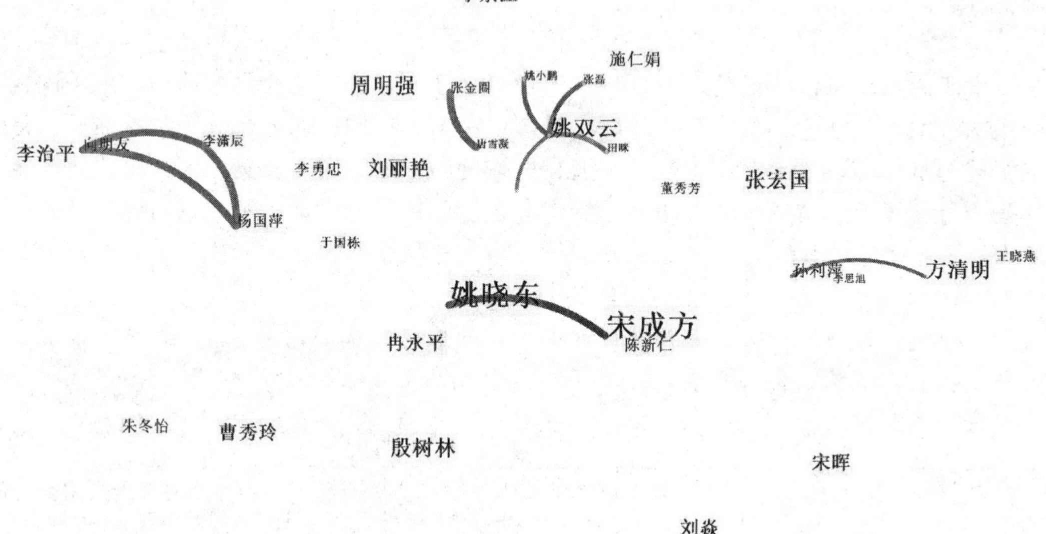

图 1　CNKI 中话语标记研究的人员合作网络

相较而言，国内研究者的合作网络则较为独立，合作关系比较松散，如图 1 所示。例如，即使是作为国内话语标记较早的研究者之一的冉永平教授，也没有和其他学者形成明显的合作关系。由此看来，我国的话语标记研究应尽快打破“各自为战”的研究局面，加强交流与合作，共同推动有关汉语的话语标记研究走出国门、走向世界。

（三）期刊、机构及经费分布

话语标记文献在 WOS 排名前十的期刊分布依次为，*Journal of Pragmatics* 89 篇、*Discourse Studies* 13 篇、*Discourse Processes* 12 篇、*Linguistics* 11 篇、*Journal of Historical Pragmatics* 10 篇、*Language in Society* 10 篇、*Circulo de Linguistica Aplicada a la Comunicacion* 7 篇、*Lingua* 6 篇、*Revista Signos* 6 篇、*Estudios Filologicos* 5 篇，*Journal of Pragmatics* 偏爱发表研究话语标记的文章，其发文量远高于其他 9 种期刊，甚至比其他九种期刊发文量的总和还多 9 篇。

从国内研究机构的统计来看，上海师范大学 177 篇和华中师范大学 131 篇组成话语标记研究的第一梯队，产出成果最多；黑龙江大学 73 篇，上海外国语大学 71 篇和吉林大学 69 篇，组成第二梯队，发文量居中；南京师范大学 51 篇，东北师范大学 50 篇，浙江师范大学 47 篇，北京语言大学 45 篇，广东外语外贸大学 44 篇，这 5 所高校组成第三梯队，发文数量紧随其后。发文量前五的机构在发文总量中的占比约为34.51%，这说明我国话语标记研究虽然学者合作网络薄弱，但研究机构相对集中，已初具研究阵地的雏形。

经费来源方面，国家社会科学基金支持的文章数量182篇约占68.68%，接近七成，数量最多表明该基金对该领域的支持力度最大。中国博士后科学基金16篇、教育部人文社科项目10篇、国家留学基金5篇，另外，江苏、湖北、四川、安徽等省对话语标记研究支持力度居中。

三、话语标记研究的热点与趋势

（一）关键词聚类体现的研究热点

关键词能反映文献研究涉足的领域并指示相关内容，通过关键词聚类的分析方法，能够清晰地了解到特定时间段内某一研究领域的成果和热点。本研究对CNKI中研究话语标记的相关文献进行关键词聚类分析，结果如表3所示。

表3　关键词聚类分析结果

序号	关键词	出现次数（次）	序号	关键词	出现次数（次）
1	话语标记	158	11	词汇化	10
2	语用功能	49	12	语用化	9
3	语法化	47	13	well	7
4	主观性	20	14	反预期	7
5	主观化	16	15	标记语	6
6	功能	14	16	关联	5
7	话语责任	13	17	翻译	4
8	关联理论	13	18	语篇功能	4
9	元话语	12	19	互动功能	4
10	话语功能	11	20	依存语法	4

本研究对关系紧密关键词进行了聚类，高效整理和归纳了论文中大量的关键词。如表3所示，话语标记的研究文献大致可根据关键词聚合为四类：第一类是关联理论展开标记语研究，这一类别的文章主要是运用关联理论，以英语为对象研究标记语。如陈晨[17]结合关联理论分析了话语标记“so”的语用功能。第二类是将话语标记放到篇章或口语等语体背景中进行研究，其中也涉及一些对因果关系的讨论。如方梅、姚双云等等。第三类是讨论话语标记在句法中的依存关系，主要包括依存语法、依存句法等。第四类是对话语标记的主观性和主观化展开研究，也包含元话语以及话语功能等内容的研究。其中，对话语功能的研究以特殊的话语标记词为主，如冉永平[18]对“well”的研究，以及李潇辰[19]、郑群[20]分别对“you know”的研究。

话语标记自引入国内以来，起初的研究对象多以英语为主，而近十年来发展为以汉语为主，这体现了研究对象的本土化。此外，随着国外话语标记理论的发展和研究方法的丰富，一些国内学者也不再满足于对话语标记的事实验证和纯粹理论研究，转而着重分析话语标记的特性和功能。这又体现出研究思路和方法的多元化。从表3的聚类分析来看，学者们并不拘泥于固定的理论或套路，而是着力发掘各种理论的优势，采取多种理论相结合的研究途径。关联理论、主观化、篇章语法、口语语法、依存语法等理论先后活跃于话语标记的研究领域并成为该领域的研究热点之一。

当然，通过关键词聚类反映的研究热点是不同时间段的共现，要准确把握话语标记研究的近期热点和发展趋势则还需要进一步考察关键词的突变。

(二) 关键词突变反映的研究趋势

运用文献计量方法进行突发性关键词检测，发现相关文献的关键词在一定时间内的变迁。这种突变性分析有助于预测该研究领域的发展趋势。分析结果如表4所示。

1960年—2000年期间未出现较多的热点关键词，而在2000年后开始出现了大量热点关键词，话语标记研究开始取得突破性进展。可以把话语标记领域的已有研究划分为三个阶段。

起步阶段(1950—1995)。虽然Randolph Quirk已经开始注意到反复出现的修饰语的价值，但国外的话语标记研究是20世纪80年代的事情。90年代开始被学者引入中国，勉强跟上了国外的脚步，但却很少有学者涉足。CNKI这一阶段只有零散的几篇文献。考虑到样本不足导致的偶然性问题，表4的突显词分析中并未包含这些文献，这一阶段国内很少有人关注话语标记。所以说，在近四十年的时间中，对话语标记的研究一直处于低速发展的状态。国内外既没有太多实质性的研究成果，也没有形成较有规模的研究队伍。学界主要致力于探究话语标记的定义和典型特征；致力于探索话语标记的研究方法和范式。关键词较为稳定，既未出现明显的热点，在该时间段内也没有明显的突变。总的来说，这一阶段并没有太多实质性的文献和研究成果，发展速度较慢。

发展阶段(1995—2012)。这一阶段国内外的话语标记研究都开始了自己的发展，取得了长足的进步。虽然发展速度存在差异，但国内外的研究都涌现出了大量的热点。由表4可知，“关联、连贯、语用标记语”等关键词在这一阶段的文章中大量出现，一定程度上反映出来该阶段的研究热点。若进一步检索以这些突变词为关键字的文献，就可以发现这一阶段的研究以具体话语标记语的微观研究为主，约占研究总数的62.2%，包括从语用功能等方面对you know、but、well等语用标记词的细致分析。与此同时，关联理论和语料库处理在这一阶段的话语标记研究中依然活跃。这一阶段涌现出了许多具有代表性的研究成果，对汉语话语标记的探索也出现了许多具有代表性的成果，丰富和完善了话语标记的研究方法和体系，形成了较有影响力的话语标记研究团体。

扩充阶段(2013—2020)。国内外的话语标记研究在这一阶段的研究成果数量上有明显的增长。话语标记的研究体现出和更多的理论相结合的阶段性特征。该阶段的突变关键词为“主观性、话语标记、语法化、依存句法、语用功能”。再次以这些关键词为主题进行二次检索，我们有以下两点发现：其一，期刊中相关文献的数量明显增多，引证关系也明显增多，表明话语标记研究在这一阶段已逐渐成了学界的研究热点，有较多的学者参与其中；其二，从文献相关主题来看，这一阶段拥有更丰富的研究对象和更多角度的研究内容，与其他各领域的结合更为有力。从话语标记扩展到探索标记词的韵律特征、方言话语标记、固定结构的话语标记功能等，这阶段的研究成果也展现了话语标记更为丰富的语言功能。因而，这一阶段的研究更多地表现出不断扩充的研究特征。

在梳理完话语标记研究阶段的基础上，纵观表 4 中的突变词，不难发现当前的研究热点。从话语到话语功能，这 12 个关键词在时间轴上重叠、更换，虽然时间跨度长短不一，但各自都代表了所在领域的活跃度。较之于传统树库构建的短语语法理论，依存句法凭借着在自然语言处理和信息检索中日益凸显的价值，近年来也是备受青睐。从近年的突变关键词及其时间跨度来看，对话语标记进行依存句法分析和语用功能分析应是今后一段时间的研究趋势。

表 4　话语标记研究突变词强度排序

关键词	强度	开始年份	结束年份
话语	6.4014	2001	2009
标记语	8.1891	2003	2011
连贯	6.5677	2003	2009
关联	5.5605	2003	2008
话语标记语	4.83	2004	2005
话语理解	4.4815	2005	2008
话语生成	3.9202	2005	2008
元语用意识	4.0543	2006	2010
关联理论	3.8373	2007	2009
you know	4.1211	2008	2009
so	4.1691	2010	2011
话轮转换	3.8536	2010	2014
语篇	3.5155	2013	2014
语用化	3.6257	2015	2020
偏误分析	6.1818	2016	2020
教学建议	4.3831	2016	2020
话语功能	5.7393	2018	2020
对比研究	3.4242	2018	2020

结语

利用文献计量和知识图谱可视化的方法，详细分析了CNKI和Web of Science中话语标记领域约60年（1960—2020）的发展进程中出现的4109篇文献，重点考察了话语标记研究的进程及其在合作网络、国外发文期刊、国内研究机构、高产研究者、研究经费等多方面的分布情况，对该领域的研究热点和未来趋势进行了定量和定性评估。主要结论如下：

研究进程方面，国外研究呈多波峰式推进，国内研究则呈单波峰式推进，发展后劲稍显不足。总体上看，国内外的话语标记研究都可以分为“起步（1950—1995）、发展（1995—2012）和扩充（2013—2020）”这三个阶段。

研究分布方面，话语标记研究在美国、西班牙和比利时三国尤为活跃。WOS中的相关文献在*Journal of Pragmatics*中分布最多。美国在合作网络中居于中心联络位置，中国在该领域的研究也有较好的国际合作。国际研究中已形成了以Fraser B、Muller S等多位学者为中心的合作网络。而国内研究者的合作网络则较为独立，合作关系比较松散，大多“各自为战”。国内研究机构以各大高校为主，且不同研究机构间科研能力存在不小的差距。国家社会科学基金给予了主要支持，教育部、国家留学基金以及江苏、湖北等地方科研资金也有一定的支持。

研究热点与趋势方面，话语标记的研究文献大致可根据关键词聚合为四类不同的热点。第一类是关联理论和标记语的结合研究。第二类是篇章体和口语体的话语标记研究。第三类是依存关系研究。第四类对话语标记的主观性和主观化进行研究，也包含元话语以及话语功能等内容的研究。从对现有数据的分析结果来看，“多元结合”和对话语标记展开依存句法分析、语用功能分析应是话语标记研究今后一段时间的研究趋势。

* 本文系教育部人文社会科学规划基金项目“基于语义依存图的汉语有标复句研究”【20YJA740047】的阶段性成果。

注释：

[1] R. Quirk, M. K. Sherman, “Some Recent Interpretations of Old English Digraph Spellings”, *Language*, 1953, pp.143-156.

[2] A. M. Zwicky, “Clitics and Particles Language”, *Language*, 1985, pp.283-305.

[3] D. Schiffrin, *Discourse Markers*, Cambridge: Cambridge University Press, 1987.

[4] L. Degand, “Contextual Constraints on Causal Sequencing in Informational Texts”, *Functions of Language*, 2, 2000, pp.173-201; L. Degand, T. Sanders, “The Impact of Relational Markers on Expository Text Comprehension in L1 and L2”, *Reading & Writing*, 2002, pp.739-757.

[5] B. Fraser, “An Approach to Discourse Markers”, *Journal of Pragmatics*, 3, 1990, pp.383-395; B. Fraser, “Pragmatic Markers”, *Pragmatics*, 1, 1996, pp.167-190; B. Fraser, “What are Discourse Markers?”, *Journal of Pragmatics*, 7, 1999, pp.931-953; B. Fraser, “Topic Orientation Markers”, *Journal of Pragmatics*, 5, 2009, pp.892-898.

[6] G. Redeker, "Ideational and Pragmatic Markers of Discourse Structure", *Journal of Pragmatics*, 3, 1990, pp. 367-381; G. Redeker, "Linguistic Markers of Discourse Structure", *Linguistics*, 1991, pp.1139-1172.

[7] L.Schourup, "Discourse Markers", *Lingua*, 3, 1999, pp.227-265.

[8] Y.Maschler, "On the Transition from Code-switching to a Mixed Code", *Peter Auer*, 1998, pp.125-149.

[9] M. J. Cuenca, "Two Ways to Reformulate: a Contrastive Analysis of Reformulation Markers", *Journal of Pragmatics*, 7, 2003, pp. 1069-1093; M.J.Cuenca, "Pragmatic Markers in Contrast: The Case of Sell", *Journal of Pragmatics*, 8, 2008, pp.1373-1391; M.J.Cuenca, M.J. Marin, "Co-occurrence of Discourse Markers in Catalan and Spanish Oral Narrative", *Journal of Pragmatics*, 5, 2009, pp.899-914.

[10] D. Blakemore, *Relevance and Linguistic Meaning: The Semantics and Pragmatics of Discourse Markers*, Cambridge: Cambridge University Press, 2002.

[11] J.Verschueren, *Understanding Pragmatics*, London: Edward Arnold, 1999.

[12] 方梅:《自然口语中弱化连词的话语标记功能》,《中国语文》2000 年第 5 期,第 459～470 页。

[13] 冉永平:《话语标记语的语用学研究综述》,《外语研究》2000 年第 4 期,第 8～14 页。

[14] 刘丽艳:《汉语话语标记研究》,北京:北京语言大学出版社,2011 年,第 11 页。

[15] 姚双云、姚小鹏:《自然口语中"就是"话语标记功能的浮现》,《世界汉语教学》2012 年第 1 期,第 77～84 页;姚双云:《话语标记的信息处理研究:现状与设想》,《武陵学刊》2015 年第 1 期,第 73～79 页;姚双云:《名源话语标记的语义类型、形成机制与语用功能》,《语文研究》2020 年第 2 期,第 45～52 页。

[16] 吉晖:《基于知识图谱的国外话语标记研究热点领域分析》,《外语学刊》2019 年第 4 期,第 12～19 页。

[17] 陈晨:《以关联理论为视角看话语标记语"So"的语用功能——以 The Kite Runner 为例》,《河北工程大学学报》(社会科学版)2015 年第 4 期,第 112～116 页。

[18] 冉永平:《话语标记语 well 的语用功能》,《外国语》2003 年第 3 期,第 58～64 页。

[19] 李潇辰、向明友、曹笃鑫:《话语标记语的语义痕迹与语用功能——以 You Know 为例》,《外语与外语教学》2018 年第 2 期,第 90～98 页。

[20] 郑群:《语料库视角下的社会语言学研究——以话语标记语 you know 为例》,《解放军外国语学院学报》2014 年第 2 期,第 43～53 页。

【世界文学研究】

理查德·罗蒂的文学伦理观

谢　梅

（云南师范大学外国语学院，云南昆明，650500）

内容摘要：罗蒂的伦理思想关注文学所提供的日常生活经验，面向未来，试图为未来社会寻求解决伦理困境的可能性方案。以著作《哲学与自然之镜》的出版为分界线，罗蒂思想经历了从前期哲学伦理到后期文学伦理的伦理转向。这种转向的发生一方面受到哲学研究的伦理转向影响，另一方面也与文学研究的伦理学转向暗合。伦理转向之后的罗蒂借助对文学家、文学作品、文学阅读的讨论，进一步加深了对人的生存、个人精神完善和民主社会的公共伦理构建等伦理学问题域的关注与思考，形成了独特的文学伦理观。总体而言，罗蒂的文学伦理观极具新实用主义哲学底色，强调回归人的伦理生活，主张人文关怀，关注个体的生存状态和个人道德提升，倡导公共的团结伦理意识，以实现民主共同体社会的构建。

关键词：理查德·罗蒂；文学伦理观；个体完美；公共团结；阅读伦理

理查德·罗蒂（Richard Rorty，1931—2007）是当代美国最具影响力的思想家之一，他构建了反本质主义、反表象主义、反基础主义的新实用主义文学哲学思想。在探究哲学问题时，他的通常做法是与文学、语言学、政治学、美学、伦理学等进行结合，以跨学科方法在多学科之间对问题展开多维度研究。在对伦理相关问题进行讨论时，他创造性地将其与文学、哲学相结合，进而从文学家文学创作的德育责任、文学作品的伦理品性和读者的阅读伦理三个层面形成了独特的文学伦理观。如果说罗蒂之前的哲学家们视伦理为哲学内部的主要问题域之一，进而对伦理的概念及本质从哲学层面进行探究，那么罗蒂与他们最大的不同在于看待伦理的眼光发生了根本性转变。在罗蒂看来，传统哲学家们在形而上思路指导下的伦理研究是关于伦理的普遍性、历史性和合法性等的学问，这种“真理”追问是脱离生活的，远离现实的，对于我们的日常生活实践毫无指导意义。作为新实用主义哲学家，罗蒂说：“伦理乃是一组我们的实务所构成，只有具有实践意义的伦理才是真正值得我们珍视和坚持的。”[1]罗蒂一再强调我们不要再去纠结伦理是什么，我们需要探讨的是我们需要什么样的伦理及什么伦理对于个体完善和公共团结才是有益的。伦理在罗蒂的研究里不再是一种关于真理的理论，而是成了一个有关实践的问题。

国内外学者关于罗蒂的文学伦理思想仅开展了零星研究，比如国外的罗蒂研究专家波普瑞尔在《罗蒂的责任伦理》和《重视他者：罗蒂的伦理选择和伦理责任》等文章中，主要讨论了“新实用主义是罗蒂强调伦理责任感的哲学根基”[2]，提及虚构文学是提升责任感的方式。国内的新实用主义哲学研究专家陈亚军、张国清、汤拥华等人在研究罗蒂道德哲学时也提到了道德进步依赖于时代精神代言人之一的文学家。遗憾的是，他们都未对罗蒂的文学伦理观展开具体论述，学界也还未出现对此形成完整、系统论述的成果。本文以散见于罗蒂哲学专著中多次有关文学伦理的讨论为基础，试图归纳出罗蒂文学伦理思想的主要内容，即文学家是最好的德育教育家，文学作品极富伦理品性，阅读文学作品有助于读者的道德进步。在罗蒂看来，在文学家创造的极具想象力和隐喻的作品世界里，个体遭遇他者，对他者的遭遇产生共情，学会包容和理解他者，进而将他者纳入“我们”的范围，成为具有团结意识并对他者困难具有感受力的“新”人。可以说，罗蒂的文学伦理观不仅关注个体道德进步与公共团结的关系，而且重视文学对于民主社会共同体构建的意义。

一、文学家也是德育教育家

罗蒂把作家分为自律作家和正义作家两种类型[3]。他视两种作家之间的关系为两种不同工具之间的关系，就好像画笔和铁锹的关系，他们没有好坏之分，不过是两种不同的工具发挥着不同的功能而已。两类作家的共同之处在于他们都背弃理论，转向叙事，重视伦理。借助作家们的想象力，他们把陌生人想象为和我们处境类似、与我们休戚相关的人。罗蒂将普鲁斯特、海德格尔和纳博科夫看成自律型作家，认为他们的用处在于“他们是人格的模范，告诉我们自我创造的、自律的人生到底是怎么回事”[4]。在他们身上，我们了解到具有公共性的社会品德不是品德的全部，品德应该也必须包括私人的个人品德，而且有些品德重新创造了他们自己。从这类自律型作家的身上，我们仿佛也有变成一个“新”人的需要，想要变成一个我们还没有语言加以描述的人。另一类作家，比如狄更斯、施赖纳和赖特等，则是作为社会精神代言人和公共知识分子角色，共同参与到努力使我们的社会或制度更加公正无私、减少残酷暴虐的社会任务中。这类被罗蒂视为正义型的作家们具有高度的社会道德责任感，他们不是通过讨论伦理道德的理论概念，而是在想象力丰富的小说中详细描述陌生人或者重新描述我们自己的生活，把我们向来没有注意到的人们所受的各种苦难淋漓尽致地呈现出来。

文学家的德育教育不是天生的，而是创造出来。罗蒂曾说：“好奇而敏感的文学家是道德的典范，因为他们是随时留意一切事物的人。”[5]文学家的专长就是注意到大部分人没有注意到的东西，比如对善的行为之要求。文学家不仅自身会对于普通人视为理所当然的东西感到好奇，而且能够对于他人视为重要的东西有所通感，比如能够敏锐地察觉到他人对于善恶所产生的意象。换句话说，文学提供了自我描述的模型，唤起人们对他者困难的关注，并寻求避免羞辱。透过好奇而敏感的文学家的创作，我们对其他不熟悉的人所承受的痛苦和侮辱的详细原委提升了感应相通的敏感度。一旦我们提升了道德敏感度，我们就很难把他者加以边缘化，因为我们不会再以为他者的感觉和我们不同，也不再默认既然苦难必然存在，为何不让他者受苦。在罗蒂看来，文学家的文学作品让我们加强了对他者的感同身受，我们逐渐把文学中的他者视为“我们之一”，而这个认知转变的过程实际上就是详细描述他者和重新描述自我的过程。在这一过程中，文学家取代牧师或者职业的德育工作者，创造出了德育教育，完成了德育教育，并成了最有影响力的德育教育家。

小说是文学家开展德育教育的主要媒介。罗蒂提出：“虚构文学尤其是小说，作为最独立、最灵活、最庞大的文学形式，对年轻人的德育教育起到了核心作用。”[6]小说取代布道或专业理论论述，成为促成道德进步的手段。罗蒂的论点是身处“后”学时代的我们可以不需要理论的抽象，形式主义的分析，或超越历史的道德原则，但是作为可塑的人类，我们需要讲故事。对于道德教育而言，讲述一个漫长悲伤的故事远比柏拉图、康德对道德法则、道德义务的追求更有用。在《作为小说典范的詹姆斯和普鲁斯特》一文中，罗蒂详细论述了两位作家在其崇拜者生活中扮演的德育教育家角色。为实现“教育和启迪我们”[7]，亨利·詹姆斯和普鲁斯特作为世界知名作家，使来自世界范围内说着不同语言、有着不同宗教信仰、肤色各异的读者们都喜欢反复阅读小说中他们喜欢的人物和场景，喜欢提起他们最喜欢的章节，喜欢讨论各种人物的善举和恶行，更重要的是他们让我们突然之间想象力都得到了扩展，时刻都能敏感地觉察到自我中心的危险。比如在小说《奉使记》和《盖尔芒特家那边》中，随着小说达到高潮，越来越频繁出现的那些改变生活且具有启示意义的事件，让我们更强烈地意识到他人的需要，更清晰地渴望走出自我中心。即使詹姆斯和普鲁斯特的读者很难说清楚在小说中悟到了什么新真理，但他们会坚持认为自己和小说或者小说家之间形成了某种亲密关系或私密对话，这种关系让他们有一种变成另一个“新”人的欲求，这个“新”人通过小说中的人物或故事强烈感受到了他人的需求，渴望自我救赎，这些小说“帮助我们成为了现在的自己，我们的感激之情依然强烈”[8]，正如约翰·贝利对詹姆斯的评价：“他通过语言模式对潜在的读者传达一种几乎可触碰的亲密关系。”[9]詹姆斯和普鲁斯特从不刻意为读者提供新知识，而是通过情感达到对人的塑造和教化，让读者发现自己受到了感染，主动关注到个体性与公共性的关系、自我与道德、社会与道德等伦理问题，自觉地将社会现实与公正联系起来使之服务于个体生活实践，进而实现了德育教育。

罗蒂在《偶然、反讽与团结》一书中将狄更斯、奥威尔、赖特等作家评价为具有高度社会道德责任感的文学家，避免残酷和为人类自由服务是他们共同的目标。他认为，这些作家的主要课题不是自我创造或自律，而是从受害人的视角来描写残酷。狄更斯以雾都孤儿奥利弗的悲惨身世及遭遇描写了人性和社会的残酷，赖特从“坏黑鬼”别格·托马斯的视角书写了身处种族主义社会底层阶级黑人生存环境的残酷，也反思了这种成长环境造成黑人自身性格残忍的悲剧性。阅读这些作家的作品时，“你无法对那使你生命垂危的疾病，采取一种纯粹美感的态度；你无法对持刀要割你喉咙的人，感到漠不关心”[10]。作家们成功地搭建起了小说与我们道德之间的启发式关系。小说家一方面阐明了我们现实的制度与事务并没有达到伦理理想的标准；另一方面也提醒人们向善行善义务之所在，并鼓励义务之实现。他们让我们意识到自己可能犯下的种种残酷，我们在文学作品中有关残酷的情节中体验残酷，重新反思残酷，达成对自己道德感的反思，并努力实现自我救赎，这对于减少未来的苦难和服务于人类自由意义重大。

二、文学作品极具伦理品性

受维特根斯坦的“生活形式”思想、杜威的“实用主义”思想和海德格尔的“生活世界”思想的影响，罗蒂的文学伦理思想关注“此在”生活世界，而非沉溺于过去，他的目的是面向未来，为未来社会寻求解决伦理问题的方案。在罗蒂的视野中，文学作品的重要性体现在其对个体日常生活实践和人类社会发展的介入、参与和指导，文学与我们渴望构建一个民主共同体社会的愿景紧密关联。在后哲学文化语境中，罗蒂的新实用主义哲学主张背景决定了他对文学作品的思考一定是关乎社会实践、服务生活的。文学，“作为一种希望”[11]，肩负着形塑个体和影响社会的使命，“对于个体公民和社会共同体都有其根本的伦理功能”[12]。文学的伦理品性有助于人们意识到人类社会发展和他者生活经历的残酷性，进而学会理解和包容他者，减少残酷，担负起私人层面自我完善和公共层面社会团结的双重使命。这种强调个体对自我和他者的双重道德责任感的文学伦理思想体现出罗蒂对文学的伦理品性关注优先于对文学的文学性关注。

罗蒂将文学伦理划分为公共的和私人的两种类型，并试图以文学替代哲学，承担起伦理教化和提升道德能力的任务。公共伦理指向的是意见一致达成促成的更多的协同性，私人伦理则依赖于对协同性的认知，主要表现为个体的自由反讽。自由反讽者既能理解公共协同性，但是同时以“终极语汇”保持和进行自我创造。终极语汇与罗蒂的语言观则有紧密关联。罗蒂坚持语言是一种隐喻。语言的隐喻和“本义”(literalness) 的区别在于“对杂音和记号之惯常使用与不惯常使用”[13]。沿着这种逻辑，语言 A 对于语言 B 的替代或再描述就不再取决于它们谁更好、更准确地表象了大写的实在，而在于偶然的机缘和语言所处的使用环境。如果上述关于语言的看法可以成立，则柏拉图-康德的道德哲学传统势必受到严重的挑战。语言的偶然性、非表象性，使我们无法穿越大写实在（善）的神秘面纱。文学伦理中的关键词，诸如“善”就不再是一个名称，而是一个形容词，一种和“真”一样的赞语。就像“‘什么是真命题’再也不能指望‘与一个大写对象的接近’来衡量一样，‘什么是善的行为?’也不再能用‘符合大写实在（善、上帝、理性）’来决定”[14]。在文学作品中，我们不是发现了什么是善，而是把某种行为举止说成是“善”，我们的“说”取决于我们的需要和我们的环境，它完全是一种偶然的行为。能创造终极语汇的往往是“强力诗人”[15]，强力诗人拥有足够强的智力和创造力来创造足够有力的词汇对文化和对话的转向产生影响力。因此，强力诗人们创造出的文学作品极具伦理品性，不仅有助于个体审视自我，而且有助于共同体成员对于伦理问题达成共识。罗蒂认为语汇的创造和更新在小说中得到了最充分的体现，个体借助文学语汇被引入对他者痛苦的体验之中，进而对他者产生共情，清晰地意识到自我中心的危险，最终实现对他者的同情、理解和包容，达成公共团结。在这一意义上，文学扩展了我们的伦理视野，增进宽广的人类协同性，有助于在公共层面形成伦理共识。

文学，尤其是小说，不仅为我们提供了熟悉他人的终极语汇，而且还使我们关注与社会实践有关的一些奇异的文化多样性。罗蒂认为小说不仅是用于表现或再现世界，而且是用于处理世界的。他以奥威尔的《一九八四》和纳博科夫的《洛丽塔》为例，表达了对其中有关伦理现象的探究和关注。罗蒂首先通过对小说中政治、伦理现象的再描述，认为这些小说试图让读者对残酷和羞辱的影响更加敏感，表现了对现实生活中潜在的政治、伦理等残酷现象的批判。比如，在奥威尔的笔下，奥布莱恩折磨人的手段和极为刻薄的语言是残酷的。他有意让温斯顿意识到摧毁他的信仰欲望之网、剥夺他的话语权力简直易如反掌，奥布莱恩的种种残忍使人们意识到一个人的个人特质可能对他人产生潜在的残酷影响。接着，罗蒂对小说中的文学语汇进行了一番分析，表明了文学语汇很好地论证了他的反本质主义哲学思想，即语汇本身是偶然的、可变的。本着语言意义源于实践的立场，罗蒂指出，创造什么样的语言，用什么样的语言框架，是我们人类自己的事情，取决于人类的目的。小说中的语汇或者语言不仅是一种描述社会现实问题的工具，而且是人物生活的内容，帮助人们将周围的自然事物纳入人的生活活动之中。当社会问题和个人存在问题不能用旧语汇表达时，就应该采用或创造新的语汇进行再描述，以便更好地服务于读者对自我和社会的认知。在这个创造过程中，语汇得到不断更新，帮助个体摆脱旧语汇的同时，也获得一些描述新事物新问题的新词语，进而使读者个体获得一种全新的感受，最终脱离了“旧”我。罗蒂再次以纳博科夫的《洛丽塔》、奥威尔的《一九八四》中的“残酷”情节为中心，通过用自己创造的语汇对洛丽塔和韩伯特之间的不伦之恋、朱丽娅和温斯顿之间的迫害之恋等“残酷”情节展开描述，使人们注意并反思现实生活中类似的“残酷”行为。从他的描述中，我们形成对小说中相关人物韩伯特、洛丽塔、温斯顿、朱丽娅的道德评价，进而对善恶、责任、权利与义务等伦理问题有了新的理解。

罗蒂还坚信文学对于人类的道德反省与道德提升具有重要作用。他甚至说过：“道德进步是文学成就的历史。”[16]文学在罗蒂看来从来就不是用于追求永恒的真理，而是借助文学语言以偶然性的现实情境为背景，充分发挥文学的想象力来叙述人类的各种困难，达到对这些困难的感同身受，从而推动人类关于道德的思考，进而不断拓展“我们”的范围。“文学作品能使人浏览其他方式的人生。”[17]言下之意，通过文学作品，我们认识了更多的生存方式，进而有利于自我道德的完善和美化，达成对他者的理解，允许差异的存在和发展，这正是民主、公正、自由的共同体社会的目标。罗蒂在《哲学、文学和政治》中，以狄更斯的文学作品为例澄明了文学的伦理教诲作用，因为他坚信“小说，而不是道德性的文章，是道德教育最有用的方式”[18]。通过阅读狄更斯的小说，人们能够学会欣赏不同的人按照个人意志进行选择和生活，不同类型的人学会和谐相处，实现“我们”范围的扩大，最终实现民主、自由的社会。小说取代了神学、道德性的论文，不去直接寻求关于人类的本性、人存在和人类生活意义的本质答案，而是通过文学语汇启迪阅读者如何实现人与人的共存与和谐相处，如何用行动实践去开创民主社会，小说为当今社会类似的一系列问题提供了可能性的启发，而非唯一的肯定的绝对的方案。

面临当今的社会、政治、性别和种族问题，罗蒂认为哲学早已不能为人类日常生活提供绝对的指导原则了。文学作品成了思考和满足社会伦理需求的有效途径，因为文学不仅愉悦我们，还能教导我们，甚至治疗国家。毕竟文学创作和文学阅读本质上是一种私人的沉思活动，借助感受他人的遭遇或痛苦，扩大“我们”的维度。罗蒂就曾坦承自己是通过小说进入世界的，他对他者的了解和世界的认识离不开年轻时读过并爱上的那些小说。文学作品借助作家的想象力构造出充满隐喻的世界，作家通过语汇创造从不同维度书写或描述人类所经受的屈辱与侵害，揭示出人类遭遇的复杂道德伦理困境。我们通过文学作品与作品中的人物产生共情，进而实现伦理反思，减少残酷，促进自我改造完善，实现公共团结。

三、阅读文学走出自我中心

罗蒂认为文学阅读和文学创作一样，不可回避伦理问题。他坚决反对文学阅读沉迷于揭示文本的生产机制或揭示文本的结构机理，也反对阅读时过度倾向于探究文本如何揭示了阶级、种族、性别的权力关系等文化研究的问题域。在罗蒂看来，这些研究的根本目的在于揭示文本的文学性，还是没有跳脱出从现象中寻找“真理”或本质的“科学研究”思维。罗蒂坚信文学阅读伦理在于坚信文本能够也必然教给我们什么的信念。当然，必须指出的是：罗蒂从不认为小说能够提供具有本质意义的道德指导原则，这与他反本质主义的哲学观一脉相承。他认为小说作品的伦理品性是偶然的、历史的。也就是说，每一个文学阅读者，根据自身所处的现实环境的差异性，对于文学作品的解读存在巨大差异。

罗蒂始终坚持新实用主义哲学主张在文学阅读中的践行。新实用主义者们一再强调有什么样的目的和需要就有什么样的方法，因此，文学阅读也不是为了再现真实，探究或阐释本质上就是对文本一种使用方式而已。文学需要阐释，阐释中获得的思想是读者与作品偶然擦出的火花。阐释行为本身就说明我们已经不再满足于现有的、已经发现的机制，以及对这种机制的说明。文本阅读时阐释实践将会对读者带来令人激动、令人信服的感受，或是对作者或文本充满敬意的体验，这些体验绝不是作者的某个意图或者文本内在结构带来的，而是语境的碰撞与叠加。阐释和新阐释的过程就是继续实践和使用的手段。罗蒂又进一步指出，文学阅读不应该以阐释为终点，文学阅读不断警醒读者“生活不只是我们想象的这些”[19]，文学阅读应该服务于自我的更新，更应该服务于“我们”共同体的扩大。

在罗蒂看来，阅读人类学研究成果、新闻报道、喜剧书籍特别是文学小说，才能有助于我们体验异国文化的历史和特殊性，发掘社会化的个体的人的多变性、可塑性、创造性、娱乐性和反讽性等，借此途径才能获得提升道德的能力。他说：“真正有助于正派和好心的，是一个人能够以某种程度上的道德敏感性对待那些具有特殊性的人……一个人越是能够使自己成为某种文化的历史生活的一个组成部分，他就越是能够发展出一种道德感。这并不是要创造出一种全新的道德能力。这是一种习得的回应能力，人们主要是从阅读、观看以及其他人交往的活动中获得这种回应能力的。它是通过发展更丰富、更生动的想象力而获得的。”[20]可以看出，罗蒂把道德感看成一种从文学阅读中获得的回应能力。首先，阅读人类学研究成果、新闻报道、喜剧书籍，特别是虚构文学，有助于我们体验异国文化的历史和特殊性，借此途径我们使自己成为某种文化或历史生活的一部分，具备发展道德感的基础。其次，作为对阅读文学作品的回应，个体回归对自我存在的关注，不断揭示流动的、偶然的、暂时的、非终极性的此在状态，以获得不断更新的自我审视。此外，罗蒂理解的道德进步是一种想象力的增长，而不是为了更逼近于大写的“真”“善”或者“正确”。想象力在罗蒂的文学哲学中是一个关键词汇，它被罗蒂视为文化进化的边界，是一种面向未来的能力和力量，能使人类未来比过去更加富裕。他坦承：“充满想象力的作品或充满想象力的联系能够延伸我们对于有用事物的概念，所以，有时候你事先不知道什么会有用。”[21]但他坚信大量的文学阅读积累一定会让读者有所改变，这种改变体现为两方面：一方面改变一个已被广泛接受了的分类，或者可以给已经讲述过的故事增加一些新的东西；另一方面，读者与作者、人物、情节等偶然“相遇”，使其改变了关于他/她本人是谁、对他/她什么有利、他/她想怎样对待自己等一系列问题的看法，反过来，他/她的改变又会促发他/她的意图或目的的改变与调整。罗蒂还进一步强调说，想象力是共同体用不同方式描述新概念的源泉，正因为想象力，牛顿、弗洛伊德和马克思共同具有的东西是用不熟悉的术语重新描述熟悉的事物的能力。因此，“我们最好把道德进步看作一项增进敏感性的事情，一项增进对越来越多的人和事的反应能力的事情”[22]。道德进步不是一个增加理性的问题，而是能够对广大人民的各种需要作出反应的能力。

对于新实用主义者来说，阅读的旨归为使用甚至是实用。据此，罗蒂进一步提出，文学阅读作为一种救赎方式有助于阅读者走出自我中心主义，实现自律自我与生活形式的选择，服务于读者的日常生活实践。通过讨论欧文·豪、马克·吐温、托马斯·品钦和诺曼·梅勒等作家的作品，罗蒂指出，个体通过阅读实现了对文学作品的参与和对文学角色的承认。罗蒂又以《安妮日记》《男人成长记》等分别涉及犹太人、黑人和同性恋者的作品为例，表明文学作品借助叙事打破道德直觉和偏见，而其具有的教化价值使得个体在承认他者的同时承认自身。通过他者，个体体验歧视和他者苦难，获得救赎的可能性。个体与他者的关系使个体提出寻求协同性与构建宽容意识的伦理诉求，个体通过承担对他者的责任，实际承担了对自我的责任，进而承认自身，获得救赎。总之，借助文学作品对日常经验的开放性，个体在阅读文学作品的过程中实现了自我美化和公共团结，并最终走出自我中心。

总之，罗蒂的思想非常丰富，其独特之处在于文学伦理思想是其阐释哲学主张的新路径和新方法，他的文学伦理观与哲学主张呈现出互为依托、相互观照的内在逻辑统一关系。基于新实用主义重视实践及其后果的立场上，罗蒂认为讨论文学的伦理品性旨在使它更适当地满足我们的各种需要，实现道德进步。罗蒂对文学尤其是小说的思考，是以文学发生实践功能的方式为中心的，他坚信文学不论是对于私人领域的个体还是公共领域的社会都有着伦理教诲功能，正如他自己所言："现在的文学批评家不应该再从事所谓'文学性质'的挖掘和阐述，而应该建议如何修正道德示范和顾问的准则，建议如何缓和这种传统中的张力，或如有必要，加剧这种张力——来促进人们的道德反省。"[23]文学阅读帮助我们关注他者的命运和痛苦，体认生存方式的多样性，我们唯有接纳、包容和理解差异性的存在和发展，才能够实现各种文化或族裔人们的对话和沟通，扩大"我们"的共同体成员，最终实现共识的达成。在这一维度上，道德进步和"我们"共同体范围的扩大成了罗蒂文学伦理思想的核心诉求。罗蒂文学伦理思想始终关注个体与他者的关系、个体与社会的关系，并指出个体如何通过阅读文学作品进而遭遇他者，走出自我中心，实现个人完美和社会团结。这些思想在某种程度上为当今全球化时代多元文化的共存与多族裔人们的相处提供了现实借鉴方案。

* 本文系国家社科基金一般项目"新实用主义视域下的理查德·罗蒂'团结'诗学研究"【21BWW018】的阶段性成果。

注释：

[1] 王莉:《从"自我"观评罗蒂的伦理思想》,《苏州科技学院学报》(社会科学版)2006 年第 2 期,第 29～32 页。

[2] C. Voparil, "Taking Other Human Beings Seriously: Rorty's Ethics of Choice and Responsibility", *Contemporary Pragmatism*, Vol. 11, No.1, 2014, pp.83-102.

[3] [美]理查德·罗蒂:《偶然、反讽与团结》,许文瑞译,北京:商务印书馆,2005 年,第 5 页。

[4] [美]理查德·罗蒂:《偶然、反讽与团结》,许文瑞译,北京:商务印书馆,2005 年,第 4 页。

[5] [美]理查德·罗蒂:《偶然、反讽与团结》,许文瑞译,北京:商务印书馆,2005 年,第 223 页。

[6] [美]理查德·罗蒂:《哲学、文学和政治》,黄宗英译,上海:上海译文出版社,2009 年,第 76 页。

[7] [美]理查德·罗蒂:《哲学、文学和政治》,黄宗英译,上海:上海译文出版社,2009 年,第 83 页。

[8] U. Schulenberg, *Romanticism and Pragmatism—Richard Rorty and the Idea of a Peoticized Culture*, London: Palgrave Macmillan, 2015, p.159.

[9] [美]理查德·罗蒂:《哲学、文学和政治》,黄宗英译,上海:上海译文出版社,2009 年,第 84 页。

[10] [美]理查德·罗蒂:《偶然、反讽与团结》,许文瑞译,北京:商务印书馆,2005 年,第 205 页。

[11] G. E. Dann, *The Possibilities for Ethics and Religious Belief*, New York: Continuum International Publishing Group, 2010, p.74.

[12] 参见赵彦芳:《文学的伦理:个体和共同体之间——从罗蒂的文学思想谈起》,《南京师范大学文学院学报》2016 年第 3 期,第 124～128 页。

[13] [美]理查德·罗蒂:《偶然、反讽与团结》,徐文瑞译,北京:商务印书馆,2005 年,第 28 页。

[14] 陈亚军:《非形而上学的伦理学何以可能? ——论罗蒂新实用主义道德哲学》,《华中师范大学学报》(哲学社会科学版)2008 年第 4 期,第 55～62 页。

[15] U. Schulenberg, *Romanticism and Pragmatism—Richard Rorty and the Idea of a*

Peoticized Culture, London: Palgrave Macmillan UK, 2015, p.155

[16] U. Schulenberg, *Romanticism and Pragmatism—Richard Rorty and the Idea of a Peoticized Culture*, London: Palgrave Macmillan UK, 2015, p.154.

[17] [美]理查德·罗蒂:《哲学、文学和政治》,黄宗英译,上海:上海译文出版社,2009年,第105页。

[18] [美]理查德·罗蒂:《真理与进步》,杨玉成译,北京:华夏出版社,2003年,第12页。

[19] A. Malachowski ed., *A Companion to Rorty*, Hoboken: Wiley Blackwell, 2020, p.181.

[20] [美]理查德·鲁玛纳:《罗蒂》,刘清平译,北京:中华书局,2015年,第82~83页。

[21] [美]理查德·罗蒂:《哲学、文学和政治》,黄宗英译,上海:上海译文出版社,2009年,第102页。

[22] [美]理查德·罗蒂:《后形而上学希望》,张国清译,上海:上海译文出版社,2009年,第61页。

[23] [美]理查德·罗蒂:《偶然、反讽与团结》,徐文瑞译,北京:商务印书馆,2005年,第117页。

鲍勃·迪伦歌词的叙事艺术

肖　祥

（长江大学人文学院，湖北荆州，434023）

内容摘要： 鲍勃·迪伦的歌词中包含大量叙事类作品，这些叙事歌词多以对话体的形式展开，呈现不同的声音和意识；部分歌词包含平行情节线索，双重故事情节既相对独立又相互联系，展现复杂的矛盾冲突；关于梦境的歌词往往表现“梦幻讽刺”和“幻想游历”，具有明显的梅尼普体特征，揭露美国历史与现实的荒诞可笑。鲍勃·迪伦的叙事类歌词展现对话、复调和狂欢化等艺术特征，既表现了广阔的社会生活，又表达了丰富的思想意蕴。

关键词： 鲍勃·迪伦；歌词；叙事艺术

自2016年美国民谣歌手鲍勃·迪伦（Bob Dylan）获得诺贝尔文学奖以来，国内外学界关于他的研究出现了一个小高潮。国内相关研究成果主要包括：将其获奖看作“文学事件”的典型[1]；将其歌词看作“文学文化”的典范[2]；对其“诗人身份”的探讨[3]；因其获奖而引发的关于精英文化与大众文化关系的探讨[4]。国外代表性研究成果集中于恩杜卡·奥提诺（Nduka Otiono）和乔希·托特（Josh Toth）选编的论文集《多声部的鲍勃·迪伦：音乐、表演与文学》（*Polyvocal Bob Dylan: Music, Performance, Literature*）[5]。该论文集所选论文从文学的本质与边界，音乐与文学的关系，以及鲍勃·迪伦对美国当代社会以及第三世界民族国家诗人的影响等多个方面展开探讨。大体而言，国内外研究成果多属于“外部研究”，正好印证了一位学者对鲍勃·迪伦获奖支持者的批评：“他们所关注的是鲍勃·迪伦诗歌的功能和影响，而不是歌词本身作为诗歌的成就。”[6]不可否认，关于鲍勃·迪伦歌词艺术特色的研究还较为薄弱，特别是对其叙事艺术的研究较为欠缺[7]。鲍勃·迪伦之所以能获得诺贝尔文学奖，除了因为他本人被看作时代的旗手和标志，很重要的原因在于其歌词包含大量反映社会生活的叙事类作品，并且展现了较高的叙事技巧。对于鲍勃·迪伦歌词叙事艺术的探讨有利于进一步了解其思想内容和艺术手法，更深刻认识其歌词的价值和意义。

一、对话体的叙述模式

不同于独白式的作品，鲍勃·迪伦的歌词往往避免直接表露作者的态度，多采用对话体的叙述模式推进情节的发展，通过不同人物或同一人物内在的对话，展现“众多的各自独立而不相融合的声音和意识”[8]，从而使歌词具有复调和对话性。其中，最为典型的作品有《约翰·布朗》（“John Brown”）、《七个诅咒》（“Seven Curses”）、《谁杀了戴维·摩尔》（“Who Killed Davey Moore”）和《关于霍利斯·布朗的歌谣》（“Ballad of Hollis Brown”）等。

《约翰·布朗》展现了两种截然不同的看待（越南）战争的视角，母子之间出现冲突激烈的对话。其中，歌曲首尾采用非聚焦全知视角，叙述年轻人约翰奔赴战场与归来的两个场景：约翰离家参军时，母亲以他为傲，满心欢喜；约翰负伤回家时，报复似地将勋章交给呆若木鸡的母亲。首尾两节没有人物的公开对话，却是无声胜有声，原本亲密的母子因对战争的不同感受而形同陌路。

歌词主体部分的叙述视角和话语分别来自母子二人。其中从第二节到第十节以母亲的话语为主，她嘱咐即将入伍的儿子“要听队长的话，你就会得到好多勋章”[9]；为儿子送行，并一再向邻居炫耀自己的儿子即将奔赴战场；每收到一封从战场寄回的信，都会向外人夸耀儿子的英勇；长达十个月未收到儿子的信，随后得到儿子即将回家的消息；最后见到身负重伤的儿子目瞪口呆。母亲将参战的儿子作为一枚“勋章”到处炫耀，但是忘了战争的残酷，更不清楚这并非爱国主义的“老式战争”，而是一场美国没有必要介入的战争。

第十一节到第十四节，约翰叙述了他的战场经历及心理变化：“我努力杀人或为了杀人而死/最让我害怕的是，当敌人和我靠近时/我看见他的脸和我的没两样。”（第Ⅰ卷第 128 页）美军的屠杀和战争的残酷使他对这场战争产生怀疑：不远万里奔赴战场，并不是为了保卫自己的国家，只是因意识形态不同而同类相残。儿子更表达了对母亲的失望和愤恨，母亲本是善良、无私的象征，此处却变成了野蛮、自私的隐喻。

歌词通过视角和话语的转换，展现母子间的思想冲突：通过母亲的话语，揭示了受到意识形态鼓动的盲目爱国者的可悲；通过儿子的话语，揭示了这场战争的残酷及非正义性。在两个人物的话语之外，歌曲更告诉听众（读者），（越南）战争不仅使美军伤亡惨重，更使国家处于分裂的状态，给美国人民造成巨大的精神创伤。

除了两个人物之间的对话，鲍勃·迪伦作品中还有不少三个或三个以上人物话语的并置。如《七个诅咒》讲述老赖利因偷种马下狱，女儿为营救父亲而被法官诱奸，但第二天老赖利依然被处死。其中，女儿分别与法官、父亲见面，如同电影的画面切换，两个不同场合的对话连接在一起：法官面对老赖利的女儿露出邪恶的嘴脸，老赖利不顾自身安危叮嘱女儿赶紧逃离，而女儿为了营救父亲奋不顾身。三个人不同的话语，生动展现了不同的心理和个性。

最为典型的多声部歌曲为根据真实故事创作的《谁杀了戴维·摩尔》。戴维·摩尔为美国著名拳击手，在一次比赛中被对手击打致死。歌词以一问一答的对话形式展开，不停追问：“谁杀了戴维·摩尔？/为什么，原因为何？”（第Ⅰ卷第 206～209 页）通过现场不同人物的回答，可以梳理出事件的大致经过：比赛进行到第八回合，对手的击打已对戴维的生命构成威胁，这时台下的观众正看得起劲，拳赛的赌徒们希望比赛继续，裁判看到这样的场景并未喊停，拳击专栏作家坐等着劲爆的新闻事件发生，戴维的经纪人也未上前阻拦……这时，戴维遭受重创倒在拳击台上。事后面对质询，在场的所有人都在推卸责任。正如巴赫金所说："这是不同的声音用不同的调子唱同一个题目。这也正是揭示生活的多样性和人类感情的多层次性的'多声'现象。"[10]不过他们共同的台词是"不是我（我们）使他倒下的/不，你绝不可以怪我（我们）"（第Ⅰ卷第206～208页）。更具讽刺意味的是，所有人在为自己开脱时，不忘给予死者一点廉价的同情，"他那晚死去太不幸了"；"他死了，他的妻儿太不幸了……"（第Ⅰ卷第206～208页），歌曲侧面展现了美国社会的冷漠和虚伪。

除了不同人物之间的"大型对话"，鲍勃·迪伦还有部分歌曲展现了同一人物内心的"微型对话"，其中以《关于霍利斯·布朗的歌谣》为代表。歌曲讲述的是陷入绝境的贫民霍利斯在枪杀家人后自杀的悲剧。开头以第三人称非聚焦视角简要描述了布朗一家的生活状况：一家七口住在城外一个"快塌的小屋"，过着饥寒交迫的生活。从第二节开始，叙述变为第二人称，可看作由非聚焦视角变为霍利斯的内聚焦视角，开始人物内心的对话，"从一个人的内心矛盾中，引出两个人来"，"让作品主人公同自己的替身人、同鬼魂、同自己为 alter ego（另一个自我），同自己的漫画相交谈"[11]。同时也可看成作者与人物之间的对话，甚至第二人称使听众（读者）也受到质询，从而产生强烈的共鸣。霍利斯虽吃苦耐劳，但找不到工作，"你找工作赚钱/走一英里崎岖路"[12]；他虔诚信仰上帝，但得不到内心的宁静，也得不到外在的帮助；他因贫穷而备尝人情冷暖，家人生活在痛苦之中，"你子女如此饥饿/不知微笑为何物""你爱人眼神疯狂/猛拉你的衣袖"，孩子的哭声"重击你的脑袋"（第Ⅱ卷第10页），妻子的尖叫"如倾盆脏雨"（第Ⅱ卷第11页）。但他无能为力，也没有人关心他们一家。最终他陷入绝望，为了结束这痛苦的一切，"用最后一美元/你买了七枚子弹"（第Ⅱ卷第12页），用猎枪杀死家人和自己。歌曲最后又回归平静，叙述转变为第三人称非聚焦视角，以"七阵轻风""七发子弹""七个魂魄"和"七个新人"结束全曲。轻风绕门的宁静对应子弹的巨响，两组意象形成巨大的张力。那些像霍利斯一样的底层穷人的绝望与愤怒，如同怒涛拍岸；他们的生命如风消逝，没有人在意。即便以如此惨烈的方式控诉，也没有人听到。更可悲的是，"遥远的某个地方/七个新人来到世上"（第Ⅱ卷第13页）。他们或将重复布朗一家的悲剧……整首歌词的悲剧性表现与叙述视角和人称的转变密不可分。外在第三人称的冷峻与内在第二人称的激烈形成鲜明对照。作品中的主人公既是主体、也是客体，他与自己的对话"不仅在叙说自身和自己身边的环境，还在于评说世界"[13]。霍利斯的故事真实地反映了美国社会底层民众的悲惨境遇。

鲍勃·迪伦的歌词往往以对话体的叙述模式展现不同类型的对话，既包括人物之间或人物内在的对话，也暗含了作者与人物、人物与读者（听众）以及作者与读者（听众）之间的对话。作者并不以独白者自居，也不将人物客体化，不直接表露自己的观点和态度。歌词所反映的战争、犯罪、贫穷等社会问题，作者并未直接给出较为具体明确的答案，而是通过对话展现众多不同的声音和意识，从而激发读者（听众）的思考。

二、平行发展的故事情节

鲍勃·迪伦歌词复调叙事的另一表现为情节线索平行并置。巴赫金曾多次指出，复调与对话关系不仅仅存在于具体的对话之间，也存在于小说的结构布局之间[14]。复调不仅仅是指“众多的各自独立而不相融合的声音和意识”，也涉及结构形式，“复调小说整个渗透着对话性。小说结构的所有成分之间，都存在着对话关系，也就是说如同对位旋律一样相互对立着”[15]。米兰·昆德拉在巴赫金的基础上进一步明确阐释，复调小说在情节结构上的表现为诸线平行并置。他以《群魔》为例指出该小说“由三条跃进的线组成，严格来说，它们也可以构成三个独立的小说”，“在情节虚构上所采用的一种巧妙的技巧便轻而易举地把这三条线连成一个不可分的整体”[16]。鲍勃·迪伦的长篇叙事歌词往往包含双线（乃至多线）平行情节结构，如《莉莉、罗斯玛丽和红心杰克》（“Lily，Rosemary and the Jack of Hearts”）、《荒芜巷》（“Desolation Row”）、《墓碑蓝调》（“Tombstone Blues”）、《黑钻石湾》（“Black Diamond Bay”）等，其中以《莉莉、罗斯玛丽和红心杰克》最为典型，它讲述了两个密切相关的故事：一是以“钻头在响”为线索的“银行劫案”，二是以情感纠葛为线索的“情杀案件”。

故事发生在一个日益凋敝的小镇，镇上工作机会不多，贫富分化严重，许多居民开始逃离。红心杰克带领一个演出团队（或以演出为掩护的犯罪团伙）来到小镇酒吧演出。一天深夜，杰克一伙趁演出之机凿穿墙壁成功潜入银行，盗走大量钱财。贯穿歌曲的钻头声将酒吧、莉莉的房间和银行三个重要地点联系起来。在“银行劫案”中，“钻头在响”在歌词中或隐或现出现了四次。钻头声第一次出现在歌曲第一节：“卡巴莱酒吧安静下来，只有墙头钻头在响”[17]，根据后文可推测，这天晚上红心杰克犯罪团伙在酒吧凿墙，准备洗劫与之相邻的银行。第八节钻头声第二次出现：“钻头在墙上一直响，却似乎谁都没有注意”（第Ⅴ卷第41页），前面第六节中提到“人群开始跺脚，灯光变暗”（第Ⅴ卷第40页），吵闹的环境让人没有注意到钻头的响声。钻头声的第三次出现非常地隐晦，第十节中酒吧女郎莉莉说“小心别碰这墙，油漆还没干”（第Ⅴ卷第41页），为什么这面墙油漆是新刷的？可能它不久前作为测试凿穿所需时间的试验品，已被凿过一次了，为掩人耳目又用油漆涂上，此时油漆未干。而这句话从莉莉嘴里说出更显蹊跷，原来她和红心杰克早就是一伙。钻头声第四次出现在第十四节，钻头凿穿了银行的墙壁，“隔了两个门面，小伙子们终于破墙而入”（第Ⅴ卷第42页）。

与“银行劫案”几乎同时发生的是一宗“情杀案件”。歌曲另一情节线索围绕杰克、莉莉、大吉姆和罗斯玛丽四个人物的感情纠葛展开。（1）首先出场的是红心杰克。他穿过了一个“装有镜子的房间”，第一句话是“朋友，可否告诉我演出几点开始?”（第Ⅴ卷第39页）。“演出”和“镜子”似乎向听众暗示：这一切只是一场“表演”，并且歌曲交代“没有任何地方的演员比得上红心杰克”（第Ⅴ卷第41页），人们甚至不知道他的真实姓名，只知道他的绰号——“红心杰克”。在大吉姆眼中，红心杰克就像是被通缉的墨西哥逃犯，而在莉莉和罗斯玛丽的眼中，他却是一位充满魅力的绅士和“圣徒”。(2) 随后出场的是莉莉。她出身于一个父母离异的贫苦家庭，从小得不到家庭的温暖，后来离家出走、到处流浪，凭借甜美的长相，混迹于烟花场所，成为一名交际花。现在她是大吉姆的情妇，却深爱着红心杰克。(3) 大吉姆如同小镇的国王，拥有镇上唯一的钻石矿，“应有尽有，挥霍无度”，但“他的保镖和银杖都比不上红心杰克”（第Ⅴ卷第 40 页）。因为他的情妇莉莉和妻子罗斯玛丽都爱上了红心杰克。(4) 罗斯玛丽被称为“无冕的王后”，虽是大吉姆的妻子，但并未受到尊重。她曾亲眼看见丈夫公然送给情妇莉莉戒指，王后的冠冕实际上戴在莉莉头上。罗斯玛丽忍受不了形同虚设的婚姻但苦于无法摆脱，她曾酗酒、自残，甚至尝试过自杀，是杰克的出现让她重新燃起生活的希望。她的心早已“偏向了红心杰克”（第Ⅴ卷第 42 页）。在第十五节中，“大吉姆躺着，身上盖着布，被一把小刀从背后杀死”（第Ⅴ卷第 42 页），与前文中罗斯玛丽拿着小刀的画面相对应，原来是她亲手杀了大吉姆，最终被送上了绞刑架。至此我们基本可以推断出故事的大致情节：红心杰克的犯罪团伙凿穿墙壁洗劫了银行，主要目标很可能是大吉姆存放在银行的钻石和其他财物。大吉姆撞见红心杰克和莉莉在一起，掏出手枪准备射杀杰克，但不料被身后的妻子罗斯玛丽用刀刺死，最后罗斯玛丽被送上了绞刑架。犯罪团伙成功抢到钱财，红心杰克却不知去向，而莉莉则留在当地孤独地思念着他。

如果我们止步于此，这首歌中还有不少疑团没有解开。首先，杀害大吉姆果真是罗斯玛丽一人所为？第十节有个小小的细节，“莉莉洗了脸，脱下衣服，把它们藏起来”（第Ⅴ卷第 41 页）。她想掩饰什么？很可能她与红心杰克都参与了这起凶杀案件。红心杰克刺杀大吉姆，不单是出于自卫，可能是早已谋划好了，既与罗丝玛丽所受的侮辱与虐待有关，“她只盼着在死之前做件善事/她注视着未来，寄希望于红心杰克”（第Ⅴ卷第 41 页）；也与莉莉有关，因为她“无法忍受那个追求者的一切”（第Ⅴ卷第 42 页）。其次，罗斯玛丽最终是否被执行死刑？或许她已经做好了接受死刑的准备，第二天她淡定地“上了绞刑架，眼睛一眨不眨”。此时对法官的描述却很奇怪，“很清醒，他没有喝酒”（第Ⅴ卷第 42 页），但在前面曾不经意提到“惯判绞刑的法官不声不响地进来，又吃又喝”（第Ⅴ卷第 40 页），后台经理找到他时，他明明已经喝得“酩酊大醉”，为何第二天又说他从没喝过酒呢？这个答案在下一句中暗示出来：“唯一在现场消失的人是红心杰克”（The only person on the scene missing was the Jack of Hearts）（第Ⅴ卷第 42 页）——红心杰克假扮了法官！银行洗劫得手后的红心杰克去向何方？第十四节中，红心杰克的犯罪团伙抢劫成功后，“黑暗里，他们在河床边上等待/有个人在镇上还有事要办”（第Ⅴ卷第 42 页），红心杰克不惜铤而走险回到镇上有何要事要办？很可能正是解救罗斯玛丽。与时常酩酊大醉、“惯判绞刑”的法官不同，清醒的“法官”可能在最后时刻提出赦免罗斯玛丽的死罪……歌词结尾令人遐想，呈现某种未完成性。

鲍勃·迪伦歌词的平行情节线索，使得双重故事情节相对独立、平行发展，产生内在的复调和对话性，并留有许多空白与不确定点，存在较大的阐释空间。在主题表达上，贫困与富有、忠贞与背叛、真实与伪装、正义与邪恶、罪犯与英雄……相互交织在一起，使矛盾冲突多重化、复杂化。

三、亦庄亦谐的梅尼普体

梅尼普体，亦称“梅尼普讽刺”，得名于公元前3世纪加达拉哲学家梅尼普，属于庄谐体中的一种，其主要特征为“增加了笑的比重”，“有极大的自由进行情节和哲理上的虚构”，“创造出异乎寻常的境遇”，描写“有悖事物常理、行为准则、待人接物、包括语言礼貌等的种种表现”[18]。其中，艺术地运用梦境是梅尼普体的悠久传统之一。陀思妥耶夫斯基经常采用梅尼普体表达对社会人生的看法，其中最具代表性的作品为《一个荒唐人的梦》。鲍勃·迪伦也创作了大量以梦为主题的歌曲，如《鲍勃·迪伦之梦》(“Bob Dylan's Dream”)、《鲍勃·迪伦的第115个梦》(“Bob Dylan's 115th Dream”)、《汽车惊魂噩梦》(“Motorpsycho Nightmare”)、《我梦见了圣奥古斯丁》(“I Dreamed I Saw St.Augustine”)、《一连串的梦》(“Series of Dreams”)、《关于你的这个梦》(“This Dream of You”)等。其中部分关于梦境的歌曲往往表现“梦幻讽刺”和“幻想游历”，塑造了疯子、傻瓜或小丑式人物形象，使笑谑成分的比重增加，具有明显的梅尼普体特征，其中尤以《鲍勃·迪伦的第115个梦》为代表。

歌词开篇第一句为“我乘坐着五月花号/我认为我发现了一片陆地”(第Ⅱ卷第204页)。众所周知，“五月花”号为美国历史上著名的移民船只，17世纪数十名移民乘坐该船从英国驶向北美，并在船上制定《五月花号公约》，该公约为美洲殖民地自治公约中的首例，奠定了各州自治政府的基础。但接下来歌曲显示，“我”和同伴们乘船的最初目的不是移民，而是捕鲸。“我们”在捕鲸的途中，发现了自以为的新陆地，于是“我们”放弃捕鲸，开往“新陆地”。作者特意提及“阿拉伯”，又与捕鲸结合，实则隐喻西方国家对石油的争夺。在石油大规模开采之前，鲸油曾经是重要的照明材料和工业用油，众多新兴资本主义国家如英国、法国、荷兰、挪威等都曾参与过大规模的捕鲸活动。而美国人则后来居上，捕鲸数量短短几年便跃居世界第一。直到19世纪中期以后，随着现代石油工业的发展，美国人转向对石油资源的争夺。

第二节中“我们”行动迅速，一踏上陆地就为它起了名字，“我会叫它亚美利加”(第Ⅱ卷第204页)，以至于“跌在地上/险些不能站立”(第Ⅱ卷第205页)，喻指根基不稳，另一边却已开始忙着起草契约瓜分土地了。船长说：“我们来建一座城堡，用小珠子来买地。”(第Ⅱ卷第205页)暗指早期美国殖民者曾用玻璃珠蒙骗印第安人，夺取大片土地。令人意想不到的是，新大陆的警察突然出现，原来这里不仅有人居住，而且是一个现代文明社会。“我们”自以为是的“殖民”行为自然显得非常疯狂，警察将这些不速之客带走也合情合理。可有意味的是，这句指责对方“完全是个疯子”(Crazy as a loon)(第Ⅱ卷第205页)却由“我们”这些“疯子”先说了出来。“疯子”觉得正常的事物不可理喻，他们的美好预想和现实形成巨大反差，使人感到滑稽可笑。

接下来第三至八节“我”开始游历这个光怪陆离的世界。“我”莫名其妙地越狱了，一头奶牛领我到了贫民窟，那里的人们正在游行，高喊的口号却是“严禁游手好闲（Ban the bums）”（第Ⅱ卷第205页），而“游手好闲”更像是统治者对底层失业者的指责。“我”五天没有吃饭，饥饿难耐，跑进一家餐厅打算骗吃骗喝，但混乱的厨房被沸腾的油脂引爆，“我”帽子都没拿就赶紧逃离。此时才想起要去营救还在狱中的船长和同伴，于是去银行把裤子脱下来想作为抵押品，换取一点钱作为保释金，结果被赶出来，又被一个法国姑娘骗走了靴子。此时“我”没了帽子、裤子、靴子，半裸着站在街边。“我”不得不像个乞丐一样，去向飘着美国国旗的处所（喻指美国政府机关）求助，但再次被拒绝；第七节“我”向殡仪馆的人求助，毕竟“那座楼宣扬弟兄情谊”（Advertising brotherhood）（喻指教堂），得到的回复却是，如果同伴去世了再给他们打电话。这个宣扬着弟兄情谊的地方，却只愿意在人死后提供一个简单的仪式。

第九节“我”求助无门，终于打算放弃同伴，于是“我抵押了我的水手服/换来一枚硬币抛了起来”（第Ⅱ卷第209页），决定抛硬币选择去留，可并未在抛之前讲清楚规则，而是在抛到反面之后说“反（tail）和帆（sail）押韵/所以我决定回到船上”，但其实“反”（tail）与“监狱”（jail）同样押韵，“我”不过是为自己找了个借口，说服自己抛弃同伴。

第十节“我”回到船上，被海岸警卫队发现，“我”说我叫“基德船长”，“受雇于乌鲁克的教皇”，“他们立刻就放我走了/他们怕得要死”（第Ⅱ卷第210页）。“基德船长”为17世纪苏格兰水手，因海盗罪被处决。此处既是指“我”之前的行为如同海盗，也是讽刺西方殖民者的掠夺与海盗行径无异。而“乌鲁克的教皇”（the Pope of Eruke）为杜撰的人物，Eruke古英文解做“蠕虫”，讽刺那些长期习惯于服从上级命令的官僚，都是些没胆量没脑子的、连明显的谎话也分辨不出的“蠕虫”。

最后第十一节不忘告诉我们阿拉伯船长后来的状况：他已经“迷恋上了一头鲸鱼”（第Ⅱ卷第210页），“鲸鱼”俚语有“肥婆”之意，且呼应亚哈船长追捕“白鲸”的执着。而“我”赤身裸体、灰溜溜地离开时，看见三艘帆船，竟然是我们熟知的历史上所谓“发现新大陆”的哥伦布带领的船队……

整首歌曲将历史、现实与梦境相结合，将许多不相同和不相容的因素融合在一起，上演了一出出滑稽可笑而又极尽讽刺的闹剧，弥漫着狂欢节式的笑声。歌曲开头部分还录入鲍勃·迪伦与乐队成员的笑声，听众在欣赏时可能也会忍俊不禁。这笑声正如巴赫金所说：“既是欢乐的、兴奋的，同时也是讥笑的、冷嘲热讽的，它既否定又肯定，既埋葬又再生。”[19]不同于通过梦境构造理想的乌托邦，鲍勃·迪伦借由梦境讽刺性地揭露美国历史与现实的荒诞与可笑。

通过以上分析可以看出，鲍勃·迪伦创作的大量叙事歌词往往采用对话体的叙述模式、平行情节线索或梅尼普体，使人物、读者（听众）、作者以及主题、结构等要素构成一个开放的、多维度的空间，在思想内容和艺术形式上展现了对话、复调和狂欢化的叙事艺术，表现广阔的社会生活，蕴含较为丰富的思想意蕴。

*本文系湖北省教育厅人文社科青年项目“他者诗学的批评话语分析”【18Q047】、长江大学人文社科青年基金项目【2020skq04】的阶段性成果。

注释:

[1] 马汉广:《文学的事件化——从鲍勃·迪伦获诺奖说起》,《外国文学动态研究》2017年第1期,第19～28页;马汉广:《鲍勃·迪伦事件与文学边界》,《探索与争鸣》2017年第12期,第158～166页。

[2] 杨晶:《“文学文化”与“新人”的塑造——从鲍勃·迪伦获诺贝尔文学奖说起》,《文艺理论研究》2018年第4期,第207～213页。

[3] 顾悦:《论鲍勃·迪伦的诗人身份》,《当代外国文学》2019年第1期,第110～116页;王晓华:《差异之爱与青年亚文化的建构——对鲍勃·迪伦的一种解读》,《青年学报》2017年第2期,第61～67页;赵雪梅:《从〈直到我找到你〉看鲍勃·迪伦的音乐对嬉皮士身份认同的影响》,《外国文学研究》2017年第5期,第127～136页。

[4] 陶锋:《从现代美学的四个论争看鲍勃·迪伦艺术》,《外国文学》2017年第5期,第69～79页;陶锋、周璇:《大众文化还是精英艺术:论鲍勃·迪伦作品的艺术性》,《当代文坛》2017年第3期,第25～30页。

[5]N.Otiono, J.Toth, ed., *Polyvocal Bob Dylan: Music, Performance, Literature*, New York: Palgrave Macmillan, 2019.

[6] 马汉广:《文学的事件化——从鲍勃·迪伦获诺奖说起》,《外国文学动态研究》2017年第1期,第19～28页。

[7] 陆正兰、张艺等学者将鲍勃·迪伦的作品作为当代“歌诗”的代表,但未作深入的具体分析。参见陆正兰:《鲍勃·迪伦歌词创作资源探析》,《职大学报》2017年第1期,第32～35页;陆正兰:《“歌诗”:一种文学体裁的复兴》,《当代文坛》2016年第1期,第69～72页。张艺:《变异抑或回归——从迪伦获诺贝尔文学奖探讨中国歌诗叙事学科的建设》,《南京理工大学学报》(社会科学版)2018年第5期,第50～56页;张艺:《走进鲍勃·迪伦经典音乐创作空间——探索歌诗叙事学理论跨界运作的成功经验》,《上海理工大学学报》(社会科学版)2018年第2期,第160～166页。

[8] [俄]巴赫金:《陀思妥耶夫斯基诗学问题》,钱中文:《巴赫金全集》第5卷,白春仁、顾亚铃译,石家庄:河北教育出版社,1998年,第4页。

[9] [美]鲍勃·迪伦:《鲍勃·迪伦诗歌集》(第Ⅰ卷),奚密、陈黎、张芬龄译,桂林:广西师范大学出版社,2017年,第126页。本文对鲍勃·迪伦第Ⅰ卷歌词的引用均出自该译本,下文引用第Ⅰ卷歌词时只在引文后标注卷次和页码,不再一一作注。

[10] [俄]巴赫金:《陀思妥耶夫斯基诗学问题》,钱中文:《巴赫金全集》第5卷,白春仁、顾亚铃译,石家庄:河北教育出版社,1998年,第58页。

[11] [俄]巴赫金:《陀思妥耶夫斯基诗学问题》,钱中文:《巴赫金全集》第5卷,白春仁、顾亚铃译,石家庄:河北教育出版社,1998年,第38页。

[12] [美]鲍勃·迪伦:《鲍勃·迪伦诗歌集》(第Ⅱ卷),陈黎、张芬龄、胡桑、胡续冬译,桂林:广西师范大学出版社,2017年,第10页。本文对鲍勃·迪伦第Ⅱ卷歌词的引用均出自该译本,下文引用第Ⅱ卷歌词时只在引文后标注卷次和页码,不再一一作注。

[13] [俄]巴赫金:《陀思妥耶夫斯基诗学问题》,钱中文:《巴赫金全集》第5卷,白春仁、顾亚铃

译，石家庄：河北教育出版社，1998年，第101页。

[14][俄]巴赫金：《陀思妥耶夫斯基——1961》，钱中文：《巴赫金全集》第4卷，潘月琴译，石家庄：河北教育出版社，1998年，第353～354页。

[15][俄]巴赫金：《陀思妥耶夫斯基诗学问题》，钱中文：《巴赫金全集》第5卷，白春仁、顾亚铃译，石家庄：河北教育出版社，1998年，第55页。

[16][捷]米兰·昆德拉：《小说的艺术》，孟湄译，北京：生活·读书·新知三联书店，1992年，第71页。

[17][美]鲍勃·迪伦：《鲍勃·迪伦诗歌集》第Ⅴ卷，冷霜、雷疏影、厄士、奚密、胡桑译，桂林：广西师范大学出版社，2017年，第39页。本文对鲍勃·迪伦第Ⅴ卷歌词的引用均出自该译本，下文引用第Ⅴ卷歌词时只在引文后标注卷次和页码，不再一一作注。

[18][俄]巴赫金：《陀思妥耶夫斯基诗学问题》，钱中文：《巴赫金全集》第5卷，白春仁、顾亚铃译，石家庄：河北教育出版社，1998年，第151～154页。

[19][俄]巴赫金：《弗朗索瓦·拉伯雷的创作与中世纪和文艺复兴时期的民间文化》，钱中文：《巴赫金全集》第6卷，李兆林、夏忠宪，等译，石家庄：河北教育出版社，1998年，第14页。

帝国凝视与地域想象：英国小说中的马来景观书写[1]

刘茜茜

（华中师范大学文学院，湖北武汉，430079）

内容摘要：英国作家康拉德、毛姆和伯吉斯笔下的马来世界是一处“想象的地域”。被降级的女性化大海反映出父权制与殖民霸权的共谋，危险野蛮的热带丛林建构着该地域的负面他者形象，“如画”美的马来乡野强化着殖民者对帝国的文化认同，全景视角下的马来流域彰显了观看者的主导地位以及异域表征中的“认知暴力”。帝国凝视下的马来景观既与英国特定时期的政治、经济、文化需求相契合，又依赖该地域的自然地理特点，是帝国欲望与地方特色相结合的产物，成为建构、传播和延续大英帝国文化霸权的工具和载体。

关键词：英国小说；马来景观；帝国凝视；地域想象

约翰·伯格在《观看之道》中指出，观看不是一种简单的注视，而是在“审度物我之间的关系”[2]，以确立观看者在其周遭世界的地位。在东西方文化相遇的接触地带，白人不可避免以“帝国之眼”观看异域景观，以实现对异域的视觉控制。因此，帝国凝视下的异域景观不是客观中立的再现，而是萨义德所言的“想象的地域”，更多反映出凝视主体的文化想象与政治需求，而非被凝视客体的真实现状。无论是约瑟夫·吉卜林对印度丛林的书写，还是亨利·哈格德对非洲风景的再现，异域景观书写一直是英国殖民文学的核心内容。约瑟夫·康拉德、威廉·萨默塞特·毛姆和安东尼·伯吉斯在其各自的文学创作中表现出对马来景观的共同关注。然而目前学界相关研究主要以后殖民批评为主，多从帝国罗曼司、叙事话语、女性形象、男性气质等角度探讨马来书写对帝国意识形态的建构与颠覆。其中，罗伯特·汉普森的《约瑟夫·康拉德马来小说中的跨文化相遇》集中探讨了种族、性别、权力等因素交织下他者文化表征的复杂性，但尚未关注到马来景观对帝国权力的表征问题。本文以康拉德的《海隅逐客》、毛姆的短篇小说集《木麻黄树》《阿金》以及伯吉斯的《马来亚三部曲》为例，围绕被降级的女性化异域之海、危险野蛮的热带丛林、“如画”美的马来乡野以及全景视角下的马来流域，探讨英国小说中的地域景观书写如何将马来半岛、婆罗洲及其周边海域建构为想象性的地理存在，进一步揭示表面上“去政治化”的景观视觉表征中帝国权力的隐性控制。

一、异域之海：被降级的女性化景观与殖民意识

自然景观与女性的关联在西方文学传统中源远流长。生态女性主义代表人物卡洛琳·麦茜特在《自然之死——妇女、生态和科学革命》中梳理了从古罗马时期到17世纪西方文化传统中自然景观的女性隐喻，揭示出自然的屈从与女性的屈从之间的同构关系。欧洲海外扩张时期的殖民话语则进一步拓展了这一性别隐喻的内涵，地域景观的女性化书写在建构旅行者男性气质的同时，也建构着帝国文化霸权，完成了对女性和殖民地他者的双重征服。《海隅逐客》中被降级的女性化异域之海充满着帝国罗曼司的浪漫情调，反映出父权制与殖民霸权的合谋。

《海隅逐客》中的异域之海具有鲜明的女性特质。昔日的大海宛如一位美艳动人的女人，微笑时风姿嫣然，嗔怒时令人难以抗拒。在男性的凝视下，异域之海在视觉外观上呈现出美艳诱惑的女性形象，成为男性欲望投射的客体。与此同时，性感的异域之海也是冷酷无情的蛇蝎美人，她“喜怒无常……毫无理性又不负责任。叫人又爱又怕。……轻诱人寄予无限信任，然后却迅如闪电，无缘无故地狂怒起来，将人杀害”，“残忍无道”“无所不为”[3]。麦茜特指出，自然作为女性常呈现出两类截然相反的形象，即“仁慈的养育者”与“非理性的施虐者”[4]。自然作为“仁慈的养育者”的地母形象对人类行为形成某种道德约束力。罗马作家奥维德、塞涅卡和普林尼将对自然的开采和破坏视为对母亲的侵犯，他们通过书写自然母亲形象共同捍卫着这一性别隐喻中的伦理规范。然而当自然的性别隐喻发生转变时，之前的行为约束就可能变成一种行为许可。于是，《海隅逐客》中异域之海作为“非理性的施虐者”的蛇蝎美人形象，为人类运用技术和理性改造、剥夺、统治自然提供了道德许可和文化支持。

昔日女性化大海作为“非理性的施虐者”令人又爱又怕，如果说这一矛盾态度反映出技术发展尚且不足以让人类对自然的“施魅”，那么工业革命后侵略扩张则完成了对异域景观的“祛魅”。英国于19世纪30—40年代率先完成工业革命，科技创新取得重大突破。技术的发展改变了人与自然的关系，掌握着先进技术的英国人不再尊重、敬畏、屈从于自然，他们驾驶着蒸汽轮船在富饶的东方开拓商品市场和原料产地。康拉德在小说中呈现了上述科技发展和大规模殖民扩张对东方景观的“祛魅”。他写道：“工程师的手，撕下了这蛇蝎美人的面罩，……她再也不神秘了；就像所有神秘的事物一般，神秘感只存在崇拜者的心目中。……凶残的螺旋桨搅起翻腾发泡的海浪，使大海满脸皱纹，面目全非。海上浩荡无垠，摄人心魄的魅力已遭剥夺，大海的美，大海的神秘与大海的希望，都已经破坏无遗了。”[5]这里“撕下”“凶残的螺旋桨”“搅起”反映出殖民者对异域之海的暴力征服以及对自然生态的破坏，东方的自然景观进而被“去神圣化”，彻底沦为殖民者武力掠夺的资源及技术改造的对象。康拉德还交代了对东方“祛魅”的历史背景，“接着法国人的头脑就令埃及人的肌肉动员起来，造出了一条阴沉乏味却有利可图的沟渠。自此之后，由无数蒸汽轮喷出的烟幕就覆盖了波涛汹涌的上帝之镜”[6]。康拉德明确指出，此处的“沟渠”指的是苏伊士运河。1869年，苏伊士运河正式开通，大大缩短了从欧洲到印度洋和西太平洋的

航程。到19世纪中晚期，英国通过苏伊士运河、途经“海上十字路口”马六甲海峡，与马来半岛多个国家建立起贸易关系。于是，异域之海不再因其遥不可及而显得神秘，其昔日的“光晕”荡然无存，在殖民者蒸汽轮船的蹂躏下，已然面目全非。

伴随着对东方景观的“祛魅”，欧洲探险者与异域之海的权力关系也发生了倒转。康拉德写道：昔日的白人探险者曾是这片海域的仆从，是其忠心耿耿的奴隶。然而随着苏伊士运河的开通，曾经匍匐于异域之海脚下的仆从摇身一变成为主人，他们驾驶着蒸汽轮船践踏着曾经遥不可及的女神，对这片海域进行殖民掠夺和开发。与此同时，异域之海却从昔日美艳绝伦的女主人沦为如今遭人糟蹋的贱役，成为殖民者利用、开采和剥夺的对象。此处男性凝视下异域之海由“女主人”到“贱役”的降级与女性在西方文学史上地位的降级以及东方在西方文化中地位的降级形成同构关系，“女人在男人心目中的形象可以被置换为东方在西方人心目中的形象”[7]。从中世纪的骑士文学到文艺复兴时期的爱情诗再到17世纪玄学诗，西方文学史上的女性形象经历了由女神到现实的人再到被贬低的他者的地位递降。女性形象的嬗变又与东方形象在西方文化中的嬗变形成对应关系。地理大发现前，东方在西方文化想象中显得富饶而神秘。随着海外扩张的兴起，东方不再是令人魂牵梦萦的伊甸园，而是沦为野蛮危险、愚昧落后的他者之地，等待着西方文明曙光的照亮。康拉德在《海隅逐客》中通过对异域之海性别化书写，以大海从“女主人”到“贱役”的降级来呈现东方在西方文化史上的地位降级，进一步揭示出父权制与殖民主义如何共同参与了对马来景观的他者想象。

二、热带丛林：野蛮之地中的他者建构

大卫·阿诺德提出“发明热带性”，他认为“热带需要被理解为一个概念空间，而非仅仅是物理空间”[8]，是西方用来与欧洲及其他温带地区在政治、文化和环境方面有所区别的概念。正如同萨义德在《东方学》中指出，“东方”是相对“西方”而言的，是欧洲的一个戏剧舞台，“热带”也被置于温带的对立面，其“他者性”得以突出，成为被高度符号化的地理存在。康拉德、毛姆和伯吉斯笔下的热带丛林被打造为野蛮危险的他者之地，成为“一个寄生虫和病理学之地、一个要求殖民占领和管理的空间、一个自然选择和种族斗争的实验室，以及一个道德危险和审判的场所”[9]，持续塑造着西方社会对热带地区的刻板印象。

在康拉德笔下，马来丛林疾病肆虐，俨然成为“白人的坟墓”。小说中的密闭幽暗的热带丛林瘴疠暗流、不见天日，茂密的丛林生长于黑暗之中，除了剧毒与霉腐，一无所有，令白人感受到危险而触目惊心。在伯吉斯的《马来亚三部曲》中，热带丛林简直是一片恶土，沼泽遍布，疟疾流行，白蛉热肆意传播，丛林中巨蜥横行，毒蛇穿梭，蚊虫滋生，威胁着白人的生命安全和身体健康。此外，热带丛林还形成密闭压抑的精神空间，给白人带来精神危机。丛林植物茂密纠缠，密不透风；棕榈树阔大的叶子覆盖在白人威廉斯头上，仿佛在对他寄予轻蔑的怜悯；丛林中的小径窄狭曲折，令白人一次次受到蒙蔽，失望而返；林中株株大树遮天蔽日，无情地俯视着脚下的白人殖民者，而白人威廉斯则在林木下痛苦地爬着。密闭幽禁的马来丛林不仅限制着白

人的活动空间，还构成压迫白人的异己力量，表征着白人身处异域、与世隔绝的内心世界，加剧了其内心的囚禁感和压抑情绪。马克·哈里森认为“优越感与脆弱感是帝国硬币的一体两面”[10]。在西方人眼中，疾病一直都是热带的代名词，热带丛林高温湿热的环境被认为是滋生瘴气的温床，也被视为导致白人体质衰退和心理疾病的罪魁祸首。20世纪初，西方医学中出现“热带神经衰弱症”这一术语，用于描述在热带地区生活的欧洲人由于长期焦虑导致的精神疾病。康拉德和伯吉斯通过疾病话语与死亡隐喻将热带丛林打造为“白人的坟墓”，进而建构着“热带威胁论”。路易斯·桑本对这一甚嚣尘上的“热带威胁论”予以有力驳斥，他提出要重新认识热带在气候、人口和疾病分布上的地理多样性。热带气候构成多样，不同地区的疾病分布十分复杂，以至于它的地理病理学现在才逐渐得到阐释。然而在殖民者的帝国凝视下，大热带地区的地理多样性被抹除，成为一处高度同质化的他者之地。小说中的马来丛林景观在热带的地域想象中加入一种病态的力量，标识着病态的热带与健康的温带之间的地理差异性，将热带丛林建构为与温带对立的他者地理空间，进而建构着马来世界的负面他者形象。如此一来，热带丛林景观书写被纳入东方学知识体系之中，标记着东西方种族以及文明之间的本质差异，成为种族主义和殖民主义的话语修辞。与此同时，黑暗危险的丛林景观作为一种“他者化”书写策略，通过宣扬“热带威胁论”，为殖民医学进行医疗干涉进而加强殖民控制提供了合理借口。

小说中丛林植物书写还包含着一种“返祖叙事”，即远离西方文明的原始森林会带来道德堕落和文明衰退。在毛姆笔下，丛林植物恣意生长，呈现出不受控制的繁殖力，“河岸上的树林繁茂，在大面积疯狂地生长着。……它们渴望生长，在那份热烈的狂野之中，有一些震撼心灵的东西；它就像酒神的女祭司，恣意放纵，敢于在祭神的行列之中撒野”[11]。丹尼尔·施瓦兹认为，丛林里沸腾的恶魔能量是白人道德堕落的催化剂[12]。小说中马来丛林原始旺盛的繁殖力对白人施加了一种返祖影响，令其摆脱西方文明的束缚，释放出压抑已久的本能欲望。于是在西方人笔下，热带丛林的生命力构成退化而非进化力量。这种对热带丛林的他者建构包含着一种“气候的道德修辞”，即恶劣的地理环境带来道德堕落和文明衰退。于是，毛姆短篇小说中白人殖民者酗酒、凶杀、姐弟乱伦、婚外出轨等放纵行为，被归咎于热带环境的产物，反映出远东殖民者隔绝于欧洲文明后所面临的道德危机和精神困境。此外，马来丛林还成为自然选择和种族斗争的实验室，“到处可以看到互争高下的森林之王，高大的树木耸立着，压倒了丛林中的普通树种”[13]，而年老的或是被雷电击倒的树木残骸与繁枝绿叶则形成鲜明对照，反映出弱肉强食、优胜劣汰的达尔文进化思想。这一物竞天择的丛林法则被应用于社会学领域，并为如火如荼的帝国扩张和殖民征服提供了有力辩护。从19世纪80年代开始，英国在马来亚和婆罗洲的前进运动势头更加强劲。小说中远离西方文明管辖的热带丛林被描述为一处无主之地，沦为弱肉强食的种族竞技场，此类丛林景观书写为大英帝国征服马来弱国，逐步扩大在该地域的殖民统治提供了文本支持。

三、马来乡野：如画凝视中的家园镜像

“如画”作为一种美学观念起源于意大利和荷兰的风景画创作。18世纪前往意大

利寻访“如画”之美的“大旅行”在英国上流社会盛行一时，“如画”观念随后传入英国。威廉·吉尔平对18世纪英国“如画”美学的理论构建意义重大。吉尔平认为，“如画”不是纯粹地抄袭自然，而是“一种对理想化景色的粗略描绘，对景物进行有秩序的概括，以突出其特性”[14]，以形成整体美感。在吉尔平的“如画”美学中，肌质和构图十分重要。肌质分为“粗糙”“精细”“多变”和“断裂”；构图上则分为远景、中景和近景，“远景的特点是柔和，而近景则应表现出被画家称为力量和丰富性的东西，它们体现在各种细节和色调变化之中”[15]。18世纪英国“如画”美学与西方古典主义艺术一脉相承，在强调风景视觉性的同时，也重视画面的秩序建构，强调画家对自然对象选择、组织和干预作用。英国作家毛姆尤其擅长运用“如画”美学来书写异域景观，其以马来亚、婆罗洲为故事背景的短篇小说生动地描绘了具有“如画”特质的马来乡野。

《木麻黄树》中的马来乡野如同一幅英国风景画，在构图、色彩、线条、肌质等方面均反映出吉尔平的“如画”美学原则：

> 河的两岸生长着茂密的海榄雌和聂帕榈，后面是郁郁葱葱的森林。极目远望，只见绵亘的青山，峰峦重叠，茫无边际。……阳光下，青山绿野发出熠熠的光辉……一对鸽子在他们头顶上空飞翔。忽然，他们眼前有一道闪光，像一颗天然的宝石，划过他们的航道。啊！原来是只翠鸟。两只猴子摇着尾巴，并排地坐在树枝上。在天地之间，开阔的河面上水气蒸腾，在河对岸的丛林后面，飘浮着一排纤细的白云，那是天空中仅有的云彩，看上去就像一队身穿洁白轻纱的芭蕾舞女，在后台紧张而兴奋地等待着帷幕升起，登台表演。[16]

整个画面在构图上具有整体性，打造出富有景深的画面层次：峰峦叠嶂的远山和白云构成远景；开阔的河面以及郁郁葱葱的森林构成中景；河流沿岸的海榄雌和聂帕榈则形成画框效果，凸显出近景中的鸽子、翠鸟和树枝上的猴子，体现出吉尔平式的“如画”构图。画面还注重光影效果和色彩对比，同时在光线的明暗安排上遵循主次秩序。远处的青山白云与眼前如宝石般闪耀的翠鸟形成鲜明的色调对比，通过将光线和色彩聚焦于近景上，使得近景呈现出动人的光辉、明亮的色彩、丰富的细节以及动态的变化。此外，毛姆还善于以“如画”之眼描绘不同景观的质地变化，使整个画面具有不规则和充满变化的性质。前景中绚丽闪耀的翠鸟和摇着尾巴的猴子呈现出纷繁细腻的笔触，画面从这部分质地较为厚重之处，逐渐切入中景茂密葱郁的林木中，再渐至远景中薄如纱棉的白云，画面的肌理渐远渐弱，消融在柔和淡雅的氛围之中。在《阿金》中，“在蓝天的背景上森然现出一座怪石嶙峋的高山”，“地平线上一块块小小的白云”[17]与阳光照耀下闪闪发光的绿叶形成了画面中的肌质变化，更加突出了不同景观的视觉特性，增加了整个画面的“如画”特质。

小说中白人对马来景观的“如画”凝视绝非纯粹的美学凝视，而是通过美学想象将其纳入英国水彩画“如画”传统中，从而有效完成了对异域他者的收编，是一种包含着较强政治色彩的殖民叙事。吉尔平的“如画”观念在强调不规则性的同时，也在构图、质地、色调等方面强调整体秩序感，反映出西方古典美学对“美在和谐”的理性认知，这种人为建构的“如画”景观蕴含着丰富的政治内涵。雷蒙德·威廉斯在《乡村与城市》中将“如画”美学与圈地运动相提并论，认为“圈地裁定书用笔直的篱笆和笔直的道路划出的数学网格，同庭园风景的自然曲线和分散景点是同时存在”[18]。小说中的“如画”美描写本质上是一种为实现殖民欲望而采用的书写策略，殖民者通过“如画”观看对异域土地进行圈定，将眼前陌生的景色转化为自己熟悉的、可控制的风景，建构出帝国中心的“自然”，于不动声色中体现了殖民者对异域景观的控制和占有。到20世纪10年代，英国在马来亚及北婆罗洲的统治进一步得到巩固。此时，英属马来亚政府的行政权力加强，公务员队伍迅速壮大。同时，英国国内也积极推行移居海外政策，引起海外移民浪潮。从1871年到1911年间，英格兰有超过135万人移居英属殖民地。在殖民者占有马来亚和北婆罗洲之前，该地区是一块野蛮黑暗的他者之地；在欧洲白人在此殖民定居之后，对马来景观的书写则采用“如画”美策略，遥远荒凉的马来乡野呈现为怡人悦目的“英国性”景观，令殖民者感到亲切、欢乐和心旷神怡。于是，对异域景观的“如画”凝视赋予了陌生的马来景观以家园镜像，激发出观看者的愉悦感和亲切感，唤起了殖民者对母国家园的地理想象，帮助其以“如家”的亲切克服身处陌生异域的“非家”的恐惧，从而有效地安置了定居下来的白人殖民者。具有英式品味的“如画”凝视还强化着殖民者对帝国的文化认同，维系着英国与远东殖民地的帝国纽带，有效巩固了帝国在马来亚及北婆罗洲的殖民统治。

四、马来流域：全景视角与认知暴力

如果说康拉德的马来景观书写充满了对遥远东方的浪漫想象，那么伯吉斯笔下的异域景观则更加注重博物学式的细节真实。伯吉斯曾于1954—1959年间在马来西亚和文莱担任殖民地教育官员，多年的流散经历令其深入了解到该地域的自然地理和风土人情。《马来亚三部曲》中叙述者以鸟瞰的视角描绘了马来流域自上游到下游的全景图，然而其表面上对马来流域的科学书写却包含着“客观性”“真实性”的修辞策略，全景视角下的马来流域彰显了观看者的主导地位以及异域表征中的“认知暴力”。

全景观看视角使观看者凌驾于被观看地域之上，以居高临下的姿态俯视整个马来流域，确立了观看者在空间上的主导地位。在帝国凝视下，整个马来流域自丛林发源到沿海城镇一览无遗，各个河段在观看者眼下如全景图般逐一展开，成为“透明的”展览景观，在观看者面前“敞开胸怀”。通过运用全景视角，处于绝对高处的观看者将整个马来流域纳入其视野，观看者仿佛具有“上帝之眼”，能够对异域空间进行理性描述和秩序建构。小说中兰彻普河在叙述者眼中呈现出鲜明的阶段性特征：上游源头具有原始性，丛林深处的土著崇拜雷神，保留着原始信仰；中游地区的马来村落呈现出伊斯兰教和万物有灵论古老信仰的冲突，“《古兰经》人尽皆知，万神殿中先知、仙女与树神展开争夺，众神五花八门，令人难以想象”[19]，文学上则发展出“马来诗体”和“印度神话”；下游海岸地带深受西方文明影响，多元文化混杂，出现现代化的城镇景观，“提马和塔希巴那这两个现代城镇，靠锡和橡胶发财致富，供养了大量的华人、马来人、印度人、欧亚人、阿拉伯人、苏格兰人、基督教兄弟和脸色苍白的英国行政人员”，“在兰彻普河与韩都河交汇处，坐落着一座皇家小镇，这座小镇由洛杉矶的一位建筑师设计，周围有一座像洋葱一样圆鼓鼓的清真寺”[20]。在观看者的凝视下，兰彻普河上游、中游和下游在空间上形成一种纵深感，在文化上呈现出由原始到文明的进阶关系。不同河段的自然和人文景观形成可被理性描述的空间序列，在观看者的视觉安排下被转化为可控制的“帝国空间”，从视觉上确立了观看者对异域景观的绝对控制。

这种超然的全景视角使得观看者对马来流域的地域想象披上了客观中立的外衣。伯吉斯对河流沿岸地域景观的事实性描述看似中立客观，却隐含着欧洲中心主义知识观念对马来本土景观的形塑。作者结合科学考察和旅行书写等叙事策略，甚至采用“beroks”“towkays”等本土词汇来展示其对东方的深入了解，集博物学、地理学和民族志书写于一体，借助于人类学、人文地理学、生物学等领域的概念和术语对流域景观进行表征，其中包含着一种“认知暴力”。斯皮瓦克在《三个女性文本和一种帝国主义批判》中提出“认知暴力”这一概念，用以指涉“帝国主义以科学、普遍真理和宗教救赎这样的话语形式对殖民地文化进行排斥和重新塑造的行为”[21]。作者以博物学家的观察眼光审视马来流域复杂的异域物种，对其进行辨认区分。在殖民者的帝国凝视之下，马来流域庞杂的动物群不再是混沌的、未经辨别的存在，马来人训练专门采椰子的猴子被称作“berok”，上游地区的老虎、眼镜王蛇、鉤盲蛇、水蛭、鼠鹿等物种以专业词汇被命名，进而被纳入西方知识谱系之中。这里对异域物种的命名行为是“独特又清白的殖民主义，是用科学家的想象殖民新世界”[22]，尤其体现出西方知识话语中的“认知暴力”。此外，对异域他者的民族志表征同样具有欧洲中心主义色彩。在对马来流域文化风貌的再现中，马来土著成为失语的他者，他们无法表述和解释自己的文化习俗。只有欧洲人才能发现马来村落中一神论与多神论的矛盾冲突，揭示伊斯兰教与古老的万物有灵论信仰的并存现象；也只有欧洲人的文化审美才能评判马来诗体和印度神话不同的文学类型，鉴别美式建筑与清真寺迥异的建筑风格。这一系列对马来文化景观的书写反映出观看者以欧洲视角对他者文化的表征、判断和阐释，是以西方文化实践为标杆去衡量他者文化，试图将异域疆土及民族通过书写纳入欧洲秩序与控制之下。在殖民者的凝视下，马来流域沿岸景观被欧洲的一整套学术概念和术语所表达，不再是被再现的客观世界，而被整合进所谓的“客观性”“真实性”叙述中，成为殖民者知识与经验建构的产物。

作为一种非强制性的“软暴力”，“认知暴力”这种对异域景观的再现方式有效地配合了帝国对殖民地的武力征服和政治管辖，“也使得殖民地人民丧失了自己的文化主体性，失去了表达自己独特经验的可能性，从而被迫处于依附状态”[23]。于是，对马来流域的全景观看“既天真无辜又是帝国性质的，它显示一种没有恶意的霸权想象”[24]，这种地域想象与帝国对异域的强行占领截然不同，是以一种“客观性”“真实性”的修辞确立了帝国全球文化霸权，普拉特将其称作“反征服”叙事[25]。

异域景观表征从来不是客观中立的再现，而是投射出观看者的想象与欲望，承载着其所赋予的意义内涵，体现出高度的文本性特征并来源于特定的社会历史语境。从被降级的女性化异域之海、危险野蛮的热带丛林、“如画”美的马来乡野到全景视角下的马来流域，帝国凝视下的马来景观在不断变化，涵盖了包括风景如画式、浪漫主义式和博物学式等不同的景观审美类型。马来景观的嬗变既与英国特定时期的政治、经济、文化需求相契合，又依赖于该地域的自然地理特点，是帝国欲望与地方特色相结合的产物。艾勒克·博埃默在《殖民与后殖民文学》中提出：“对一块领土或一个国家的控制，不仅是个行使政治或经济的权力问题；它还是一个掌握想象的领导权的问题。”[26]英国作家康拉德、毛姆和伯吉斯通过书写不同历史时期的马来景观，持续塑造着欧洲读者对这一遥远东方地域的文化想象，从而建构、传播和延续着大英帝国文化霸权。

注释：

[1]“马来”是现代印度尼西亚、马来西亚、泰南、菲律宾、新加坡、文莱等几个传统南岛民族生活的地理文化区域；“马来亚”在地理上指马来半岛，在政治上指“英属马来亚”，大英帝国殖民地之一，包含海峡殖民地、马来联邦及五个马来属邦，1946年—1948年组成马来亚联邦，马来亚联邦于1957年宣布独立。由于本文三个作家涉及的区域概念不同——康拉德关注马来群岛，尤其是东婆罗洲；毛姆的作品涉及马来亚及北婆罗洲；伯吉斯则聚焦独立前的马来亚，故本文用“马来”一词涵盖不同的地域概念。

[2][英]约翰·伯格：《观看之道》，戴行钺译，桂林：广西师范大学出版社，2015年，第5页。

[3][英]约瑟夫·康拉德：《海隅逐客》，金圣华译，南京：译林出版社，2000年，第10页。

[4][美]卡洛琳·麦茜特：《自然之死——妇女、生态和科学革命》，吴国盛，等译，长春：吉林人民出版社，1999年，第6页。

[5][英]约瑟夫·康拉德：《海隅逐客》，金圣华译，南京：译林出版社，2000年，第10～11页。

[6][英]约瑟夫·康拉德：《海隅逐客》，金圣华译，南京：译林出版社，2000年，第10页。

[7]张德明：《从岛国到帝国：近现代英国旅行文学研究》，北京：北京大学出版社，2014年，第86页。

[8] D. Arnold, *The Problem of Nature: Environment, Culture and European Expansion*, Oxford: Blackwell Publishers, 1996, p.142.

[9] D. Livingstone, “Tropical Climate and Moral Hygiene: The Anatomy of a Victorian Debate”, *The British Journal for the History of Science*, Vol. 32, No.1, Mar. 1999, p.109.

[10] M. Harrison, *“The Tender Frame of Man”: Disease, Climate and Racial Difference in India and West Indies, 1760-1860*, North Charles Street Baltimore: Johns Hopkins University Press, 1996, p.70.

[11][英]威廉·萨默塞特·毛姆：《木麻黄树》，黄福海译，上海：上海译文出版社，2015年，第138页。

[12] D. Schwarz, *Conrad: Almayer's Folly to Under Western Eyes*, London: Macmillan, 1980, p.3.

[13][英]威廉·萨默塞特·毛姆：《木麻黄树》，黄福海译，上海：上海译文出版社，2015年，第138页。

[14]戴小蛮：《风景如画：“如画”的观念与十九世纪英国水彩风景画》，长沙：湖南人民出版社，2008年，第45页。

[15]戴小蛮：《风景如画：“如画”的观念与十九世纪英国水彩风景画》，长沙：湖南人民出版社，

2008年,第46页。

[16] [英]威廉·萨默塞特·毛姆:《木麻黄树》,黄福海译,上海:上海译文出版社,2015年,第112～113页。

[17] [英]威廉·萨默塞特·毛姆:《阿金》,叶尊译,杭州:浙江文艺出版社,2018年,第237页。

[18] [英]雷蒙德·威廉斯:《乡村与城市》,韩子满,等译,北京:商务印书馆,2013年,第173页。

[19] A. Burgess, *The Malayan Trilogy*, London: Vintage, 2000, p.25.

[20] A. Burgess, *The Malayan Trilogy*, London: Vintage, 2000, pp.25-26.

[21] 汪民安主编:《文化研究关键词》,南京:江苏人民出版社,2007年,第264页。

[22] 刘彬:《〈大闪蝶尤金妮亚〉中的博物学与帝国主义》,《当代外国文学》2018年第3期,第77～78页。

[23] 汪民安主编:《文化研究关键词》,南京:江苏人民出版社,2007年,第264页。

[24] [美]玛丽·路易斯·普拉特:《帝国之眼:旅行书写与文化互化》,方杰、方宸译,南京:译林出版社,2017年,第43页。

[25] [美]玛丽·路易斯·普拉特:《帝国之眼:旅行书写与文化互化》,方杰、方宸译,南京:译林出版社,2017年,第34页

[26] [英]艾勒克·博埃默:《殖民与后殖民文学》,盛宁、韩敏中译,沈阳:辽宁教育出版社,1998年,第6页。

【文化传播学研究】

新中国的地方出版：以广东为中心的研究(1950—1978)

金炳亮

(广东省出版集团,广东广州,510275)

内容摘要:地方出版的创建和发展,深刻反映了新中国出版事业的“人民性”特征。以“地方化、通俗化、群众化”为指导方针的地方出版,在巩固社会主义新生政权、繁荣地方文教事业、服务地方党委政府中心工作等方面发挥了重要作用,并为改革开放后出版事业快速发展积聚了势能。改革开放后,随着地方出版走向全国,“三化”消解,作为特定时代具有特别含义的“地方出版”成为历史名词,但是,建立在教材及中央文件租型出版模式基础上的地方出版产业链,则被各省市自治区出版集团、发行集团所继承,构成独具中国特色的出版产业生态。

关键词:地方出版;人民出版事业;“三化”;租型出版;广东人民出版社

地方出版是中华人民共和国出版史最具特色的部分之一。地方出版布局的形成反映了新中国人民出版事业的创建历程。以“三化”(即“地方化、通俗化、群众化”)为指导方针的地方出版,虽然存在种种局限,但在巩固社会主义新政权、繁荣地方文教事业、服务地方党委政府中心工作等方面发挥了重要作用,并为改革开放后出版事业快速发展积聚了势能。作为特定条件下的一种出版形态,“地方出版”已成为历史名词;但是,建立在教材及中央文件租型出版模式基础上的地方出版产业链,则被各省、自治区、直辖市出版集团、发行集团所继承,“地方出版”的余脉绵延至今。由于种种原因,目前学界对新中国出版史的研究主要集中在中央决策层面及个别中央级出版社,在新中国出版历史的主流叙事中,地方出版基本缺失。本文试以广东为个案,梳理新中国地方出版的创建、形成,总结其得失,并尝试解释地方出版绵延至今的生态逻辑。

一、地方出版布局的形成

1949 年 10 月中华人民共和国成立,掀开了出版事业崭新的一页。新中国的一切事业都体现为人民性,出版事业也不例外。1949 年 9 月 29 日通过的《中国人民政治协商会议共同纲领》是新中国的建国大纲,其第 49 条规定:“发展人民出版事业,并注重出版有益于人民的通俗书报。”[1]1950 年 9 月,第一届全国出版会议在北京召开,会后出版总署发布《关于发展人民出版事业的基本方针》等五项决议,确定:“为人民大众的利益服务是人民出版事业的基本方针。”[2]在这一基本方针指导下,中央很快成立了人民出版社、人民教育出版社、人民文学出版社、人民美术出版社、人民卫生出版社、人民交通出版社、人民体育出版社、人民音乐出版社等“人民”字号的出版社。毛泽东主席专门为人民出版社题写了社名,“人民社”成为中国特色社会主义出版事业的金字招牌。

新中国出版事业的另一个特色是严格的计划性,体现为集中统一、统筹兼顾和分工合作,以达到“消灭无计划无组织的状况,实现专业化与计划化”[3]的目的。1950 年 10 月,出版总署发出《关于国营书刊出版印刷发行企业分工专业化与调整公私关系的决定》,规定:“各大行政区经出版总署批准,各省市经各大行政区出版行政机关批准,得设地方人民出版社,其名称一律冠以大行政区或省市地名,以别于中央的人民出版社。地方人民出版社的专业方向、组织、任务大体上与中央的人民出版社相同,但应以出版地方性的读物或当地作家的作品为主。人民出版社未设有办事处自行造货的地区,得委托地方人民出版社担任分区造货任务。”[4]

到 1955 年 5 月,全国已有 27 个省、自治区、直辖市设立地方人民出版社。这样,全国就形成了中央和地方的两级“人民社”系统,中央级出版社(包括后来陆续成立的科技类出版社)为专业性出版社,地方出版社为综合性出版社;前者服务于全国,后者主要服务于各省、自治区、直辖市。“中央与地方出版任务之划分”在上述文件发出之前,也就是出版业务还集中统一于全国新华书店时就已明确,其中属于地方出版的有:(1)通俗读物、文艺作品、地方性的书刊;(2)本地区的典型经验及材料;(3)活页文件与地区性的各种补充教材;(4)经核准可以分区编印的小学教科书及其他出版物[5]。

与全国情形一样,新华书店成为新中国华南地区最早成立的出版机构。1949 年 11 月 7 日,广州解放才半个多月,广州新华书店开业,吴仲任经理。1950 年 7 月,在广州新华书店基础上,组建新华书店华南总分店,负责广东、广西两处分店,港澳地区及东南亚的图书发行工作。初期新华书店实际上是包括编辑、出版和印刷、发行在内的综合机构,定性为“国营之出版企业”,“担任国家的出版任务,发展人民的出版事业”[6]。因此新华书店华南总分店设有编审出版部,负责书刊出版任务,同时兼管广东人民印刷厂。

地方人民出版社系统,首先成立的是六个大区的人民出版社,即华北人民出版社(设于北京)、东北人民出版社(设于沈阳)、华东人民出版社(设于上海)、中南人民出版社(设于武汉)、西南人民出版社(设于重庆)、西北人民出版社(设于西安)及另外六个省市人民出版社,华南人民出版社即为其中之一。广东、广西隶属中南大区,在成立中南人民出版社的同时,又成立华南人民出版社,大约与两广处于国防边陲的重要性有关。之后随着各省、自治区、直辖市成立人民出版社,大区人民出版社改为所在省市的人民出版社。这一过程大体持续到社会主义改造完成,据统计,至 1955 年底,全国共有出版社 98 家(其中国营 62 家,公私合营 17 家,私营 19 家),其中中央一级出版社

50 家（包括副牌社 13 家），地方出版社 48 家（包括副牌社 8 家）[7]，华南地区 3 家，分别是国营的华南人民出版社、广西人民出版社和公私合营的南方通俗读物联合出版社（以下简称“南方通俗社”）。1956 年，随着南方通俗社并入，及华南人民出版社改为广东人民出版社，广东全省由一家人民社统筹出版事业。除少数民族地区和港澳台之外，全国大多数省、自治区、直辖市与此类似。由各省、自治区、直辖市人民社为主体构成的地方出版格局，由此基本成形。

中央人民社（俗称“大人民社”）与地方人民社是一个系统。胡愈之在人民出版社成立大会讲话中指出：人民出版社“应当负起领导各地方人民出版社的责任”[8]。怎么领导？从组织关系（人、财、物）来说，中央人民社当然归中央直管，而地方人民社则由地方党委政府管理。从业务关系来说，则是统筹兼顾（中央人民社）与分工合作（地方人民社）的关系：出书方面，中央人民社主要服务于中央，出版全国发行的时事政治读物；地方人民社则“以出版地方性的读物或当地作家的作品为主”。印刷方面，总体由中央人民社统筹，但“人民出版社未设有办事处自行造货的地区，得委托地方人民出版社担任分区造货任务”[9]。中央人民社与地方人民社在业务上的领导关系和租型造货出版体制由此形成，延续至今。人民教育出版社成立后，租型造货出版体制扩大到全国统编教材。租型造货充分体现了中央制订计划、地方安排生产的计划经济模式和新中国人民出版事业中央统筹兼顾、地方分工合作的特色。

需要指出的是，央地的区分不在地域，而在性质（承担统筹任务的即为中央级出版社，承担分工任务的则为地方出版社）和是否由中央直接管理。因此北京市管理的出版社仍是地方出版社。比较特殊的是上海。上海各社按理应归入地方出版社，但由于近代以来上海是全国唯一的出版中心，集中了全国绝大部分出版力量和占有全国绝大部分图书市场份额；新中国成立后，虽然商务印书馆、中华书局等迁到北京，但仍有大量私营、公私合营机构存在，出版力量仍然很强，与其他地方一般只有一二家出版社不同，到 1955 年底，上海仍有 14 家出版机构，其中国有 4 家（2 家为副牌社），公私合营 10 家（5 家为副牌社）；再加上上海作为国家经济中心和高校云集的地位，使得上海出版机构除了承担一般地方出版社服务党委政府中心工作之外，在出书范围和发行对象上与中央级出版社产生诸多矛盾。

1955 年，新华书店总店在出版物发行范围上首先开了口子，同意“上海各出版社出版的图书一般均可在全国范围内发行”[10]。1959 年，鉴于“上海的著译力量和出版的物质基础很大，出版任务很多是同中央的出版社相同的”，中央宣传部开始将上海与各省市自治区出版社区分[11]。一度考虑将上海各出版社改为中央级专业出版社在上海的分社，如上海人民出版社改为人民出版社上海社，上海文艺出版社改为人民文学出版社上海社，上海人民美术出版社改为人民美术出版社上海社等[12]。从 1960 年开始，上海各出版社有了“全国性出版社”这样一个既区别于中央级出版社，又不同于地方出版社的特定称谓[13]，在实际的工作和统计归类上，则基本等同于中央级出版社。

二、从华南人民出版社到广东人民出版社

新中国成立初期，大部分私营出版机构或被新政权接收，或停业歇业。1950 年上

半年,据出版总署统计,仍在营业的广州私营出版发行机构有南方书店、前进书店、正大书局、人间书屋、华美图书公司和中华乐学社6家[14]。

6家里面,较有规模的是从香港迁到广州的人间书屋。人间书屋由进步作家黄新波、陈实发起,1947年在香港成立。中共南方文委给予大力支持。先后出版《人间文丛》《人间译丛》和《人间诗丛》,作者有夏衍、黄秋耘、黄药眠、聂绀弩、杜埃、华嘉、林默涵、黄宁婴、楼栖、林林等,在香港及东南亚有较大影响。1949年10月迁到广州(汉民北路249号),并在接收国民党正中书局基础上重新开业。设有门市部。主要出版华南文联编写的图书,也承印部分中小学教材。

1950年7月,新华书店华南总分店编审出版部成立,是广东省首个国营图书出版机构。编审出版部的人员主要来自两支队伍:一是筹建广州新华书店的香港新民主出版社业务骨干,由经理吴仲带领北上进入东江解放区集训,可称为北上队伍。新华书店华南总分店成立后,一部分人做发行业务(吴仲为首任经理),一部分人进入编审出版部。二是由华中新华书店总店派出的南下队伍。杜埃(1914—1993)任编审出版部主任。杜埃长期在粤港及东南亚从事进步文化活动,具有丰富的新闻出版工作经验,曾任中共党刊《群众》周刊总编辑,负责人间书屋图书编辑。编审出版部出版的图书,以"华南大众小丛书"最多,多为宣传形势、政策及文艺方面的通俗小册子,如《翻身姻缘》《劳动兴家》《泥足陷朝鲜》等。"华南大众读物"系列也出版较多,如《广东的解放》《新战士·新英雄》《谁养活谁》等。图书封面印有"新华书店华南总分店出版"字样。封底版权页有书名、著者、出版者、发行者、印刷者、初版时间、首印数量、基本定价等信息。封底印有"华南出版编号:(南)####"字样,应是当时图书出版编号(书号)。目前所见最早的书是"华南出版编号:(南)0013"《献给人民团体》(华南大众读物之一),作者署名"星星",为方方(时任中共华南分局第三书记)笔名,初版时间为1950年8月。根据编号顺序和华南总分店成立于1950年7月推测,此前的七八月间还出版了12本书,但笔者尚未发现"华南出版编号:(南)0001",即编审出版部编辑出版的第一本书。目前所见最后一本书是《漫画集(第二集)》,初版时间为1951年2月。据此推测,在编审出版部存在的半年多时间,出版的图书在100种左右。

同期华南团工委以"华南青年出版社"名义出版书刊,但并无实际机构成立,因此,中南区出版局并未将其统计在公营出版机构之列[15]。

1951年3月,广州40多家私营书店联合成立私营的南方通俗读物联合出版社。中南大区同期成立的,还有武汉通俗出版社和湖南通俗读物出版社[16]。可见这是中南区出版局的一个统一部署。广东省新闻出版处副处长罗戈东兼任南方通俗的社长,杨铁如为副社长。

这就是华南人民出版社成立之前广东省人民出版事业发展的基本情形。

1951年4月1日,中共华南分局宣传部批准成立华南人民出版社。社址设在广州市大南路43号。华南人民出版社是在新华书店华南总分店编审出版部基础上组建的。如前所述,编审出版部在干部配备和图书出版经验上已有充分储备,实际上已是一家初具规模的国有出版机构,因此成立华南人民出版社,并无任何实际困难。事实上,从现有资料看,在中共华南分局宣传部正式批准同意成立前,以"华南人民出版社"名义出版的图书就已面世了。

华南人民出版社的首任社长为曾彦修(1919—2015)，杜埃、倪康华为副社长。曾彦修是1938年入党的老革命，中华人民共和国成立后，先后任中共华南分局宣传部副部长、《南方日报》社社长。1951年4月兼任华南人民出版社社长(至1953年不再兼任)。紧随其后的第二任社长(1953—1955)陈越平、第三任社长(1955—1957)罗戈东也都是以上级领导的身份兼任。陈越平兼任社长时是中共华南分局宣传部副部长，罗戈东兼任社长时是广东省文化局新闻出版处处长。杜埃亦同时兼任《南方日报》副总编辑。如此多的兼任，一来说明上级对出版社工作重视，二来也是因为当时懂出版的领导干部紧缺。

值得一提的是倪康华。目前可以查到的倪康华资料极少。他是一位老印刷、老报人。抗战时期参加革命，在山东临沂创建中共领导的秘密书刊印刷厂，并任厂长。后转入八路军一一五师《战士报》印刷厂、《大众日报》印刷二厂工作。1946年参与创建中共山东滨海区党委机关报《滨海农村》报，任报社秘书长。1948年6月任中原支队四中队(抽调新华书店、印刷厂干部组成)指导员，赴河南郑州参与筹建《中原日报》。1949年5月南下武汉负责接管国民党出版机构。中华人民共和国成立后，先在华中新华书店总店工作，不久再次带队南下进入新华书店华南总分店工作。

华南人民出版社创建之时，已有相当不错的阵容。杜埃分管编辑业务，兼任编辑部主任；倪康华分管印刷业务。内设社长办、编辑部和经理部三个部门：社长办主任为林卓华，秘书老庄(均来自香港新民主出版社)，下设人事组、总务组和文书组；编辑部下设编辑组(组长李士非、副组长刘焜炀，均来自华中新华书店总店)、美术组(组长黎湛，来自香港新民主出版社)和资料组；经理部下设财务组、材料组(组长谢理渊，来自香港新民主出版社)、校对组和出版组(组长任志伟，来自香港新民主出版社；副组长胡基德，来自华中新华书店总店)。建社三个月后，杨重华(1919—2002)调入华南人民出版社。他是1938年入党的老革命，曾任中共连县、连山、阳江县委宣传部部长、粤桂湘边纵队连江支队政治部宣传科长等职。中华人民共和国成立后，曾任北江公学教育长、《北江日报》总编辑、中共北江地委宣传部教育科长、中共华南分局宣传部干部教育科副科长等职务。当时他因历史问题受审查，因此主动要求到华南人民出版社工作，是建社初期仅有的4名具有大学文化程度的元老之一。

1953年，华南人民出版社进行机构调整，经理部并入社长办。这样就变成两个部门。一为社长办，内设7个组，即：出版组(组长为任志伟)、财务组(组长为老庄)、人事组(组长为林彬)、计划组(组长由倪康华兼)、文书组、总务组和材料组。二为编辑部，内设7个组，即第一至三编辑组、美术设计组、通联组、资料组和校对组。据当年5月统计，全社72人，其中编辑部29人。全社员工中，中共党员9人；文化程度大学仅4人，高中17人，甚至还有一些是文盲。最显著的特征是年轻。所有员工都在45岁以下，约六成为26～45岁，四成为15～25岁。领导班子中，曾彦修33岁，杜埃40岁，倪康华39岁。中层干部大多为30岁上下的年轻人。

综上可知，初创时期华南人民出版社的员工队伍，虽然文化程度不高，但年轻而富有朝气，其中业务骨干大多具有相当丰富的新闻出版工作经验。根据文化部1956年统计:全国 28 个地方出版社,“编辑一共只有 348 人,能独立处理稿件的编辑,平均每个出版社只有 10 人左右,很多编辑干部只有高中或初中文化水平,……有些出版社只有几个编辑干部”[17],华南人民出版社在地方出版社中,应该算是比较好的。

1956 年春,由于中共华南分局撤销,华南人民出版社改名为广东人民出版社。在成立后的 16 年(1951—1966)间,华南(广东)人民出版社有过四次扩充。

(一)1953 年人间书屋并入华南人民出版社

新中国的文学体制下,人间书屋实际上成为华南文联的一个出版机构,主要出版华南文联编写的图书,如《广州文艺丛书》(主要是新编粤剧)、《青年学习丛书》等。负责编辑工作的有杜埃、华嘉、黄宁婴等人,均为兼职。因杜埃在华南人民出版社创社的时候就担任了分管编辑工作的副社长,缺乏经费来源且属于私人经营的人间书屋并入华南人民出版社是顺理成章的事。人间书屋之并入,虽然并没有在编辑力量上加强华南人民出版社,但一定程度上密切了出版社与粤港澳三地作家的联系,升级强化了出版社的文艺基因。

(二)1956 年南方通俗读物联合出版社并入广东人民出版社

南方通俗读物联合出版社的成立略早于华南人民出版社。社址设在广州市永汉北路(今北京路)263 号,与 170 号的新华书店华南总分店隔街相望。虽然是私人联营,但中共华南分局党委极为重视,新闻出版处(当时省市合署)副处长罗戈东兼任该社社长。1954 年 9 月,罗戈东又兼任了华南人民出版社的社长。因此,实际上社内主持日常工作的是副社长杨铁如。杨铁如(1908—1983),广东海丰人,大革命时期加入中国共产党,并追随彭湃开展农民运动。1935 年,在香港九龙弥敦道创办半岛书店,从事革命书刊发行工作,以开办书店掩护中共地下党组织及从事革命活动。1936 年初,在广西梧州创办苍梧书店(抗战胜利后迁往南宁,改为春秋书店)。1940 年,在桂林创办白虹书店。抗战胜利后加入中国民主建国会。1950 年 9 月,作为广东三名代表之一,出席第一届全国出版会议。

在华南分局的强力领导下,南方通俗读物联合出版社与华南人民出版社在出版方针和读者对象上并无多大区别。出版图书中,通俗文艺作品最多,其中又以演唱材料比例最高。大部分为配合政策和时事宣传的读物。如配合婚姻法实施,就组织编写出版了《自由婚姻》《幸福新婚姻》《童养媳翻身》等;配合互助合作,出版了《家家参加互助组》《互助组长李桂英》《互助庆丰收》等。因此经过一段时间的公私合营,并入广东人民出版社也是顺理成章的事。南方通俗读物联合出版社的并入,极大加强了广东人民出版社的编辑力量。全社员工增加至 97 人,其中编辑部 44 人。编辑部内设有第一(农业)编辑室、第二(理论)编辑室、第三(文艺)编辑室和第四(文教)编辑室,及美术组、通联组和资料组。杨铁如转任广东人民出版社副社长。

(三)1957 年汕头《工农兵》月刊并入广东人民出版社

《工农兵》月刊原为汕头地委宣传部办的杂志,并入后成为广东人民出版社第五编辑室,13 个编辑一起归入人民社编制,仍在汕头办公。编刊之外,主要出版潮州歌册。1958 年,第五编辑室撤销,杂志仍归汕头地委。

(四)1959年广州文化出版社并入广东人民出版社

广州文化出版社成立于1958年7月,杨铁如任社长。社址为广州永汉北路230号。该社成立于"大跃进"高潮之际(当时甚至一些行署和县都成立了出版社),与多数"大干快上"背景下成立的出版社基本没出过什么像样的书有所不同,该社由于归属广州市文化局,因此配备了一些编辑力量,也出版过一些书刊。1959年10月,广州文化出版社并入广东人民出版社,办公用房及19名职工一同转入。杨铁如仍任广东人民出版社副社长。

三、"三化"方针指导下的编辑出版

新中国出版事业区别于旧中国出版业,最根本的是其人民性。正如胡愈之所言:"书籍不再是少数有闲阶级的专有品,而是广大的劳动人民和革命干部所迫切需要的精神食粮了。"[18]

新中国地方出版展开布局不久,1952年7月召开第二届全国教科书出版会议,会上确定了"中央出版社和地方出版社的分工":一般图书方面,地方出版社"出版地方性的通俗读物、政策法令和传布地方工作经验的书籍";教科书方面,"根据人民教育出版社提出的造货和负责范围如期完成任务"[19]。三个月后召开的第二届全国出版行政会议,再次做了强调:"通行全国的一般图书,由中央一级的国营专业出版社出版。地方国营出版社的任务为:按照当地人民生活状况和每一时期的中心任务,出版当地所需要的,解决群众思想问题的,传播先进经验、介绍先进人物的,指导工农群众的生产、学习的通俗读物。"[20]对地方出版社分工和职责的表述,后来被概括为"地方化、通俗化、群众化",成为指导地方出版的"三化"方针。

在中央级出版社和地方出版社的体制下,中央级出版社为中央服务,统筹"通行全国的一般图书"[21],重点是中小学教材、中央文献和宣传国家政策的读物;地方出版社则是为地方党委、政府服务,"以出版地方性的读物或当地作家的作品为主"[22],主要面向基层,特别是农村。地方出版社的人、财、物归属地方党委政府领导,而出版方针政策、书刊用纸供应则由中央统筹。

"三化"之中,"地方化"是前提,它规定了地方出版社编辑出版书刊要与"地方"有关。从作者来说,应该是当地作者,出版社"一般应在本省范围内组稿"[23];从题材来说,要反映地方特点;从表现形式来说,要为当地群众所喜闻乐见,"字大、有画、易唱、易读、听得懂"[24]。从读者对象来说,主要面向基层群众,原则上不跨省发行。由于"地方人民出版社、地方书刊印刷厂直属于各地方出版行政机关,但同时分别受中央人民出版社与新华印刷厂总管理处的领导或指导"[25],因此地方党委政府与地方出版社的关系极为密切,出版社的方针政策、选题计划、组织人事都由地方党委政府直接管理。"地方化"意味着,地方出版社首先服务于地方党委政府,服从于地方的中心工作,地方出版社首先是作为地方党委政府的宣传工具(阵地)而存在的。

"通俗化、群众化"是对所有出版社甚至是整个宣传文化系统而言,并非专门针对地方出版社。第一届全国出版会议发布的《关于改进和发展出版工作的决议》第六项有这样的表述:"为配合工农兵的识字教育与文化政治教育,应大量出版各种通俗书刊,包括业余课本、政治常识、生产知识、科学知识、生活常识、文艺作品等。……中央及地方人民出版社更应做好关于政府政策法令的通俗宣传解释。”[26]中宣部在 1951 年 4 月专门召开通俗报刊图书出版会议,陆定一部长明确要求“唤起大家,眼睛要向下看”[27]。

由于地方出版社主要面向农村和基层,“通俗化、群众化”的要求显然更高,“一般省的地方出版社,应该面向农村,面向工厂,特别是面向农村,以出版供应本省的工农群众和基层干部阅读的通俗读物,作为自己的主要任务”[28],“以教育农民为首要任务”[29],“地方的出版工作应特别照顾到农民、工人、县以下的工作干部以及少数民族的需要”[30]。华南(广东)人民出版社出版的通俗读物中,以面向农村的农民读物为最大宗(农业编辑室是第一编辑室),且多为本薄价廉的小册子,如 1958 年出版的《农业生产经验丛书》(21 种)、《农业社经营管理丛书》(9 种)、《农具改革丛书》(16 种)。文艺类通俗读物中,则以演唱文学作品、歌谣歌册、门画春联为最大宗。

中共华南分局明确规定华南人民出版社的工作方针是“根据党在华南地区的工作要求,围绕国家的社会主义建设和当前的政治宣传任务,出版指导实际工作和教育干部群众的初级政治读物,适当地注意为了满足群众生产和文化需要,出版一些有助于推进人民文化生活的文艺、文化教育、科学技术、卫生常识等通俗读物”[31]。

出版社在具体的编辑工作中强调:“在各类读物中,面向农村的读物第一;在对读物质量的各项要求中,政治质量第一;在保证读物质量的各项措施中,调查研究第一。”[32]

出版社的图书类别主要有:“a.讲解马列主义原理、宣传毛泽东思想和当前各项政策的通俗读物;b.传播科技知识和比较成熟的生产经验;c.供当地学校和教育用的各种课本教材;d.当地作家和工农业业余作家的文艺创作;e.演唱材料、连环画、年画和挂图等。”[33]由此看来,“三化”方针贯彻于地方出版工作的所有各个环节。

据统计,1951 年—1962 年(含华南人民出版社、广东人民出版社)共出版新书(不包括重版、租型、活页文选、杂志)2674 种,总用纸量为 1438000 千印张。平均每年出版新书约 222 种,用纸量 119833 千印张。“大跃进”高潮中,1958 年出版新书最多,达 546 种;用纸量 1959 年最多,达 230528 千印张;新书种数及用纸量均超过年均数一倍以上。最大宗的出版物是“宣传党的各项政策、配合工农业生产运动、普及科学文化知识和歌颂新人新事”的各类通俗读物,占比达 90%以上[34]。

上述统计未计入租型产品和杂志印刷。这是最能体现中央“统筹”、地方“分工”出版特色的两类产品。租型产品主要是课本和《毛泽东选集》。在新中国成立初期,物资紧缺,书刊用纸必须首先保证租型产品供应,本版书有时不得不让位于租型产品,时停时缓在所难免。

华南人民出版社成立之时,全国教科书出版会议刚刚结束,出版社的首要任务就是当年秋季的教科书供应。为此,立即成立了秋季教科书出版工作委员会,统筹协调人力配备、纸张供应、资金与贷款、印刷与装订等事宜。当年出版秋季教科书 36 种,印造 6565000 册,用纸 10234 令。由于书刊印刷力量薄弱,初期中学、师范课本及教学参考书等由湖北人民出版社代印,交广东省新华书店发行。1959 年起,改由湖南、广东、广西三省协作印造。随着书刊印刷力量不断加强,1960 年起,除个别品种由湖南代造外,课本基本由广东人民出版社自行印造。到 1964 年,广东已成为文化部确定的全国七个地区图书租型印造点之一，每年承担中央版图书印造任务 5 万～7 万令。

租型印造《毛泽东选集》是出版界的大事。《毛泽东选集》第一卷 1951 年出版发行，第二、三卷 1952 年出版发行，第四卷 1961 年出版发行。1961 年广东人民出版社印造毛选第四卷及 11 种单篇本合计 990 万册，用纸 6580 令。用纸量已超新中国成立初期全省秋季中小学课本的六成。第四卷出版前后适逢“三年经济困难时期”（1959—1962），课本与毛著印造成为出版工作的优先事项。广东人民出版社将 1962 年的主要任务确定为：“整顿内部，集中人力、物力做好毛主席著作和学校教科书的出版工作。至于一般书籍，只出版一些确有需要而质量又较高的著作。”[35]

一般的书刊出版方面，主要为以下四个方面：

第一，宣传地方党委政府方针政策的通俗读物。

这是地方出版社的重要任务。虽然由于运动频繁，为了赶出版，经常“剪刀加浆糊”从报纸或文件上选编；又由于政策常变，造成极大浪费，但也出版了一些群众喜闻乐见的优秀通俗读物，如《中华人民共和国婚姻法图解》《华南通书》《为什么要把粮食卖给国家》等。

第二，广东作家原创的文艺作品。

先后出版反映广东土改的长篇小说陈残云著《喜讯》和华嘉著《冬去春来》，欧阳山著《前途似锦》和一代风流三部曲中的《三家巷》《苦斗》，韩北屏著《高山大峒》，秦牧著《黄金海岸》，陈残云著《羊城暗哨》《香飘四季》，杜埃著《乡情曲》，吴有恒著《山乡风云录》等长篇小说，基本反映了新中国前十七年广东长篇小说创作的面貌。

另外，陶铸主政广东时，广东人民出版社先后出版了他的散文集《理想·情操·精神生活》（1961 年）、《思想·感情·文采》（1962 年），还有他主编的《广东民歌选》，一定程度上反映了地方主政官员对文艺界的重视和出版社在地方文化建设方面的重要地位。

第三，各种演唱文学、歌册、连环画、年画（门画）、春联等。

这是完全面向农村的读物，品种多，印量大，主要由文艺编辑室和美术编辑室承担。以演唱文学为例，1956 年文艺编辑室发稿 147 种，其中 88 种是演唱文学（包括粤剧、粤曲、山歌、山歌剧、琼剧、雷剧、话剧以及音乐舞蹈等），占比在六成以上。1959 年出版的《广东民歌选》丛刊（1-6）是省委书记陶铸主编的，同时还出版了《广东民歌》第一集、《广东民间歌曲》。至于门画、年画、春联等，每年年底大量印行，出版统计报表单独分类。以出版用纸极为紧张的 1961 年为例，共出版门画、年画 23 种，2384200 册，用纸量 1585 令；当年全部用纸量为 118820 令，绝大部分为必须确保的课本及租型文件、书刊，其中本版书刊用纸 2584 令，而门画、年画用纸就超过六成，说明这一类读物在当时也是一定程度上需要优先保证的。

第四，杂志、丛刊的编辑出版。

中央的杂志在广东省发行，华南（广东）人民出版社负责印造，类似租型。省内杂志则由出版社负责编辑出版和印刷，但由杂志主办单位负责组稿。省内办的有些是丛刊，甚至内部刊物。前者有《红旗》（中共中央机关刊物）、《时事手册》《政治学习》（均为人民出版社主办的杂志）。后者有《上游》（中共广东省委机关刊物）、《共产党员》（中共广东省委宣传部主办)、《工交战线》(中共广东省委经济领导小组主办)、《学习通讯》(中共广州市委宣传部主办)、《广东画报》(广东省美术创作室编辑,后转为南方日报主办)、《象棋》月刊(广东省体育运动委员会主办)、《学术研究》(广东省社会科学联合会主办)、《作品》(中国作家协会广东分会主办)、《华南农业科学》季刊。1958 年前后最多达到 12 种。

"文化大革命"爆发后,毛主席著作印造、出版和发行成为出版界压倒性的政治任务。其间,广东人民出版社几经变动,一度改称"毛主席著作出版办公室";1968 年广东省新华书店并入后,称为"广东省毛主席著作出版发行站"。各省市自治区出版机构变动大体如是。

由于负责印造、出版和发行毛主席著作有着极为严格的质量、时间要求,并需要全面统筹纸张、油墨、书刊印刷、储运、配送等物资供应,在有限的人力物力条件下,为全力以赴确保毛主席著作出版发行,本版图书编辑出版被迫停止。因此,广东人民出版社、广东省新华书店成建制地改为"广东省毛主席著作出版发行站",可以说是形势发展的必然。

由于全力保证毛著和课本出版发行,本版书出版几乎停止。1966 年—1970 年图书出版情况见下表。

1966 年—1970 年广东省图书出版统计表[36]

项目	1966 年	1967 年	1968 年	1969 年	1970 年
出版图书(种)	155	4		101(全部为新出)	312
其中书籍	99(新出 58 种)			18	168
课本	14				43
图片	42		6	83	101
活页文选、歌册等		42			10
租型图书(种)	156	86	95	77	13
其中书籍	88				12
课本	54				
图片	14				1
总印数(万册)	24434	7113	8868	3698	10533
其中租型	21762	6293	8786	2334	1063
总印张(千印张)	343024	206877	128794	115524	204213
其中租型	309520	201402	128238	105433	28482

1969 年 10 月,广东省毛主席著作出版发行站撤销,广东人民出版社恢复建制和编辑出版本版图书。然而不久,编辑人员又大多下放到英德黄陂"五七"干校劳动改造。

1971年3月，全国出版工作座谈会在北京召开。会议期间，周恩来总理两次接见会议领导小组成员。尽管这次会议受到极左势力的干扰——张春桥、姚文元将“两个估计”（即新中国成立以来出版界是反革命黑线专政、资产阶级知识分子占统治地位）写入文件，由中央转发全国贯彻执行，但还是对“文化大革命”开始后出版界的乱象起到了一定的拨乱反正作用。在此背景之下，广东人民出版社下放黄陂“五七”干校的领导和编辑人员陆续调回。

1971年9月，为学习贯彻国务院《关于出版工作座谈会的报告》，广东省召开全省出版发行工作会议。会后，中共广东省委决定广东人民出版社由省委政工组宣传办领导，改为由省委政工组直接领导。接着，省委任命黄文俞为人民社革命委员会主任。黄文俞（1917—1996）是新闻战线的老兵，早年曾任香港《大公报》助理编辑，广东人民抗日游击总队机关报《前进报》编辑，香港《正报》社社长。中华人民共和国成立后，先后任新华通讯社华南总分社副社长，新华通讯社广东分社社长，《南方日报》社社长、总编辑，《羊城晚报》总编辑等职。在黄文俞领导下，广东人民出版社的编辑出版工作得到恢复和发展。1972年，全年出版书画279种，印行6137万册，比前几年均有大幅增长。短篇小说集《禾苗正绿》，报告文学集《踏遍青山》，儿童文学《海花》等发行全国，有的印数超过100万册。还出版了连环画《半夜鸡叫》及科技图书《常用中草药彩色图谱》等。

1973年6月，广东省科技局经由省科教办向省委呈送《关于将广东省科学技术图片社改为广东省科学技术出版社的请示报告》，省委批复同意。这是全国最早成立的地方科技出版社（中央级出版社和上海科技出版社除外）。由于我国出版体制采取中央和地方分工协作，而地方出版社普遍又是综合性的人民出版社一家，广东人民出版社与广东省科学技术出版社在科技图书出版领域产生矛盾。1975年10月，根据省委批复，两社分工为：广东省科学技术出版社负责出版普及的和专门性的科技书刊，广东人民出版社负责出版大学和中小学的科技教科书。

1974年10月，杨奇接替黄文俞任广东人民出版社革委会主任。杨奇（1922— ）也是新闻战线老兵，曾任东江革命根据地《东江民报》主编、《前进报》社社长、香港《华商报》代总编辑，新中国成立后任《南方日报》社社长、总编辑，《羊城晚报》总编辑。黄文俞和杨奇两位老新闻人接连掌舵广东人民出版社（1971—1978），使全省出版事业较快得到恢复，并为改革开放以后的迅猛发展打下了良好基础。至1977年，全省出版书画293种，用纸13430吨，达到历史最高水平。

与此同时，随着广东新华印刷厂（由广州市轻工业局领导）、广东省印刷器材公司（1970年成立，由广东省工业战线领导小组领导）划转到广东人民出版社，该社成为一个集编（辑）、印（刷）、发（行）、供（印刷物资供应）为一体，兼具编辑出版业务和出版行政管理职能的综合性机构。到1977年底，广东人民出版社下属单位包括：广东省新华书店、广东新华印刷厂、广东省印刷器材公司、广东美术印刷厂，企业编制人员增至345人。在此基础上，1978年3月，中共广东省委决定成立广东省出版事业管理局（简称“省出版局”）。广东人民出版社改为处级单位，由省出版局领导。原下属单位成为省出版局独立核算的直属单位（与广东人民出版社平行）。1978年5月，省委同意将广东省科学技术出版社从省科技局划转给新成立的广东省出版局。经省科技局和省出版局协商,在广东人民出版社科技编辑室(编制 5 人)和广东省科学技术出版社(编制 10 人)基础上重新组建广东科技出版社。

四、“三化”方针与地方出版的历史评价

虽然中央和地方党委政府对“地方化、通俗化、群众化”方针进行了反复强调和解释,但在具体执行过程中,地方出版社往往仍有“偏差”。

1956 年 4 月 9 日—17 日,文化部党组召开地方出版社工作座谈会。根据会上反映,地方出版社对于“地方化”的困惑,主要是地方党委政府要求配合宣传的时政读物、群众需要的科普实用读物都没有地方特点。华南人民出版社自我批评“机械地理解地方化及中央与地方分工的方针,认为如果不是讲广东地方事情的,不是大量引用地方事例的稿子,都不算地方化”[37]。对“通俗化”的困惑,主要是除了本地作家创作的文艺作品,很少有符合要求的通俗读物作者,虽然花了很多气力去培养工农兵作者,但达到要求的不多,造成书籍质量低下,很多时候只好编辑亲自上阵。对“群众化”的困惑主要是书籍印行量太大,造成积压浪费。

在这种“偏差”“困惑”之下,出版社的编辑在组稿上束手束脚,“广东提出有三怕:怕组来稿件不符合方针任务;怕组多了处理不了,得罪作者;怕高级知识分子书稿组来不用,有伤情面”[38]。

由于只能出版地方题材的图书,但又规定要围绕党的中心工作,加上选题计划、组织关系都由地方党委政府直接领导,地方出版社实际上成为地方党委政府宣讲政策、配合工作的舆论工具,与党报功能类似。实际工作中,“剪刀加浆糊”式的出书情况相当普遍。“把图书与报刊等同起来,把为政治服务和为中心服务等同起来,不适当地强调以办报的精神来办出版社。好像无论什么中心工作和较大的事件都要出书”。“三服务”(即“为无产阶级政治服务、为工农兵服务、为社会主义建设服务”),变成了“三脱离”(即脱离政治、脱离实际、脱离群众)[39]。“出得早不保险,迟了又变成‘马后炮’,这样的书寿命不长,运动过后很少有再版价值。”[40]

在这种情况下,管理部门在强调地方出版社要继续贯彻“三化”方针的同时,也适当地放宽了一些限制,“省的出版社一般应在本省范围内组稿……在特殊情况下,也可以到外地组稿”[41],“除通俗读物外,因地制宜地出版一些中级读物也是地方出版社的重要工作”,“地方出版社可以并且应该出版当地作家的学术著作”[42]。

改革开放以后,地方出版冲破“三化”的限制,开启了一轮“去地方化”的改革(本人另有论文讨论这个问题)。以 1979 年 12 月在长沙召开的全国出版工作座谈会(史称“长沙会议”)为起点,地方出版不再受“三化”限制;至 1984 年 6 月在哈尔滨召开以“地方出版”为主题的最后一次全国地方出版工作会议(史称“哈尔滨会议”),地方出版汇入全国出版的洪流,作为特定历史时期的一种出版形态,“地方出版”成为一个历史名词。

那么,如何评价“三化”方针和地方出版?

“长沙会议”后,地方出版社基本否定了“三化”,当时为了寻求改革突破,还将其作为“左”的思想进行了揭批。广东省出版事业管理局在一份揭批材料上就说:“(过去)对古的、洋的限制极严,只准中央一级和上海出版单位出版,其他地方出版社不能出版,在

体制上，中央与地方出版社分工太死。地方出版社‘画地为牢’，形成了一个‘地方化、通俗化、群众化’的‘三化’方针，组稿、发行都不能跨省，结果出书品种越搞越窄，数量越搞越少。”[43]在这个否定的基础上，进一步提出“立足广东，面向全国，兼顾海外”的新的出版方针。

站在新中国出版事业发展七十多年的历史新起点上，我们有必要对这一段历史进行新的总结，作出新的评价。

（一）地方出版是世界出版史上的伟大创举

古今中外出版史表明，一个国家在某一个历史时期的出版中心大都集中于一两个地方，要么是政治中心，要么是经济中心，要么是因为交通、技术等原因自然形成的集镇，如明代福建的建阳、清代广东顺德的马冈等。新中国的地方出版，将民国时期单一出版中心上海扩大到以北京、上海为主要中心，以各省、自治区、直辖市政府所在地城市为次中心的多点网状布局。新中国初期，这是中央计划经济体制的一部分；改革开放后，中国在各方面都发生了历史巨变，但地方出版的格局并没有发生根本改变。由于新中国初期大多数地方一穷二白的状况，地方出版在相当程度上发挥了地方政策宣教和文化普及中心的重要作用，大量发行的通俗书刊在扫除文盲、普及教育、巩固新政权等方面具有无可替代的作用。早在地方出版布局基本完成的1955年，中央对地方出版就有这样的评价：“地方人民出版社出版的书籍，在历次社会民主改革运动及整个经济文化建设的事业中，发挥了一定的作用。地方人民出版社已逐渐成为地方党委教育人民和指导工作的有力助手。”[44]

比较中央级出版社（北京）和全国性出版社（上海），地方出版发展速度惊人。1957年文化部在关于地方出版社工作问题的意见中指出：“地方出版社出版的书籍，在全国出版的书籍中占很大比重，质量也在逐步提高。”[45]1958年（有“大跃进”的特殊因素），中央级出版社出书品种比上年增长29%、印数增长56%，地方出版社分别增长105%和99%[46]。笔者将不同历史时期零散资料加以综合之后发现，除期刊品种偏少、编辑人员明显偏弱之外，在出版社数量、出书品种等方面，地方出版社并不亚于中央级（全国性）出版社，详见下表。

“文革”前后中央级出版社、地方出版社和广东省出版社相关情况比较表[47]

		1956年	1965年	1970年
中央级（全国性）出版社	出版社数	47，副牌14	38（不包括副牌，下同）	20
	出版新书		5619	776
	编辑人员		全国合计：4570	166
地方出版社	出版社数	42，副牌2	49	33
	出版新书		6733	3681
	编辑人员	348（根据28个地方出版社的统计）		1189

续表

		1956年	1965年	1970年
广东省出版社	出版社数	1	1	1
	出版新书	280		
	编辑人员	44		
期刊	中央		495	17
	地方		295	4

可以说,地方出版完全改变了中国出版业仅集中于个别区域,书刊阅读面向少数精英的局面。新中国人民出版事业在短短二十多年间取得这样的成就,地方出版居功至伟。

(二)地方出版为改革开放后中国出版事业迅速发展积聚了势能

广东、湖南、四川、浙江等省出版业先于中央级出版社和上海的出版业而相继崛起,是改革开放后中国出版业迅猛发展的一大特征。根据1984年5月全国地方出版社工作会议材料,1983年全国地方出版社(不含上海)出版图书17500种,印数44亿册,分别比1978年增长110%和48.7%,高于同期全国图书出版情况,占全国出版比重分别为49%和76%。

这样的发展速度,既有改革开放出版生产力得到全面解放这个"引力"的带动作用,也与新中国地方出版积聚的势能产生的巨大"推动"作用密不可分。很难想象如果没有新中国地方出版创建发展的基础,改革开放以后各省市自治区出版事业如何发展!

事实上,地方出版突破"三化"限制,在1971年出版事业从"动乱"中开始慢慢恢复后就已露端倪。广东人民出版社就连续参与了多项全国性的大型出版合作项目:

一是外国史翻译出版项目。

1971年9月8日,中央批转国务院出版口领导小组《关于收集、翻译、出版世界各国历史书籍的情况》的报告,建议外交部、中联部及北京、上海、天津、辽宁、吉林、黑龙江、江苏、福建、山东、湖北、广东、四川等12个省市组织翻译、出版世界各个国家和地区的国别史,中央各单位翻译的交商务印书馆出版,12省市翻译的,交地方人民出版社出版。文件中专门提到,"北京、上海、广东、吉林、江苏等地翻译力量较强"[48],这应该是广东被选中的主要原因。

中共广东省委政工组立即召开翻译出版外国史工作会议,指定广东人民出版社负责联系和出版亚太地区国别史的工作。具体由吴紫函负责。据吴紫函回忆:"我通过广州地区高等院校的教育革命组,拿着尚方宝剑,得到高等院校专家学者的支持,在编辑同仁的帮助下,凡我驻外使馆能引进的新版本,基本上按时翻译出版。"[49]陆续出版的著作有:唐陶华、朱杰勤翻译的《关岛全史》(上、中、下3卷),何肇发、金应熙翻译的《澳大利亚简史》,马采翻译的《萨摩亚史》,陈一百、吴江霖翻译的《新几内亚简史,张华能等翻译的《新西兰简史》和《1900年后的西南太平洋》。列入计划但未完成的则有《斐济史》《玻利尼西亚文化史》《菲律宾革命史》《澳新地区和太平洋群岛现状》等。在组稿编辑过程中，吴紫函还约请中山大学历史系撰写出版了《世界简史》一书，成为当时读者了解世界的一扇窗口。

二是“农村版图书”项目。

1973年9月，国务院出版口发出《关于选编出版“农村版图书”的通知》，由各地出版社推荐，人民出版社供型，全国租型造货，“不发城市，专发农村，优先照顾偏远地区”[50]。人民出版社从全国各出版社选送图书中选出35种“农村版图书”，广东人民出版社入选3种：《破除封建迷信》《南海民兵（民兵斗争故事）》《县委书记》。

三是外国地理书翻译出版项目。

1973年9月，国务院批转出版口《关于翻译出版外国地理书的请示报告》。北京、上海、天津、江苏、福建、广东、湖北、河南、四川、陕西、甘肃、河北、辽宁、吉林等14省市，因“都有地理研究机构，或在大专院校设有地理系，并有一定翻译力量”[51]，承担外国地理书翻译出版任务。同年12月，翻译出版外国地理书座谈会在北京召开。广东人民出版社负责的选题有：《西南太平洋》《所罗门群岛》《美拉尼西亚地理概述》《法属太平洋群岛》等。

四是法家著作注释出版项目。

1974年7月5日至8月8日，法家著作注释出版规划座谈会在北京召开，12省市52人参会。会议讨论通过《法家著作注释出版规划（草案）》，列入48种著作(包括选注、新注和校点等)。广东人民出版社承担《〈论衡〉新注》《王安石诗文选注》《龚自珍诗文选注》《魏源诗文选注》《法家经济思想史资料汇编》共5种。

五是中外语文词典编撰出版项目。

1975年5月23日至6月17日，国家出版局和教育部联合在广州东方宾馆召开中外语文词典编写出版规划座谈会。8月，国务院批转国家出版局《关于中外语文词典编写出版规划座谈会的报告》。160种中外语文词典列入编写出版规划，由全国17个省市承担。其中上海14部，北京10部。大部分省市1～2部。广东9部，分别是：《汉语谚语词典》《汉语虚字用法字典》《简明现代美国俚语词典》《英语基本词用法词典》《英汉图解词典》《泰汉词典》《简明英汉词典》《简明法汉词典》《简明德汉词典》。

这一宏大计划当中，修订《辞海》《辞源》和新编《汉语大字典》《汉语大词典》是重中之重。其中，《辞海》修订由上海人民出版社负责；《辞源》修订由广东省牵头，广西、河南、湖南等省（区）协作，商务印书馆出版；新编《汉语大字典》由湖北、四川负责，湖北人民出版社出版；新编《汉语大词典》由上海市牵头，山东、江苏、浙江、安徽协作，上海人民出版社出版。实施过程中，上海、四川、湖北均成立了专业的辞书出版社，广东则未能如愿（申报未批），这是后话。

《辞源》由商务印书馆在1915年出版正编，1931年出版续编。其后又出版过合订本和改编本，是阅读、研究古籍的工具书。由于内容权威，不断重印，成为商务印书馆的镇馆之宝。新中国成立后，商务印书馆即着手修订，1964年出版了修订版第一分册。

为什么这样一部篇幅庞大、专业艰深的商务版重头书会由广东省牵头修订?当时担任商务印书馆总经理的陈原是广东新会人,在语言学方面颇有造诣。中外语文词典编写出版规划座谈会代表115人,来自全国13个省市自治区,原定在北京召开,后来才改到广州。会议召开之前,确定由广东、广西、湖南、河南四省区与商务印书馆共同完成《辞源》修订任务。多方合作的情况下,"谁来挂帅?这个问题不好解决。此时杨奇(当时主持广东的出版工作)挺身而出,他来'牵头'。……他不仅'牵头',而且'牵'出了一头羊,那就是黄秋耘"[52]。有趣的是,陈原、杨奇、黄秋耘,还有当时参与主事的许力以(时任国家出版局出版部主任)均是说粤语的广东人。或许正是这些偶然的因素,促成国家出版局将修订《辞源》重任落实给广东省。

广东省委对此极为重视。1976年1月,成立广东省中外语文词典工作领导小组,且立即在广州召开了第一次修订《辞源》四省协作会议。国家出版局副局长陈翰伯、商务印书馆总经理陈原到会讲话。广东人民出版社专设广东省修订《辞源》编辑室,负责此项工作。4月,国家出版局批准成立修订《辞源》编审小组,组长黄秋耘(时任广东人民出版社革委会副主任、广东省中外语文词典领导小组成员)。此项工作遂由黄秋耘负责统筹,后期黄秋耘在北京统稿审订,改由吴康(时任广东科技出版社副社长,此前一年广东省出版事业管理局成立后,《辞源》修订工作改为由省出版局统筹)负责此项工作。1976年5月、12月,1977年6月又分别在郑州、桂林、长沙召开协作会议。四省区修订完成初稿后,商务印书馆集中审稿,1979年四卷修订全部出齐,其后陆续出版,至1983年全部出齐。修订本《辞源》由著名教育家、出版家、作家叶圣陶题写书名。学术界和辞书界一般将修订本称为是新《辞源》,而将1915年出版的《辞源》称为旧《辞源》。"新《辞源》以收古旧词语为主,旧《辞源》努力收集和扩充的却是新词新语。这是一个很大的改变,由普通百科性辞典变成了普通古汉语词典。"[53]彻底改变了过去有人嘲弄"《辞源》无源"的状况。

地方出版社参与全国性出版项目,一方面是全国出版"统筹兼顾,分工合作"的题中应有之义,另一方面也有地方出版长期受限于"三化"而寻求突破的动因。这也成为1979年"长沙会议"冲破"三化"限制,地方出版转向"立足本省,面向全国"的先声。

随着地方出版布局的形成和发展,书刊印刷也由弱转强。新中国成立之初,广东连课本印刷都要借助省外力量。此后,在国家计划推动和书刊出版的带动下,尤其是大规模租型印造毛主席著作,广东省的书刊印刷力量快速增长,除广东新华印刷厂产能急剧提升,韶关、汕头、肇庆、梅县、湛江等地先后创建新华印刷厂,以适应不断增长的毛著印刷需求。到1970年代初,广东已成为全国六大印刷基地之一。为改革开放后广东成为全国印刷大省强省,奠定了良好基础。

(三)"地方出版"虽已成为历史名词,地方出版的核心资源和主要经营模式则传承延续至今

地方出版的核心资源,包括出版社,省、地(市)、县三级新华书店,书刊印刷

厂，书刊用纸及印刷物资供应这样一条出版产业链（编、印、发、供），主要是围绕着中央租型文献和教科书印制发行而建立起来的。改革开放前，大部分省市自治区已完成这条产业链建设，并在其基础上组建省市自治区出版局；改革开放后实行政企分开，出版局只负责出版行业的行政管理，而出版产业链（出版业务资产）则被出版集团（个别地方新华书店系统另外组建独立于省出版集团之外的发行集团）所继承。及至目前，虽然历经多次体制机制改革，出版集团的核心资产和核心竞争力仍是这条出版产业链。

新中国成立初期，租型出版模式帮助大部分省市自治区高效率地解决了几乎从零开始的地方出版布局，并为改革开放以后地方出版崛起奠定了良好基础。随着改革的步步深入，出版物全国统一市场逐步形成，“地方化、通俗化、群众化”的“三化”方针完全消解，以“三化”为主要特征的“地方出版”事实上已经终结；然而“租型出版模式”作为“地方出版”的历史遗产，被各省市自治区的出版集团、发行集团所继承。具体而言，多数情况下，人民社继承了中央文献租型、出版集团继承了中小学义务教育教材租型、发行集团（省新华书店）继承了教材发行。在市场化改革进程中，这项历史遗产曾受质疑（垄断），也曾遭受冲击（教材发行改革），个别地方甚至一度丧失（如福建新华书店），但在教材作为公共文化产品由政府统一采购确立之后，围绕中央文献及教材出版租型而建立的地方出版产业链得以完整保留，构成独具中国特色的社会主义出版事业产业生态。

（四）地方出版在服务地方尤其是服务农村上有着巨大历史贡献，在新时代乡村振兴战略背景下，仍有许多做法可以借鉴学习

新中国的地方出版主要面向农村，主要为农民服务，是因为人民共和国是以工农联盟为基础而建立，巩固新政权必须紧紧依靠农民。显然，这一目标的实现，地方出版做出了不可替代的贡献。改革开放后，“三化”逐步消解；20 世纪 90 年代中国走向市场经济后，出版业重新走向精英化，出版社工作重点由农村转入城市，农业农民读物、农村图书发行几被遗忘，这一过程“逆转”，出版界有着不可推卸的责任。表面上看，这种逆转似乎是必然；实质上看，则是对“为人民服务，为社会主义服务”初心的背离。

在乡村振兴国家战略背景下，政府在农家书屋、文化下乡等方面有一些部署，出版界围绕政府公共文化服务也有一定作为，但总体而言，仍显薄弱。

“三化”虽已消解，但出版社服务地方，服务当地群众，仍是古今中外出版史反复证明的出版业生存发展之道。面向农村，出版通俗读物，如何既做到公共文化服务不缺位，又在为农村读者服务中获取市场收益，值得深入探究。这方面，新中国成立初期的地方出版所积累的经验仍有借鉴意义。

注释：

[1] 中国出版科学研究所、中央档案馆：《中华人民共和国出版史料》4，北京：中国书籍出版社，1998 年，第 229 页。

[2] 中国出版科学研究所、中央档案馆:《中华人民共和国出版史料》2,北京:中国书籍出版社,1996年,第646页。

[3] 中国出版科学研究所、中央档案馆:《中华人民共和国出版史料》2,北京:中国书籍出版社,1996年,第647页。

[4] 中国出版科学研究所、中央档案馆:《中华人民共和国出版史料》2,北京:中国书籍出版社,1996年,第656页。

[5] 中国出版科学研究所、中央档案馆:《中华人民共和国出版史料》2,北京:中国书籍出版社,1996年,第110页。

[6] 中国出版科学研究所、中央档案馆:《中华人民共和国出版史料》2,北京:中国书籍出版社,1996年,第107页。

[7] 中国出版科学研究所、中央档案馆:《中华人民共和国出版史料》7,北京:中国书籍出版社,2001年,第424页。

[8] 王仿子:《王仿子出版文集》,北京:中国书籍出版社,1994年,第392页。

[9] 中国出版科学研究所、中央档案馆:《中华人民共和国出版史料》2,北京:中国书籍出版社,1996年,第656页。

[10] 中国出版科学研究所、中央档案馆:《中华人民共和国出版史料》2,北京:中国书籍出版社,2001年,第183页。

[11] 中国出版科学研究所、中央档案馆:《中华人民共和国出版史料》10,北京:中国书籍出版社2005年,第107~108页。

[12] 中国出版科学研究所、中央档案馆:《中华人民共和国出版史料》10,北京:中国书籍出版社,2005年,第158页。

[13] 中国出版科学研究所、中央档案馆:《中华人民共和国出版史料》10,北京:中国书籍出版社,2005年,第289页。

[14] 中国出版科学研究所、中央档案馆:《中华人民共和国出版史料》2,北京:中国书籍出版社,1996年,第829页。

[15] 中国出版科学研究所、中央档案馆:《中华人民共和国出版史料》3,北京:中国书籍出版社,1996年,第472页。

[16] 中国出版科学研究所、中央档案馆:《中华人民共和国出版史料》3,北京:中国书籍出版社,1996年,第471页。

[17] 中国出版科学研究所、中央档案馆:《中华人民共和国出版史料》9,北京:中国书籍出版社2004年,第106页。

[18] 中国出版科学研究所、中央档案馆:《中华人民共和国出版史料》4,北京:中国书籍出版社1998年,第229页。

[19] 中国出版科学研究所、中央档案馆:《中华人民共和国出版史料》4,北京:中国书籍出版社,1998年,第132~133页。

[20] 中国出版科学研究所、中央档案馆:《中华人民共和国出版史料》4,北京:中国书籍出版社,1998年,第319页。

[21] 中国出版科学研究所、中央档案馆:《中华人民共和国出版史料》4,北京:中国书籍出版社,1998年,第319页。

[22] 中国出版科学研究所、中央档案馆:《中华人民共和国出版史料》2,北京:中国书籍出版社,1996年,第656页。

[23] 中国出版科学研究所、中央档案馆:《中华人民共和国出版史料》8,北京:中国书籍出版社,

2001 年，第 105 页。

[24] 中国出版科学研究所、中央档案馆：《中华人民共和国出版史料》3，北京：中国书籍出版社，1996 年，第 136 页。

[25] 中国出版科学研究所、中央档案馆：《中华人民共和国出版史料》2，北京：中国书籍出版社，1996 年，第 655 页。

[26] 中国出版科学研究所、中央档案馆：《中华人民共和国出版史料》2，北京：中国书籍出版社，1996 年，第 648 页。

[27] 中国出版科学研究所、中央档案馆：《中华人民共和国出版史料》3，北京：中国书籍出版社，1996 年，第 133 页。

[28] 中国出版科学研究所、中央档案馆：《中华人民共和国出版史料》9，北京：中国书籍出版社，2004 年，第 380 页。

[29] 中国出版科学研究所、中央档案馆：《中华人民共和国出版史料》8，北京：中国书籍出版社，2001 年，第 103 页。

[30] 中国出版科学研究所、中央档案馆：《中华人民共和国出版史料》2，北京：中国书籍出版社，1996 年，第 643 页。

[31]《广东人民出版社第一个五年计划总结》，广东省档案馆藏档案，卷宗号：308-1-20-006-022。

[32]《广东人民出版社关于主攻方向的一些设想》，广东省档案馆藏档案，卷宗号：308-1-0036-001。

[33]《对几年来编辑工作中若干问题的体会》，广东省档案馆藏档案，卷宗号：308-1-0065-012。

[34]《广东人民出版社事业发展十年规划(1963-1972)》，广东省档案馆藏档案，卷宗号：308-1-20-006-022。

[35]《对几年来编辑工作中若干问题的体会》，广东省档案馆藏档案，卷宗号：308-1-0065-012。

[36] 本表根据广东省档案馆藏档案，卷宗号：379-A1.2-5-13 综合制成。

[37]《华南人民出版社编辑工作若干问题的总结报告》，广东省档案馆藏档案，卷宗号：308-1-0053-039。

[38] 中国出版科学研究所、中央档案馆：《中华人民共和国出版史料》8，北京：中国书籍出版社，2001 年，第 60 页。

[39]《对几年来编辑工作中若干问题的体会》，广东省档案馆藏档案，卷宗号：308-1-0065-012。

[40]《广东人民出版社工作情况介绍》，广东省档案馆藏档案，卷宗号：308-1-0025-33。

[41] 中国出版科学研究所、中央档案馆：《中华人民共和国出版史料》8，北京：中国书籍出版社，2001 年，第 105 页。

[42] 中国出版科学研究所、中央档案馆：《中华人民共和国出版史料》9，北京：中国书籍出版社，2004 年，第 128 页。

[43]《清理“左”的思想，把出版工作搞活》，广东省档案馆藏档案，卷宗号：379-A1.4-4-2。

[44] 中国出版科学研究所、中央档案馆：《中华人民共和国出版史料》7，北京：中国书籍出版社，2001 年，第 168 页。

[45] 中国出版科学研究所、中央档案馆：《中华人民共和国出版史料》9，北京：中国书籍出版社，2004 年，第 125 页。

[46] 中国出版科学研究所、中央档案馆：《中华人民共和国出版史料》9，北京：中国书籍出版社，2005 年，第 100～101 页。

[47] 根据《中华人民共和国出版史料》第 8 辑第 195 页“全国出版社名单”、第 14 辑第 481 页“1965、1966-1976 年中央和地方出版社图书出版统计”、第 14 辑第 485 页“1965、1966-1976 年全国期

刊出版统计”综合而成。

[48] 中国出版科学研究所、中央档案馆:《中华人民共和国出版史料》14,北京:中国书籍出版社,2013年,第78页。

[49] 吴紫函:《坚守宣传阵地四十年》,未刊稿,家属提供。

[50] 中国出版科学研究所、中央档案馆:《中华人民共和国出版史料》14,北京:中国书籍出版社,2013年,第163页。

[51] 中国出版科学研究所、中央档案馆:《中华人民共和国出版史料》14,北京:中国书籍出版社,2013年,第160页。

[52] 陈原:《陈原出版文集》,北京:中国书籍出版社,1995年,第317页。

[53] 郭良夫:《〈辞源〉修订本简评》,中国出版工作者协会编:《中国出版年鉴(1980)》,北京:商务印书馆,1980年,第138页。

延安时期出版大众化的想象与实践

田颂云

（南昌大学新闻与传播学院，江西南昌，330031）

内容摘要：延安文艺座谈会以后，出版大众化从想象与探索真正走向了实践。大众出版、学术出版和教育出版都不同程度地进行了大众化实践，注重服务性和通俗性，融入群众日常生活，推动教育的普及。出版业务流程则满足大众的实际需要，采用大众化选题，群众参与编辑审稿，大众发行工作深入基层。

关键词：延安时期；出版；大众化；马克思主义大众化

延安时期是中国共产党新闻出版体制的形成时期，其政治性不言而喻。延安时期出版大众化的实践也卓有成效，不可忽视。目前的研究主要侧重于对延安时期出版整体情况的介绍和梳理，对出版大众化的研究则相对较少。本文主要探讨了延安时期出版大众化的想象与实践，及其对马克思主义大众化的重要意义。

一、延安时期出版大众化与马克思主义大众化

在延安文艺座谈会以后，出版大众化从想象与探索真正走向了实践，客观上推动了马克思主义大众化。

（一）出版大众化的想象与建构

在我国古代，宋代出版文化逐渐向下层百姓靠拢，出现大众化转向[1]。到了近代，出版促进基础教育的普及和发展，提高国民的素质。作为近代中国出版重镇的商务印书馆以“昌明教育、开启民智”为宗旨，张元济诗曰：“昌明教育平生愿，故向书林努力来”，他认为，“盖出版之事，可以提携多数国民，似比教育少数英才为尤要”[2]。此处的“多数国民”，其本质上即是大众，“似”表达出他的不确定，是他对于出版大众化的一种想象。邹韬奋具有为大众“服务之彻底精神”，可以说，他的出版生涯即是围绕“大众”二字展开，其大众化“是要不忘却大众，是要切合于大众的真正需要”[3]。胡愈之认为，邹韬奋“永远为大众，向大众学习。站在大众前头，而不脱离大众。如果这是大众化，韬奋是做到真正的大众化了”[4]。由此可见，出版大众化的想象与建构在近代出版界已经开始萌发。本质上，出版大众化反映的是出版人与读者的关系，体现的是出版人的底层思维。

(二) 延安文艺座谈会与延安时期出版大众化

20世纪30年代，左翼作家为促进文学与大众结合开展了文艺大众化运动，但是，在当时的历史条件下，实践起来有很大困难，真正的文艺大众化，直到延安文艺座谈会之后才得以实现。文艺大众化的实践也让延安的出版物发生了重大转变，进一步推动了出版大众化。在延安文艺座谈会之前，出版大众化都还是在想象的层面，之所以说是“想象”，是因为新闻出版领域从未提出过出版大众化，但又进行着大众化的探索。在延安文艺座谈会之后，由于政治力量的进一步推动，出版大众化真正落实到了实践层面。延安文艺座谈会上专门谈到了普及与提高的关系这一革命文艺中不可忽视的问题，解决了文艺是为什么人的问题，进一步明确了为工农兵服务的宗旨，这也加速了出版大众化的进程。延安时期的出版人作为知识分子，在文艺大众化的过程中不断进行自我改造。他们中的很多人也同时是文艺大众化的参与者和推动者，如《边区群众报》的社长周文，曾在鲁迅指导下从事文艺大众化工作。1940年周文来到延安，根据毛泽东指示，创办大众读物社，还把《边区群众报》办成了贴近群众的报纸。

(三) 延安时期出版大众化推动了马克思主义大众化

出版大众化是延安时期中国共产党领导下的马克思主义者和新闻出版人在出版领域的探索和实践。中国共产党人进入出版领域后，一直非常重视借助新闻出版对群众进行宣传和动员。出版大众化倡导与大众的互动，听取读者的意见，让大众参与到编辑审稿中，有助于中国共产党唤起工农，发动群众。出版大众化也是在延安时期马克思主义大众化氛围中自然形成的。党的主要出版物是重要的理论阵地，也是大众化的重要平台，哲学、史学、政治经济学、文艺学等领域的大众化著作融合专业与通俗，推动了马克思主义的中国化、本土化和大众化。延安时期大众化的出版物广泛传播了马克思主义，出版大众化也客观上推动了马克思主义大众化的历史进程。

二、延安时期三大出版领域的大众化

延安时期，出版的三大领域即大众出版、学术出版和教育出版都不同程度地进行了大众化实践，注重服务性和通俗性，融入群众日常生活，推动教育的普及。

(一) 大众出版：服务群众日常生活

延安时期的大众出版在“大众”二字上做文章，反映群众日常生活，真正做到了“从群众中来，到群众中去”。

1. 编辑出版大众文艺报刊和书籍，为工农兵大众服务

大众文艺出版无疑是最具有代表性的大众出版。文艺大众化是大众文艺报刊和书籍出版的直接驱动力。尤其在延安文艺座谈会后，文艺工作者走进田间地头，深入群众，向民间学习，创作并出版了大量优秀的大众文艺作品，实现了延安文艺的大繁荣。

（1）大众文艺报刊

朱光潜认为："在现代中国，一个有势力的文学刊物比一个大学的影响还要更广大，更深长。"[5]延安时期大众文艺报刊具有深厚的群众基础，更是在社会上产生了广泛影响。延安时期的文艺报刊体系主要以党报副刊为主，从《解放日报》副刊到《边区群众报》副刊等，都是延安文艺工作者发表作品的重要平台。在延安文艺座谈会后，《解放日报》副刊的大众化倾向更加明显，1943年3月9日发表艾青的长诗《吴满友》，1945年5月15日发表孙犁的《荷花淀——白洋淀记事之一》等。该刊还与读者互动，刊登延安纬华毛纺织厂的工人、新市场冶兴炉的铁匠等给副刊提的意见。《边区群众报》作为大众化报纸，刊登的文艺稿件有民歌、说书、故事（大后方故事、新编故事等）、诗歌、歌曲、民谣、秧歌剧、快板、对联、木刻、谜语、儿歌、游戏等，其中闻捷的《揭地歌》、谭吐的《红缨枪缨缨随风飘》、汤洛的《李敷仁走延安》等，反映了群众的生产和生活。尤其是副刊主编柯蓝，他的连载小说如《抗日英雄洋铁桶》《乌鸦告状》《红旗呼啦啦飘》等，在群众中流传很广。

1936年11月22日，中国文艺协会在陕北保安成立，丁玲任协会主席，旨在"培养无产者作家，创作工农大众的文艺"，它在苏区的任务是"创作工农大众的文艺小说、戏剧、诗歌"[6]等。1937年11月14日，陕甘宁边区文协成立，中国文艺协会停止活动。边区文协设有20个团体会员单位，另外，延安还有文联、文抗、文艺月会、延安新诗歌会、鲁迅研究会等团体。几乎每个文艺团体都创办自己的刊物，有力地推动了延安文艺的普及工作。边区文协的会刊是《文艺突击》，从创刊就有"工人文艺"专栏，发表工人自己创作的作品，反映工人的工作和生活，比如赵鹤的《两个九月》等。1940年4月《文艺突击》更名为《大众文艺》，第一期"编后记"指出，该刊要更名副其实地成为大众的文艺刊物。写作也是启蒙教育大众的一种方式，文艺工作者注重大众写作能力的培养。除了各地成立的文艺小组外，刊物也设专栏进行写作指导。《大众文艺》设有《文艺问答》《写作讲话》等。大众读物社出版《工农写作》《怎样写新闻通讯》以及不定期刊物《大众习作》等，普及写作知识，提高通讯员写作水平。《大众习作》开设栏目有："习作""论文""原作与改作""名著研究""工作往来""工作经验""公开信"等。毛泽东对《大众习作》的工作给予了肯定，他曾给周文回信说："群众报及《大众习作》第二期都看了，你的工作是有意义有成绩的，我们都非常高兴。"[7]在实际工作中，《大众习作》不仅提高了通讯员的写作水平，对初学写作者也有很大的帮助，受到干部和中小学教师的欢迎。

（2）大众文艺书籍

延安出版的大众文艺书籍主要有小说故事、戏剧、秧歌剧、诗歌、歌曲等，有个人创作，也有集体创作。小说故事中最有代表性的是赵树理的《李有才板话》和《小二黑结婚》，还有柯蓝的通俗章回小说《洋铁桶的故事》，以及《陕甘宁边区的生产故事》《李顺达的翻身故事》等。为了适应群众的阅读水平，周文等人还改编《铁流》《毁灭》等小说为通俗读本进行出版。秧歌在陕北地区深受群众喜爱，延安时期对传统秧歌进行了改造，加入群众舞蹈，成为秧歌剧，如《兄妹开荒》《夫妻识字》《地雷开花》《变工好》，以及张德仪等集体创作的《做军鞋》等。戏剧有新歌剧《白毛女》，秦腔剧《官逼民反》《血泪仇》等。诗歌、歌曲有新长篇叙事诗《王贵与李香香》《农村小曲》等。丛书也是大众文艺书籍出版中的一种重要形式，比如《大众文艺小丛书》《群众文艺丛书》等。1940年3月"大众读物社"成立后，配合《边区群众报》的出版，该社丛书编审科从1940年4月起，开始编辑大众丛书，到1940年12月，共出版了十一种丛书，有"《大众文库》——《五四纪念》、《五月国耻和惨案》、《中国共产党万岁》、《夏天的卫生》、《怎样养娃娃》、《对联》、《秧歌》等七种，和《大众画库》——《五一节》、《枣子》、《小号兵》、《捉舅舅》等四种"[8]。

2. 编辑出版各种通俗读物，为群众提供日常生活中的实用知识

1940年4月2日，大众读物社发起成立大众化问题研究会，曾举办"大众化与识字运动"（1940年5月27日）、"大众化与工农写作"（1940年10月3日）、"大众化的关键与经验"（1941年3月）讨论会，并提出要出版通俗读物等建议。延安时期的群众受教育水平低，文盲、半文盲数量大，通俗读物考虑到了读者的文化程度和阅读习惯，如《中国常识小丛书》《通俗大众历史读物》《新儿童小丛书》《战士小丛书》《丰衣足食》《二流子转变》等。当时"疾病与死亡威胁着广大群众，某些地区，婴儿死亡率高达60%，成人死亡率高达3%"[9]，因此，通俗读物更多的是为群众提供日常生活中的实用卫生知识，如《卫生常识》《农村卫生常识》《王大嫂养胖娃娃》等。大众读物社1941年出版的《大众化工作研究》刊载了林今朋的《谈谈我们的丛书工作》，指出："目前边区的群众与其他区域的不同，一般的政治觉悟已经相当地提高了，他们正在热烈的从事于各种建设事业，他们目前所迫切需要的读物，正是在日常生活上实用的各种知识。因此，我们就改变方针，出版了《夏天的卫生》和《怎样养娃娃》这一类的丛书。"[10]这些通俗读物群众看得懂，喜欢看，在延安柳林的北沟娘娘庙会上，赶庙会的妇女们还围着妇联的同志看《怎样养娃娃》的画本子和《多子多孙》的年画。延安新华书店1940年出版发行的大众科学丛书——《五年计划的故事》《钟的故事》《书的故事》《灯的故事》《人和山》《十万个为什么?》等。

3. 出版墙报，引导和动员大众

毛泽东指出："墙报也算是一种报，也可以当作重要的工作方式……这样来办报，全边区可以有千把种报纸，这叫做全党办报。"[11]墙报是一种特殊的"街头"出版，是出版大众化的重要体现。在延安物资匮乏的情况下，墙报是报纸的重要补充，延安的机关单位和文艺团体几乎都创办过墙报。延安墙报出版较之以往更加规范化和制度化，其编委会负责审核墙报的出版内容，如《杨家岭生活》墙报的编委会总编辑就是李富春。1944年，陕甘宁边区的墙报就有600多块。墙报有三类：革命类、文艺类和揭露类。墙报简单灵活，内容丰富，贴近实际，扎根群众，具有引导和动员大众的功能，比如大型墙报《轻骑队》、民众教育馆编辑的《大众周刊》和《大众新闻》、大众美术研究会的《大众美术》、边区文协编辑的《街头文艺》、抗敌后援会的《新延安》、战歌社的《战歌》等。1942年9月10日，延安文化俱乐部创办了《街头画报》《街头诗》《街头小说》，主动向工农兵大众靠近，将自己作为为工农兵大众服务的"桥梁"。利用通俗的文艺形式，展现工农兵自己的生活[12]。1946年创办的《群众街头诗画》墙报，作者来自社会各个阶层，有工人、店员、勤务员等，是一种集体

创作。

（二）学术出版：融合专业与通俗

延安时期出版整体侧重于哲学社会科学与文学艺术领域，学术出版也不例外。学术出版专业性强，要做到大众化有一定难度。艾思奇被誉为“哲学大众化第一人”，他的《大众哲学》对延安时期学术出版的大众化产生了很大影响。《大众哲学》把“高深的哲学用通俗的词句加以解释，这在打破从来哲学的神秘观点上，在使哲学和人民的日常生活接近，在使日常生活中的人们也知道注意哲学思想的修养上，是有极大意义的”[13]。与此同时，延安时期的“学术中国化”运动伴随着学术的大众化发展起来，哲学、历史学、文艺学、社会学、经济学、政治学等开始不断中国化、民族化，这也一定程度上助推了学术出版的现实性，更加贴近群众。艾思奇编写的《哲学研究提纲》、艾思奇与吴亮平合写的《科学历史观教程》等，将专业与通俗有机统一。薛暮桥的《中国农村经济常识》则是马克思主义政治经学大众化的代表著作。大众化史学书籍有《中国通史简编》、吕振羽的《简明中国通史》、曹伯韩的《中国现代史常识》等。《中国通史简编》的上、中册于1941年和1942年出版，该书总编辑范文澜“曾花费了很大力气，把所引用的比较难深一点的材料都翻译成通行的白话文”[14]。马克思主义理论著作也有通俗版本，如延安解放社出版的《什么是马克思主义》和《什么是列宁主义》，受到干部群众的欢迎。在延安整风期间，解放社和新华书店还出版了《整风文献通俗读本——通俗思想方法论》。

（三）教育出版：促进教育普及

林伯渠1939年1月在《陕甘宁边区政府对边区第一届参议会的工作报告》中指出：“边区是一块文化教育的荒地。学校稀少，知识分子若凤毛麟角，识字者亦极稀少。……平均起来，识字的人只占全人口百分之一。”[15]针对边区教育水平低的情况，教育出版为促进教育的普及，出版了儿童启蒙教材、中小学课本、扫盲课本等。中宣部编审委员会推动编辑出版各种中级通俗文化教育读物。1940年11月7日边区新文字协会成立，创办《新文字报》，这是一份以新文字扫盲为主要目的的报纸。扫盲课本有《500字课本》《识字课本》《日用杂字》《庄稼杂字》等。徐特立负责组织《文化课本》的编写工作。1940年，陕甘宁边区出版了第一套小学课本，1941年，出版了改版的第二套教材。1938年—1949年担任陕甘宁边区教育厅教材编审科科长的辛安亭，编写了四十多本书，涵盖小学教材、群众教材、干部文化课本等，如《新三字经》《边区民众读本》《干部文化课本》《农村应用文》《知识课本》《干部识字课本》《冬学文化课本》等，都是通俗实用的教育读物。《新三字经》是辛安亭借鉴传统的《三字经》形式编写而成，语言浅显精练，广为流传。《干部识字课本》和《干部文化课本》编写前曾在地干班学员中了解情况和要求，以适应农村干部理解水平高但文化水平低的特点[16]。《农村应用文》则是针对农村干部日常工作中的实际需要编写而成。《日用杂字》和《识字课本》简明通俗，内容丰富，刚印出来就受到群众的欢迎，一直供不应求。

三、延安时期出版业务流程的大众化

延安时期的出版业务流程满足大众的实际需要，采用大众化选题，群众参与编辑审稿，大众发行工作深入基层。

(一) 选题的大众化

延安时期出版的选题具有大众化的特点，贴近群众实际，传播农业生产知识，培养群众的卫生习惯，倡导科学，反对迷信。中国共产党的“文化下乡”从抗战初期开始。在1942年延安文艺座谈会之后，“文化下乡”工作全面展开。文艺工作者们认识到“文艺为工农兵服务”的重要性，并开始思考“文化下乡”的方法和路径。延安文艺座谈会后，涉及普通群众、劳动英雄的出版选题开始增多。对于群众来说，具有心理上和地理上的接近性。1944年，中共西北中央局调查研究室编辑印行了一套“陕甘宁边区生产运动丛书”，普及科学生产知识，宣传树立劳动模范，包括《机关养猪四英雄养猪经验座谈》《刘生海从二流子变成劳动英雄》《模范党员劳动英雄申长林同志》《难民劳动英雄陈长安》《怎样养羊》《边区的运盐工作》《边区改良农作问题》《边区的劳动互助》《怎样种棉花》等。选题的大众化需要真正了解群众。《解放日报》1944年1月20日刊登艾思奇写的社论《群众需要精神粮食》，指出：“我们的出版发行工作者，必需（须）切实调查群众的文化上的需要，出版工农兵群众所容易接受的东西。”[17]在确定选题的过程中，调查研究能够精准掌握群众的实际情况。辛安亭1944年编出供农村冬学用的《日用杂字》《识字课本》《农村应用文》，编写的过程就是先做调查，了解农民生活及群众的要求，收集农村流行的各种杂字书与应用文[18]。

(二) 群众参与编辑审稿

群众参与到编辑审稿的过程中，彰显了延安时期新闻出版对读者的重视，也是群众办报的体现。在延安时期的边区群众报社，其工作人员多为外地来延安的知识分子，他们对边区当地的情况并不能做到真正全面的了解，对边区群众的语言、生活情况等较为陌生。因此，在报社人员集体审稿的同时，群众也参与编辑审稿。报社工作人员请不识字或者识字少的来自边区的烧饭师傅、勤杂人员等来参加审稿。在《边区群众报》创办初期，报社工作人员写好的新闻稿，都拿到柳林区附近的村子里，请群众参与审稿。这些群众参与审稿的方法主要是报社人员将稿件一字一句念给群众听，群众听懂了，就算定稿。如果群众听不懂，就要向群众解释，如果还不懂，就要重写或修改。当时边区群众大多文化水平不高，如果文章写得太深奥或者语言表达不符合当地的习惯，群众就无法理解。群众参与编辑审稿可以有效解决这一问题，既充分继承、吸收和运用群众语言，又进行改造和创新。

(三) 大众发行工作的开展

由于延安时期物资匮乏，纸张紧张，出版物一般印2000册左右，供给制发行机制让书报可以按需分配，也有些书报是给门市出售或者邮购。同时，出版机构也在不断地主动服务群众。延安新华书店门市部1939年9月1日正式开业后，就开始组织文化货郎担在农村走街串巷，在庙会及骡马大会上摆书摊，在各小学、识字组、读报组建立代销点，“各民教馆、宣传部常给书店报告群众需要什么书及需要多少，书店按此发行”[19]，延安时期新闻出版界提出“‘文化下乡’必须有‘书报下乡’来配合”[20]。要让书报去找读者，而不是让读者去找书报。1943年3月，边区新华书店号召工厂、农村、部队的知识分子和各报社的通讯员来做邮购代办户，帮助读者代购书报。《解放日报》1944年1月20日刊登陕甘宁边区新华书店经理李文的《怎样把书报送到工农兵手里》，指出：“各地的书店要留意周围乡村的集市，把书报放到集市上去。”[21]

四、结语

延安时期出版大众化是在特殊的时代背景下形成的，有着鲜明的时代印记。回望历史，出版大众化对于当下的中国出版具有重要的启示意义。习近平总书记指出，要以群众喜闻乐见、便于参加的形式和方法开展工作。出版最终要落脚到人，要以人为本，真正为群众服务，应加大出版产品的有效供给，满足人民群众对出版物的需求[22]。在新闻出版领域，我们应重视出版的大众化和群众性，加强与群众的联系，充分发挥群众的作用，推进新时代马克思主义的大众化。

＊本文系江西省高校人文社会科学研究项目“从苏区到延安的中国共产党新闻事业与妇女解放运动研究”【XW19209】的研究成果。

注释：

[1] 金雷磊：《论宋代出版的大众化转向——以福建建阳为例》，《华中学术》2015年第2期，第301～309页。

[2] 宋应离：《20世纪中国著名编辑出版家研究资料汇辑》，开封：河南大学出版社，2005年，第162页。

[3] 邹韬奋：《韬奋全集》第6卷，上海：上海人民出版社，1995年，第651页。

[4] 邹嘉骊：《忆韬奋》，上海：学林出版社，1985年，第154页。

[5] 朱光潜：《我与文学及其他》，合肥：安徽教育出版社，1996年，第91页。

[6]《中国文艺协会的发起》，《红色中华·红中副刊》1936年11月30日，第1版。

[7] 毛泽东：《毛泽东书信选集》，北京：人民出版社，1983年，第165页。

[8] 大众读物社：《大众化工作研究》，延安：新华书店，1941年，第167页。

[9] 陕西省档案馆、陕西省社会科学院：《陕甘宁边区政府文件选编》第8辑，北京：档案出版社，1988年，第458页。

[10] 大众读物社：《大众化工作研究》，延安：新华书店，1941年，第168页。

[11] 毛泽东：《关于陕甘宁边区的文化教育问题》，《党的文献》1994年第5期，第6～12页。

[12] 田松林：《从多样化的空间到大众化的桥梁：延安文艺墙报及其演变》，《文艺理论与批评》2020年第6期，第28～40页。

[13] 艾思奇：《艾思奇全书》第2卷，北京：人民出版社，2006年，第491页。

[14] 金灿然:《〈中国通史简编〉是怎样写成的》,《解放日报》1941年12月13日,第3版。

[15] 西北五省区编纂领导小组、中央档案馆:《陕甘宁抗日民主根据地》文献卷·下,北京:中共党史资料出版社,1990年,第39页。

[16] 辛安亭:《回顾在延安十一年的教材编写生活》,《西北师大学报》(社会科学版)1977年第4期,第38~44页。

[17] 艾思奇:《群众需要精神粮食》,《解放日报》1944年1月20日,第1版。

[18]辛安亭:《回顾在延安十一年的教材编写生活》,《西北师大学报》(社会科学版)1977年第4期,第38~44页。

[19] 赵晓恩:《以延安为中心的革命出版工作(二)(1936—1947)》,《出版发行研究》2001年第2期,第74~80页。

[20] 张良:《书报下乡》,《解放日报》1943年3月31日,第4版。

[21] 李文:《怎样把书报送到工农兵手里》,《解放日报》1944年1月20日,第4版。

[22] 范军:《中国共产党百年出版与实践创造》,《中国出版》2021年第8期,第3~7页。

生产视觉共同体：“图像治愈”的诞生、散布与使命

刘文军

（广西艺术学院影视与传媒学院，广西南宁，530022）

内容摘要： 众多视觉文化和媒介文化学者阐述“图像战争”概念，但与之相反的“图像治愈”概念却无人论及。中性的图像可以被挪用来“发动战争”，同样也能够被征用来“治愈伤口”。因此，本文研究钟南山相关图像在疫情期间的大量生产和传播现象，追溯其门神传统，进而探究图像治愈的可能性、生成机制及运作逻辑。图像治愈通过隐喻和神化建立其内在意义，确立其价值；同时图像治愈经由图像的仪式传播进入公共空间，通过大量复制制造同一、激发情感、唤醒想象、生产及维系视觉共同体，最终个体在共同体的安全感中被抚慰和治愈。

关键词： 图像治愈；图像战争；仪式传播；视觉共同体

图像是发动观念战争和心理战争的武器。W.J.T.米歇尔（W.J.T.Mitchell）将由图像引起并打击图像的“反恐战争”称之为“图像战争”[1]。“9·11”事件中恐怖分子利用第一架撞向双子塔的飞机吸引媒体，目的是让媒体将第二架飞机毁灭双子塔的场景呈现在全球观众面前，从而制造“媒体景观”[2]。道格拉斯·凯尔纳（Douglas Kellner）认为“‘9·11’以前，曾在美国和世界各地出现了不少类似的恐怖奇观”，而这种媒体文化奇观是攻击敌人的方式[3]；攻击被震慑所替代和执行，尼古拉斯·米尔佐夫（Nicholas Mirzoeff）认为“震慑行动的一个关键点就是，需要让那些未被直接袭击的人看到这个行动”[4]。因此，图像在其直观性和批量复制等特性的加持下成为战争的同谋与手段：大量制造并快速散播恐慌，虽然不能扼杀身体，但却造成心理创伤。

众多视觉文化和媒介文化学者以“9·11”事件为例，论述了图像和战争及恐怖之间的联姻，特别是提出“图像战争”概念的米歇尔，他在论著和演讲中多次兜售这个概念，导致诸如米尔佐夫等其他重要学者都论及此概念。诚然，“图像战争”概念恰当地描述和解释了在视觉社会中图像对个人心理的破坏力量及对整个社会的撕裂能力；但图像难道不是一枚“硬币”？“图像战争”只是这枚硬币的一面？换言之，图像可以被用来制造心理创伤，是否也可以被用来治愈受伤的心灵？是为选题的理论

困惑。

2020年春节前夕，突如其来的新型冠状病毒导致的肺炎疫情（以下简称“新冠肺炎疫情”）肆虐中国。在这场“看不见敌人的战争”中，全国民众运用传统媒体、社交媒介和直播平台等技术与媒介生产和传播了大量“看得见”的图像：逆行的医护工作者、执勤的警察和志愿者、出征的驰援部队等，除了奋战在一线的英雄，还有更多自我隔离在家的民众。众多陌生的面孔呈现在我们面前，借助视觉社会中技术的发达和网络社会中传输的方便，海量图像被生产、复制与散播。在非常态环境下，我们缘何创造和传播图像？可以肯定的是，这些图像并不是为了发动战争而创造，除非我们将新冠病毒拟人化，认为这些图像是向病毒宣战；因此，这些图像的生产并非指向外部敌人，而是指向内部战友；并不是用以发动战争，而是用来消灭战争。是否诚如此言？其生成机制和运作逻辑如何？是为选题的现实思考。

基于上述理论困惑和现实思考，本文尝试提出“图像治愈”概念来阐释这类图像的诞生、散布与使命。既然真实战争和被隐喻为战争的事件中，图像能被挪用为战争的手段；而图像本身是中性的，关键在于谁挪用以及为何挪用；那么图像也可以被征用为治愈的手段：战争中不仅有制造伤亡的敌人/图像，也应该有治愈伤病的医护/图像。诚然，缺乏心理科学和神经科学的实证研究，很难建立民众生产和传播图像与心理治愈之间的关联，但这种现象产生的原因必然也不能用审美、经济和政治等目的来搪塞；或许它是一种戈夫曼（Erving Goffman）所谓的“自我呈现”，但其解释力有限，而且没有抓准最深层、最根本的原因。因此，作为一种阐释的尝试，本文聚焦疫情期间民众和媒体对钟南山相关图像的生产与传播，借用人类学中仪式研究和传播学中媒介仪式研究的相关思想，论述“图像治愈”的可能性、生成机制及运作逻辑。

一、“图像治愈”的诞生：治愈性图像的意义生产

“图像治愈”的诞生是反拨图像战争的起点。治愈性图像的生产是一个系统过程，其发生于有意识的创作和无意识的生成之中。诞生过程的系统性强调了治愈性图像生产的背景和过程：前者为图像的诞生确立意义，而后者为图像的诞生灌注意义。人类创造的图像是意义的载体，意义为图像赐予生命，更为治愈性图像赋予治愈和抚慰功能。

（一）战争隐喻：为治愈性图像确立意义

“图像治愈”的诞生是时事孕育的结果。洪涝干旱、战争饥荒等灾难导致的非常态环境是孕育图像治愈的土壤，同时也凸显治愈性图像的意义和价值。当然，并不否认“图像治愈”存在于正常的社会秩序之中，而是强调在社会秩序和组织结构受到威胁时，“图像治愈”现象更为明显。换言之，治愈性图像在社会中始终存在，它是“长效药”，例如逝去亲人的照片对生者的抚慰；但同时它在非常态环境中被强调，成为“救命药”，正如在新冠肺炎疫情中不断出现的钟南山图像。

钟南山相关图像的生产与传播是时事召唤和隐喻设定的结果。新冠肺炎疫情按下武汉的暂停键之后，恐慌向全国蔓延。2003年SARS病毒肆虐的集体记忆被激活，

正常的社会秩序被打乱，社会停摆。媒体通过大量报道激活“战争隐喻”，将民众拽入恐慌的深渊之中。隐喻作为一种思维方式和引导方式被媒体熟练使用，它们将防疫工作称为“战争”：作为疫情重灾区的武汉是“一线”，武汉市发布“封城令”，火神山和雷神山是生命的“堡垒”，医护工作者开展“疫情阻击战”，各地驰援“部队”挥别亲人、写下“请战书”、举办“誓师大会”、“出征”武汉等一系列相关概念组成概念的系统，并构成隐喻的基础。而隐喻反过来建构人类的感知，“在生活的各个方面，我们都用隐喻来界定现实，进而在隐喻基础上采取行动”[5]。因此，在媒体设定的“战争隐喻”框架下，具有隐喻思维的全国民众才能共同抗疫，这是制造“战争隐喻”的结果；但同时，将武汉人和病毒混淆在一起、并将“孩子和洗澡水一同泼掉”的拒斥思维则是“战争隐喻”的副产品；而钟南山相关图像的生产和传播则是“战争隐喻”的必需品：“时势造英雄”，“英雄”概念是“战争隐喻”概念中的核心概念之一，防疫“战争”需要英雄，因此“战争隐喻”是召唤钟南山出场的号角，也是钟南山相关图像诞生的催产素。

钟南山相关图像的生产与传播同时也是“图像战争”激发的结果。疫情防控不仅是隐喻性的战争，同样也是“图像战争”。病毒不会生产作为战争工具的图像，但迎战病毒的人类却替代病毒完成武器的生产。和恐怖分子利用斩首视频和摧毁大楼等恐怖镜头制造恐慌一样，病毒通过制造和撒播恐惧来摧毁人类的意志，因此，反恐战争是一场情绪战争，防疫战争同样要消除民众的恐慌：对物资生活资料的囤积、对医疗急救资源的挤兑等现象都显示出恐慌的破坏性力量。这种破坏性的力量通过大量图像的生产和复制呈现出来：医院大厅里突然倒下的老人、挤满医院走道的就诊者、街道上飞奔的救护车、送别亲人时悲痛欲绝的脸庞、确诊和死亡人数不断攀升的图表……在病毒的“胁迫”下，恐慌的民众生产和传播大量会复制和散播恐慌的图像，图像和病毒相互裹挟，图像传播心理的病毒，病毒加速图像传播的效率。甚至图像本身就是病毒，其大量复制的自我生产机制和撒播恐慌的作用机制如出一辙。因此，生产和传播图像的民众无意中成为病毒的“同谋”。替代病毒发动“图像战争”，生产敌人，激发内心恐慌；同时，民众也需要“图像治愈”，塑造英雄，抚慰内心伤痛。用图像反制图像，即用治愈和安定反抗战争和恐慌，而钟南山的相关图像则成为治愈的良药。

“战争隐喻”和“图像战争”形成召唤结构，虽然它们召唤的不是阿尔都塞(Louis Pierre Althusser)所谓的“意识形态的主体”，但却是对英雄的召唤机制，因为众多历史记忆和影像经验为民众设定了逻辑关联：有战争，必然有英雄。“战争”为钟南山相关图像的生产和传播铺垫意义。

（二）英雄神化：为治愈性图像灌注意义

“战争”敦促媒体和民众进行治愈性图像的生产，英雄及其图像的生产构成治愈性图像的内在意义，使它区别于审美性、政治性和经济性图像，而执着于治愈和抚慰功能。治愈性图像的生产在新冠肺炎疫情中表现为英雄及其神化图像的生产，其内涵相互勾连、不断深化，充塞图像的内里并赋予其生命与灵性。

治愈性图像的生产由英雄及其图像的生产所孕育。在渴求英雄的背景下，媒体为民众塑造英雄成为当务之急。与再造英雄相比，召唤英雄的再次出场显然更为高效。因在2003年爆发的非典型性肺炎疫情时期勇担大任，钟南山已然成为家喻户晓的英雄。17年后，《广州日报》官方微博于2020年1月21日下午发布主题为“84岁钟南山再战防疫最前线”的微博，并配图两张：一张是钟南山在开往武汉的高铁餐车一角闭目养神，另一张是钟南山走进武汉金银潭医院大厅。这条微博的转发量、评论量和点击量构成其微博近期关注度的首次波峰。由此可见，《广州日报》对“英雄出场”的聚焦成功引起民众“夹道欢迎”，网民用“致敬钟院士”“挂帅出征，国士无双”等众多评论替代身体，汇入欢迎英雄的虚拟“街道”和“广场”。

图像通过叙事和修辞完成英雄形象的塑造，构成治愈性图像的意义内核。《广州日报》微博发布的上述两张钟南山的图像在微信朋友圈被众多网友转发，图像的复制和传播相互交织，成为这两张图像生命力的注脚。其生命力蕴藏在叙事力量之中，因为它们完整讲述了英雄沉睡、苏醒和出场的转折故事：第一张钟南山在高铁餐车闭目养神所展现的静态，与第二张钟南山在金银潭医院疾步行走的动势形成鲜明对比。前者用“沉睡”勾连起17年前的战“疫”，后者用“出场”指向17年后的战“疫”。两者都具有范热内普（Arnold van Gennep）所谓“过渡礼仪”的性质[6]，特别是后者展现钟南山疾步走进大厅内，通过对背景中极具过渡意义的门的形象的挪用，强调其出场的仪式感；同时他周围的其他人相互交谈，站立的位置大致构成半圆形，环绕着钟南山；更为画龙点睛的是，右侧摄影机的镜头指向钟南山：目光坚定的终南山被摄影机凝望，作为观众的网友凝望他和摄影机，通过双重凝望，其英雄身份被再次强调。

图像叙事通过两张图像共同讲述。钟南山在高铁餐车和医院大厅的两张图像被《广州日报》官方微博并置在一起，进而凸显了其叙事意义：很显然，两张图像并不是同一时刻拍摄的，但记者和编辑用同一条微博将两张不同时刻、不同场景的图像勾连起来，构成完整的叙事。蛰伏和沉睡与苏醒和出场被勾连起来，两张图像似两张电影的剧照，运用本雅明（Walter Benjamin）在他的书写中使用的蒙太奇手法，将两张背景不同的图像“剪接”在一起，进而生发出新的意义。类似于爱森斯坦（Sergei M. Eisenstein）在熟练运用蒙太奇手法的电影《战舰波将军号》中所拼接使用的三个不同姿态的石狮图像：沉睡、苏醒和咆哮，三者相互衔接，被用以表现人民的觉醒和力量。相对于多张图像发挥叙事力量而言，单个图像倾向于动用修辞手法。在英雄出场之后，钟南山另一张健身的图像也被大量转发：穿着运动背心的钟南山咬紧牙关，结实的右臂举起哑铃，面容坚毅。这张“秀肌肉”图像的引申意义大于其实质意义：曲臂举手握拳的姿势表达了“战斗”和“加油”，前者指向外部敌人病毒，后者指向内部战友民众。“运动员”和“战士”的双重形象在这张图像中巧妙融合，“运动员”的毅力和“战士”的勇气等意义被灌注到这张图像的内里，并孕育后者的生命力。

英雄及其图像的生产为英雄的神化埋下伏笔，而英雄的神化宣告治愈性图像的诞生。官方媒体通过图像塑造钟南山的英雄形象，民间个人则通过图像将其神化：一张漫画将穿白大褂的钟南山置于图像的正中央，火神山和雷神山分置左右上角，并配上

"百毒不侵 诸邪莫近"的"符咒"。和图像的并置一样，在"火神山雷神山钟南山三山镇邪妖"的对联中，共同拥有的"山"字也将钟南山、火神山和雷神山串联在一起，"神"被让渡出来，成为"披"在钟南山身上并将其神化的"天衣"。另一张同样基于"接触律"而创造的钟南山的图像则巧妙地将其和钟馗融合在一起：中国画中的钟南山右手指地，着红袍配利剑，正气凛然。左侧配文："当代钟馗造像。古今二尊皆姓钟，辟邪消灾有神功……"除了姓氏一致，钟南山和钟馗在精神层面也获得相通：忠诚勇敢、驱邪解难。同时，作为古老治愈手段的巫术和现代治疗工具的医学在钟馗和钟南山两者融合的形象中被勾连起来，英雄钟南山形象的神化反映了民众被治愈的渴望。

英雄及其神化构成治愈性图像的内在价值，赋予其不同于其他图像的灵性。英雄的出场及神仙的拯救能够抚慰人心，这是众多宗教形成的起点。和宗教图像一样，治愈功能的最大化必须依赖于图像的大量复制与散布。

二、"图像治愈"的散布：治愈性图像的仪式传播

散布是图像治愈发挥药效的关键性药引，被灌注意义的图像在散布中确认和展现自身作为治愈性图像的价值。治愈性图像的仪式传播使得具有意义的图像进入公共空间，后者被散播、复制和增殖；同时，在仪式传播的过程中，治愈性图像施行仪式功能，激发想象与情感，塑造群体与认同。

（一）张贴与传播："图像治愈"的仪式形式

无论从内容还是形式而言，传播钟南山相关图像和张贴门神是一致的。除上文论述过的精神价值以外，钟南山和作为门神的钟馗同样经历了从凡人到英雄、从英雄到仙人的过程，虽然前者只是在漫画中被塑造成具有驱疫能力的仙人形象。同样的过程重复出现在同样作为门神的秦琼和尉迟恭的神化经历故事中[7]，因此治愈性图像的意义生产为钟南山的形象赋予门神特性。

与此同时，张贴形式也是钟南山和门神之间相似性的佐证：《广州日报》官方微博对钟南山英雄形象的呈现、《人民日报》对钟南山神化形象的转发、新华社对钟南山眼睛湿润镜头的发布、微博和微信对钟南山"秀肌肉"场景的展现……媒体和个人对钟南山相关图像的刊载都具备张贴的性质。事实上，钟南山和火神山、雷神山并置的漫画形象被众多网友设置为屏幕保护，锁屏和锁门、护屏和护家的相似性强化了钟南山相关图像和门神之间的关联；如果说漫画上"诸邪莫近"的"符咒"还不足以佐证，那么钟南山和钟馗形象的融合则是这种一致性的铁证，毕竟"当代钟馗造像"的配文直陈两者的一致性。张贴就是传播，传播存在于张贴之中。门作为张贴的载体，承担了信息传播的功能。因此，传统媒体和社交媒体都具备门的性质：从过渡仪式的维度来看，它们是划分客观现实和拟态环境的"门楣"；从信息交往的维度来看，它们又是对外展示和言说的"门厅"。与其证明"媒体具备门的性质"，不如求证"门具有媒体的性质"。

从古至今，门都具备传播功能和媒体性质。虽然在门祭和过渡仪式等民俗学及人类学研究中，门都被认为具有区隔和划分作用，它划定了内与外、生与死、神圣与世

俗等二元地理，“鬼门关”“过门槛”等说法可为佐证；也正是因为门具有区隔的原始文化意义，能够将“瘟鬼”阻挡在门外，因此才生成了“门祭”和“门神崇拜”传统。但门不仅仅是区隔的屏障，同样也是沟通的渠道。门的意象的含混性和复杂性使其具备相互冲撞的两种性质，但并不意味着“关门是区隔”“开门是沟通”，而是指向“门”自身的性质：或开或关，门都具有传播的意义。在古代政治生活中，门的意义和作用的含混性表现得尤为明显。古代皇城通过宫门将皇室和民众区隔开来，营造宫廷的威严感；与此同时，城门也完成宫廷和民众的沟通，成为政治传播的工具和载体：“奏凯于门”和“献俘于门”成为皇帝炫耀武功的方式，“午门斩首”和“张榜于门”则是政治权力让奖惩的威力弥漫开去的方式。因此，“宣政于门阙”中的门绝不是信息流通的屏障，反而是信息的放大镜和扩音器。现代生活中，门依然延续了传播属性，只需要看看“城市门户形象”和“政府门户网站”等词汇的使用就一目了然。

同样，在政治生活之外，门也在民众的日常生活中发挥传播作用。张贴门神在抵挡门外“瘟鬼”的功能之外，也发挥着沟通左邻右舍的功能：他也贴了门神，和我一样。没有哪户人家将门神压在箱底或贴在门背后，门神始终通过张贴于门面而具有天然的敞开性和言说性。换言之，无论是古代政治生活，还是现代日常生活，它们都是群体生活和组织生活的表现形式；因此，政治传播和日常沟通都是群体传播和组织传播的具体表征。而在群体传播和组织传播中，门成为重要的传播工具和联结纽带，它是竖立的广场和实在的公共领域。

总而言之，传播钟南山相关图像和张贴门神都是一种群体性仪式行为，传播和张贴自身具有仪式性，而媒体和门的统一性与传播和张贴的同一性让两者重叠在一起。媒体、门、传播和张贴共同指向公共空间与公共生活，而后者是治愈性图像发挥药效的药引。从这个意义来看，门神可能是最早的治愈性图像之一，钟南山相关图像的生产与传播只是这一传统的现代性转化，是祛魅之后的再施魅。

（二）情感与想象：“图像治愈”的仪式功能

作为仪式的张贴和传播使得图像进入公共空间，传统媒体对钟南山英雄形象的传播、民间个人对钟南山神圣形象的散播，以及两者在社交媒体的交汇使得基于钟南山形象的治愈性图像快速渗透与弥漫，开辟和填充公共空间。但并非止于公共空间，治愈性图像最终直抵病灶、释放药效、抚慰人心还得有赖于仪式功能的发挥。

治愈性图像的传播是不同层次的传播仪式的交织现象。在电子复制时代，钟南山相关图像被大批量、同一化、无差别地复制。和病毒一样，图像在传播中复制，也在复制中传播。复制和传播成为图像繁衍的方式，治愈性图像尤其如此。因此，钟南山相关图像在大众传播、组织传播、群体传播以及人际传播等不同传播领域流动，以图像为纽带和中介，奏响不同层次的互动仪式“交响曲”。

治愈性图像的仪式传播是共同情感的确认，同时也是共同体想象的确证。在“战争隐喻”框架下，社会失序和组织涣散让原本处于社会结构中的个人被抛洒为孤立的、原子式的个人，因此，被恐慌俘获的头脑必须重整社会秩序，后者的关键和前提在于重建社会关联，而“景观并非一个图像集合，而是人与人之间的一种社会关系，通过图像的中介而建立的关系"[8]，因此治愈性图像的诊疗方案就是通过自身将分散的个人重新编织到社会之网中。重建关联是一系列社会心理活动的结果。治愈性图像生产阶段所灌注的意义激发民众内心的情感，而治愈性图像的仪式传播则将激发的情感再生产、再扩大和再凝缩。图像蕴含的内容及其传播的形式巧妙融合，共同发力。图像及其情感的再传播将分散的、匿名的个人从四野八荒的屏幕背后打捞起来，和点赞、转发以及评论一样，这是个体浮现的方式：他们在作为身体延伸的符号中表明身份；与此同时，这也是社会重现的过程：你、我、他共同体验了图像所附载的情感，共同的经历和体验确认集体身份。换言之，治愈性图像的仪式传播构成群体的互动仪式，被图像传播所"再发现"的个人"高度的相互关注，即高度的互为主体性，跟高度的情感连带——通过身体的协调一致、相互激起/唤起参加者的神经系统——结合在一起，从而导致形成了与认知符号相关联的成员身份感；同时也为每个参与者带来了情感能量，使他们感到有信心、热情和愿望去从事他们认为道德上容许的活动"[9]。

同样的过程和机制发生在张贴门神的经验中。作为门神代表的秦琼和尉迟恭的传说在古籍中多有记载，"《历代神仙通鉴》卷一三也说到唐太宗以秦琼，尉迟恭守门而邪祟平息的故事：'帝有疾，梦寐不宁，如有祟近寝殿，命秦琼、尉迟恭侍卫，祟不复作。帝念其劳，命图像介胄执戈，悬于宫门'"[10]。染疾的唐太宗因为宠臣秦琼和尉迟恭的守卫而痊愈，因此召集巧手丹青绘制秦琼和尉迟恭的画像，赐给众臣贴在自家门上。后来，此二公由忠臣而被神化，从朝堂之上走入寻常百姓家，成为近代门神的主要形象。在原始思维作用下，张贴二公图像能够阻挡鬼祟，臣子向皇帝效仿、民间向朝堂看齐的连锁反应让张贴门神成为同一性行为。特别是左邻与右舍贴出同样的门神，不仅不会造成审美疲劳，反而因为一致性而形成情感纽带，构成共同体想象的基础。

因此，被"战争隐喻"所支配的个人在治愈性图像的传播中获得柯林斯（Randall Collins）所谓的"情感能量"，共同体情感驱散内心恐惧，最终在重返社会的旅途中完成创伤的治愈。当然，传播属性内涵于治愈性图像之中，构成图像治愈的关键，因为只有通过传播才能发现个人与重整社会，而"任何心灵的共融状态无论采取了什么样的形式，都会增强社会的生命力"[11]。由此也就不难理解杜威（John Dewey）所言："社会，不只是通过传递、交流而得以持续存在；说它存在于传递、交流之中，也不为过。'共同的'、'共同体'和'交流'这些词不只是在字面上有关联。人们基于共同的事物而生活在一个共同体中，而交流则是他们拥有这些共同事物的方式。"[12]更不难理解詹姆斯·凯瑞（James W.Carey）经由杜威的思想，创立"传播的仪式观"思想，并发现传播和文化的内在一致性[13]。而传播中的图像就是杜威所说的"共同的事物"，也是凯瑞所说的"文化"的具体表征，图像在分散且独立的个体心灵间不断迁跃，像电流一样串联个体，点亮共同体意识，最终其传播价值取代和超越其展示价值。因此，在传播中联合人与人、整合个人与社会的实践中，图像获得治愈属性，成为治愈性图像，最终完成"图像治愈"。

三、结语

“图像治愈”通过内在意义的生产和外在仪式的传播而完成其使命：制造同一、激发情感、唤醒想象、生产及维系视觉共同体，而个体在共同体的安全感中被抚慰和治愈。“图像治愈”的生成机制和运作逻辑无法被查验，毕竟在除夕夜燃放鞭炮的娱乐喧嚣中，谁也不愿意承认自己被鞭炮声深深地卷入共同体想象中。声色犬马掩盖了钟响磬鸣，图像亦如是。因此，“图像治愈”是流淌在弗洛伊德（Sigmund Freud）的潜意识里的暗河，悄无声息，却完成勾连与交流。难怪安德森（Benedict Anderson）认为，激发想象的共同体的群体仪式“是在沉默的秘密中，在头盖骨下的巢穴中进行的”[14]。因此，虽然我们被事物表面功能所迷惑而不愿承认其内在意义，但隐藏的维度始终存在，并行使喋喋不休的“腹语术”。

诚然，图像并不是唯一具有治愈功能的良药。正如前文所言，声音也同样如此，无论是鞭炮声还是防控警报声。虽然两者都基于共同体想象，但相对于声音所唤起的“可听见的共同体”而言，图像所描绘的“可看见的共同体”有其独特性和亲近性。在确立视觉中心主义的视觉社会中，“图像想要被吻，当然，我们也想要被回吻”[15]，像涂尔干（Émile Durkheim）笔下处于哀悼期的瓦拉蒙加人一样，相互间的仪式性亲吻让他们满足彼此接近的需要；而且“正如马丁·路德所言：‘相较于文或字教义而言，图片和图像更容易打动他们，让他们回忆宗教的历史’”[16]。马丁·路德（Martin Luther）言及的是宗教圣像，它和门神都属于宗教巫术领域，也都是治愈性图像。随着文明的马车滚滚向前，人类的原始思维却并没有被碾落成泥，图像的治愈和抚慰功能依然被保留；因此“图像治愈”在宗教巫术领域之外描绘世俗的图像，用以抵抗敌人（病毒和恐怖分子等）用图像发动的“战争”。

＊本文系 2020 年度广西高校中青年教师科研基础能力提升项目【2020KY11006】、2017 年广西艺术学院高层次人才科研启动经费项目【GCRC201722】的阶段性研究成果。

注释：

[1]W.J.Mitchell，*Cloning Terror：The War of Images，9/11 to The Present*，Chicago：The University of Chicago Press，2011.

[2]［美］W.J.T.米歇尔：《图像何求：形象的生命与爱》，陈永国、高焓译，北京：北京大学出版社，2018 年，第 13 页。

[3]［美］道格拉斯·凯尔纳：《媒体奇观——当代美国社会文化透视》，史安斌译，北京：清华大学出版社，2003 年，第 211 页。

[4]［英］尼古拉斯·米尔佐夫：《如何观看世界》，徐达艳译，上海：上海文艺出版社，2017 年，第 97 页。

[5]［美］乔治·莱考夫、马克·约翰逊：《我们赖以生存的隐喻》，何文忠译，杭州：浙江大学出版社，2015 年，第 144 页。

[6]［法］阿诺尔德·范热内普：《过渡礼仪》，张举文译，北京：商务印书馆，2012 年，第 190 页。

[7]殷伟、程建强:《图说民间门神》,北京:清华大学出版社,2014 年,第 49～54 页。

[8][法]居伊·德波:《景观社会》,张新木译,南京:南京大学出版社,2017 年,第 4 页。

[9][美]柯林斯:《互动仪式链》,林聚任,等译,北京:商务印书馆,2012 年,第 71～72 页。

[10]王子今:《门祭与门神崇拜》,上海:上海三联书店,1996 年,第 117 页。

[11][法]爱弥儿·涂尔干:《宗教生活的基本形式》,渠东、汲喆译,北京:商务印书馆,2015 年,第 553 页。

[12][美]约翰·杜威:《杜威全集》第 9 卷,俞吾金、孔慧译,上海:华东师范大学出版社,2012 年,第 6～7 页。

[13][美]詹姆斯·凯瑞:《作为文化的传播》,丁未译,北京:华夏出版社,2005 年,第 3 页,第 23 页。

[14][美]本尼迪克特·安德森:《想象的共同体:民族主义的起源与散布》,吴叡人译,上海:上海人民出版社,2016 年,第 31 页。

[15][美]W.J.T.米歇尔:《图像何求:形象的生命与爱》,陈永国、高焓译,北京:北京大学出版社,2018 年,序言。

[16][英]彼得·伯克:《图像证史》第 2 版,杨豫译,北京:北京大学出版社,2018 年,第 79 页。

【新诗理论与翻译研究】

"言说"与"理解"的进行时

——传播学视角下《理解诗歌》重读

曾　巍

（华中师范大学文学院/文化传播研究中心，湖北武汉，430079）

内容摘要：《理解诗歌》是新批评派的代表性著作，践行了文本细读的思路、方法和原则。从传播学的视角来看，布鲁克斯和沃伦强调诗歌是一种"言说的方式"，就是强调诗人将"言说的内容"即来自外部世界、作者自我等信源的信息以语言为材料进行编码，其中重点分析了戏剧性情境、意象生成、语气、隐喻与象征等编码方式。而诗歌的"理解"，则是一个反向解码过程，同时也是生成性的深度"感受"过程。读者将来自诗歌文本、客观世界、自我的信息在大脑中进行重新编码，并在动态的"理解"诗歌与"感受"世界的过程中形塑自我，从而动态同步开展"自我编码"。可见，作者并非孤立、绝对地强调文本的重要性，而是将文本看作沟通世界、作者与读者的媒介，"言说的内容"与"言说的方式"是统一的。诗歌批评，因此应走向内部与外部、微观与宏观的综合。

关键词：《理解诗歌》；新批评；传播学；编码；解码

《理解诗歌》（*Understanding Poetry*）是美国新批评派的两位代表性人物科林斯·布鲁克斯（Cleanth Brooks，1906—1994）和罗伯特·潘·沃伦（Robert Penn Warren，1905—1989）合作编写的美国大学文学系教科书，初版于1938年，1950年、1960年、1978年三次再版。20世纪40～60年代，英美许多大学选用该书作为诗歌课程教材，影响广泛。《理解诗歌》不仅涉及新批评的基本理论，也通过具体诗歌文本细读践行了新批评的思路、方法和原则。1943年，布鲁克斯与沃伦继续合作编撰《理解小说》（*Understanding Fiction*），意在进一步倡导、推进新批评的观念和方法，但其影响力远不及前者。

《理解诗歌》不仅受到大学欢迎，被认为"把新批评的正统观念传授给整整一代美国文学学生"的"主要媒介"[1]，布鲁克斯和沃伦"教育两代学生更专注于诗歌的本体，更注重细微与含混之处"，这让读者"永远不会忘记在用编者的范例为据进一步解读诗时那更为激动的心情"[2]；也因为给诗歌批评带来新气象而被兰色姆誉为"新批评所提供的最佳诗歌研究手册"[3]。批评家韦勒克在八卷本著作《近代文学批评史》中也提到了这部书，认为它促进了高等院校文学教学的改革，聚焦诗歌本身，其结构循序渐进，"开始通过简单的叙述描写，进而到要求重视意象、语气和态度的具体诗篇"[4]，非常具有针对性和操作性。韦勒克同时对列举诗作的选入标准、主题分类的随意性有些微词，认为它"远谈不上具有革命意义"[5]。20世纪五六十年代以后，随着新批评渐趋衰落，《理解诗歌》亦无法再现当年的辉煌。

在中国，虽然20世纪80年代后兴起了西方理论引介热潮，但新批评"有强烈的形式主义和科学主义倾向"，"与作为中国现代主流文论的马克思主义文论，在意识形态上存在着难以逾越的鸿沟"[6]，因此始终处于边缘化的境地，《理解诗歌》亦未受到足够的重视，迄今未见译本。客观来说，这部著作将诗歌批评从文本外部引至内部，将文本视作有机整体进而深入局部细察，对意象、语气、节奏、韵律等诗歌要素进行鞭辟入里的剖析和细至颠毫的品味，将诗的"文学性"重新擦亮，也通过分析技巧和实际示范提升了读者分辨优劣、评价欣赏的能力，因此具有独特的价值。至少它提醒我们，文学研究不能仅仅满足于"考虑它与社会结构的关系，而是力求分析其艺术手法，也即其艺术观点和叙述技巧"，单靠背景、环境、作家传略等外部因素来进行诠释，"决不可能解决对文学艺术作品这一对象的描述、分析和评价问题"[7]。因此，《理解诗歌》是一部值得反复重读的书。

一

《理解诗歌》的开卷处，是一篇前言或导论性质的文章，题为《作为言说方式的诗歌》（"Poetry as A Way of Saying"）。它是这样切入论题展开论述的：

> 诗歌是一种"言说"，许多人在对它有充分了解前，会认为它相当古怪甚至无所用处。之所以如此有两个原因："言说的方式"与"言说的内容"。就言说的方式而言，鲜明的节奏、频繁的用韵、形象的语言，看上去奇特而让人迷惑；就言说的内容而言，它既不包含一个好的充满悬念的故事，也没有显见的有用信息。总之，诗歌看上去既不自然又模棱两可。[8]

甫一入题，布鲁克斯和沃伦就有意识地对"言说的方式"和"言说的内容"做出了区分："言说的方式"（way of the saying）中的"言说"采用了现在分词的形式，表示进行时态；"言说的内容"（nature of the said）则是过去分词形式，表示完成时态。"saying"与"said"，分别表征作为一个活动的"言说"，处于过程之中或完成之后的状态。而时间进程中的"言说"，产生了由一系列语言符号的讯息单位依据一定规则组织成的"话语"，向受话人（听者）整体上传递出有意义的信息。如果认可诗歌是"言说"，那么诗的写作显然是一种传播活动。与人们在日常交流中的面部表情、肢体语言、声音等一样，诗歌以文字符号为载体，充当作者向读者传递信息的媒介。可是，在一般的传播活动如人际传播、公共传播和大众传播中，传播者为了分享信息、说服受众，实现传播的个体效果和社会功能，往往在信息组织上刻意降低信息中的“熵”值（即混杂性和复杂性），信息因此成为“能减少情况不确定性的东西”[9]。以往的传播学研究，一条重要的路径即探索如何以恰切的方式组织信息，从而传递传播者的真实意图，并在传偶间构建良好的沟通环境与交往关系。如此，信息务求准确、友好，易于“理解”，这就要通过“降噪”来驱散“语义的迷雾”，从而使信息在接受者一端看来是“有用”的。而诗歌的特殊之处在于，它的语言符号在传达意义上看上去并不“精确”，接受者很难把握唯一的确切意义，因此显得“无所用处”“模棱两可”，缺乏实用功能。布鲁克斯和沃伦旋即指出，这种认识只是似是而非的误解，“经过考量，我们就会得出结论，它（诗歌）源于人内心深处的冲动，同样满足人的需要”[10]。这即是说，诗歌同样传递了“有用”的信息，诗的“言说”是一种特殊的传播形式。

将诗歌定位为“言说”，布鲁克斯和沃伦接下来的论析，暗合了传播学以信息论中信息模型考察传播活动的思路：先将目光投诸从“语言共同体”中分离出的信源、信号与信宿三个基本单位（或组成要素），再将其作为整体性的传播系统，考察要素间的刺激—反应机制和信息传播原理。在诗歌的“言说”中，信源是诗的作者，他将要传递的信息编码为诗的信号；信宿是读者，他从诗的信号中解码出信息。大多数情况下，诗的作者与读者很难碰面，因此，两者间的信息交流是间接的，无法形成双向反馈，传播模式上似乎更简单了。可是，当“言说”以诗的形式呈现时，当作者将信息编码为诗，这就决定了信号的复杂性，给读者的解码增加了难度。这恰恰是诗歌的魅力所在。

布鲁克斯和沃伦首先试图说明的，就是诗歌究竟是怎样的信号，传递了怎样的信息，信息又是如何组织起来的。所谓诗歌“言说的方式”，用传播学的术语来说，就是如何将来自信源的信息进行编码。布鲁克斯和沃伦在此使用的概念“言语结构”，指的是节奏、韵律等形式特征，它们是诗歌的本质属性，使其不同于直接表义的信息，即以特殊的形式呈现出内容，将语言的材料与肌质融为一体。应该看到，形式“具有存储并传达信息的实用功能”，人类“是创造形式的动物”，也“通过形式来把握世界”[11]，而通过将世界纳入诗的形式，将“实用”升华为“诗意”，将传递出更丰富多彩的信息。这意味着诗的意义将因形式而有新的生成。

诗歌的意义生成，更主要是因为语言的意指功能。但语言不仅与事物具有直接的对应关系，可为事物命名，它还以隐喻或象征的方式指向另外的东西。这一点，在诗歌中尤其突出，布鲁克斯和沃伦说诗歌“在信息的纯粹陈述之外一定有言外之意”[12]，即是说经过编码的诗歌语言组合段，具有超出功用范畴的涵指。那么，它指向什么呢？语言学和符号学的理论认为，语言的“记号”指示着包含两个侧面的实体，是能指与所指的胶合，所指“不是‘一件事物’，而是该‘事物’的心理表象”[13]。所谓“心理表象”，依照布鲁克斯和沃伦的表述，就是诗歌语言“发展出更为特殊的隐喻方式，表达人们独特的情感反应”[14]。诗歌语言的意指因此具有两个相反的维度，其一指向外部世界，其一“内在地指向自我，这个自我面向世界，并对经验做出评价”[15]。

由此回溯，诗歌所要传达的信息，其信源也有二：一是外部世界，二是诗人的内心世界。综合起来，一首诗的信息所容纳的，是诗人经验到的外部世界，是诗人对外部世界做出的理智的回应。诗人的语言编码，是要呈现出“经验的多维性”，一方面将自我投射到世界之中，在经验世界中经验自身，在接收世界的信息同时获取自身的信息；一方面在假想与理想读者交流时也与自身交流，从而在展现自己时进一步不断深化对情感、心智与道德的理解。而要完成这个任务，诗歌“就不能依靠一般性的描述、逻辑分析或抽象的推理……而要通过想象力的操演，‘活进’诗歌所描绘的世界中去”[16]。这样，诗的语言编码，就要跳出以科学语言为标志的刻板的“精确”定义，寻找到与多维经验相匹配的精确性。这种语言方式，“应该是我们观察世界的透镜，是对感觉经验中抽象出来的意义进行分类归档的系统”[17]，诗歌因而是由语言符号的语音体系、语义体系、隐喻体系、象征体系等交织而成的有机体，它的动态生成过程，也重构了诗歌与世界与诗人的关系：“由于它是‘形成的’并拥有独特本体，让我们更加意识到超越它自身的生命。通过它自身的意义，它唤醒我们意识到世界和自身经验的意义”[18]。可见，经过诗人的加工，由可拆分为独立单元的语言组合成的信息集合是紧密的、有机的、高度个性化的。

从传播学的视角看，前面提到的诗歌“言说的方式”就是信号编码的方法问题，“言说的内容”就是信源问题。在讨论了这两个问题后，布鲁克斯和沃伦自然转向对“谁在言说”即言说者的关注。他们指出，自传式的叙述中诗歌的叙述者可能与诗人合二为一，而非个人化的诗中，叙述者往往只是诗人虚构出的一个声音。如同诗中的世界往往并非真实世界，而只是诗人创设出的与其心境相贴合的某种情境，诗中的叙述者也不是现实人物，而是诗人创造出的戏剧化人物。换言之，诗中的叙述者也是信息编码的一部分。他只是“人格面具”，而诗人则是“诗歌世界和诗歌面具的创造者，这种经验为诗歌提供了材料”[19]。真正的言说者和编码者依然是诗人，当他躲在面具后面隐藏自我，实则通过对表层自我的克服进入了自我的内核，并在面具掩护下说出内心的真实，由此将真实的世界编码为世界的真实。这样，诗人就能把诗歌交给它的读者——“言说”的接收终端了。在布鲁克斯和沃伦看来，读者对诗歌的理解，同样是对诗歌的“经验”。在这个经验过程中，读者可以通过欣赏获致审美愉悦。但是，一味地沉浸于模糊的快乐感受中是无益的，诗歌需要深度的感受，这就需要“理解”诗歌。如何进行呢？只有“通过了解诗歌的性质和结构及其表现方式，以及人们对它的反应，读者才能促进并深化这一自发的、或多或少无意识的过程，并以此丰富他们的诗歌经验”[20]。这可以看作对作为信宿的读者如何解码诗歌给出的有益建议。

二

诗歌的“言说”，是复杂的信息编码加工过程。《理解诗歌》的核心内容之一，即是探讨诗人如何以语言为材料来组织信息。当然，诗歌写作不像以砖块砌墙，或物理信号、数字信号的合规则编组，诗歌文本绝不是词语积木，布鲁克斯和沃伦将诗歌比拟为“类似于植物的某种有机物”[21]，承接了爱德华·扬格所说的它“自发地从天才的生命之根生长出来"[22]，以及柯尔律治认为它"在自己从内部生长时成形"[23]的诗歌有机生长论。如此，一首诗的整体将大于其各部分的信息组成之和，而且还将呈现出完满、鲜活的"生命"。《理解诗歌》的正文部分，便体现了既细察局部又观照整体的思路。

该书由八章组成，依次为"戏剧性场景""描述：意象、心境和态度""语气""类比性语言：隐喻和象征""主题、意义和戏剧结构""运用：诗人笔下的鸟""供研究的诗歌"和"当代代表性诗歌"（第4版时加入）。大体上，前四章是关于"言说方式"的分析，关注诗歌能指生成的"进行时"；第五章是对"言说内容"的阐释，聚焦语言能指完成后的所指，或者说，能指的"完成时"开启了整体能指生成的"进行时"；后面的三章，提供了更多的专题性或代表性作品，作为分析与阐释的例证与实践对象。除此之外，作者还以附录的形式专论"诗的形成：意图与意义""格律""隐喻与象征：比较与对比""戏仿"等问题，是对言说方式的进一步讨论。

以具体的诗作为例，示范分析过程并引导读者亲自实践，是《理解诗歌》的一大特色。收入书中的诗，共有345首，时间上从中古跨越到20世纪，类型上也囊括了英雄双韵体、颂歌体、谣曲、十四行诗等，以及无韵的自由诗多种形式。所涉及的诗人诗作，既有英美各个历史时期诗坛巨擘如莎士比亚、邓恩、华兹华斯、济慈等的名篇，也有当时崭露头角的金斯堡、奥哈拉、卡明斯的作品，此外还有一些佚名诗人以及日本诗人的诗。这无疑告诉读者，每一首诗都是一个独特而敏感的心灵创造的独特生命体，每一个个体的诗人，在不同的心境中面对相同的事物或迥异的世界，他们的言说方式是不一样的，因此需要有针对性地加以辨析与体会。

在"戏剧性场景"一章，布鲁克斯和沃伦首先提出，"诗的形式是某种容器，某种匣子，其中塞入了诗的材料"，形式对材料"进行组织、塑造，并赋予其意义"[24]。这一方面指明，诗所承载的信息来自外部，这些信息经过了重新编码。由于语言是静态的、有限的、抽象的，无法与动态、无限、具象的真实世界完全吻合，诗歌只可能是世界的语言对应物。又由于语言编码是"将目的、意愿或意义转化成符号的过程"[25]，由于语言的文化规定性以及附着的感情色彩，诗歌也是言说者的心灵对应物。在诗的"容器"中，来自世界的信息与来自心灵的信息交汇，呈现出"诗人心中的世界"。另一方面，将世界装入容器，犹纳须弥于芥子，诗的方寸中藏有巨大空间，从而展现为某种"场景"。言说者则通过叙事性手段将时间维度置入，语言符号的组合由此显现出动态、无限和具象性。它不是真实世界，而是精心编排的"戏剧"，是诗人的"心灵图景"。在这个搭就的舞台上，各种角色一一登场。进一步的，这些形象需要呈现出来，这就是第二章探讨的诗歌如何描述的问题，其方法是"通过以戏剧化呈现客体、人物与事件的方式来激发人的想象"[26]，诗人的经验与情感也汇入这个"造像"过程，即通过移情生成了"意象"。意象生动可感，也反映了诗人对客体对象的态度。而诗人的态度，还将通过言说的语气来体现。第三章在探讨时指出，语气体现的态度不仅指向对象，也"指向听众，有时候还指向诗人自身"[27]，即语气携带着说话者的主观信息，加入了面向信宿的编码过程。由此，接下来的讨论集中到诗人编码时所采用的符号——语言之上，阐明场景、意象、语调如何在一首诗中落实，这是

第四章的任务。通过编码，诗歌还将添加“节奏和语言的质感”，传递“意义的光晕”，在有限的空间里实现“思想、情感和意象的融合”，这正是“诗歌的本质和力量源泉”[28]。诗具有了信息的密度，也因此区别于一般陈述性语言。诗的语言，具有隐喻或象征的特点：象征是在本质上体现情感与观念统一的意象，是信息的扩展；隐喻则指向意象之外的其他东西，是信息的转移。两者通过语言之轴上的滑动，使言说传递出更为丰富的内涵。但是，诗歌的意义不是直白的表述或抽象的观念，而是如第五章所言的“戏剧化情境的特殊通道”。它将信息从诗歌内部引向外部，而读者则接受这一“通道”上的信息流，并将其抽象为诗歌的主题。这也正是诗歌解码的原理和目标：“对诗歌之戏剧进行想象与智性的双重把握。”[29]

布鲁克斯与沃伦都是有着创作经验的批评家，尤其是沃伦，他在诗歌创作上的成就，甚至胜过他的文学批评。他们的写作实践，使之具有其他批评家无法比拟的对诗的敏锐度和感受力，也使得他们在阐论诗的编码时更加细致、精到，切中肯綮。《理解诗歌》的前五章，已对很多诗例进行了“剖雀”式分析，细察了诗歌内部的诸种要素，本文无法赘述。而后面的几章，除了以列出诗歌篇目的形式大致勾勒出诗歌发展史外，还多角度地展现出诗歌分析方法的综合运用。如第六章聚焦以“鸟”为中心意象的诗歌群，探析了不同诗人构设出的多样情境、形象，以及不同语调、主题所带来的意义与审美效果的差异。他们特别强调了分析诗歌时应该特别给以重视的两个方面：其一是意象，它有助于主题的呈现，是戏剧性呈现的中心，“成为了功能性隐喻的首要因素，或者成为醒目的象征”[30]；其二是语气，它并非符号化信息，但却由于反映出作者的态度而成为诗的“中心事实”，如果“读者能知晓语气的重要性，能够对多种类型的语气明察秋毫，就能够在欣赏和评析诗歌的道路上走得更远”[31]。布鲁克斯和沃伦强调的诗歌言说方式，也就是传播者的编码方式：一首诗，可以将其切为许多细小的部分，寻找这些信息对应的信息源，但同时要注意到一首诗又是有机整体，细小的部分之间存在有机关联，它们的整体组合也将生成更大的意义。从诗歌内部的细处着眼，逐步扩展到整体的观照，这正是新批评所倡导的诗歌细读法。

三

在另一部新批评的经典著作《精致的瓮》中，布鲁克斯指出，一旦读者明白了诗歌的生成机制，就会自觉跳出语言的能指结构，去主动发现更大的意义空间。这意味着诗歌阐释的可能性将从内部向读者敞开，诗的语言符号将邀请读者去建构一个充满生机、富含意味的世界。他还使用了一个比喻，诗歌是“存放着凤凰骨灰的瓮”，而读者或批评家对诗的分析，就是探入这个瓮的内部去“筛撒、称量，或是检视这些骨灰的化学成分”，体会“真实、美好、珍贵的情感”[32]，如此诗歌的凤凰才能从灰烬中飞起，复活为一个鲜丽的生命。不难发现，《精致的瓮》里言及的由“化学成分”分析到发现生命的诗歌批评，从传播学的视角看，实际就是读者的解码过程，也是《理解诗歌》书名的题旨所在——了解诗歌的言说方式，是为了帮助读者更好地“理解”（understanding）。

“言说”和“理解”，在完整的传播活动中是反向的信息处理过程。读者（接受者）试图从诗的完成态来把握“言说的内容”，需要认识到诗的生成是一个动态的进行过程，他所面对的文本是带着生命温度、情感浓度的生活叙事，诗人“言说的方式”决定了一首诗的面貌，将其塑造成一个“意指系统”。罗兰·巴特在分析语言系统的涵指现象时指出，“涵指本身既然是一个系统，它包含着能指、所指和把两者结合在一起的过程”，在符号的直指之外，能指又“与文化、知识、历史密切相通”，由此“外在世界才渗入进记号系统”[33]。那么，如何对诗歌复杂的符号结构进行解码呢？如果清楚地知道诗人构思时的编码细节（更多地在语言修辞层面），那么将这个过程逆推回去，即由信号溯源，找到诗人所描写的客观对象以及诗人彼时的真实心境，不失为一个理想而“科学”的办法。《理解诗歌》关注的重点，似乎就在还原这个“编码细节”，也就是诗人的“诗艺”。

然而，通过对诗歌“言说”过程的分析已经看到，每一首诗的生成，都有它的特殊性，它们的编码方式因情境、心境而变化，并非千篇一律，因此在诗歌分析时切忌以固定的视角、僵化的套路去对它滥施刀斧，强制解码。又由于诗人通过戏剧化的方式来虚构诗歌世界，有时在诗的戏剧舞台上隐匿真实自我，躲在“面具”背后言说，这种编码方式也给解码者造成了困难，导致无法准确把握言说者的真实意图。这恰恰是诗的魅力所在，因为“艺术的关键就在于权衡出一种不过于繁复，同样不过于朴素的表达方式，而又能精巧地将这种意图掩藏起来”[34]。也就是说，即便读者精心推敲，他所解码出的“诗歌的内容”，还是可能会偏离作者的本意。如果仅仅关注知识共享、关系建构一类的传播功能，这种误读信源的“理解”似乎是失败的，以这种方式进行的编码似乎也是失效的，从而再次诱发诗之“有用”与“无用”的争论。显然，诗歌的“言说”还有另外的传播功能，指向情感共鸣、审美愉悦、道德养成等读者的个体经验。诗歌文本，不是现实世界和作者自我的“说明书”，而是一个跨越时空的“邀请函”——邀请读者进入作者心灵中构造的世界，并以自我经验加深对生命和世界的体会。这样，读者的“理解”转化为布鲁克斯和沃伦所说的“感受”（experiencing）。对应于诗人“言说”（saying）的进行时，读者将以“理解”（understanding）的进行时加以回应，诗的阅读也成了过程性、生成性的深度“感受”。

如此看来，诗歌的“理解”就不仅是信息解码过程，它同样是编码过程。当读者面对一首诗，他将以这首诗为中心，从中获取信息，并调动自我的内在经验，将诗所呈现的世界与他身处其中的外部世界进行对比观照，从而在这个过程中生成对这首诗，以及对世界和自我的总体“看法”。这一“看法”可能是情绪性的，也可能是观念性的，存在于人的大脑结构之中，是符号的无实体形式。如希望将“看法”表达出来，感受即转化为批评，也就进入了语言符号的编码阶段，需要将情绪和观念纳入语言规则中加以组织，并由此进入另一个传播体系。在这个编码过程中，读者的信源有三：诗歌文本、客观世界、读者自我的前经验以及对世界的瞬时经验。这些信源要素交互作用，共同影响、决定着读者大脑中的编码内容以及编码方式。对于这些多来源的信息，读者的大脑在编码时也并非照单全收，他将对其进行选择、加工。这些再处理，同样反映了他的态度——不仅仅是对待符号的态度，还包括对待世界、对待生活的态度。

而一首好的诗歌，将以潜移默化的方式影响读者的解码与再编码，亦即影响他对待信息的态度。这取决于诗人“言说的内容”，更取决于“言说的方式”。依照修辞学的看法，演说的艺术应通过合理的论据编排、展示演说者高贵的品性、调动听众的情绪等，以通过听众的逻辑论证、道德论证与情感论证，从而实现劝服功能[35]。那么，优秀的诗作，如果看作特殊形式的演说，同样也应具有高信源可信度的特质，能够激起读者的共鸣，引领读者以新的视角去审视自身和外在世界，并在动态的“理解”诗歌与“感受”世界的过程中形塑自我。这也是布鲁克斯和沃伦强调的：“作为读者，在对已写出的诗歌和即将写出的诗歌的不断探索中，我们应期许自身的成长。”[36]也就是说，诗歌言说最终要促成的传播效果，是读者在“理解”进行时中同步开展的“自我编码”。

在 20 世纪的文学理论发展史上，新批评曾经盛极一时，但五六十年代后即转入式微。人们普遍认为，新批评更关注作品的“形式”而非“意义”，主张将注意力完全集中在文本上，以“内在批评”反对从历史、政治、道德伦理、社会效果等角度展开的“外在批评”，而这种批评方法，在《理解诗歌》对文本的细察中展现得淋漓尽致。新批评此后受到诟病的，正是认为它割裂了文本与世界、作者、读者的关系，作品仿佛处于符号的真空之中。但以传播学的视角来重读《理解诗歌》可以发现，布鲁克斯和沃伦并非孤立、绝对地强调文本，他们将文本看作沟通世界、作者与读者的媒介，而“言说的内容”与“言说的方式”是统一的。只不过，他们突出了言说方式的重要性，希望唤起读者对形式的尊重。而只有窥见了形式的奥秘，才能更深入地把握意义。文学的写作和阅读，处于完整的传播场域之中，需要照顾到其中的所有要素。文学批评，因此必然走向内部与外部的综合，微观与宏观的统一。

注释：

[1] D. Lodge, *20th Century Literary Criticism*: *A Reader*, London: Longman, 1972. p.291.

[2] [美]沃尔顿·利茨:《美国当代文学》,董衡巽译,成都:四川文艺出版社,1989 年,第 295 页。

[3] [美]兰瑟姆:《新批评》,王腊宝、张哲译,南京:江苏教育出版社,2006 年,第 41 页。

[4] [美]韦勒克:《近代文学批评史》第 6 卷,杨自伍译,上海:上海译文出版社,2006 年,第 319 页。

[5] [美]韦勒克:《近代文学批评史》第 6 卷,杨自伍译,上海:上海译文出版社,2006 年,第 319 页。

[6] 代迅:《中西文论异质性比较研究——新批评在中国的命运》,《西南大学学报》(社会科学版) 2007 年第 5 期。

[7] [美]韦勒克、沃伦:《文学理论》,刘象愚,等译,北京:生活·读书·新知三联书店,1984 年,第 146 页、第 65 页。

[8] C. Brooks, R. P. Warren, *Understanding Poetry*,北京:外语教学与研究出版社,2004 年,第 1 页。

[9] [美]施拉姆、波特:《传播学概论》(第二版),何道宽译,北京:中国人民大学出版社,2010 年,

第40页。

[10] C. Brooks, R. P. Warren, *Understanding Poetry*,北京:外语教学与研究出版社,2004年,第1页。

[11] C. Brooks, R. P. Warren, *Understanding Poetry*,北京:外语教学与研究出版社,2004年,第3页。

[12] C. Brooks, R. P. Warren, *Understanding Poetry*,北京:外语教学与研究出版社,2004年,第5页。

[13] [法]罗兰·巴尔特:《符号学原理》,李幼蒸译,北京:中国人民大学出版社,2008年,第29页。

[14] C. Brooks, R. P. Warren, *Understanding Poetry*,北京:外语教学与研究出版社,2004年,第4页。

[15] C. Brooks, R. P. Warren, *Understanding Poetry*,北京:外语教学与研究出版社,2004年,第6页。

[16] C. Brooks, R. P. Warren, *Understanding Poetry*,北京:外语教学与研究出版社,2004年,第9页。

[17] [美]施拉姆、波特:《传播学概论》第2版,何道宽译,北京:中国人民大学出版社,2010年,第85页。

[18] C. Brooks, R. P. Warren, *Understanding Poetry*,北京:外语教学与研究出版社,2004年,第11页。

[19] C. Brooks, R. P. Warren, *Understanding Poetry*,北京:外语教学与研究出版社,2004年,第15页。

[20] C. Brooks, R. P. Warren, *Understanding Poetry*,北京:外语教学与研究出版社,2004年,第16页。

[21] C. Brooks, R. P. Warren, *Understanding Poetry*,北京:外语教学与研究出版社,2004年,第11页。

[22] [英]爱德华·扬格:《论独创性的写作》,[英]拉曼·塞尔登:《文学批评理论:从柏拉图到现在》,刘象愚、陈永国,等译,北京:北京大学出版社,2003年,第156页。

[23] [英]柯尔律治:《莎士比亚批评》,[美]M.H.艾布拉姆斯:《镜与灯——浪漫主义文论及其批评传统》,郦子牛,等译,北京:北京大学出版社,2004年,第20页。

[24] C. Brooks, R. P. Warren, *Understanding Poetry*,北京:外语教学与研究出版社,2004年,第18页。

[25] [美]沃纳·赛佛林、小詹姆斯·坦卡德:《传播理论:起源、方法与应用》,郭镇之,等译,北京:华夏出版社,1999年,第88页。

[26] C. Brooks, R. P. Warren, *Understanding Poetry*,北京:外语教学与研究出版社,2004年,第69页。

[27] C. Brooks, R. P. Warren, *Understanding Poetry*,北京:外语教学与研究出版社,2004年,第112页。

[28] C. Brooks, R. P. Warren, *Understanding Poetry*,北京:外语教学与研究出版社,2004年,第196页。

[29] C. Brooks, R. P. Warren, *Understanding Poetry*,北京:外语教学与研究出版社,2004年版,第267页。

[30] C. Brooks, R. P. Warren, *Understanding Poetry*,北京:外语教学与研究出版社,2004年,

第 360 页。

[31] C. Brooks, R. P. Warren, *Understanding Poetry*,北京:外语教学与研究出版社,2004 年,第 361 页。

[32] [美]布鲁克斯:《精致的瓮》,郭乙瑶,等译,上海:上海人民出版社,2008 年,第 22 页。

[33] [法]罗兰・巴尔特:《符号学原理》,李幼蒸译,北京:中国人民大学出版社,2008 年,第 70 页。

[34] [德]汉斯-狄特・格尔费特:《什么算是一首好诗》,徐迟译,北京:人民日报出版社,2020 年,第 33 页。

[35] 参见[美]埃姆・格里芬:《初识传播学》第 7 版,展江译,北京:北京联合出版公司,2016 年,第 275~280 页。

[36] C. Brooks, R. P. Warren, *Understanding Poetry*,北京:外语教学与研究出版社,2004 年,第 16 页。

论王家新的创造性译诗观

方　舟

（武汉大学国家文化发展研究院，湖北武汉，430072）

内容摘要：王家新作为20世纪90年代以来诗人译者的代表性人物，提出了“创造性翻译”的译诗观，即在翻译的“忠实”与“创造性”之间寻求一种张力，既忠于原作的精神内核，又彰显译作自身的生命力与创造力。其创造性翻译诗学主要包括两方面内容：一是寻找原作中“诗”的内质，以“诗”为翻译目的；二是刷新语言与诗。这种译诗观在有效处理原作与译作之间的诗性转换问题的同时，无可避免地存在着源于主体创造性的诗性认知与评价上的内在矛盾问题。

关键词：王家新；“创造性翻译”；忠实；矛盾

王家新作为中国当代诗坛的重要诗人，自20世纪90年代开始从事外国诗歌译介工作，与北岛、西川、杨炼、臧棣、黄灿然等一道形成了90年代诗人译者群，承续了中国新诗史上诗人译诗的传统。王家新在三十余年的诗歌翻译生涯中，陆续翻译了策兰、曼德尔施塔姆、茨维塔耶娃、洛尔迦、布罗茨基、奥登等诗人的作品，并发表了不少理论文章，阐述自己对诗歌翻译中诸多问题的看法，涉及诗歌翻译的目的、翻译修辞、翻译语言、译诗的诗性、译诗与原语诗歌的关系、诗歌翻译与诗歌创作关系等内容，而“创造性翻译”便是他提出的译诗观。作为一位德语、俄语水平无法直接而熟练地进行诗歌翻译的译者，王家新大多是依据原作并参看其英译版进行的，因此，如何最大限度保留原语文本的面貌与精神，译出原作中“诗”的实质是其最大的难题，这也是“创造性翻译”想要解决的问题之一。王家新的创造性译诗观主要包括两个方面内容：一是围绕原作的内核，在翻译中寻找、译出其固有的诗性，抵达原作的精神深处；二是对诗之语言的刷新，通过翻译为汉语诗歌带来语言更新和诗的新质。创造性译诗观有其存在的价值和意义，但也存在着某些值得反思的问题。本文以王家新有关诗歌翻译的文章为研究对象，结合其诗歌翻译实践，梳理、研究其创造性翻译观，并进行理性反思。

一、对“诗”的寻找与翻译

王家新对创造性翻译的理解为：“‘创造性翻译’是在‘忠实’‘精确’和‘创造

性’之间把握一种张力。”[1]关于翻译的忠实，雪莱很早便指出：“想要把诗人的创作复制到另一种语言中去，就好比把一朵紫罗兰扔进坩埚，还想发现原先色泽和香味的法则，都是痴人说梦。”[2]忠实作为翻译曾经的基础信条之一，在20世纪中叶解构主义思潮的冲击下遭到“文化研究”派翻译批评的抨击，由此受到翻译界的质疑，甚至逐渐失去了其地位；而后出现的“译者中心”论也对忠实原则进行了批判。关于翻译的精确，王家新认为“不仅体现在词语、意象和细节上，也体现在语感、语气和音质上”[3]，至于创造性则是翻译本身生命力的一种体现，因此在精确与创造性之间存在的张力，便是在不违背忠实的原则下，为译作赋予一定的生命，还原诗歌的神韵，在翻译中抵达原作的精髓。在王家新心中，诗歌翻译是独立于诗人的存在：“是你在翻译吗？是，但从更根本的意义上看，是诗在翻译它自己。是诗在翻译它的每一行。”[4]这种带有神秘的诗学观念强调的是“诗”的重要性，所以寻找“诗”，让“诗”现身是诗歌翻译的灵魂，也是王家新创造性翻译诗学观的核心。诗歌中“诗”的部分往往只可意会不可言传，也因此有了弗罗斯特那句著名的“诗就是在翻译中丧失掉的东西”，如何翻译不可言传的“诗”就成为诗歌翻译中永恒的难题。在这种情况下，王家新诗人译者的身份便体现出其优越性。关于诗人译诗的问题，朱湘曾经提出：“惟有诗人才能了解诗人，惟有诗人才能解释诗人。他不单应该译诗，并且只有他才能译诗。”[5]由此看来，诗人译者能够凭借自身对于诗的理解，透过文字辨识其中具有本质意味的东西，即剥开表象，找到“诗”的部分。

“‘不同的——却又正是相同的’，这也正是创造性翻译给我们带来的诗歌。”[6]这是王家新对创造性诗歌翻译的评价，此处的“不同”在于语言间固有的差异所带来的阅读上的不同体验，“相同”则在于这种差异并没有磨灭作品本身“诗”的元素。这种创造性翻译的理念贯穿在王家新的翻译批评与实践中。雷克思洛斯在翻译苏轼的《念奴娇·赤壁怀古》时，将原诗并不存在的“诸葛亮”放进翻译，并加入了“你”的人称代词，对此王家新认为这是“从原诗中产生了另一首诗”；雷克思洛斯大胆的翻译，在他看来“体现了一种深入本质、抓取原作精华和生命的方式”[7]。王家新并非没有认识到雷克思洛斯的翻译与原诗之间的差异，但是他宁愿将这种差异看作“翻译的发现”，即在翻译中辨认诗歌，找到作品中真正的“诗”的那一部分。当他得知译者王嘎对帕斯捷尔纳克《起航》的翻译“盐从天上滴落，絮语间/隐约传来机轮的轰响”是参考李白的“黄河之水天上来”时，他认为这是“神来之笔”，并直呼“这才是一个译者面对原文所做出的创造性反应”[8]。当他读到保罗·策兰所翻译的莎士比亚的作品时，他认为那种打破常规的翻译是对莎士比亚的重写，是“一种新的既忠实于原作而又无法为原作取代的诗”[9]。莎士比亚诗歌永恒的主题是生、死、爱等，策兰的翻译虽带有其个人强烈的晚期风格，但并未改变原作的精神内核，只不过是以策兰独有的、带有痛感的方式来表达莎士比亚的经典主题。也正因此，策兰对莎士比亚诗歌的翻译既忠于原作，又是原作所无法替代的。

如何寻找原作中的“诗”，对于译者来说是一个挑战。王家新的译文大都参考了多个英译本，也在这种多方位考察、辨认原作的过程中，他的译作对原作精神面貌的还原度极高。王家新谈到对茨维塔耶娃《新年问候》的翻译时指出:“依据科斯曼的全译文,也参照了布罗茨基的部分英译及解读,重新译出了全诗。”[10]茨维塔耶娃的《新年问候》充满罕见的句式和节奏变换,因此带来了相当程度的阅读理解的困难。作为一名将生命奉献给诗歌的作家,完成这样高难度的作品也是一种献身。王家新在翻译时对原作怀有足够的敬畏心,为了对茨维塔耶娃的诗心进行还原,他努力保留原作的词语、句式等障碍。在完成这首诗的翻译后,王家新坦言:“仿佛经历了一场巨大的磨难,但又充满感激,甚至有点‘大功告成’之感。”[11]这样的翻译与其说是对原作精神内核的尊重,不如说是在贴合原作的内在灵魂,并赋予译文同样独立的诗性和生命力,而王家新所经历的受难般的翻译体验在某种程度上也是对茨维塔耶娃“献身”精神的还原。王家新在解读海涛翻译的俄罗斯诗歌时指出,通过英译本转译而来的作品是“借助英译本对心灵密码的破译”,并称:“经过这样出色的‘转译’,俄罗斯诗歌不仅没有‘丢失’,而且焕发了更多的新意。”[12]当王家新发现自己根据企鹅版詹姆斯·格林所转译的曼德尔施塔姆的《你们夺去了》,与海涛根据克拉伦斯·布朗和诗人默温的合译本所转译的同一首《农鞋大的土地》存在较大差异时,他认为:“这就是翻译所带来的丰饶和奇妙。”[13]从王家新的评判标准来看,不同版本的译本并无孰好孰坏之分,区别只是各自侧重点不一样,所抓住的诗的精髓不同。

王家新的创造性翻译观是在忠实与创造性之间寻找平衡:忠实的是作品的神韵、精神内核,即“诗”的部分;而创造性则是译者基于自身文化和语言修养,在寻求“诗”的过程中与原作者诗心相通,在得到原作“授权”的前提下,创造性完成与原作相匹配的作品。

二、刷新语言与诗

王家新从 20 世纪 80 年代诗歌创作开始,便致力于从辨认“诗”的角度思考汉语自身问题,以诗创作担当汉语更新、发展的责任。90 年代初,中国当代诗歌艺术发展进入到一个关键时期,80 年代朦胧诗歌那种政治抒情已经失去了表达能力,后朦胧诗发展也举步维艰,王家新开始诗歌翻译。他期待通过外国诗歌翻译,找到诗艺突破口,推动中国当代诗艺的发展,同时为汉语言诗歌带来新质。他曾经提出:“翻译的目的绝不止于‘忠实’地复制原作,它还必须以自身富有创造性的方式为诗和语言的刷新而工作。”[14]因此,创造性翻译之于王家新,既是对“诗”的寻找,亦是对诗歌语言的刷新。

王佐良在《谈诗人译诗》中写道:“译者不仅是一个反叛者,而且是一个颠覆者。”[15]诗人译者在语言上往往能带来颠覆性的效果。关于郭沫若诗的语言,王家新认为其提供了“在中国诗中从未出现过的词汇、意象、语言节奏”;对于穆旦诗的语言,他认为“发掘了语言本身的潜能,也增大了诗的艺术难度和容量”,使得“汉语诗歌呈现了一种新的可能性”[16]。王家新承续了前人所开辟的语言探索道路,坚持用艰涩的表达来呈现原作,通过翻译探测汉语的诗性边界,而他的创作与翻译也的确为汉语发展提供了新思路、新语汇，为汉语带来了新质与生机。但在长时间的翻译工作后，其自身诗歌创作也容易显现出“翻译体”的特征，而这也是不少批评家对王家新的指责。对此王家新阐释了自己的看法：“正是这种带有异质性质的‘翻译腔’‘翻译体’，在悄悄唤醒和恢复着人民对诗和语言的感觉。”[17]在王家新看来，“翻译体”三个字不是贬低或者嘲讽，而是推动语言革新的方式：“‘翻译体’又有什么不好？多少年来正是它在拓展并更新着现代汉语的表现力，而‘接轨’也并非为了成为别人的附庸。”[18]通过翻译更新现代汉语的翻译观，与鲁迅的翻译理念不谋而合：“翻译——除出能够介绍原本的内容给中国读者之外——还有一个很重要的作用：就是帮助我们创造出新的中国的现代言语。”[19]鲁迅一生翻译了大量的外国文学作品，致力于通过翻译来输入新的内容和新的表现法，提出“宁信而不顺”的翻译准则，强调“译的‘信而不顺’的至多不过看不懂，想一想也许能懂，译的‘顺而不信’的却令人迷误，怎样想也不会懂，如果好像懂得，那么你正是入了迷途”[20]。王家新在关于翻译的文章中多次提到鲁迅“宁信而不顺”的翻译准则，借此警醒自己尽量规避那种为了合乎汉语规范而使语句变得通顺、流畅的翻译。

法国哲学家吉尔·德勒兹认为文学“对母语进行分解或破坏”，并且“通过句法的创造在语言中构建一种新的语言”[21]。这种看法强调了文学对语言的分解和再创造的作用，而诗的语言是一种追求破除既有语法的陌生化语言，每个诗人生存于约定俗成的日常话语之中，如何实现语言突破以走出惯用语言链呢？王家新认为翻译是最好的途径。本雅明提出“纯语言”概念，即那种使语言成为语言的“元语言”，它联系着译作和原作，“部分地隐含在原作中，在翻译的过程中，在不同语言的相互映照中，我们才得以窥见它”[22]，译者的使命是使之萌芽、显现、生长。在这个意义上，译作是为了语言的成长，成为语言成长的组成部分，促使语言的更新，“以至在所有文学形式中它承担起了一种特殊使命，这一使命就是密切注视原作语言的成熟过程并承受自身语言降生的阵痛”[23]。文学翻译是一种创作，所以译文必须具有文学性；翻译的特殊使命在于语言，就是注视原作语言，辨识原作语言的成熟过程，承担自身语言的降生，也就是借原作语言创造出自己新的语言。王家新由此说：“在本雅明那里，翻译便成为语言的自我更新、自我救赎的最终归属。我本人十分认同这样的翻译观和语言观。”[24]他坚信翻译是外语和汉语之间的桥梁，通过翻译引进异质的语言，破除母语的结构、逻辑。他提道：“中国新诗史上一些优秀的诗人译者，从事翻译并不仅仅是为了译出几首好诗，在根本上，乃是为了语言的拓展、变革和新生。”[25]当王家新读到戴望舒翻译的洛尔迦诗作《梦游人谣》中的“绿啊，我多么爱你这绿色”时，他发出感叹：“这是对声音奥秘的进入，是用洛尔迦西班牙谣曲的神秘韵律来重新发明汉语。”[26]“重新发明汉语”是作为一名汉语诗人兼翻译家对语言的极高评价。翻译是为了语言的更新，语言成为翻译的重要目的，这是建立在现代语言哲学基础上的翻译观、语言观。在王佐良看来：“译诗的时候，需要译者有能力找到一种纯净的、透明的然而又是活的本质语言——这又只有诗人最为擅长，因此就从语言来说，也需要诗人译诗。”[27]王佐良的观点体现出诗人译诗的使命，即诗人译者不应只满足于对具体作品的翻译，而是具备一种在翻译中刷新汉语言的意识与能力。

真正的诗的问题，体现在诗创作的内外部各种关系上，诸如诗人的态度、感觉与表达能力，诗人看待现实、处理现实的能力，诗人与其创作的文本的关系，诗歌创作的功能等等；诗歌有多复杂，诗歌翻译就有多复杂。王家新对翻译与语言的关系有着深切的体会与理解，其核心观点是诗歌翻译可以借助域外语言以质疑、破除母语中那些抑制表现力的惯用语言，重组语词，丰富语汇系统，简言之，就是刷新既有的语言系统。王家新认为翻译在文学中承担了一种使命，“这一使命就是密切注视原作语言的成熟过程并承受自身语言降生的阵痛”[28]。在他看来，文学翻译是一种创造形式，所以译文必须具有文学性；认为翻译的特殊使命在于语言，就是注视原作语言，辨识原作语言的成熟过程，承担自身语言的降生，也就是借原作语言创造出自己新的语言。“翻译家们走在这条道路上，那些以变革和刷新语言为己任的诗人也走在同样的道路上。”[29]王家新自己也走在这样的路上，诗人、译者和学者的身份，决定了他在翻译中进行理论思考，在翻译中探索语言更新与诗意更新的路径。

三、创造性翻译的反思

王家新的创造性翻译观，基于当代诗歌翻译问题，建构出原作与译作之诗性转换机制，回答了译作的诗性创造问题，为当代诗歌翻译提供了新的理论与思路，具有一定的学理价值与实践意义。然而辩证地看，这种翻译观还是有值得商榷的地方。

第一，创造性翻译在理论上与“转译”之间存在一定的冲突。创造性翻译观强调的是对“诗”的忠实，也就是在“诗”的意义上忠于原作，这是没有问题的；在忠于“诗”的意义上增删文字，目的是为了“赋予原作以生命”[30]，译出原作的诗意和生命力，这也没有问题，而且它们确实是诗歌翻译最应遵守的原则。但是，王家新的翻译有一个无法回避的问题——由于受到外语水平的限制，他的俄语、德语诗歌翻译多是参照英译本进行的。在他看来，“英文世界有许多优秀的俄罗斯诗歌译者，他们不仅更贴近原文，对原文有着较精确、透彻的理解（说实话，正是因为读了其英译，我在一些从俄语中‘直译’过来的译文中发现了比比皆是的理解上的‘硬伤’）……”[31]这段话值得商榷。首先，在俄语水平有限的情况下，如何判断英译文“更贴近原文，对原文有着较精确、透彻的理解”？其次，既然俄语水平有限，那么何以认为从俄语直译过来的版本存在“比比皆是的理解上的‘硬伤’”呢？由此不难推断，在王家新的观念中，有关俄语、德语诗歌等的“创造性翻译”所忠于的对象，其实是他所参考的英译本，而非俄语或德语原文。从世界诗歌交往的角度看，转译有存在的价值与理由，可以在互文性意义上理解为不同语种诗人之间的互文性交往与对话；而且，强调转译中以“诗”为诉求的创造性翻译，也是有道理的，因为译诗的目的是“诗”，是创造出新的诗歌作品。但是，这种创造性转译出的作品，严格意义上讲，就不是译本所依据的底本之底本诗歌了。换言之，王家新依据英译本所译的德语、俄语诗歌就不能称为德语诗人的诗歌、俄语诗人的诗歌了。这个应该分清楚。所以，创造性翻译观对于转译而来的诗歌而言，其真实性与可靠性值得怀疑[32]。

第二，王家新以创造性翻译观作为诗歌翻译的评价标准，导致他的评判有时过于主观，难免出现矛盾。他关于卞之琳和穆旦各自翻译奥登的《战时》一诗的评述，就存在标准不统一的地方。"Far from the heart of culture he was used"是原文诗句，穆旦将之译为"他被使用在远离文化中心的地方"，卞之琳的译文是"他用命在远离文化中心的场所"。穆旦的翻译主要是直译，"他被使用"读起来有些不知所云；而卞之琳翻译为"他用命"则属于意译，更贴近原文精神。王家新对卞之琳这一翻译不以为然——"且不说'用命''场所'这类过于庄重的译语对原文的偏离"[33]——显然其评判标准发生了偏离，没有看到卞之琳在此处的"创造性"处理，而近乎偏执地对他所特别热爱的诗人穆旦的翻译大加夸赞。穆旦将"may also be men"译为"也能有人烟"，对此王家新称赞为"平添了汉语本身的诗意和形象感"[34]；卞之琳将"daughter"译为"女娃"，王家新则认为，"无端地拉开了原诗中情感的距离，使原诗中那个面对无名士兵之死内心涌动的诗人变成了一个好为人师的老夫子"[35]。显然，穆旦所使用的"人烟"一词，为原作带来了中国诗词的意境，拉近了原诗与汉语的距离，属于更符合中国读者习惯的用语，与卞之琳的"女娃"具有同样的功能。而王家新的评论加入了过多的个人情感，其评述标准不统一，或者说与他自己的诗学观相悖。创造性翻译中的"忠实"追求译文与原作精神的契合度，以至于在评说相关翻译问题时，他主张为传达原作精神可以不拘泥于格律、韵脚等形式，认为一味追求形式贴合的翻译过于刻板，缺乏语言创造性。在评论卞之琳所译奥登作品时，他说："他刻意追求与原诗语言格律形式上的对应，有时也不免陷入了翻译的误区。"[36]在评价穆旦所译济慈的《蝈蝈和蟋蟀》一诗时，关于译文中所丢失的节奏和韵律，王家新认为："穆旦就这样忠实地传达原作的诗质和精神，而又不拘泥于原文，更没有掉进'直译的陷阱'。"[37]并指出其对原作精神的高度把握和创造性翻译，是对译文形式上的某种"补偿"。叶维廉在翻译博尔赫斯的《渥品尼亚的士兵》时，将原作十四行诗的形式改变为自由式，在王家新看来"这是一个相当大胆的举动，目的是摆脱原诗的形式框架而把其诗感呈现出来"[38]。先不论那些译文是否完全传达了原作的精神和诗质，单就诗歌形式来看，形式对应着诗质与精神，而十四行诗是一种特殊的诗歌体，没有相应的形式就不是十四行诗；或者说对十四行诗而言形式就是内容，没有形式就没有所谓的精神和诗质了。翻译只求所谓的精神、诗质，舍弃形式也就舍弃了精神和诗质了。许渊冲曾经提出："如果忠实于原文的形式和忠实于原文的风格是一致的，那译文就应该忠实于原文的形式。如果忠实于原文的形式和忠实于原文的风格之间有矛盾，那就可以不必拘泥于原文的形式。"[39]即内容与形式出现冲突时，可以舍形式而重内容，但一般情况下还是应当兼顾二者。如果笼统地将译文对原作形式的随意改变看作一种创造性行为，显然是不合适的，它消解了语言的表达力。正是语言自身蕴含的强大潜力使其能够胜任不同形式，译者应当充分挖掘语言的包罗性来适应不同诗歌体裁与形式，这也是对语言诗性边界的一种探测。

有学者曾质疑王家新所提倡的"创造性翻译"和"转译"理论，认为"王先生的

'创造性'诗歌翻译理论，只会把对外国诗歌和外国诗人的研究变成对译者的研究"；关于转译问题，则说"想翻译曼德尔施塔姆，首先就要学俄文，而且要学好"；同时指出王家新"研究问题却总是脱离诗歌形式的分析"[40]。我们应如何看待这一质疑？首先，王家新将翻译视作再创造行为，强调译文对原作精神的传达，对"诗"的传达，抓住了诗歌翻译的目的与特征，一定程度上彰显了翻译的本质。相比于字句的准确性，对"诗"的创造性把握，无疑更科学；但不可否认的是，创造性翻译的前提是不能脱离原作，翻译不是脱离原作的改写，而是以原作为底本的更深层次的把握与转换。这就需要译者与原作者之间存在精神上的默契，且译者应具有极强的原文阅读理解力。其次，转译有利有弊，其优点正如王家新所阐述的，有些英译者对原诗有较为透彻的理解，参考多个译本，有助于从整体上把握原诗的精神内核，有助于在"诗"的层面"抵达"原诗。不足之处则在于，转译容易丢失原诗的语义信息，丢失原诗所表达的特别的诗意。王家新曾经说："英美译者尤其是诗人译者在翻译观念上更大胆，也更看重在英文中重写原诗的可能性。"[41]那么根据英美译者这种"重写原诗"的版本所转译的作品，跟原作相比又有多大的可信度呢？它虽然有自己的诗意，但还是原来那首诗吗？王家新转译本的某些瑕疵显然与此有关。再次，关于韵脚、格律等诗歌形式的翻译，一方面，过于追求不同语种之间完全对等的形式转换，显然是不现实的，生硬的形式转换会给人生硬之感，也无助于"诗"的营造与传达；另一方面，以诗译诗，如果完全脱离原文的节奏与形式，只追求对精神的传达，那更不可取，因为很多时候诗歌的内容与诗质是通过韵脚的切换以及音节的轻重等来表达的。在郑振铎看来："诗的音韵，就是人的内部情绪之表现，韵律之与情绪实有相密接，相依傍而绝不可分之势。如果诗的韵律已完全变而为别一种，诗的情绪又如何能单独的照原样的转移过去呢？"[42]由此可见，诗的形式绝不仅仅是外在的表现形式，形式的完整呈现是对诗歌整体的把握，没有一定的形式也就失去了与之相关的内容与情绪，相应地也就没有"诗"了。

本文系武汉大学自主科研项目（人文社会科学）"20 世纪末诗人译诗研究"的阶段性成果，得到"中央高校基本科研业务费专项资金"【4108－413000030】资助。

注释：

[1] 王家新：《"创造性翻译"理论和教学实践初探》，《写作》2018 年第 6 期，第 6～9 页。

[2] 转引自包慧怡：《巴别塔的诅咒——诗歌翻译中的解谜与成谜》，《上海文化》2010 年第 3 期，第 69～75 页。

[3] 王家新：《翻译文学、翻译、翻译体》，《当代作家评论》2013 年第 2 期，第 129～136 页。

[4] 王家新：《诗学笔记》，《黄昏或黎明的诗人》，广州：花城出版社，2015 年，第 79 页。

[5] 朱湘：《说译诗》，北京：中国文联出版公司，1998 年，第 210 页。

[6] 王家新：《一个译者和他的北方船》，《诗潮》2015 年第 4 期，第 115～119 页。

[7] 王家新：《翻译：重新开始的诗——以雷克思洛斯对苏轼的翻译为例》，《写作》2021 年第 2 期，第 21～29 页。

[8] 王家新:《翻译文学、翻译、翻译体》,《当代作家评论》2013 年第 2 期,第 129～136 页。

[9] 王家新:《从"晚期风格"往回看——保罗·策兰对莎士比亚的翻译及其对我们的启示》,《文艺研究》2013 年第 4 期,第 34～42 页。

[10] 王家新:《茨维塔耶娃及其翻译》,《黄昏或黎明的诗人》,广州:花城出版社,2015 年,第 155 页。

[11] 王家新:《为语言服务,为爱服务》,《黄昏或黎明的诗人》,广州:花城出版社,2015 年,第 138 页。

[12] 王家新:《一个译者和他的"北方船"》,《诗潮》2015 年第 4 期,第 115～119 页。

[13] 王家新:《一个译者和他的"北方船"》,《诗潮》2015 年第 4 期,第 115～119 页。

[14] 王家新:《语言激流对我们的冲刷——夏尔诗歌及其翻译》,《翻译的辨认》,上海:东方出版中心,2017 年,第 350 页。

[15] 王佐良:《谈诗人译诗》,《论诗的翻译》,南昌:江西教育出版社,1992 年,第 2 页。

[16] 以上均出自王家新《翻译与中国新诗的语言问题》,《文艺研究》2011 年第 10 期,第 24～34 页。

[17] 王家新:《翻译文学、翻译、翻译体》,《当代作家评论》2013 年第 2 期,第 129～136 页。

[18] 王家新:《取道斯德哥尔摩》,《坐矮板凳的天使》,北京:中国工人出版社,2003 年版,第 105 页

[19] 鲁迅:《论翻译——答 J.K.论翻译》,《文学月报》1932 年 6 月第 1 卷第一号。

[20] 鲁迅:《几条顺的翻译》,中国翻译工作者协会《翻译通讯编辑部》编《翻译研究论文集(1894—1948)》,北京:外语教学与研究出版社,1984 年版,第 230 页。

[21] [法]吉尔·德勒兹:《批评与临床》,刘云虹、曹丹红译,南京:南京大学出版社,2012 年,第 11 页。

[22] 王家新:《翻译与中国新诗的语言问题》,《文艺研究》2011 年第 10 期,第 24～34 页。

[23] 王家新:《翻译与中国新诗的语言问题》,《文艺研究》2011 年第 10 期,第 24～34 页。

[24] 王家新:《翻译与诗建设》,见《黄昏或黎明的诗人》,广州:花城出版社,2015 年,第 81 页。

[25]王家新:《翻译与中国新诗的语言问题》,《文艺研究》2011 年第 10 期,第 24～34 页

[26]王家新:《"新的转机"——1970 年代前后"创造之手的传递"和新诗潮的兴起》,《名作欣赏》2020 年第 7 期,第 5～11 页。

[27] 王佐良:《另一面镜子:英美人怎样译外国诗》,《论诗的翻译》,南昌:江西教育出版社,1992 年,第 105 页。

[28]王家新:《翻译与中国新诗的语言问题》,《文艺研究》2011 年第 10 期,第 24～34 页。

[29] 王家新:《翻译与诗建设》,《黄昏或黎明的诗人》,广州:花城出版社,2015 年,第 83 页。

[30] 王家新:《"创造性翻译"理论和教学实践初探》,《写作》2018 年第 6 期,第 5～10 页。

[31] 王家新:《茨维塔耶娃及其翻译》,《黄昏或黎明的诗人》,广州:花城出版社,2015 年,第 153～154 页。

[32] 2019 年,王家新与汪剑钊之间关于俄语诗歌翻译之争,就是这个意义上的论争。王家新是在"更高的忠实"意义上,以"诗"为翻译的目的;汪剑钊强调的则是俄语诗歌翻译就应该以俄语诗歌为底本,不能偏离俄语诗歌的固有语义和诗意。他们各有道理,但是立论的依据不同,谈论的其实不是一个问题,所以无法达成共识。他们争论的本是诗歌翻译中很重要的现象,但是彼此只是隔空喊话,没有直接对话,且太多意气用事,相互讥讽,问题没有真正展开。这是很遗憾的事。

[33] 王家新:《穆旦:翻译作为幸存》,《翻译的辨认》,上海:东方出版中心,2017 年,第 80 页。

[34] 王家新:《穆旦:翻译作为幸存》,《翻译的辨认》,上海:东方出版中心,2017年,第77页。

[35] 王家新:《穆旦:翻译作为幸存》,《翻译的辨认》,上海:东方出版中心,2017年,第80页。

[36] 王家新:《奥登的翻译与中国现代诗歌》,《中国现代文学研究丛刊》2011年第1期,第100~118页。

[37] 王家新:《穆旦:翻译作为幸存》,《翻译的辨认》,上海:东方出版中心,2017年,第75页。

[38] 王家新:《从众树歌唱看叶维廉的翻译诗学》,《翻译的辨认》,上海:东方出版中心,2017年,第130页。

[39] 许渊冲:《忠实与通顺》,《翻译的艺术(论文集)》,北京:中国对外翻译出版公司,1984年,第21页。

[40] 丁鲁:《说说王家新先生的"翻译诗学"》,《文学自由谈》2018年第5期,第23~34页。

[41] 王家新:《一个译者和他的"北方船"》,《诗潮》2015年第4期,第115~119页。

[42] 郑振铎:《译文学书的三个问题》,《小说月报》1921年第3号。

可译性的阈限：论本雅明《译作者的任务》

冯　溢

（东北大学外国语学院，辽宁沈阳，110089）

内容摘要：虽然本雅明的《译作者的任务》并非旨在对翻译实践做出指导，然而该文提出的作品的“可译性”的概念却对文学翻译，特别是当代英语诗歌翻译具有重要的指导意义。霍米·巴巴在其文化理论中，将本雅明的翻译观引入“文化翻译”中，提出阈限空间的概念。本文从阈限的视角，探讨《译作者的任务》中可译性的阈限性和悖论性，分析翻译的忠实与自由的关系，并以美国当代诗歌中的语言诗歌的翻译为例，从语言多义性、陌生化和语言碎片的翻译三方面，阐发《译作者的任务》对诗歌翻译的启示和意义。

关键词：本雅明；“可译性”；“阈限”；美国语言诗

作为波德莱尔的《巴黎风光》的译者序言，本雅明的《译作者的任务》（下文简称为《任务》）对翻译，特别是文学翻译具有启示意义。自《任务》发表之后，理论家对该文进行了多角度的讨论，甚至逐字逐句地分析和阐释。这一点足以说明《任务》一文引起广泛关注，也暗示对其阐释颇具难度。

《任务》是一篇具有颠覆性的文本，其中提到的原作的“可译性”具有悖论性，任何将其放置于一个固定框架下进行的阐释都是偏颇的；同样，《任务》位于本雅明重要论述的星丛中，与《相似性的学说》及其语言哲学思想密不可分，将其单独来阐释将是失真的。因此，我们必须对《任务》的翻译观做星丛式解读，将其放在与这些文本的勾连关系中加以考察，才能得到较为全面的认识。值得关注的是，霍米·巴巴将本雅明的翻译观引入文化研究中，提出了阈限的概念。利用阈限的视角，我们可以较为清楚地看到本雅明的原作可译性具有阈限性，并借此透视可译性的悖论。本文将从探讨可译性和纯粹语言的关系入手，分析可译性的悖论和阈限，结合美国语言诗歌翻译实例来探讨《任务》对诗歌翻译的启示和意义。

一、纯粹语言和语言的翻译

为了理解原作的“可译性”，我们首先要理解本雅明的纯粹语言（又译“纯语言”）。长久以来，有人把纯粹语言等同于语言学中的元语言。其实，纯粹语言“不同于语言学中通用的元语言”，后者“指代文本具有解释性功能的表述语言”；而纯粹语言是本雅明的一种反符号主义工具观的语言批评意识[1]。换言之，本雅明的“纯语言”并不强调信息的传递和文字内容，而是在历史的进程中，最终显现出的不言而喻的真理语言，一种纯粹精神的展现。本雅明指出，《圣经》中“上帝的语言”是纯粹语言。摩西提出，本雅明将语言划分为三个阶段：第一阶段是创世的语言。语言是现实的本质，与现实完满对应，但人类从未进入这一层面。第二阶段是“亚当为动物命名”阶段，是人类最初的语言，也是业已消失的语言。这一阶段中，尽管语言和现实不对等，但语言与现实和谐对应，“语言以其近乎奇妙的正确性连接着现实的本质”。这个阶段通过命名，人类的语言和物是分离的，但却彼此连接无碍，应和不滞。第三阶段是语言蜕变为一种简短的交流工具，也就是本雅明说的“知识语言”和“命名语言”[2]，词与物失去和谐，出现了命名混乱[3]。这时才有了翻译的任务。

那么，翻译和纯粹语言的关系是什么？翻译是重获纯粹语言的途径[4]。原因何在？本雅明称，翻译的忠实和自由在传统看法中是相互冲突的，但翻译的自由正是为了“达意”。这里本雅明暗示了一种非传统的观点，即认为忠实和自由可以实现融合；他提出“一切语言的创造性作品中都有一种无法交流的东西，它与可以言传的东西并存”[5]，也就是说原作的不可译和可译性并存统一，暗示翻译的忠实和自由可实现融合。结合他的纯粹语言的概念，我们不难认识到，在多种语言的历史演化中，翻译可以不断校准因为“命名滥用”而失真的人类语言，有能力使失去和谐的语言与现实渐渐融合，实现对语言的救赎，因而回归语言与物和谐的阶段。这里，本雅明提到一个重要的词语“象征”，这对理解其可译性尤为重要。“象征”使得翻译对语言的救赎成为可能，但却也使得这一历程“近在咫尺却又无比遥远”[6]。换言之，在本雅明看来，语言的救赎是漫长的过程，如同对真理的探寻，任何一次成功都是阶段性的。

本雅明对于翻译的理解应和了波德莱尔的象征主义，更是他在《相似性的学说》中主要论点的反映。我们不能忘了，这篇《任务》正是本雅明为波德莱尔诗歌翻译集所作的序言，因而我们有必要把《任务》和波德莱尔代表的象征主义联系起来看。在波德莱尔著名的诗歌《应和》中，他提出了语言的象征和现实的神秘联系，展现了具有象征功能的语言和象征的所指之间的契合，这和本雅明对语言的相似性的论述不谋而合。在《相似性的学说》中，本雅明指出，相似性对于澄清超自然的玄妙知识有着重要意义，人类拥有模拟宇宙和自然，并与之形成相似性的能力，这种能力可以从拟态和孩子们的角色扮演游戏中略见一斑[7]。然而，现代人类的模拟能力已经大幅度退化，与我们先祖的模拟能力无法相提并论。但是，本雅明指出，虽然我们已不再拥有模拟以感知相似性的能力，但语言却是现代人类所拥有的一种与“非感觉性相似性”相关的能力。简而言之，非感觉相似性可以姑且理解为不以感官能力体验为基础所建立起的相似性。本雅明称：“语言是模拟能力的最高应用。”[8]本雅明强调了语言对于外来事物的连接作用，在寻求相似性时所具有的连接和交际功能具有模拟性，比如语言符号和所指的事物，但提到“语言中所有模仿的事物都是一种意图，只有与某种外来事物（即语言的符号学或交际元素）相关时，这种意图才可能出现”[9]。换言之，语言意图通过符号连接新的事物，这一过程不是靠我们感官授受实现，而是通过非感觉的相似性，即我们已大量丧失但却残留在语言中的模拟能力来实现的。如果我们把语言翻译作为一种与原作的相似性来关照，并理解了纯粹语言是指语言和现实的和谐融合，那么我们就不难理解翻译是实现纯粹语言的途径。

二、“异己的意义”：阈限空间中可译性的悖论

本雅明提出的原作的“可译性”的确令人有挫败感。可译性的悖论主要体现在两点：第一，本雅明的可译性与我们通常的共识相悖。《任务》中称，通过可译性，真正的艺术作品显现其“某些内在的特殊意蕴”[10]。但通常人们认为，作品的特殊意蕴往往是不可译的。第二，本雅明对具有可译性作品的范围定义较模糊。他在《任务》开头首先指出：“可译性必须是特定作品的本质特征。”[11]既然“一部作品的水准越高，它就越有可译性，翻译就变得不能了”[12]，为何在《任务》结尾，本雅明称“《圣经》不同文字的逐行对照本是所有译作的原型和理想”[13]？这是否暗示所有译作都有可能实现对可译性的呈现？理论家对本雅明所描述的原作的可译性进行了细致入微的阐释，但对可译性的矛盾解读却闹出一些公案来。德·曼就指出，在《任务》结尾的一段关键话的直译是“在文本在不经中介的情况下与真理和教义直接相关的地方，他便即刻是可译的了”，然而在冈迪拉克的法语翻译版本中，却把该句翻译为“文本是不可译的”，而后德文功底很好的雅克·德里达却采纳了冈迪拉克的译本，并根据“不可译性”解读《任务》，直到听众中有人指出准确的译法应该是“可译性”[14]。这一公案令人深思。德·曼的解释是，“我相信德里达的解释可能是‘可译’与‘不可译’在此没有什么区别——而我对此是持肯定态度的，的确没什么区别，但如果不加另外的解释，那还是有所不同”[15]。那么，“可译性”和“不可译性”到底有没有区别？

语言是文化的一个重要组成部分，霍米·巴巴将本雅明的语言翻译观推而广之，运用到了文化翻译中，后者是一种应对文化差异性和多样性的策略。巴巴称：“在不停被驱动的文化翻译的过程中，意义的混合场开辟了文化语言的裂痕……符号和符号的这种分离作用使跨学科性成为翻译的临界时刻的一个实例，沃尔特·本雅明将其描述为‘语言的外来性’（the foreignness of language）。”[16]他所说的“语言的外来性”正是借用了本雅明的翻译的“异己的意义”[17]。借助翻译的“异己的意义”这一模型，巴巴提出文化翻译并非要和任何一种文化保持紧密一致，而是要开辟一个新的话语权利和身份构建的空间，“不被原有二元体系裹挟压制的‘第三空间’”，这就是“阈限空间”[18]。阈限空间源于博物馆建筑结构的隐喻，“楼梯间”是连接上下区域的通道，是一个“居中”的阈限空间[19]。阈限空间在文化差异性和多样性中指代不同身份之间的“楼梯间”，因此是具有“象征性的相互作用的过程”，是连接不同文化和身份构建的结构[20]。阈限空间主要是解构和阐释的策略[21]，阈限空间中不确定性、矛盾性的东西被杂糅在一起，文化语言的意义被滑动，发生多重变化和转化，进而产生新的文化意义，所以阈限空间是引发文化翻译的空间。巴巴称：“在翻译过程中，‘给定’的内容变得陌生而疏远；反过来，这又留给翻译语言以任务，总是面对它的双重，不可翻译的异己性和外来性”[22]，具有差异的不同文化可以在阈限空间中实现文化翻译。如果我们翻转视角而逆向思维，用阈限视角来观照本雅明的文本可译性，

可以发现在《任务》中有很多表述可以证明，可译性和不可译性是在阈限空间之中相互转换，既统一又有差异。

巴巴的阈限空间为我们玩味本雅明的可译性提供了一个有益的视角。如果我们理解了可译性和不可译是在阈限空间中转化，就不难理解作品的可译性的悖论，本雅明的翻译观的颠覆性启示也不言而喻。首先，创世纪时期的语言是和现实对应无碍的。这一阶段的“语言和启示是一体的”，真理是直指内心，是一种不能阐释（不可译性），却了然（可译性）的境界。广义而言，语言可译性和不可译性彼此透明，共存一体；在第二阶段，语言和现实虽不对等，却仍然奇妙连接，可译性和不可译性虽发生分离，却彼此敞开，相互重合。一个形象的比喻就是，把可译性和不可译性比作维特根斯坦的鸭兔头图案中的不同图案，虽然两个图重合，却又具有差异；在第三阶段，“命名泛滥”导致了语言和现实分离，语言堕落为一种信息交流的工具。在这个阶段，语言出现了不可译性。神圣的语言或是诗意的文学性是通常认为不可译的。本雅明并不否认不可译性。他称，即使原作中的表面内容都被传递，真正的译者最关心的东西仍然“难于把握”，“这种东西与原作的字句不同，它是不可译的”[23]，这时翻译似乎成为不可能完成的任务。

那么，为什么本雅明偏要把不可译的“神秘的”“诗意的”东西称为可译性呢？因为本雅明通过把不可译性的东西赋予了可译性的自由，赋予了人类语言救赎的可能性。翻译是一项似乎不可能完成的任务，这一点从本雅明对翻译的隐喻中也显露无遗，如容器的不完整的碎片以及布满皱褶的皇袍，但这项任务又被赋予了无限可能性和创造性，译作就如同轻轻接触原作的圆的一点就延伸而去的切线。一方面，本雅明说，翻译是“对付语言的外来性或异己性的权宜之计……因为任何一劳永逸的解决都在人类的能力之外”[24]；另一方面，本雅明又赋予翻译以重任：“在语言的创造性作品中，它却还负担着沉重的、异己的意义。译作重大的、唯一的功能就是使纯粹语言摆脱这一负担，……在语言的长流中重获纯粹语言。”[25]如果我们看到，在阈限空间中，翻译使得“译作”和谐地“补足了原作的语言”[26]，那么，我们就理解了不可译性如何在阈限空间被转换成可译性：具有差异性的语言碰撞，意义的链条发生滑动和断裂，不可译性的东西通过翻译语言补足自身，缩短了语言与真理的离心距离，使之趋于真理的本质。斯文·克拉默称：“在天堂之后的状态中，不可能有完整的、忠实的翻译。”[27]翻译要克服“异己的意义”，虽无法照样复制原作，却能够通过其“派生的”“观念化”的意图来实现对原作的呈现[28]。所以，本雅明暗示，再创造的意义才是翻译的意义所在，就如同文化翻译过程中，不应该依附于任何一种文化，而是在阈限空间中构建新的文化意义。摩西说，在本雅明看来，“真正的翻译应当更多地在创造一个新的符号体系而非传达某一内容，而这一符号体系不是对最初的符号体系的模仿，而是对后者的补充”[29]。可见，本雅明的可译性的悖论是一个转化的动态过程，可译性既指可译，又指不可译，因为在阈限空间中不可译的东西被赋予了可译的可能和创造。换言之，可译性是一个无限小的点，又是一条无限延长的切线。这也就解答了前文提到的悖论性的两点：为什么可译性是我们认为的不可译性；为什么可译性既是特定作品的特征，又是所有译作的追求。可译性在阈限空间的运动是德里达所说的

“爱的运动”[30]；也与德·曼提到的“语言的逸轨”相呼应[31]。总之，阈限空间里翻译可译性的悖论的动态转化与这些理论家的论述产生了共鸣。

我们不难发现，本雅明似乎特别强调翻译的自由，但不要误解，本雅明的翻译观提倡自由和忠实的统一。虽然本雅明把翻译看作独立的文学形式，但并不是说本雅明给拙劣的翻译寻求借口。他把意味在原作和译作的关系比喻成“一个圆（译者注：原作）的切线（译者注：译作）只在一点上（译者注：意味）同圆轻轻接触，由此便按照既定方向向前无限延伸”，这是翻译自由的隐喻，但切线要“按照忠实性的法则开始自己的行程”[32]，这表明翻译必须要寻求忠实性。值得注意的是，此处的忠实性指的并非是对原作信息传达的忠实，也不是复制照搬原作句式的忠实，更多的是对于原作中语言的非感觉性相似性的忠实，即一种对于语言精神的相似性的应和。本雅明在《论原初语言与人的语言》中阐释为：“翻译要穿越的是不间断的转换，而不是由本质和相似性所组成的抽象区域。”[33]作品的可译性在阈限空间中的运动赋予了意义解构和重构的可能性，拓展了语言的疆域，抵近了真理。

三、多义性、陌生化、碎片：美国语言诗歌的翻译列举

本雅明可译性为我们的文学翻译特别是当代英语诗歌翻译提供了有益的启示。许多当代英语诗歌不拘泥于语义层面的表达，而是通过形式、技巧和语言碎片来探索意义，这为应用本雅明的翻译理论提供了现实的土壤。美国当代诗歌中的语言派诗歌就是这样一个例子。在语言诗中，语言碎片、陌生化手法等的运用比比皆是。如果遵循本雅明的翻译理念，利用以异击常、直译等方法，可得到较好的诗学翻译效果。

双关是展现语言诗多义性的写作手法，用来展现多种语境的假设，呈现在特定语境下的诗学效果。下面以一首美国语言诗人查尔斯·伯恩斯坦的诗歌为例，试用本雅明的翻译观来对几种翻译实例进行比较和分析：

What Makes A Poem A Poem?

My lecture is called “What Makes A Poem A Poem?” I'm going to set my timer.

It's not rhyming words at the end of a line. It is not form. It's not structure. It's not loneliness.

… It's not the meter, It not the meter-…

[timer beeps]

It's the timing.[34]

这首诗以《什么让诗歌成为诗歌?》为题，是一首为表演而作的诗。诗人在开头交代了他要在给定的时间里完成表演，并设好了计时器。这使得该诗具有了较强的即时性。诗题虽问“什么让诗歌成为诗歌”，但诗歌用一连串否定句式，展现了什么不使诗歌为诗，听众和读者一直期盼的答案却始终未能揭晓：“不是诗行结尾处的韵词。不是形式。不是结构。不是孤独。……不是格律。不是格律……”当计时器响起，最

末一句却是个肯定句，似乎对题目做出了回复："It's the timing"。这句是双关，翻译好这句对于诗歌整体精神的呈现至关重要。英语代词"it"有多种指涉，即指代无生命的它，此外，还可以指代时间等。因此，对于最后一句至少有三种翻译：(1) 它是时机的掌控；(2) 时间到了；(3) 时机来了。第一种翻译中，it 可以指对诗题的回答，理解为它是时机的掌控。第二种翻译中，it 指代时间，表示"时间到了"，暗示诗人不得不停下表演。第一种翻译对诗题做了一个较为明确的回答，表明"时机的掌控"是诗歌之所以为诗歌的重要因素，并将之前表述的意义确定下来，即："它不是诗行结尾处的韵词。它不是形式。……"第二种翻译令听众和读者感到幽默滑稽，因为时间到了，表演就此结束，但诗人仍没给出答案，令人一头雾水。再看第三种翻译，"时机到了"，读者盼望着诗人在最后一刹那给出最终答案，可诗人却结束了表演，诗歌戛然而止。第三种翻译的悖论让被吊足胃口的听众大为吃惊，引发听众和读者的思考。时机是诗歌之所以为诗歌的原因吗？时机来了，然而时间却到了，诗人借此停止表演。时机的到"来"和诗人的"走"，语义与诗歌的戛然而止形成多重矛盾，促成了感觉和语义的张力。这张力引发读者听众的联想和推理，形成了意义互掣。因而，诗歌中提到的各种因素，如"韵词""形式"或"时机"等，正言若反，相互补充，产生了一种流动不拘的状态。那么，第三种翻译在很大程度上实现了原诗中双关的效果，呈现了原诗的精髓。定义诗歌，如同定义美，十分艰难。伯恩斯坦的诗歌表演利用了双关的悖论多义，断裂并解构了固化的诗歌定义，令诗歌的意义流动而不拘。本雅明说过："原作的即时即地性，构成了它的本真性。"[35]这首诗整体上表明了诗歌之难以定义，但又在即时性瞬间完成了诗歌的定义。第三种翻译令原诗的语言在否定与肯定之间震颤，令人玩味于诗歌文字的里表，诗人与读者听众之间形成多次角色转化，在一定程度上达到了本雅明所提倡的自由和忠实的统一。

陌生化是现代诗人经常使用的技巧。陌生化的写作手法是俄国形式主义理论家什克洛夫斯基提出的，旨在通过以异击常的写作手法将事物变得反常，借"反常"来去除人们固化于心的旧念，实现审美的延长。这一写作手法被伯恩斯坦巧妙地运用在了许多诗歌中。《让我们姑且说》中有一句诗："Let's just say that sometimes a rose is just a read flower"[36]，"a rose is just a red flower"是抒情诗的惯用表达，可译为"一朵玫瑰就是一朵红色的花朵"。然而，伯恩斯坦运用陌生化手法，将谐音异义的"read"替换了"red"一词。"read"是动词，"阅读"之意。我们不禁要问，诗歌中熟悉的红玫瑰怎么变颜色了？难道玫瑰的颜色和阅读过程有关系吗？首先，诗人利用了两词的谐音，切入并解构了俗语，令熟悉的表达变得陌生，引发读者的智性参与，从 read 联想到了 red，借此实现了诗歌中"红色玫瑰"的意象呈现。在我们理解了诗意的基础上，如果把 a read rose 中的 read 转译成"一朵红色的花"或者"一朵含蓄的花"，似乎都把原诗的精要或多或少地抹杀了，诗歌的文学性就成了可译性中的"不可译"，永远沉入原诗语言的深渊。诚然，汉语中很难找到一对与英语"read"和"red"在语义和语音的关系对应的词汇。但如果我们受到本雅明所提倡的翻译的创造性的启发，何不把两词结合起来，这样便会形成汉语的陌生化表达，翻译为："让我们姑且说有时候一朵玫瑰只是一朵读红的花"？不同于抒情诗人罗伯特·彭斯的《红红的玫瑰》一诗中直抒衷肠的红玫瑰，也不同于格特鲁德·斯坦因经典诗歌中立体画般的红玫瑰，伯恩斯坦通过声音的谐音和意义的滑动，实现了对红玫瑰的呈现。通过词语谐音的作用，从陌生化的“读”到较为熟悉的“红”之间的转化，原诗歌中玫瑰之红变得不仅仅是色彩上的，还是文字语言上的，更是听觉和声音之下的阅读体验和审美过程。花儿在现实中都是自然而然变红，汉语翻译“一朵读红的花”是一朵读了才变红的花，这在现实生活中异于常理。这也将原诗中的陌生化体现在了汉语翻译中。然而，读红的花显然存在于文字的世界，文字世界里玫瑰的红首先通过诗人书写文字，然后到读者阅读的体验，再到读者内心意念的生成，是一个过程。虽然将“a read rose”翻译成“一朵读红的花”，汉语翻译与原诗歌的语义并不吻合，逻辑上异于常理，却符合原诗的诗意，即引导读者进入文学的世界，在语言陌生化中体会审美的延长。依据本雅明的翻译观，这句翻译体现了作品、意象和阅读体验的统一，将英语诗歌中语音滑动的陌生化转变为汉语诗歌智性的语义滑动的陌生化，很大程度上体现了本雅明所言的翻译创造性地把诗歌中的不可译性转化成可译性。

语言碎片在现当代诗歌中屡见不鲜。有的译者喜欢把语言碎片结合起来翻译，试图透过碎片翻译出完整的信息。但本雅明告诉我们，翻译和原作是“一个更伟大的语言的可以辨认的碎片，好像它们本是同一个瓶子的碎片”，认为“译作必须大力克制那种要传达信息、递送意义的愿望”[37]。这一点为我们翻译诗歌中的语言碎片提供了依据。比如，语言诗人罗恩·西里曼的诗《写给语＝言＝诗》（For L＝A＝N＝G＝U＝A＝G＝E）就充满了语言碎片：“… Line defined by its closure：the function is nostalgic —Nothing without necessity — By hand — Individuals do not exist — Keep mind from sliding — Structure is metaphor，content permission，syntax force — Don’t imitate yourself — …”[38]这段诗可用直译方法来翻译，尽量保留原诗的碎片化：“在其收尾处诗句被定义：其功能是怀旧的——没有任何事物是不必要的——手工制作——个体并不存在——别让思想滑落——结构是隐喻，内容是许可，句法有力量——不要模仿自己——……”在诗中，西里曼用碎片编织了一个代表语言诗的星丛，来试图勾勒语言诗的内涵。如果我们保留了碎片的独立性，不试图在意义上连接碎片，就在很大程度上做到了本雅明提倡的直译，让碎片之间和谐地形成一种自性平衡的关系。语言碎片还包括声音碎片和意象碎片，这往往通过诗人独特的断行实现的，这在美国语言诗人如伯恩斯坦和苏珊·豪的诗歌中屡见不鲜。对于断裂的声音和意象的翻译，我们应注意保持原有的碎片，尽力做到作品、声音和意象的融合统一。

王东风称，文学翻译“应该把实际原文的诗学功能、再造原文的诗学效果作为首要目标。我们称这样的翻译为诗学翻译”[39]。罗良功认为，美国语言诗歌“要求翻译者必须直面诗学观念……并且根据原诗的诗学观念借用译语的手段复现文本形式的意义和意义生成机制”[40]。这些观点都与本文用本雅明的翻译观所探讨的翻译实践有所呼应。在《任务》结尾处，本雅明指出，如果执着于原作内容的忠实，势必影响对于原作精神实质的显现，就不可能是好的翻译；他引用潘维茨称，翻译要“力争达到作品、意象和音调的汇聚点”[41]。可见，本雅明既提倡翻译在阈限空间的自由，又提出对这三者的和谐的忠实，扩容了传统翻译对语义忠实性的片面重视。这印证了本雅明翻译观的颠覆性。在阈限空间中，原作“可译性”的悖论是本雅明《任务》给我们最大的启示，值得所有翻译者深思和借鉴。

*本文系教育部社科基金项目“查尔斯·伯恩斯坦回音诗学研究”【21YJA75002】的阶段性成果。

注释：

[1] 王凡柯:《“纯语言”在说什么？——以本雅明1916年语言学笔记与波德莱尔译序为主的讨论》,《文艺理论研究》2020年第6期,第85～95页。

[2] [德]瓦尔特·本雅明:《论原初语言与人的语言》,《写作与救赎:本雅明文选》,李茂增、苏仲乐译,上海:东方出版中心,2009年,第13页。

[3][法]斯台凡·摩西:《历史的天使:罗森茨维格,本雅明,肖勒姆》,梁展译,上海:华东师范大学出版社,2017年,第81～82页。

[4] [德]瓦尔特·本雅明:《译作者的任务:波德莱尔〈巴黎风光〉译者导言》,《启蒙:本雅明文选》,阿伦特编,张东旭、王斑译,北京:生活·读书·新知三联书店,2014年,第92页。

[5] [德]瓦尔特·本雅明:《译作者的任务:波德莱尔〈巴黎风光〉译者导言》,《启蒙:本雅明文选》,阿伦特编,张东旭、王斑译,北京:生活·读书·新知三联书店,2014年,第91页。

[6] [德]瓦尔特·本雅明:《译作者的任务:波德莱尔〈巴黎风光〉译者导言》,《启蒙:本雅明文选》,阿伦特编,张东旭、王斑译,北京:生活·读书·新知三联书店,2014年,第91页。

[7] W. Benjamin, “Doctrine of the Similar”, in T. Rodney Livingtone, ed., *Selected Works of Walter Benjamin*, Vol 2, Cambridge: Harvard University Press, 1999, p .694.

[8] W. Benjamin ,“Doctrine of the Similar”, in T. Rodney Livingtone, ed., *Selected Works of Walter Benjamin*, Vol 2, Cambridge: Harvard University Press, 1999, p .697.

[9] Walter Benjamin, “Doctrine of the Similar”, in T. Rodney Livingtone, ed., *Selected Works of Walter Benjamin*, Vol 2, Cambridge: Harvard University Press, 1999, p. 697.

[10] [德]瓦尔特·本雅明:《译作者的任务:波德莱尔〈巴黎风光〉译者导言》,《启蒙:本雅明文选》,阿伦特编,张东旭、王斑译,北京:生活·读书·新知三联书店,2014年,第82页。

[11] [德]瓦尔特·本雅明:《译作者的任务:波德莱尔〈巴黎风光〉译者导言》,《启蒙:本雅明文选》,阿伦特编,张东旭、王斑译,北京:生活·读书·新知三联书店,2014年,第82页。

[12] [德]瓦尔特·本雅明:《译作者的任务:波德莱尔〈巴黎风光〉译者导言》,《启蒙:本雅明文选》,阿伦特编,张东旭、王斑译,北京:生活·读书·新知三联书店,2014年,第93页。

[13] [德]瓦尔特·本雅明:《译作者的任务:波德莱尔〈巴黎风光〉译者导言》,《启蒙:本雅明文选》,阿伦特编,张东旭、王斑译,北京:生活·读书·新知三联书店,2014年,第94页。

[14] [比利时]保罗·德·曼:《“结论”:瓦尔特·本雅明的“翻译者的任务”》,《论瓦尔特·本雅明现代性、寓言和语言的种子》,郭军、曹雷雨译,长春:吉林人民出版社,2003年,第92页。

[15] [比利时]保罗·德·曼:《“结论”:瓦尔特·本雅明的“翻译者的任务”》,《论瓦尔特·本雅明现代性、寓言和语言的种子》,郭军、曹雷雨译,长春:吉林人民出版社,2003年,第92页。

[16] H. Bhabha, *The Location of Culture*, London and New York: Routledge, 2004, p.234.

[17] [德]瓦尔特·本雅明:《译作者的任务:波德莱尔〈巴黎风光〉译者导言》,《启蒙:本雅明文选》,阿伦特编,张东旭、王斑译,北京:生活·读书·新知三联书店,2014年,第91页。

[18] 王微:《霍米·巴巴阈限空间思想刍议》,《当代外国文学》2016年第2期,第122～130页。

[19] H. Bhabha：*The Location of Culture*，London and New York：Routledge，2004，p.5.

[20] H. Bhabha：*The Location of Culture*，London and New York：Routledge，2004，p.5.

[21] 王微：《霍米·巴巴阈限空间思想刍议》，《当代外国文学》2016年第2期，第122～125页。

[22] H. Bhabha：*The Location of Culture*，London and New York：Routledge，2004，p.235.

[23] [德]瓦尔特·本雅明：《译作者的任务：波德莱尔〈巴黎风光〉译者导言》，《启蒙：本雅明文选》，阿伦特编，张东旭、王斑译，北京：生活·读书·新知三联书店，2014年，第87页。

[24][德]瓦尔特·本雅明：《译作者的任务：波德莱尔〈巴黎风光〉译者导言》，《启蒙：本雅明文选》，阿伦特编，张东旭、王斑译，北京：生活·读书·新知三联书店，2014年，第87页。

[25] [德]瓦尔特·本雅明：《译作者的任务：波德莱尔〈巴黎风光〉译者导言》，《启蒙：本雅明文选》，阿伦特编，张东旭、王斑译，北京：生活·读书·新知三联书店，2014年，第92页。

[26] [德]瓦尔特·本雅明：《译作者的任务：波德莱尔〈巴黎风光〉译者导言》，《启蒙：本雅明文选》，阿伦特编，张东旭、王斑译，北京：生活·读书·新知三联书店，2014年，第91页。

[27] [德]斯文·克拉默：《本雅明》，鲁路译，北京：中国人民大学出版社，2008年，第26页。

[28] [德]瓦尔特·本雅明：《译作者的任务：波德莱尔〈巴黎风光〉译者导言》，《启蒙：本雅明文选》，阿伦特编，张东旭、王斑译，北京：生活·读书·新知三联书店，2014年，第89页。

[29] [法]斯台凡·摩西：《历史的天使：罗森茨维格，本雅明，肖勒姆》，梁展译，上海：华东师范大学出版社，2017年，第83页。

[30] [法]雅克·德里达：《巴别塔》，《论瓦尔特·本雅明现代性、寓言和语言的种子》，郭军、曹雷雨译，长春：吉林人民出版社，2003年，第67页。

[31] [比利时]保罗·德·曼：《"结论"：瓦尔特·本雅明的"翻译者的任务"》，《论瓦尔特·本雅明现代性、寓言和语言的种子》，郭军、曹雷雨译，长春：吉林人民出版社，2003年，第108页。

[32] [德]瓦尔特·本雅明：《译作者的任务：波德莱尔〈巴黎风光〉译者导言》，《启蒙：本雅明文选》，阿伦特编，张东旭、王斑译，北京：生活·读书·新知三联书店，2014年，第92页。

[33] [德]瓦尔特·本雅明：《论原初语言与人的语言》，见《写作与救赎：本雅明文选》，李茂增、苏仲乐译，上海：东方出版中心，2009年，第12页。

[34] C. Bernstein，*Near/Miss*，Chicago：The University of Chicago Press，2018，p.171.

[35] [德]瓦尔特·本雅明：《单行街》，陶林译，南京：江苏凤凰文艺出版社，2015年，第77页。

[36] C. Bernstein，*Girly Man*，Chicago：The University of Chicago Press，2006，p.10.

[37] [德]瓦尔特·本雅明：《译作者的任务：波德莱尔〈巴黎风光〉译者导言》，《启蒙：本雅明文选》，阿伦特编，张东旭、王斑译，北京：生活·读书·新知三联书店，2014年，第90页。

[38] R. Silliman，The New Sentence，New York：Roof Books，2003，p.57.

[39] 王东风：《诗学效果与诗学翻译》，《上海翻译》2020年第4期，第1～6页。

[40] 罗良功：《翻译诗学观念：论美国语言诗的诗学观及其翻译》，《外国文学研究》2010年第6期，第138～144页。

[41] [德]瓦尔特·本雅明：《译作者的任务：波德莱尔〈巴黎风光〉译者导言》，《启蒙：本雅明文选》，阿伦特编，张东旭、王斑译，北京：生活·读书·新知三联书店，2014年，第93页。

《华中学术》来稿注意事项

《华中学术》为华中师范大学文学院发表学术论文的园地以及开展学科建设和学术交流的平台，由文学研究所主持，欢迎学界同仁赐稿。有关事项说明如下：

一、所有来稿请遵守学术规范和学术道德，请勿一稿两投。因编辑人员全为兼职，人手有限，所有来稿均不退稿，请自留底稿。来稿若两个月内未接到用稿通知，可自行处理。

二、一般稿件篇幅以一万五千字以内为宜，特别约稿可在两万字左右。请将稿件直接发至本刊投稿邮箱：huazhongxueshu@163.com，不必再另寄纸质文本。如果有特殊字符（古文字、国际音标等），请同时附上 PDF 格式文件。

三、稿件首页包括题目、作者、作者单位、论文摘要、关键词；结尾处写明作者通讯处（包括邮编、作者地址、电话号码、电子邮箱等）。

四、来稿采用尾注，具体引文注释格式举例如下：

甲、中文非连续出版物

（一）普通图书

（1）专著

标注顺序：责任者/书名/出版地/出版者/出版年/页码（连续页码之间用波浪线连接）。注意：注释中的中文字体一般使用宋体，下同，例如：

[1] 张舜徽：《中国古代史籍校读法》，武汉：华中师范大学出版社，2004 年，第 52 页。

[2] 张三夕主编：《中国古典文献学》，武汉：华中师范大学出版社，2003 年，第 25～26 页。

外国人的中译本著作标注顺序：[国籍]/责任者/书名/译者/出版地/出版者/出版年/页码，例如：

[3] [德]黑格尔：《逻辑学》上卷，杨一之译，北京：商务印书馆，1976 年，第 30～35 页。

[4] 参见[德]恩格斯：《自然辩证法》，北京：人民出版社，1971 年，第 21 页。

（2）专著中析出文献

标注顺序：析出责任者/析出文献题名（或篇名）/原文献责任者（与析出责任者同为一人的，可不写）/原文献题名/出版地/出版者/出版年/页码，例如：

[1] [荷]杜威·佛克马：《走向新世界主义》，王宁、薛晓源编：《全球化与后殖民批评》，北京：中央编译出版社，1998 年，第 247～266 页。

[2] 范文澜：《论中国封建社会长期延续的原因》，《范文澜历史论文选集》，北京：中国社会科学出版社，1979 年，第 41 页。

[3] 章太炎：《俱分进化论》，《章太炎全集》四，上海：上海人民出版社，1985 年，第

391页。

(二)古籍

(1)古代出版的古籍一般应标注朝代名/责任者/书名/卷次/版本,或责任者/篇名/书名/卷次/版本,例如:

[1] (晋)慧远:《沙门不敬王者论》,《弘明集》卷五,碛砂藏本。

[2] (宋)杨时:《陆少卿墓志铭》,《龟山集》卷三十四,《四库全书》本。

[3] (宋)王应麟:《考史》,《困学纪闻》卷十一,清嘉庆十八年扫叶山房刊本。

(2)现代出版的标点本或校注本古籍应标注责任者/篇名/书名/全集名/卷次/出版地/出版者/出版年/页码,例如:

[1] (清)钱大昕:《汉书王子侯误字》,《十驾斋养新余录》卷中,《钱大昕全集》第7册,南京:江苏古籍出版社,1997年,第574页。

[2] (清)张廷玉,等:《明史·艺文志序》,《明史》卷九十六,北京:中华书局,1974年,第2344页。

(3)地方志前一般应标明编修或刊刻年代,例如:

[1] (明)正德《建昌府志》卷十五,上海:上海古籍书店,据天一阁明正德刻本影印,1964年。

乙、中文连续出版物

(一)期刊

标注顺序:责任者/篇名/期刊名/年期/页码,例如:

[1] 李炳海:《〈离骚〉抒情主人公的配饰意象》,《华中师范大学学报》2008年第5期,第94～99页。

(二)报纸

标注顺序:责任者/篇名/报纸名/出版年月日/版面数,例如:

[1] 邢宇浩:《文津阁〈四库全书〉刊行》,《光明日报》2005年12月23日,第1版。

[2] 孙钦善:《魏建功先生与古典文献学专业》,《中华读书报》2001年6月20日,第11版。

丙、外文文献

(一)专著

标注顺序:责任者/书名(斜体,实词首字母大写)/出版地/出版者/出版年/页码(单页码标注如:p. 6;连续页码标注如:pp. 123-126)。注意:注释中的外文一般使用Times New Roman字体,下同,例如:

[1] J. J. Phillips, *Handbook of Training Evaluation and Measurement Methods*, Houston, TX: Gulf Publishing, 1991, p. 10.

[2] R. J. Montgomery, *Examinations: An Account of Their Evolution as Administrative Devices in England*, London: Longmans Press, 1965, pp. 17-43.

(二)期刊

标注顺序:责任者/篇名(加引号,正体,实词首字母大写)/期刊名(斜体,实词首字母大写)/年期(期在前,年在后),例如:

[1] J. H. Greehaus,"Sources of Conflict Between Work and Family Roles", *Academy of Management Review*,10,1985.

（三）专著中析出文献

标注顺序：析出责任者/析出文献题名（或篇名，加引号，正体，实词首字母大写）/In/原文献责任者/原文献题名（斜体，实词首字母大写）/出版地/出版者/出版年/页码，例如：

[1] L. Weinstein, M. N. Swertz,"Pathogenic Properties of Invading Microorganism", in W. A. Sodeman,Jr. W. A. Sodeman, *Pathologic Physiology: Mechanisms of Disease*,Philadelphia: Saunders,1974,pp. 745-772.

丁、参考文献及带有说明意思的注释体例

例如：

[1] 参见《上海总商会概况》，上海总商会 1928 年编印本。

[2] 参见陈晋：《文人毛泽东》，上海：上海人民出版社，2005 年。这些“读报诗”主要是有感而发的政论，如：“遍找全球侵略者，仅余此地一孤家。”“人人尽说西方好，独惜神州出蠢虫。”“新闻多多寻常出，独有今年出得殊。”主题与同时期写作且公开发表的《七律·和郭沫若同志》《卜算子·咏梅》《七律·冬云》等一致，但情露意粗，毛本人不愿正式公开发表。

戊、电子文献

除注明上述要求的各项内容外，还应加引用日期、获取和访问路径，例如：

[1] 王建辉：《出版业的文化诉求：呼唤编辑大师》，《编辑之友》2007 年第 4 期。[2008 年 9 月 29 日] http://www.pubhistory.com/img/text/2/2272.htm.

[2] 聂震宁：《文化软实力与文化硬实力》。[2008 年 10 月 14 日] http://www.sinobook.com.cn/press/newsdetail.cfm?iCntno=6967.

己、专利文献

有通过纸质文本获取和通过其他路径获取两种。应写明专利申请者或所有者、专利题名、专利号、公告日期或公开日期、引用日期、获取和访问路径，例如：

[1] 姜锡洲：《一种温热外敷药制备方案》，中国，88105607.3，1989 年 7 月 26 日。

[2] 西安电子科技大学：《光折变自适应光外差探测方法》，中国，01128777.2，2002 年 3 月 6 日。[2002 年 5 月 28 日] http://211.152.9.47/sipoasp/zljs/hyjs-ys-new.asp?recid=01128777.2&leixin=0.

庚、转引文献及其他注意事项

凡引文不是出自原文献，或找不到原文献而是通过他人论著转引，均须注明转引出处，不能把转引文献当作原始文献来引用，例如：

[1]《中国古籍善本书总目》收录善本标准，转引自程千帆、徐有富：《校雠广义》（版本编）第 2 版，济南：齐鲁书社，1998 年，第 289～290 页。

凡只通过中文译文来引用的外文文献，须注明中文译文的出处，不得直接注明引自外文文献。

[2] 丁韪良：《古代中国的外交》，转引自汪晖：《现代中国思想的兴起》上卷第

二部《帝国与国家》，北京：生活·读书·新知三联书店，2015年，第711～712页。

凡同一文献在一篇文章中不同地方引用，不采用合注，例如：

[1]、[5] 张舜徽：《中国古代史籍校读法》，武汉：华中师范大学出版社，2004年，第52页；第43页；

应采用分注，以便校对，例如：

[1] 张舜徽：《中国古代史籍校读法》，武汉：华中师范大学出版社，2004年，第52页。

…………

[5] 张舜徽：《中国古代史籍校读法》，武汉：华中师范大学出版社，2004年，第43页。

《华中学术》编辑部

2021年7月